湖北大学研究生精品教材建设项目资助

宪法学专题研究

陈焱光　著

中国社会科学出版社

图书在版编目（CIP）数据

宪法学专题研究／陈焱光著．—北京：中国社会科学出版社，2017.10

ISBN 978－7－5203－0862－5

Ⅰ.①宪…　Ⅱ.①陈…　Ⅲ.①宪法学—专题研究　Ⅳ.①D911.01

中国版本图书馆CIP数据核字(2017)第209236号

出 版 人　赵剑英
责任编辑　孔继萍
责任校对　李　莉
责任印制　李寡寡

出　　版　中国社会科学出版社
社　　址　北京鼓楼西大街甲158号
邮　　编　100720
网　　址　http://www.csspw.cn
发 行 部　010－84083685
门 市 部　010－84029450
经　　销　新华书店及其他书店

印刷装订　北京君升印刷有限公司
版　　次　2017年10月第1版
印　　次　2017年10月第1次印刷

开　　本　710×1000　1/16
印　　张　21.25
插　　页　2
字　　数　328千字
定　　价　89.00元

序　言

宪法表达了生活在各种政治环境里的人们的主张和理想，并表明所有的国家都坚持一些共同的政治法律原则，尽管他们之间存在着各种冲突和意识形态的分歧。这是荷兰宪法学家马尔塞文和唐比较了世界上绝大部分国家的宪法后得出的结论之一，并从六个方面阐释了宪法为什么重要。同样，日本著名宪法学家杉原泰雄，也通过比较视角的研究，得出了令人深思和富于启迪的结论：宪法是对充满苦难的生活经验的批判和总结。宪法的历史充满了人类在各个历史阶段为摆脱生活上的痛苦而显示出来的聪明才智，我们学习宪法就是为了学到这些聪明才智，为了避免失败而未雨绸缪。同时不无警醒地写道：只限于直接经验在狭隘的自我中思考的宪法和宪法政治，都只能给国民带来更多失败的危险。如果仅仅知晓宪法的文本及其字面的含义，或者更进一步知道其适用和效力，对于理解宪法精神和价值，树立宪法权威，落实依宪治国等事关国计民生、民主发展和良法善政是远远不够的，必须有对宪法基本问题的全面深入的了解和理解，才可能变成哈特所言的对法律持“内在观点”的公民。对于法学专业的研究生而言，由于其担负着法治社会和法治国家建设的现实和历史责任，非一般公民和其他职业者可以比拟，对作为治国安邦总章程的根本法和一国法制统一根本保障的宪法，进行全面深入的研习，不仅责无旁贷，而且更应全力以赴。

宪法作为根本法，其原理和规范涉及范围极其广泛，每个问题都可作为专题进行研究，但无论是教学还是研究，既不可能也无必要，关键是通过专题的形式，示范对于专题的基本研究方法，通过有代表性的专题的探讨，给学生一些启示，使其能举一反三，触类旁通。宪法的每个问题都博大精深，从某种意义上讲，任何一本宪法学著作都是宪法学专题，但作为以研究生教学为主的宪法学专题还是有些基本要求，至少专题能反映宪法学的若干重要核心范畴或核心制度。本书限于篇幅，主要选取了六个专题进行初步探析。

宪法概念是理解整个宪法和从事宪法学研究的基础。由于“宪法”一词的含义无论从字义还是专业术语上来说，古今中外都存在不同的理解，今天阅读和研究宪法问题无不与“何为宪法”息息相关。对宪法概念的全面梳理的目的是想阐明，能够称之为宪法的问题不仅仅是在近代之后，也是人类社会建成了城邦或国家之后必然存在的一种法现象。基于这一原点，才有贯通中西、可对接研讨宪法的公共空间和对话机制，否则古代西方宪法思想、中世纪的宪法思想就无从谈起。西方学者的此类探讨无法进入中国学者的研究视域，还有一个更难处理的是，宪法本身是一种文化的法律体现，其萌芽和诞生经过了漫长的历史积淀和众多人类变迁事件和实践的反复淘洗，绝不是突然的显现，因此，宪法的概念经历了在中西方不断演变和丰富内涵乃至不断扬弃的过程，折射出不同民族共同体治理社会的不同方式和相似路径，到现代成为各国治国理政的根本准则。尽管每个国家的宪法内容各具特色，但都蕴含着对国家权力的规制，这是宪法概念的最核心内涵，至于宪法概念中是否包含公民权利或其他内容，并不能作为认定宪法的理由。只有建立在这种寻求宪法概念最大公约数基础上的宪法，方可统合从遥远的古希腊到今天纷繁复杂的宪法文本和宪法现象，提供给研习法律和政治的学人丰富的素材和议题。

对宪法概念的研析是基于法律科学的确定性要求，而思想史的流变和考察则是探寻宪法概念背后的生成机理，追寻人类历史长河中治理共同体的苦难历程和杰出智慧。每一个思想前行的脚步往往付出了思想者和探路者的毕生精力乃至生命，思想的传承和发展的叠加，形成了人类今日的普遍共识和制度通约。

宪法作为近代以来各个国家的出生证明，诞生之初，几乎所有阶层乃至所有公民都参与其中，立宪本应有相同或相近的目的和原则，然而不同国家历史的差异性却又催生着不同国家的各具特色的宪法理念和原则，其中尤以社会主义和资本主义国家的分殊为甚。不同学者、不同时期、不同国家都有学者在总结和阐释其宪法原则，然而，宪法概念既然有共同之处，宪法原则亦当存异求同。每个国家基于其国体、政体、历史文化、制宪背景和国家目标的不同可以有适合其特殊要求和目标的不同原则，但所有能称之为宪法的宪法原则都难以回避权力的分工与制约。

宪法中国家权力规范与公民权利规范构成了宪法文本的主体，对这两个最关键的宪法问题的解读既是对前面概念、思想和原则的法规范的实证分析，也在兼顾一般层面的理论思考、规范分析和具体问题的深度解剖。无论是国家权力的运行还是公民基本权利的实现都需要宪法程序的保障，宪法程序在赋权、护权、行权和控权等宪法生命的整个过程中发挥着越来越重要的作用。

美国宪法学者劳伦斯·却伯说，宪法是一个无穷尽的、一个国家的世代人都参与对话的流动话语。这些年对宪法的且学且思，也算是一种自觉参与的宪法对话。在此对上述专题做些简略的解释和说明，书中一些观点或表达可能不成熟、片面甚至错误，祈愿并期待学界同人和法学爱好者批评指正。

陈焱光

2017 年 2 月

于武昌秦园春泉书屋

目　　录

第一章

宪法概念

第一节　宪法概念的地位和意义

宪法概念是宪法学研究的基础性和起始性问题之一。多年以来，在我们的宪法学教材中一般都有对宪法一词的界定，但不具有完整的说服力。随着时代和宪法实践的发展，传统的宪法概念屡屡被现实所诘问，新的不同见解纷纷产生，对宪法概念的探讨从没有停止过，而且愈是探讨愈有新意。对宪法概念的界定，不仅国外学者的认识不尽相同[①]，我国学术界也意见纷呈。概念的认识差异不仅仅是一个主观的认识问题，“宪法概念的混乱，有时构成宪法的危机，甚至影响政治秩序的稳定”。[②] 特别是在今天提倡建设法治国家，要求依宪治国、宪法至上、树立宪法权威的时代，宪法概念的不明确往往会影响法治进程的基础性工作，同时很大程度上影响宪法学科的内容体系和研究方法。概念是构成宪法学研究的基石，也是与外国宪法学者顺利交流的前提。一种有明确概念范畴的思想体系，更容易得到传播，也更容易被准确把握。

概念的运用是为了揭示事物的本质，但如何定义一个没有争议的宪法概念，迄今依然未有满意的答案。对此，正如有学者所言，“什么是宪法”这个命题是非常重要的，也许是整个宪法学理论逻辑的一个基本的

---

① 具体论述可参见罗豪才、吴撷英《资本主义国家的宪法和政治制度》，北京大学出版社1997年版；龚祥瑞：《比较宪法与行政法》，法律出版社2012年版；许崇德主编：《宪法学》（外国部分），高等教育出版社1996年版；郑全咸：《资本主义国家宪法论》，科学技术文献出版社1994年版等相关部分。

② 徐秀义、韩大元：《宪法学原理》（上），中国人民公安大学出版社1993年版，第49页。

出发点。但是，这个（命题）也许是没有答案的，或者在我看来是没有必要一定要给出什么答案。因为对宪法这样事关人类生存所必需的基本的价值、规则，生活在这个社会里面的每一个主体，他都有自己的不同的感受，自己不同的判断的标准。[①]

也有学者近乎一致地认为，“我对宪法是什么这个问题，根本就没有自己的结论，我真的回答不出来”，并引用康德的话作解，康德说，“当人们问法学家什么是法的时候，法学家居然像逻辑学家被问到什么是正义那样，无法做出统一的答案。”宪法亦是如此。[②] 也有学者试图做出回答，认为以宪法教科书为代表的经典宪法定义的局限性主要表现在以下几个方面：第一，经典宪法定义具有时代（历史）的局限性。第二，经典宪法定义具有文化的局限性。第三，经典宪法定义具有逻辑上的局限性。在他看来，“宪法究竟是什么”的宪法定义表述如下：宪法乃是人为了自己的生存和发展有意识的组织政治共同体的规则，以及由该规则所构建的社会秩序。它表明：（1）人的生存和发展是宪法的目的和终极追求；（2）宪法并不必然地同国家联系在一起，国家只不过是宪法组织的一种政治共同体；（3）人是社会的动物，政治共同体使人成为人，组织政治共同体的规则因此具有根本性；（4）宪法作为规则是一个具有根本性的法的规范体系，该体系可以用笔者关于宪法结构的观点去解释；（5）宪法同时是一种社会秩序，即宪法秩序，只有作为规则的宪法与作为社会秩序的宪法的统一，才有符合宪法概念的宪法的存在。[③] 由以上管窥可见，厘清宪法概念是一个并且必然是一个“知其不可为而为之”、同样未必能得出满意答案的学理探索，但对于进一步深刻认识宪法及其理论和实践体系大有裨益。如果说宪法实施是一国法治的根本和最重要保障，那么顺利实施的起点和前提是对宪法概念的全面认识。这不仅在我国有极其重要的现实意义，在世界其他国家也不例外，因为当今世界，“每个国家都有宪法，因为每个国家都是依据某些原则和规则进行

---

① 韩大元：《“什么是宪法”这个命题也许是没有答案的》，《山东社会科学》2006 年第 4 期。

② 林来梵：《宪法就是做答式解释》，《山东社会科学》2006 年第 4 期。

③ 刘茂林：《宪法究竟是什么》，《中国法学》2002 年第 6 期。

运转的”。[①]

第二节　宪法概念的语义分析及其近代嬗变

英文“宪法”constitution源于拉丁文constitio，作动词时，它指的是用许多部件或成分组织建构某种事物；作名词时，则是指事物构造的方式、结构和气质。它与古希腊politeia一词的意义密切相关，有着明显的词源关系。[②] 中国现行的宪法学教科书在讲到宪法概念在西方的起源时，通常都认为存在“古希腊宪法”这样的概念，其根据是亚里士多德的《政治学》一书。因为亚里士多德曾将古希腊各城邦的法律分为宪法和普通法律，并进一步认为《政治学》就是以对希腊各城邦宪法的研究为基础而写就的。希腊的宪法被定义为，是有关城邦组织和权限的法律，主要包括有关公民的资格、公民义务的法律和城邦议事机构、行政机构和法庭的组织、权限、责任的法律。古罗马时期，被称为“constitio”的，是指那些由皇帝发布的谕令，包括“告示”“训示”“批复”和“裁决”四种形式，以区别于市民会议通过的法律文件。除了在称谓上有一些不同外，普通的法律，罗马的行政长官即可变更，但关系到国家根本组织的法律，则需由护民长官参加。

“宪法”一词在不同语言中的对应表达不尽相同，在英语中为constitution，法语为la Consititution，德语为Verfassung。有学者认为，汉语中的宪法一词对应的英语单词有两个：constitution和constitution law。[③] 在中译本《牛津法律大辞典》中也将“constituion”和“constitutional law”两个不同的英文词条都译为“宪法”。[④] constitution应译为“宪法”，而constitution law应译为“宪法性法律”，二者在含义上存在差异，不可混同。constitution常指成文宪法；而constitution law常常包括成文宪法典在内，其外延大于成文宪法。比如英国的宪法是以constitution law的形式存在

---

① 《牛津法律大辞典》，光明日报出版社1989年版，第200页。

② 王人博：《宪法概念的起源及其流变》，《江苏社会科学》2006年第5期。

③ 吴家麟主编：《宪法学》，群众出版社1985年版，第20页。

④ 《牛津法律大辞典》，光明日报出版社1989年版，第200页。

的，没有一部完整的 constitution。

为了分析宪法的概念，有必要厘清古代宪法、近代宪法、现代宪法的概念及其历史演变。从广义（或实质意义）的宪法视角看，宪法理论最早来源于古希腊，著名政治学家亚里士多德从政治学角度出发，在《各国宪法》中最早使用宪法一词，并在汇集 158 个城邦国家法律的基础上，根据法律的作用和性质，分成宪法和普通法律。此时宪法为“城邦一切政治组织的依据，其中尤其着重于政治所由以决定的‘最高治权’的组织”。他还主张，普通法律应以宪法为依据。“法律实际是、也应该是根据政体（宪法）来制定的，当然不能叫政体来适应法律”。吴寿彭先生在翻译《政治学》时，有时将其译为“政体”，有时也在政体的意义上译为“宪法”。这个词更多的时候中文被译为“政治”。事实上，亚里士多德撰写《政治学》一书时用的是希腊文，而他用以描述有关城邦问题的概念还原为拉丁文应该是“politeia”。据此，有学者认为，亚里士多德是从宪法的内容和效力上说明宪法的概念，与现代的宪法概念相比，在宪法内容上，亚里士多德的宪法概念已经将调整国家与国民之间权利义务关系作为宪法的重要规范内容；在宪法属性上，亚里士多德的宪法概念也已经具备了很多重要的属性，即宪法的根本法属性和最高法属性。即使在今天，这同样也是绝大多数宪法学者所不能否认的宪法概念的两大部分。[①] 古罗马时期，宪法是指那些由皇帝发布的谕令，包括“告示”“训示”“批复”和“裁决”四种形式，有别于市民会议和元老院通过的普通法律文件。它在内容上仍然是涉及国家调整对象中最重要的部分；在宪法属性上，仍然被赋予至高无上的权威，效力具有最高性。通过研究，可以断定古希腊、古罗马时期的宪法已经有了较为确定的客观内容，即以国家的政权结构为核心，以构成国家政权的各要素之间的相互关系为关键。

如果说古希腊和罗马曾经有宪法存在，那也不过是对宪法部分核心内容和属性在特殊历史阶段的初级反映，其后奴隶制的崩溃和封建制建立后的相当长的时期，这种宪法内核似乎被抛弃或遗忘，或者说作为种子被休眠，这种人类天性和社会性必然迸发出的制度建构基因或因风云

---

① 高歌：《宪法概念的再认识》，《新疆大学学报》2010 年第 1 期。

际会而破土重生。而中世纪的英国可能恰好具备了某些天时、地利和人和的因素，或者说宪法产生的基本要素，使近代宪法最早诞生于英国。英国 1215 年的《自由大宪章》是英王约翰在贵族的逼迫和压力之下签署的文件，主要是限制王权以及保障教会、领主的特权和骑士、市民的某些利益。[①] 14 世纪法国法学家就曾把一些公认的传统和原则，诸如国王未经三级会议的同意不得开征新税，国王不得修改王位继承法，国王不得割让国家的领土，国王的立法权受自然法、上帝法及国家根本法的限制等称之为国家根本法或组织法。此时的“宪法”概念已增加了限制国王权力的内容，虽然这时的限权只是分权，但这种思想发展到现代，逐渐演变为对国家权力的限制。

近代宪法一般是从 17 世纪英国资产阶级革命算起，1789 年美国颁布世界上第一部成文宪法时，“宪法”这个词的现代意义才最后完全、普遍地确立。美国的政治传统是把“宪法”理解为实现“有限政府”的一种工具，这一崭新的理念被注入近代宪法之中，从此宪法成了名副其实的“限法”。它通过“分配和规范国家权力”来达到实现“有限政府”的目的。正如美国学者特里索利尼所说：“宪法有双重功能，即授予权力并限制权力。”第一次世界大战后，宪法进入“现代宪法”阶段，宪法也发生了质的飞跃，宪法价值不断向社会生活的各个领域扩张。可以说，现代宪法将宪法的功能尽可能地发挥到了极致。这个时期宪法所规定的内容同传统宪法相比有了一些变化，如经济规范的出现以及宪法对经济关系的调整，文化制度也逐渐成为宪法的一个重要组成部分。“限制政府权力”已不再是现代宪法的首要精神，进而退居其次，宪法已成为“实现人权”的手段。现代意义的宪法，指反映实质平等倾向、民主化和福利国家化倾向的宪法，即“现代福利国家的宪法”。这是代表当代宪法特点的新的宪法概念。现代国家是福利国家，政府必须向社会主动提供服务，社会才能稳定有序并维系基本的共同体样态。伴随国家职权的扩张，现代宪法不仅是公法，同时也是私法，是一种公私混合法的新形态。现代

---

① 《自由大宪章》是否是英国宪法产生的标志或英国宪法的组成部分，学界一直有不同意见，但都不否认大宪章的宪法意义，特别是此后几百年间英国的国内战争和动荡政局导致英国国王 30 多次确认大宪章的效力，足以证明其发挥宪法功能的作用。

意义的宪法介入社会生活的各个方面，对公民而言，几乎成为公民自由和幸福的全职保姆。

在我国，“宪法”一词的出现要比希腊和罗马早。从语源上看，古汉语中的“宪”字出现很早，如在三千多年前战国时期的《尚书》中就有“率作兴事，慎乃宪”[①]；“先王克谨天戒，臣人克有常宪”[②]；“监于先王成宪，其永无愆”[③] 等语句；其他文献中也多有使用，如“先王之书，所以出国家、布施百姓者，宪也……是故古之圣王，发宪出令，设以为赏罚以劝贤沮暴”[④]；“君乃出令，布宪于国。五乡之师，五属大夫，皆受宪于太史……首宪既布，然后可以行宪”[⑤]；“作宪垂法，为无穷之规”[⑥]，等等。孔颖达在《尚书正义》中对“宪”也有类似的解释：“宪，法也，言圣王法天以立教于下。”这些还只是对“宪”字的解释。“宪”与“法”连用，用以表达的句子在下列典籍中可以找到：“有一体之治，故能出号令，明宪法矣”[⑦]；“《周礼》：县法示人曰宪法”[⑧]；“赏善罚奸，国之宪法也”[⑨]，等等。但中国古代典籍中的“宪法”之义主要是指一种王权体制下的某种制度，或是特指君王的典章、法律或诏书等。正如《康熙字典》对“宪”字的解释：“悬法示人曰宪（憲），从害省，从心从目，观于法象，使人晓然知不善之害，接于目怵于心，凛乎不可犯也。”按字义结合实际进行引申赋义，其后就有了“表示”与“博文多能”之义。古汉语中的“宪”与“宪法”在能指的面向上有两层含义：其一，“宪”与“宪法”指的是“根本性”，譬如，已形成的王权体制，以及这个体制或体制的最高者确立的规则。这些规则之所以是根本性的，因为在制定者看来它涉及国家的秩序与和谐。“根本性”又可以引申出“权威性”和“至上性”这样的概念，它是人们必须敬畏与尊崇的根据。其二，

---

① 《尚书·益稷》。

② 《尚书·胤征》。

③ 《尚书·说命下》。

④ 《墨子·非命上》。

⑤ 《管子·立政》。

⑥ 《汉书·萧望之传》。

⑦ 《管子·七法》。

⑧ 《集韵·去愿》。

⑨ 《国语·晋语九》。

当《中庸》用"祖述尧舜，宪章文武"来表达这种根本性时，这里也隐含了我们现代人使用的"正当性"含义。后一种含义常被汉语的解释者所忽略。一般认为，我国在现代意义上首次使用"宪法"一词的人是郑观应。而作为专门法律术语的"宪法"则是近代日本翻译西方法律概念的一个语汇，因其比较恰当地用汉语词汇点出了近代以来西方宪法内容所蕴含的根本精神，遂为汉语对译"宪法"时所采纳。也有学者认为中国古代"宪""宪法"虽然没有统一的形式，但它具有最高法律地位的思想在当时已经确立了。今天宪法含义仍体现出与古代宪法的千丝万缕的联系。①

关于宪法含义的演变，有学者认为其经过了三个大的阶段：英国的政治实践首先是将 constitution 这个古老词汇固化为一个确定的政治概念；美国的政治试验使它成为一个地地道道的法律性概念；而那些社会契约论的信奉者们则通过运用"社会契约"方法，重构了这个概念的含义，使其成为一个优越于其他政治类型的一种立宪体制的代名词。而汉语的宪法一词能成为现代中国政治、法律话语表达与实践的关键词肯定与 constitution 一词有关。从某种意义上讲，正是后者激活了宪法这个古老的汉语词汇，使它与现代性的政治法律话语发生关联。②

关于"宪法"何以一直沿用下来？有学者认为，在中世纪，世俗政权也通常在教会的意义上使用，即使是近世翻译者翻译时也采用宪法这一早就存在的词，而不用其他词，日本在参考各种词汇表达后也毅然采用中国的宪法一词，在某种程度上反映了词源上的"宪"在中国也在发展，到了近代开始认可"宪"的含义。如，1164 年英王亨利二世颁布的《克莱伦登法规集》（Constitution of Clarendon）该法规集是教会的法令的汇编，调整英国国内俗人与教会之间的权利义务关系。同时，英国也常常将该词用于纯粹的世俗行政规则意义上，特指王家的法令。中世纪，这个概念有时也用于上级封建主规定与其附庸的关系、城市、城市行会等相互关系的法律中。这类法令所调整的关系一般具有"契约关系"的性质。在中世纪，封建关系中的封建主自认为他们继承了日耳曼人的传

---

① 参见馨元《宪法概念的分析》，《现代法学》2002 年第 2 期。

② 王人博：《宪法概念的起源及其流变》，《江苏社会科学》2006 年第 5 期。

统，彼此都视对方为平等的主体。实际上，这种封建关系是因土地分封而形成的庇护与忠诚的关系，是一种根据传统习惯所确定的契约关系，因而双方不经对方同意就不能任意解释和变更。而这种关系也适用于城市或城市的行业组织，他们往往向国王或大封建主支付一定数额的金钱换得一张取得自治权的“特许状”，这个法律文件则具有契约性质，不经双方同意也不能变更 Constitution（或 Constitutio）。然而，在中世纪，并不是所有具有契约性质关系的法律规则都用它来表达。如，被中外宪法学者看作英国宪政奠基石的1215年的《大宪章》(Magna Carta)，用的就不是该词语。所以，有学者认为，《大宪章》可能是英国宪政主义的起源，但绝不是一个现代意义上的宪法。宪法不等于契约，“契约理论”是解释立宪体制下宪法现象的方法，但它不是宪法概念本身。一个现代性的宪法概念只能到 constitution 自身的演变过程中去寻找。①

按今天所理解的宪法含义，对宪法的定义始于近代宪法产生之后。但近代宪法是指什么时候的宪法？有何标志？学界也有争论。一般是从资产阶级革命时候算起，因此普遍认为直到18世纪后期，北美殖民地脱离英国殖民统治而独立，建立美利坚合众国，颁布世界上第一部成文宪法，宪法这个词的现代意义才最后完全、普遍地确立。美国的政治传统是把“宪法”理解为实现“有限政府”的一种工具，自此，后世宪法的含义几乎都保持着这一种新理念。但实际上更早出现的英国《自由大宪章》《权利请愿书》《人身保护法》等其他宪法性法律，都体现了限制王权的理念，它对近代宪法含义的演变起到不可替代的推动作用。

美国独立战争时期著名的思想家潘恩将宪法定位为“政治圣经”和社会团体的章程。并且提出：“宪法是一样先于政府的东西，而政府只是宪法的产物。一国的宪法不是其政府的决议，而是建立其政府的人民的决议。”“政府如果没有宪法，就成了一种无权的权力。”② 法国宪法学家艾斯曼认为宪法学、政治学和社会学均是研究国家的学科，只是角度各

① 王人博：《宪法概念的起源及其流变》，《江苏社会科学》2006年第5期。

② ［美］潘恩：《潘恩选集》，马清槐等译，商务印书馆1980年版，第146、250页。

异，宪法学只研究为保卫自由而限制国家权力的宪法。[①]

至于古代的宪和宪法与近代的宪和宪法的区别，有人认为两者之间的区别就在于古代的宪和宪法根本就不包含“民主”的意义。那么民主是否是近代宪法与古代宪法的含义之别呢？近代意义的宪法是否天然地就与民主连为一体呢？人类社会的政治法律史表明：有民主不一定有宪法，有宪法也不一定就有民主，但是有宪政一定会有民主。正如毛泽东曾说过的：“世界上历来的宪政，不论英国、法国、美国或者苏联，都是革命成功有了民主事实之后，颁布一个根本法，去承认它，这就是宪法。”[②] 但这句话绝不应该理解成这样的判断：有民主才有宪法，有宪法必定有民主。美国学者卡尔·洛文施泰提出，以宪法的实施效果为标准，可将宪法分为规范性宪法、名义性宪法和标签性宪法。[③] 意大利学者萨托利有近似的分类，如将宪法分为保障性的宪法（真正的宪法）、名义性的宪法、装饰性的宪法（或冒牌宪法）三种。名义上的宪法是徒有虚名的宪法，它坦率地描述无限的、不受节制的权力的体制。装饰性的宪法不同于名义性宪法的地方在于它冒充“真正宪法”。所谓规范性宪法是指不但在法律上而且也在实际上生效的宪法，它和国家的政治生活融为一体，支配着政治权力的运行，规范着社会生活的全过程。所谓名义上宪法是指内容远离国家的实际生活，不能规范国家的政治生活的宪法。所谓标签性宪法是指为维护实际掌握国家统治权力的人之独占利益，而将其享有的政治权力状况，按其原状形式化的宪法。可见，即使是虚假的宪法、冒牌的宪法，我们也将它视作宪法。因此将“民主”作为宪法的充分必要条件不能说明客观事实。[④]

随着宪法形式在世界范围内普及，宪法的出现已不再必然与民主事实紧密相连了。但是一种判断“真正宪法”的标准的观念却是在这一时期得以建立。譬如，法国的《人权宣言》就宣称，凡权利无保障或分权未确立的地方，就没有宪法。这种观念表达了近代宪法的一个重要观念，

---

① 参见何勤华《西方法学史》，中国政法大学出版社 1996 年版，有关艾斯曼法学思想部分的论述。

② 《毛泽东选集》第 2 卷，人民出版社 1991 年版，第 735 页。

③ 转引自王世勋、江必新《宪法小百科》，光明日报出版社 1988 年版，第 44—45 页。

④ 王世勋、江必新：《宪法小百科》，光明日报出版社 1988 年版，第 44—45 页。

即真正的宪法应该具备的核心要件或基本特征。当然也有观点认为近代与古代之别就在于是否有民权。如严复就清醒地认识到，古代的立宪同近代的立宪是完全不一样的：“中国立宪，故已四千余年，然而不可与今日欧洲诸立宪国同日而语。今日所谓立宪，不止有恒久之法度也，将必有民权与君权分立并同焉。有民权之用，故法之既立，虽天子不可以不循也。使法立也，而其循在或然或不然之书，则专制之尤耳。有累朝之圣君，无一朝之法宪，如吾中国者，不以为专制，而一味立宪，殆未可欤?”但中国官方当时的宪法观念，同学界的看法并不一致，甚至可以说还停留在古代宪法的认识层面上。例如，清末王朝考察宪政大臣达寿于1908年在《奏考察日本宪政情形折》中写道：“宪法者，国家之根本法也。是一言国家而皇帝亦包括在内……盖皇位为国家之主体，以及宪法所由来……国家制定宪法，则皇室之事自应与宪法同时制定，以为国家之根本大法……”① 1905年清廷派载泽、戴鸿慈、端方、尚其亨、李盛铎等人出洋，1907年又派达寿使日，于式枚使德，考察西方宪政。然而，颇具买椟还珠意味的是，西方宪政的民主、共和和民权（公民权和人权）被抛弃，得到的结果全是工具（功利）性的，正如考察大臣载泽在奏请立宪的密折中说，“一曰皇位永固”“二曰外患渐轻”“三曰内乱可弭”。总之，清统治者认为宪法确定君主对国家的统治权，是根本法，同时皇位继承及皇室事务的规章同宪法的地位一样，也是根本法。②

立宪是由资产阶级国家先行的，并且随着美法资产阶级革命的胜利而波及全球。近代意义的宪法得到广泛地认可，也构筑了宪法学交流的基本平台。许多外国学者对宪法的定义，也基本建立在近代宪法现象的基础上。如日本学者美浓部达吉认为宪法是“关于国家领土的范围、国民资格的要件，国家统治组织的大纲，尤其是处于国家最高地位的机关

---

① 《清末筹备立宪档案史料》上册，中华书局1979年版，第40页。

② 有学者认为，即使是近世翻译者翻译时，也采用“宪法”这一早就存在的词，而不用其他词，日本在参考各种词汇表达后也毅然采用中国的“宪法”这一词，在某种程度上反映了，词源上的“宪”在中国也在发展，到了近代开始认可宪的含义。当然，至于日本如何以“宪法”二字对应西方 constitution，解释也不十分清晰，怎样“毅然”也没有考证。参见馨元《宪法概念的分析》，《现代法学》2002年第2期。

如何构成，享有什么权利，怎样行使它的权能，各种机关彼此间有如何的关系等法则，以及关于国家与国民之关系的基础法则”。[①] 德国学者格奥尔格·耶林内克认为，宪法是“规定最高国家机关及其履行职能的程序，规定最高国家机关的相互关系和职权，以及个人对国家政权的原则地位的各种原则的总和”。[②] 苏联学者法尔别洛夫认为，宪法是“规定国家政治形势、国家机关体制、国家机关成立和活动的程序以及公民基本权利和义务的根本法”。[③] 瑞士学者波果德认为，“宪法是规定政府组织，以及决定个人或法人对于国家的关系的根本法律。它也许是由主权机关一次制定的一种或数种的详细的成文文书，也许是出于各种制定法、行政命令、法院判决、先例及其他来源不同、价值重要程度不等的各种风俗习惯集合而成的多少带有确定性的结果”。[④] 美国当代法学家路易斯·亨金认为：“一个合法的法治社会应基于人民的同意，这种同意应建在人们为建立政府而达成的社会契约中反映出来。这种社会契约通常采取宪法的形式，而宪法又会确定政制构架及其建制蓝图。”[⑤] 中国宪法学界普遍认为根本法意义的宪法是近代资产阶级革命的产物，这一观点在我国20世纪80年代以来的诸多宪法学教材中都有所体现。总之，近代宪法可称为从根本上对国家权力进行最高效力的法的限制的“限法”，“宪法成为一个控制权力的武器”是近代宪法具有的一个重要特点和人们的共识。从对王权的限制逐步发展到对国家所有权力（特别是立法权、行政权和司法权，有的还包括军事权）限制是近代以来宪法的最重要特色，也是宪法得以形成一个新的部门法并后来居上成为统领其他法律的法上之法的主要原因。宪法让几千年来从来不受限制的国家（君主）这一立法者受到明确的限制，并且把统于一人（或极少数人）的权力分成几个不同的权力，规定国家权力的运行和分配，从此国家以一副新的面孔出现，

---

① ［日］美浓部达吉：《宪法学原理》，欧宗佑等译，商务印书馆1925年版，第271页。

② 转引自何华辉《比较宪法学》，武汉大学出版社1988年版，第11页。

③ ［英］库德里亚夫采夫等著：《苏联宪法讲话》（删节本），刘向文译，群众出版社1983年版，第1页。

④ 转引自［美］迦纳《政治科学与政府》（第三册），林昌恒译，商务印书馆1947年版，第799—800页。

⑤ ［美］路易斯·亨金：《宪政民主对外事务》，邓正来译，生活·读书·新知三联书店1996年版，第7页。

权力间的均势使人民免于专断和独裁，从而也免于恐惧和奴役。这种形成宪法和法律授权的限度以及不同权力间的分工与制衡，正如美国制宪时期的联邦党人主张的“没有一个部门在实施各自的权力时应该直接间接地对其他部门具有压倒的影响。不能否认，权力具有一种侵犯性质，应该通过给它规定的限度在实际上加以限制”。[①] 同时要“防止把某些权力逐渐集中于同一部门的最可靠办法，就是给予各部门的主管人抵制其他部门侵犯的必要法定手段和个人的主动”[②]。之所以如此，乃是权力之理所要求，“防御规定必须与攻击的危险相称。野心必须用野心来对抗。”[③] 进一步探究根源，从人的天然缺陷和政府的天然不足看，“如果人都是天使，就不需要任何政府了。如果是天使统治人，就不需要对政府有任何外来的或内在的控制了”[④]。所以，宪法的重要功能之一是限制政府的立法权。这里的政府是广义的，是指行使国家权力的各国家机关。“宪法意识就是从权力必须受限制这个思想出发的。通过宪法限制权力的表现形式、机构、程序等，各国不同或各有所侧重（有的侧重于限制中央政府的权力，有的侧重于限制地方政府的权力，有的侧重于限制立法机关的权力），但立宪政府都有一个共同的信念，就是政府权力不能无限，有权不能就有一切，权力必须受限制，而宪法是授予和限制权力的根本法——关于行政机关和立法机关的关系，关于立法和行政的关系，关于司法独立等等，都不能侵犯公民权利，这就是现代宪法的由来”。[⑤] 此处的现代宪法就是指通常所讲的“近现代意义的宪法”。近代宪法是指18、19 世纪出现的资产阶级革命时期的宪法，它否定了封建的经济基础与上层建筑，确立了资产阶级在经济、政治上的统治地位，使宪法作为一个独立的法律部门从“诸法合体”中分离出来，而其确立“主权在民”“基本人权”“法治”“分权”等原则和代议制度，具有很大的历史进步作用。当然，在 1918 年第一个社会主义类型的宪法——《苏俄宪

---

① ［美］汉密尔顿、杰伊、麦迪逊：《联邦党人文集》，程逢如、关在汉、舒逊译，商务印书馆 1980 年版，第 252 页。

② 同上书，第 264 页。

③ 同上。

④ 同上。

⑤ 龚祥瑞：《中国需要什么样的宪法理论》，《法学》1989 年第 4 期。

法》——产生之前都是资产阶级性质的宪法，这些宪法原则反应的是资产阶级的意志和利益。所以，不能简单地等同于或类比于社会主义类型宪法的人民主权、人权、法治和权力分工与制约原则。诚然，作为宪法现象有一定的价值指向上的部分重叠性和共通性，至少从形式意义上看如此。

第三节　现代宪法

“宪法”一词虽然在古代得到不同程度和不同意义的运用，但主要是指的诸如一般法律、法令等，都不具有现代宪法的含义。有学者认为，“现代意义的宪法是在资产阶级革命中确立的”。[①] 但现代意义的宪法的含义是什么呢？很多教材和研究对此问题避而不谈。有的教材详细讲解宪法产生的政治、经济、法律和思想条件。但对近、现代宪法的真实含义却不作足够的挖掘。有的教材直接统称近现代宪法，并不对近代和现代宪法做出区分。忽视了从宪法的历史变迁中深入探寻宪法演变的规律和宪法的精髓。随着中国宪法学研究在20世纪90年代以后的勃兴，一些学者指出现代宪法的确发展了近代宪法，尽管现代宪法从何时算起，尚无公认的看法。有学者认为可按世界历史分期的惯例，从19世纪末开始。[②] 也有学者认为世界范围内的近代宪法与现代宪法的分期，一般以1918年第一次世界大战结束为界。[③] 还有学者融合资本主义宪法的发展阶段和社会主义宪法的产生，并结合马克思列宁主义理论对整个资本主义的发展阶段论断，提出了“1919年《魏玛宪法》和1918年《苏俄宪法》的颁布，标志着现代宪法的产生”的观点[④]，并分别通过分析《魏玛宪法》和《苏俄宪法》确立的一些新的宪法原则、制度和规定进行论证，同时，进一步认为现代宪法可分为两个时期：第一时期是从第一次世界大战结束到第二次世界大战结束，主要表现为现代宪法的产生和近代宪法向现

① 李步云主编：《宪法比较研究》，法律出版社1998年版，第10页。

② 李龙：《宪法基础理论》，武汉大学出版社1999年版，第21页。

③ 李步云主编：《宪法比较研究》，法律出版社1998年版，第121页。

④ 周叶中主编：《宪法》，高等教育出版社、北京大学出版社2000年版，第58页。

代宪法的转型。进一步民主化是这一阶段宪法发展的主流，但也有逆流，如法西斯德国对《魏玛宪法》的破坏，意大利法西斯对宪法体制的破坏。第二时期是从第二次世界大战结束至今，主要表现为四个方面：有些国家的宪法在战后继续朝着现代宪法转型；对宪法发展中出现的逆流进行清理，成功实现了对法西斯主义及其体制的改造，使得德、意、日等国的宪法回到了民主和平的道路；社会主义宪法纷纷制定和颁布，并以鲜明的特色丰富和发展着宪法；随着殖民体系的崩溃，民族国家的民族主义宪法以其民族主义特色成为宪法大家庭中不可缺少的一员，既回应了近代“民族的宪法”，又丰富和发展了民族主义宪法的内涵。① 总的说来，现代宪法的家庭成员增多，各种不同意识形态领域的国家都纷纷在建立国家主权的同时制定和颁布宪法。这个时期宪法所规定的内容同传统宪法相比有了一些变化，如经济规范的出现以及宪法对经济关系实现调整；② 文化制度也逐渐成为宪法的一个重要组成部分。因此，现代宪法与近代宪法的分界不仅仅是所规范的内容有所增加，现代宪法从限制政府权力到限权与赋权并重，其精神旨趣由自由本位开始转向社会本位③，更加注重个人自由与公共利益的协调，关注实质平等的实现和社会福利的普遍保障，注重对社会整体利益的追求。从这个意义上讲，现代宪法是一种更加人性、人道和文明进步的法律化表现。

---

① 周叶中主编：《宪法》，高等教育出版社、北京大学出版社 2000 年版，第 58 页。

② 邹平学：《宪政的经济功能初探》，《法律科学》1996 年第 2 期。

③ 社会本位在人权领域中有突出表现，就是由国家和社会共同确保的生存权在诸多国家宪政建设中的地位凸显。正如徐显明教授总结的：生存权在人权体系中的核心地位确立之后，人权制度随之发生了三方面的根本性变化。在人权内容上，传统的以自由权为构成基础的近代人权让位于以生存权为构成基础的现代人权。在人权目的上，传统的以社会成员个人对自由、幸福的追求变换为社会整体对平等、生存的追求，人权主体也因人权价值取向的转移而由有生命的个人扩展为具有复合性质的人的某类群体，集体的权利开始登上人权舞台。在人权保障方法上，传统的人权只对人权侵害加以预防和在预防失灵时对侵害加以排除的消极保障方式开始变换为国家直接向人权主体提供人权实现条件和清除人权实现障碍的积极保障方式。公民对国家的抵抗和国家所必须保持的抑制被公民对国家的依赖和国家所必须进行的介入所取代，国家从不惊扰个人权利生活的守夜人变成了应公民请求而行的奉事者。徐显明：《生存权论》，《中国社会科学》1992 年第 5 期。

第四节　当代中国宪法概念缕析

自19世纪末20世纪初“宪法”这一新概念进入国人视野以来，迅速作为政治游戏的宠儿和救亡图存的最后希望被各种政治势力不断青睐有加，各怀目的地使用①，对其崇拜和依赖甚至发展到“谁不立宪，谁就要被反对”的程度，伴随着这种“潮流”，宪法性文件频繁出台。② 新中国制定和颁行的五部宪法的变迁暗合了宪法概念含义在中国的变迁和学术界依此而不断深入探寻的足迹，迄今仍偶有新见，足见宪法概念之魅力和价值。

（一）20世纪中后期新中国宪法学人对宪法概念的探索

1. 在20世纪60年代，阶级斗争为纲是当时社会的主流意识形态和国家一切工作的出发点，宪法因此也带有这个时代的烙印。此时的定义为：“宪法就是反映统治阶级意志，巩固统治阶级专政，规定有利于统治阶级的社会制度和国家制度基本原则的国家根本法。它具有强烈的阶级性，是阶级斗争中阶级力量实际对比关系的反映，是社会上层建筑的重要组成部分。”③ 这一定义在当时比较普遍和权威，并且其定下的基调直到20世纪90年代末，乃至今天仍不乏支持者。

2. 到20世纪80年代，思想解放已开始影响宪法学研究，此时的宪法概念中有一部分开始注重其法律性，如将宪法定义为“宪法是国家的根本法；宪法规定社会制度和国家制度的基本原则；宪法是统治阶级意志的反映；宪法是上层建筑的组成部分，是统治阶级专政的工具”。④ 或者定义为“宪法是国家的根本大法，是民主制度的法律化，是阶级力量对比的表现”⑤。

---

① 就是当时不断混战的北洋军阀，也无不希望通过立宪来证明自己统治的正当性，掩盖其血腥的暴力统治和丛林法则，难怪有学者概括此段时期为“宪政其表，军国其里”。

② 具体内容请参阅周叶中、胡弘弘《中国宪法学世纪回眸》，《法学评论》2001年第6期。

③ 中国人民大学法律系国家法教研室：《中华人民共和国宪法讲义》，中国人民大学出版社1964年版，第7页。

④ 湖北财经学院法律系国家法教研室：《中华人民共和国宪法讲义》，中国人民大学出版社1980年版，第1页。

⑤ 吴家麟：《宪法学》，群众出版社1983年版，第46页。

3. 到了20世纪90年代，宪法的定义中逐渐剥离了“阶级统治”这一鲜明意识形态和斗争性的表述，代之以“政治力量”这一中性表达，使其更加具有涵盖力，如将宪法定义为：“宪法是法的组成部分，它集中反映各种政治力量对比关系，规定国家的根本任务和根本制度，即社会制度、国家制度的原则和国家政权的组织以及公民的基本权利义务等内容。宪法是根本法，具有最高的法律效力。”[①]

上述三类典型的定义反映了宪法学界在新中国成立后近半个世纪的探索之路和成果。主要是从以下几个方面入手的：①根本法属性，宪法是法律的法律，是法律之根、之本。②阶级属性，一方面它是统治阶级意志和利益的集中反映，另一方面，它集中反映各种政治力量（包括阶级力量）实际对比关系。③规定的内容，认为包括国家制度和社会制度的基本原则，有的还列举出国家政权的组织以及公民的基本权利义务等内容。④民主属性，认为宪法是民主制度的法律化，[①]而对此最好的诠释就是毛泽东曾说过这样的一句话：“世界上历来的宪政，不论是英国、法国、美国或者苏联，都是在革命成功有了民主事实以后，颁布一个根本大法，去承认它，这就是宪法。”[②] ⑤与经济基础的关系上，认为宪法是上层建筑的一部分，是由一定的社会经济基础决定的，又反作用于经济基础，积极为自己的基础服务。世界上不存在脱离一定的经济基础而独立存在的宪法。⑥法律效力的最高性，认为宪法在整个法律体系中居于最高的法律地位，效力是最高的，同时可以延伸出宪法是其他一切法律、法规的立法依据，“一切法律、行政法规和地方性法规都不得同宪法相抵触”。⑦工具性，资产阶级革命胜利后，利用宪法来巩固它在政治上、经济上的统治权。而我国宪法是无产阶级和广大人民意志的集中表现，是无产阶级专政的有力工具。

随着宪法学研究的深入以及研究者视野的不断拓展，不少学者开始逐步推敲上述概念定义的角度。关于阶级属性，人们承认，法是具有阶级性的，因为我们马克思主义经典作家对法的本质作过科学的分析，马克思恩格斯在《共产党宣言》中揭露资产阶级法的本质时讲道：“你们的

---

① 魏定仁：《宪法学》，北京大学出版社1994年版，第15—16页。

② 《毛泽东选集》第2卷，人民出版社1991年版，第693页。

法不过是被奉为法律的你们这个阶级的意志……而这种意志的内容是由你们这个阶级的物质生活条件来决定的。”① 列宁在《社会民主党在1905—1907年俄国第一次革命中的土地纲领》中指出：“法律就是取得胜利掌握政权的阶级的意志的表现。”② 在那篇《社会革命党人怎样总结革命，革命又是怎样给社会革命党人作了总结》一文中，有这样的一句话：“宪制的实质在于：国家的一切基本法律和关于选举代表机关的选举权以及代表机关的权限等等的法律，都体现了阶级斗争中各种力量的实质对比关系。”③ 因此，可以说革命导师所揭示的阶级属性是具有普遍意义的，而并非是宪法所独有的本质属性。只要我们认为宪法是法，就当然地包括其阶级属性，无须将阶级属性表述在宪法的概念里面。事实上定义五已经改变了这种说法，用“集中反映各种政治力量的对比关系”代替了前面关于阶级属性的表述。但其他的法律又何尝不是各种政治力量对比关系的反映呢，只是反映的程度不尽相同而已。“新的发展令人印象深刻的方面也许是，从‘宪法’一词的定义中排除了任何意识形态的含义”④。关于宪法的民主性，也不是宪法独有的属性，因为在当今“民主潮流，浩浩荡荡，顺之者昌，逆之者亡”的时代，一个国家的法律无不在形式上或实质上追求民主，“任何法律……都是相应领域民主制度的法律化，行政法是行政民主制度的法律化，企业法是企业民主制度的法律化”⑤。另外，民主并非是宪法固有之义（见前述近代宪法部分）。关于“宪法是上层建筑的组成部分”更不是宪法所独有的属性，目前很多概念已经摒弃不用了。关于“宪法是统治阶级的工具”越来越受到批判，因为法律工具主义恰是我国推进依法治国的一种严重阻碍。到底是“rule by law”还是“rule of law”已经成为区分人治与法治的标志之一。而“宪法具有最高的法律效力”的特点，却并不是所有宪法都具备，如不成文宪法。所以当我们的“宪法”不仅仅是指“宪法典”

---

① 《马克思恩格斯选集》第1卷，人民出版社1995年版，第289页。

② 《列宁全集》第16卷，人民出版社1988年版，第292页。

③ 《列宁全集》第17卷，人民出版社1988年版，第320页。

④ ［荷］亨利·范·马尔赛文，格尔·范·德·唐：《成文宪法的比较研究》，陈云生译，华夏出版社1987年版，第296页。

⑤ 俞德鹏：《立政关系法：宪法概念的新定义》，《政治与法律》1998年第6期。

时，我们又怎能断定构成宪法的其他要素因不具有“最高法律效力”而不是宪法的组成部分呢。因此我们认为将此特点作为概念的一部分是不妥当的。

（二）20 世纪 90 年代末宪法概念探讨的进一步深入

20 世纪 90 年代宪法概念表现出新的内涵，不同教材都在试图做一个精准的权威性的定义，特别是我国在国际人权领域的对话、交流、合作、成就和国际人权公约的签署，为宪法概念的内涵和整体的科学性奠定了基础。最鲜明的特性就是“人权和公民权利保障书”属性的注入。

如有学者（教材）将宪法定义为“宪法是规定国家根本制度和根本任务、集中表现各种政治力量对比关系、保障公民权利的根本法”[①]。或定义为：“宪法是规定民主制国家的根本制度和根本任务、集中表现各种政治力量对比关系、保障公民基本权利、具有最高法律效力的国家根本法。”[②] 从源流来看，人权、公民权利作为衡量宪法的内在标准起源甚早，如 1789 年的法国宪法以《人权宣言》为序言，1918 年的《苏俄宪法》以《被剥削劳动人民权利宣言》作为第一篇，进一步回溯发现，17 世纪英国通过的宪法性法律《人身保护法》《权利法案》无不是确认和保障公民的权利和自由。所以，社会主义宪法的创立者列宁精辟归纳出：“宪法就是一张写着人民权利的纸”这一科学论断。中国革命和宪法建设的先行者孙中山先生也屡次提到：“宪法者，人民权利保障书也。”这些思想和域外的宪法规定被转化为我国宪法的精神和规定乃是中国政治文明、物质文明的发展和社会变迁的结果。特别是社会主义市场经济制度和体制的确立，为宪法权利的勃兴提供了基础。因为市场经济在一定程度上就是权利经济，而权利只有在法律的确认和保护下才能实现，宪法则是权利的最高法律保障。但这一点只有真正民主的国家才能从理论上和实践上做到。现代少数专制国家亦颁布宪法，标榜“保障公民权利”，但公民权利更多是受武力控制，更多是受各种政治势力斗争的影响，或其他方面的牵制。如果我们以此来判断该国是否有真民主来判断是否有宪法，则是本末倒置，因为断定是否有真民主比判断是否有宪法本身更困难。

---

① 许崇德：《中国宪法》，中国人民大学出版社 1996 年版，第 27 页。

② 周叶中：《宪法学》，法律出版社 1999 年版，第 9 页。

但人们越来越意识到宪法的概念影响着对宪法的实质和功能的认定，以及宪法学的研究，甚至是宪政秩序，就不断尝试对宪法概念的重新界定。有学者认为："宪法是分配社会权利并规范其运用行为的根本法。""所谓社会权利，指的是一定社会内一切权利和权力的总和，它由社会成员的权利和国家权力两个基本方面构成。"① 但由于对"社会权利"的理解多有分歧，因此用一个容易引起争议的概念来说明宪法，将给"宪法"之义带来更大的争议。有学者简单认为："宪法是规定国家权力和公民权利分配、行使的具有最高法律效力的国家根本大法。"②

认为从宪法的产生原因和发展历史、从宪法自身的目的和作用、从宪法学的内容来看，宪法的实质是对权力和权利的分配。但是由宪法分配国家权力和公民权利，似乎在宪法的起源问题上不能做出圆满的解释。制宪主体既可以分配国家权力，又可以分配公民权利？这种超乎国家和公民的一种主体是什么，它拥有让国家和公民服从的根据吗？

因此，又有学者认为："宪法是调整公民权利和国家权力之间基本关系的部门法。"③ 这种定义力图强化宪法首先是法，其次才是根本法的观点，强化宪法的法的属性，从理论上为宪法的司法化做准备。但由于国家权力有不同的分工，这个定义扩大宪法的外延，显然它并不能将行政法、经济法等排除在外，难以为宪法划定一个独立的内涵和外延。与此类似的表述认为："宪法就是规定国家权力应如何为公民权利服务的根本法。"④ 该定义具有很强的道德和伦理色彩，与法律的明确可规范分析和操作的概念指向相去甚远。"服务"一词政治色彩强烈。更有学者认为"宪法是调整立政关系即人们在确立国家重要制度和决定国家重大事情的过程中形成的人与人之间的关系的法律规范体系"。⑤ "立政"一词表示人们参与、组织和争夺国家政权的行为和活动，其相应的社会关系就是"立政关系"。在立政关系中，最主要最重要的是立政主体（包括公民和公民代表机关）与施政主体（包括行政机关和司法机关）之间的关系，

---

① 童之伟：《论宪法概念的重新界定》，《法学评论》1994 年第 4 期。

② 尹德龙：《试论宪法的概念》，《法学探索》1996 年第 3 期。

③ 王磊：《论宪法的概念》，《法学杂志》1999 年第 5 期。

④ 吕泰峰：《究竟什么是宪法》，《法商研究》1999 年第 6 期。

⑤ 俞德鹏：《立政关系法：宪法概念的新定义》，《政治与法律》1998 年第 6 期。

其次是不同的立政主体之间的关系和不同职能的施政主体之间的关系。这个定义的确让人耳目一新，可能为宪法学理论体系带来有益的变革。但是我们看到尽管“立政”一词避免了杜撰词汇或生造词汇之嫌，它仍然是不为社会所共识的词汇，因此笔者以为它并不适合定义概念。而且，将宪法最终确立在调整人与人之间的关系上似乎与作者对立政关系本身的解释相互矛盾。不管怎样，宪法概念在不断地发展，传统的宪法概念不断地被突破，“阶级属性”“民主属性”等已经看不到了，甚至“根本法属性”都要在被摒弃之列了。不管是一家之言，还是众人之见，都表明了人们对宪法的慎重，对依宪治国的期盼。就连我国权威版的字典也在突破传统概念方面做出了努力，1998 年修订后的新华字典改变了原有的宪法一词的释义。原释义为：“1. 国家的根本法，反映一个国家中阶级力量的对比，确定符合统治阶级利益的社会、经济制度，国家机关活动的原则，公民的权利义务等。2. 也指某一方面的根本方针原则方法：八字宪法”。现在的释义为：“国家的根本法。具有最高的法律效力，是其他立法工作的根据。通常规定一个国家的社会制度、国家制度、国家机构和公民的基本权利与义务等。”

鉴于上述概念难以完整精确界定宪法的内涵和外延，有学者先分析了其局限性，再试图重新定义。① 指出：传统宪法概念存在三大局限性，即历史的局限性、抽象对象的局限性、定位上的局限性。基于对传统宪法概念的局限性之反思与超越，可将宪法界定为客观秩序和观念秩序相互作用而形成的主权社会的基本规范。这一定义引入了德国法学的概念来高度抽象宪法概念的定义，显然这只是法学分析的一般概念，用此概念同样可以定义“什么是法律”，因此诸如此类的超越难有说服力。

第五节　如何揭示宪法概念

由于研究者的研究方法不同，对于同一研究对象也可能产生不同的认识。中西方揭示宪法概念的方法是有差别的。总体说来，中国宪法学者侧重于对宪法的本质的界定，也即更侧重于对宪法的定性研究，中国

① 梁成意：《传统宪法概念的反思与超越》，《长江大学学报》2009 年第 3 期。

宪法概念内涵主要强调宪法的阶级属性和根本法属性，具有更大的抽象性和较强的理论性；西方学者更侧重对宪法表层功用的阐释，西方宪法概念内涵主要强调宪法对国家政体和对人民同政府之间关系的规定，概念具有更强的具体性、明确性和操作性。[①] 概念是主观对客观事物的反映。完全不含主观因素的概念不存在，完全由主观决定的也不是概念。有人认为中西宪法概念在界定方法上是存在着差异的。中国学者在宪法学的研究中，倾向于下定义、作概念的方法，并且概念规范、全面和严谨。西方学者不倾向于这种做法，即使定义概念，也倾向于从经验的角度，用实证的方法，从现象、内容和外部特征等方面来规范宪法的含义。并认为中国学者界定概念，揭示出宪法的本质，界定的宪法概念具有相当的理论高度，有助于人们从本质上认识把握宪法，但也具有过于抽象、相距操作层面较远的缺点，不利于宪法的更有效地普及和运作。[②] 有学者认为“为了弄明白‘宪法’一词的定义，最好研究一下宪法形式上的性质，即宪法的外在的、可以感觉到的特征”[③]。因为“不可能给宪法下一个实质性的定义”，“对宪法下一个实质性定义的这种方法最终可能是，被某国自己认为是其宪法的文件并不符合宪法的标准。”[④]

如果回到宪法或宪法性法律文本，便会发现，1789 年的法国《人权宣言》就曾宣布：凡权利无保障和分权未确立的社会，就没有宪法。按照这种实质性定义的方法，一些没有确立分权的国家就没有宪法。而很显然这并不能作为一个判断标准，也难以解释其后诸多国家颁布的“宪法”的宪法性。宪法的定义是否有某种形式特征：抑或形式特征和实质要求。

我国传统的宪法概念正是依据这样的思维定式进行定义的。实际上我们基于“经验”地认为一个概念应涵盖众多的内容，但这几乎是不可能的，概念本身也是极容易引起纷争的。为了使我们给出的概念能避免纷争，自然地，我们需要找出目前引起宪法概念纷争的原因，并力图避

① 钱福臣：《中西宪法概念比较研究》，《法学研究》1998 年第 3 期。

② 同上。

③ ［荷］亨利·范·马尔赛文、格尔·范·德·唐：《成文宪法的比较研究》，陈云生译，华夏出版社 1987 年版，第 297 页。

④ 同上书，第 295 页。

免它。宪法概念之所以纷呈迭出，一个很关键的原因就是我们将某种价值因素附加在宪法之中了。那么在宪法中不附加任何价值因素，可不可行呢？我们主观所附加的价值因素是一些基于宪法这一对象诞生之时就应该有的因素，还是随着宪法的不断发展而不断地附加的呢？

由于宪法作为法律，价值判断的主观性和地域性、时代性会削弱涵盖力和共同性及可接受性，只会带来更多的争议。因此，科学的定义是尽量撇开宪法概念中的价值因素。由于不同的角度、不同的历史背景，以及其他种种原因，每个人赋予给它的价值因素各有不同，这种不同必然直接影响相互交流，对宪法共同问题的探讨。意大利的学者萨托利认为宪法可分为保障性的宪法（真正的宪法）、名义性的宪法和装饰性的宪法（或冒牌宪法）。[①] 这种分类"简化"了宪法内涵，就是将价值判断因素排除在外，他甚至可以将那些有宪法形式，而实质上公开宣布某些权力不受约束的法视为宪法；将那些实质上不是宪法，而冒充宪法的法也称作宪法。引起宪法概念纷争的第二个因素就是宪法的功用问题。我国宪法概念大都说明宪法是统治阶级意志的集中反映，这种观点绝对不是偶然为之，而是长期的契约论的观点遇到中国的阶级斗争学说后催生出来的。

基于契约论的认识，契约应是双方的合意，因此不可避免地宪法就成了订立契约的人民的意志的体现。从契约的角度看待宪法之所以广受欢迎，是因为它帮助全体社会成员实现协作，既有秩序，又有繁荣，皆有安宁。契约观念中所隐含的平等精神、权利观念和个人的尊严也常为推崇宪政的人所乐道。

但契约论极容易转化为意志论，而意志论会造成宪法是某种意志的体现，转而是某种意志主体的工具。所以，有学者认为订立宪法是一个协作性行为，并在多方面为社会成员能够共同生活而立序，而并不是像契约那样是为了实现一次交换，或是避免"囚徒困境"。立宪本身是契约行为，更是协作行为。订立宪法可以为以后的契约提供法律或制度上的保障。因此，宪法的功能是解决契约之前的问题，办法是大家相互协作

---

① ［意］萨托利：《"宪政"疏议》，晓龙译，载刘军宁等编《公共论丛——市场逻辑与国家观念》，生活·读书·新知三联书店 1995 年版。

来订立宪法。所以，一些学者试图用建立在社会协作（coordination）与伙伴关系（partnership）基础之上的互进论（theory of mutual advance）来为宪法和宪政提供一种解释性的理论。所谓互进（mutual advance）是指确保个人利益的最佳途径是通过建立和维持一般性秩序来确保总体的相互利益。互进论是关于可行性的理论，而不像契约论那样是关于规范与义务的理论。把宪法看作协作的工具，有两个不同的含义。一是对宪法内容的选择就是一种通过协作与伙伴关系实现互进的产物；二是宪法之所以能良性运转，是人们在宪法之下成功的协作带来的。互进理论是关于人与人、人与政府、人与社会如何协调的规范性理论。如果说成文宪法与契约有类似性，而不成文宪法则更多反映的是柏克所说的伙伴式的协作关系。在互助和协作的格局下，虽然人人都从自身的利益出发，其结果则是总体的互利。互进是衡量一个政体是否合法与合理的关键尺度。一个成功的宪法既是一个契约的成功范例，也是一个相互协作、伙伴关系与互（相促）进的成功范例。从这种意义上说，把宪法看作是契约不无道理，只是需要互进论来补充。宪法是建立在协作与互进基础之上的特殊的契约。①

有学者认为：目前学者们对宪法概念的研究，却有意无意地忽略了这个问题：大多数学者都把揭示所谓真正的宪法概念作为自己的研究任务，放弃了对不同历史时期宪法概念的比较研究。于是，在宪法概念研究中出现了两个教条：一是基于黑格尔传统的宪法的“概念帝国主义”教条，二是基于“社会达尔文主义”传统的“概念激进主义”教条。对宪法概念发展史进行研究，是突破这两个教条的重要手段之一。② 概念的发展虽然能够在很大程度上影响人们的生活，但却绝对起不到代替或控制生活本身的决定性作用。宪法概念在不同时期分别承载着不同的社会任务，这种社会任务也是基于人的基本生活经验提出来的。因此，对宪法概念在不同历史时期的表现进行研究，能够使我们摆脱宪法无用思维和宪法万能思维，在新时期法治建设进程中，实现宪法与人的生活的切实对接。虽然不同时代人们面临的社会问题有很多差异，但同样不可否

---

① 刘军宁：《宪法：是契约，还是互进?》，http：//www. aisixiang. com/data/6817. html。

② 王青林：《宪法概念研究的两个教条及其超越》，《学术交流》2013 年第 3 期。

认的是人们也往往在不同的时代仍然面临相同的问题。如果我们在遇到与古代社会相同或相类似问题的时候，仍然不去寻找前人曾经提出的好的解决办法，而重新创造一个理论或一个方法，一则这个方法能否行得通有待于时间检验；二则既浪费时间又浪费精力，也许在经历了一系列的试错过程后又回归到前人曾经用过的方法；三则即便真能找到更好的理论或方法，这种理论和方法也必然根植于以往的经验或教训，否则这种方法缺乏说服力。因此，对宪法概念进行精确的“宽容的”历史分析也具有十分重要的意义。

(一) 本质分析

概念是反映事物的范围和本质的思维形式。任何反映现实事物的概念都有确定的内涵和外延。内涵是概念对事物的本质的反映，外延是概念对事物的范围的反映。事物之所以成为某事物的规定性，就是事物的质的规定性；事物的范围主要是指事物的量的规定性。

目前我国的宪法概念尚不足以说明我国的宪法现象以及宪政实践，但到底是需要创新还是回归宪法的本质呢？笔者认为在概念问题上应该回归宪法的本质，没有必要在基本概念的内涵上创新。或者换句话说，我们只是不断地挖掘和发现概念的内涵，而不是发明、创造。

王世杰、钱端升先生曾从宪法的形式上和实质上观察宪法的特性，认为所谓实质就是宪法里面所规定的事项，就是宪法的内容。就宪法的实质来说，宪法的特性在于规定国家根本的组织。根据这个标准以立宪法的定义，就是英意等国（当时的不成文宪法国家）自然也有他们的宪法。笔者认为，探讨宪法的概念应突出反映宪法的固有的本质属性，而不是宪法内容和特征的相加，内容只是本质的阐发。

宪法的本质是什么呢？是不是只有阶级本质才是本质？在阶级社会里，许多事物都打上了阶级烙印，特别是涉及各种政治力量可以影响决定的事项。所谓本质，应是某事物成为某事物的质的规定性，是使其独特与其他事物的规定性。因此，阶级属性当然不属于宪法的本质属性。

有学者提出宪法的实质是分权，是宪法内在规律的真实反映，是民主政治的基本要求，是市场经济的必然产物。分权或集权都是不同国家根本组织的模式，是一个国家在各自的发展过程中的选择，而且就目前的集权国家或分权国家来说，其权力的分立和集中的程度也各有不同。

宪法则是一国重要的法律部门，它体现限权的精神，但这种限制国家权力的精神并不必然通过分权来实现。

（二）宪法固有的本质：确立国家权力的实现形式，规范国家权力的运行

宪法自身的固有本质可从宪法的起源、宪法关系、宪法的作用与目的，以及宪法与宪政的关系等方面来考虑。从宪法的起源来看，宪法的产生无不是为了对国家权力的实现方式及运行作出规范。英国宪法素有“宪政之母”之誉，标志着英国宪法产生的《人身保护法》实际上是对王权的限制以及规范司法权力的运作，而《权利法案》的核心内容是限制王权、确立议会至上以及国家的政体——君主立宪制，《王位继承法》则是规定了王权的行使范围以及王位的继承问题。即使是有争议的1215年的《自由大宪章》也是对王权的限制。再看世界上第一部成文宪法《美利坚合众国宪法》，它的七条正文主要是对国家权力的实现方式及其运作进行规定。时隔两年又提出了十条“权利法案”，但它并非是从公民权利的角度规定，而多是从国家权力行使的界限的角度规定的。考察宪法为根本法之演进，人们发现“古希腊、古罗马时期的宪法已经有了较为确定的客观内容，即以国家的政权结构为核心，以构成国家政权的各要素之间的相互关系为关键”，“英国在近代以后将代议制为核心的政权组织称之为宪法（constitution），由美国开创的成文宪法以规定国家的政权结构为核心内容”①。都寓示着宪法最与众不同的属性。从宪法关系来看，宪法所调整的社会关系极其广泛复杂，权威观点认为主要可以归纳为以下几点：②

1. 国家与公民之间的关系。例如，国家保障公民的基本权利和自由；国家政权的组织和活动以全体公民的根本利益为基础；国家机关向公民负责，受公民的监督；等等。2. 国家与国内各阶级、各民族、团体和其他组织之间的关系。例如，国家确认他们在政治生活中的地位，保障他们的权利和利益，并要求他们承担必要的义务，等等。3. 国家机关内部的关系。这是指各类国家机关的组织和活动的原则、方式、程序。4. 国

---

① 王广辉：《宪法为根本法之演进》，《法学研究》2000年第2期。

② 魏定仁：《宪法学》，北京大学出版社1994年版，第16页。

家机关与国家机关之间的关系。主要包括中央与地方之间，上级与下级之间，不同性质的国家机关之间，等等。所以我们发现宪法关系总有一方是国家或国家机关，而主体“国家”比较抽象，它基本上是由实际行使国家权力的国家机关来代表，因此宪法关系无不与国家权力的分配和行使密切相关。

从宪法的内容看，各国宪法最公共的部分就是对国家权力的分配以及国家权力的运行作出规定。“一国有一国的政情；一国人民有一国人民的政治观念；甲国人民所认为应该入宪的事项，乙国人民或认为不须入宪。”[①] 但是对于国家权力的分配以及国家权力运行的载体——国家机关却在每个国家的宪法中都作了详略不一的规定。如迄今法国历史上寿命最长的宪法——1875 年宪法并不是一部形式上像 1791 年的第一部宪法或二战后的戴高乐宪法，而是由《参议院组织法》《公共权力组织法》《公共关系法》三部分组成。而这三部法律文件仅仅是涉及国家权力的分配和行使问题，对于有些问题完全不作规定，但是我们却认为它是法国宪法。其中最重要的原因就是它的规定同宪法的固有本质相一致。从宪法的主要作用和目的来看，宪法的存在主要是对国家权力的实现方式以及其运行产生规范的作用，而对权力制约的最终目的是保障公民权利的实现。也就是我们通常所说的宪法是人民权利的保障书仅仅是由于宪法本身能对国家权力进行制约，避免公民的权利因国家权力的行使受到侵犯或损害，而不是基于对公民权利的保障而实现对国家机关的限权的。宪法是人权的保障书，人权是宪法的出发点与归宿，但这并不能构成人权必须是宪法的一个内容的必然结果。从广泛意义上讲，法治的目标就是人权获得保障。宪法，就其现实存在而言，最基础的内容主要是对国家权力的实现方式以及运行进行规范。当国家权力运行没有按照既定的道路，超越宪法所规范的界限，就会践踏公民权利这块绿地。纵观世界上的宪法无不包含这一内容，为了使国家权力的界限更为具体或者说为了使易被侵犯的公民权利更为突出，有的国家的宪法就包含了公民的基本权利与义务的专门规定。宪法和宪政的关系也是应该注意的一个方面。从理想的社会模式来看，宪政结构上应包括三个要素：①法制，即宪法

① 王世杰、钱端升：《比较宪法》，中国政法大学出版社 1997 年版，第 5 页。

的存在或相当于宪法作用的最高法律的存在。②民主，即社会多数人的民主和对国家权力的制约。③人权，即依一定的政治程序或法律程序而实现的公民权利的保障。[①] 全面理解宪政，则宪政是以宪法为前提，以民主政治为核心，以法治为基石，以保障人权为目的的政治形态或政治过程。[②] 但宪法又不是检验一国是否有宪政的唯一条件。如在旧中国中的《钦定宪法大纲》、袁记约法、贿选宪法时期，是没有宪政的。因此我们在理解宪法概念时应注意与宪政的不同，我们追求富有宪政精神的宪法，因此这种价值观可能会影响我们对宪法本身的认识。历史上有许多部宪法，但并不是每个历史阶段都有宪政。所以如果我们将道德观强加于宪法概念，一再强调“良宪才是宪”[③]时，横向比较或纵向研究都将带有先验主义色彩，很大程度上影响研究结果的客观性和公允性。笔者认为，在探讨这一问题时，人们通常认为“宪法的产生要大大地早于宪政观念及其标准的产生”这在很大程度已说明宪法很早就有了，没有体现宪政的宪法也是宪法。宪法本身并不必然包含价值因素。所以宪法固有的本质属性为：确立国家权力的实现方式，规范国家权力的运行。

（三）宪法概念的界定

将宪法最后定位在“根本法”还是“部门法”，或是笼统的“法律规范”呢？笔者以为将宪法定位在根本法地位，仍然是不容怀疑的。美国独立战争时期著名的思想家潘恩将其定位在“政治圣经”和社会团体的章程；马克思、恩格斯则认为其是“法律的法律”，是道德之母；社会主义国家的宪法学则普遍将宪法区别于普通法律的属性概括为国家的根本大法。不过，如果将“根本法”作通说中的理解，仍然有悖于宪法的本质属性。通说中，对根本法属性的解释往往是将宪法放在与同一法律体系之下的其他普通法律相比较的层面上，因此得出宪法“内容上广泛、全面、重大”“法律效力最高”“制定和修改程序严格复杂”等特点。这种解释不足以说服人们产生宪法为根本法的印象。

日本著名宪法学家对宪法定义的视角和分析具有启示性[③]。他认为：

---

① 林喆：《宪政概念的辨析》，《中国法学》1993 年第 2 期。

② 李龙、周叶中：《宪法学基本范畴简论》，《中国法学》1996 年第 6 期。

③ ［日］杉原泰雄：《宪法与立宪主义》，王云海译，《国外法学》1988 年第 4 期。

“宪法”一词多在以下几种意思上使用：一是实质性宪法。有时“宪法”一词用于表示规定国家组织、作用的根本原则的根本性法规范（基本法规范）。这时，因系着眼于该法规范的性质、实质，所以，可称为实质性宪法。当该法规范是否标明系“宪法”或“基本法”；是否被法典化〔即：是以宪法典（成文法）还是以习惯法形式，或者是两者混合的形式存在〕，具有什么样的效力，即是否具有优于通常法律的最高法规效力；基于何种原理而构成等都不成为问题。这种意义上的宪法是所有国家必然共有的东西，并非近现代国家所独有。二是形式性宪法。“宪法”一词有时用来表示标有“宪法”“基本法”名称的法典。这时，因系着眼于法典的名称，可以称为形式性宪法。由于宪法典是近代以后才出现的，所以，在这种意思上使用“宪法典”一词也是近代以后的事情。如果说近代以后的宪法典是为追求“实质性宪法”的法典化而出现的话，那么，形式性宪法通常则以实质性宪法为内容。当然，形式性宪法中也含有属于实质性宪法范畴以外的规定。另一方面，实质性宪法是指关于国家政治运行中必然出现的所有问题的规定，形式性宪法不可能将其全部包括。三是近代意义上的宪法。“宪法”一词有时用于专指作为近代市民革命的结果而出现的近代市民宪法，即指：以自由主义、个人主义为其基本思想，以经济自由权为核心的基本人权保障、国民主权、权力分立为其基本原理的宪法。这样的宪法概念萌芽于17世纪的英国，成长于18世纪的美国和法国。1789年的法国人权宣言规定：“所有政治性结合的目的在于保持不因时效而消失的人类的自然权利，这些权利是自由、财产、安全及对压制的抵抗”（第2条）；“所有主权的渊源当然地存在于国民之中。任何团体、任何个人不得行使明显地并非来自于国民的权威”（第3条），“法律为一般意思表明，在其制定时，所有市民都具有直接或通过其代表者进行协力的权利。法律无论给予保护时还是施于惩罚时对所有市民必须一视同仁”（第6条）；“所有权为神圣不可侵犯之权利，除非经法定手续认定为明显必要，且在事前给予正当的赔偿的前提下，任何人不被剥夺其财产”（第17条）。在做了上述规定后又指出：“在权利不被确保，权力分立不被规定的所有社会中没有宪法”，因此，在这里近代意义上的宪法概念已经被正式提出，能称之为宪法的东西必须具备一定的原理，不具备一定的原理时，即使有标着“宪法”名称的法典存在，也不能视为宪法。即：只有具备一定的原理的“形式性宪法”才能被称为宪法。

事实上，宪法之所以称之为宪法，乃是因其具有区别于其他法律的根本属性所决定的。宪法的根本属性，在于一切国家权力的实现方式都根据宪法而确立，一切国家权力的运行都必须依据此根本法。意即统治阶级实现国家权力唯有根据宪法才能获得合法性方式，同时由于国家权力的分工而依宪产生的一切权力包括立法权、行政权、司法权也都必须遵循宪法铺设的轨道而运行。我们平常所说的“宪法是法律的法律”，只是对宪法在国家权力的一个领域里的阐释，只是宪法在立法权力上的效力使然，是指立法机关行使立法权必须依据宪法，宪法是普通法律的立法依据或立法基础，宪法成为衡量所有法律的最高标尺。行政权也是宪法的产物，它具体的运行方式包括行政管理、行政立法都以宪法为最高的准则，不仅在程序上以宪法为至上，而且在实体上也应符合宪法的精神和原则。司法权也是基于宪法的赋予而存在，司法机关同样也是基于宪法的授权而专门享有司法权力，它不能僭越立法权也不能受制于行政权。同时不需要在“根本法”前加上其他的限制语，马克思主义法学家认为法具有阶级性，宪法是法，同样有阶级性，因此不必在概念中另外明示。关于前述传统宪法的概念中的其他种种附加要素，这里也一并摒除，原因不再重复。

综上所述，宪法可以界定为“宪法是确立国家权力的实现形式，规范国家权力运行的根本法”。那么是否会有人提出疑问，即这样的概念是否回归到了近代宪法的含义？笔者认为问题不在于概念本身与哪种时期的宪法含义接近，而是在于它是否是宪法的本质特点。当我们断定一种规范性文件是否是宪法的组成部分时，我们是否是基于这样一个重要的标志来进行判断。现代宪法中其他内涵如果缺少了，我们是否仍会称之为宪法，而当它缺少对国家权力的实现形式的确立以及规范国家权力运行的内容时，我们还会认为它是宪法吗？掌握了宪法的本质属性，就不必为非本质属性是否必须涵盖而争论不休了。因此对不同国家的宪法选择涵盖不同的非本质属性，就理应宽容地看待。在这样的一种宽容精神的指导下，宪法的交流才可以顺利地进行。

第六节　新的宪法概念的意义

新的宪法概念避免了传统宪法概念的缺陷，并能为我们解释很多困惑，同时对于宪法学的研究能提供有益的帮助。比如，该概念对研究宪法的起源有很大的作用，尽管大家公认“宪法”（constitution）一词古已有之，但作为国家根本法意义上的宪法却是伴随着资产阶级民主革命的胜利、资产阶级政权的建立和资产阶级民主制度的确立而出现的。它的产生有着深刻的历史和经济、政治、思想文化上的条件。而《牛津法律大辞典》中的宪法概念则为：“宪法（constitution），指某一特定政治社会政府的基本政治和法律结构，解决诸如国家首脑、立法、行政和司法机构，它们的构成权力及关系之类的事项。每个国家都有宪法，因为每个国家都是依据某些原则和规则进行运转的。”① 如果根据新的宪法概念，则可以认定宪法的起源很早，有国家就有了宪法。对历史上宪法词义的演进可以做出合理的解释。也可以解释古希腊亚里士多德《政治学》中的“政体”了。明确宪法概念的本质属性还对宪法分类的研究有启发作用，如果我们认定宪法是资产阶级革命的产物，那么在资本主义国家建立以后社会主义国家建立之前，也应该有一种科学的分类。在我们所受的教育中，马克思主义宪法学者将宪法分为资本主义宪法与社会主义宪法是一种科学的分类，因为它揭示了宪法的本质属性，即阶级属性。但是从17世纪70年代到1918年的两百多年间存在的宪法的本质属性又是什么呢？如果我们能对宪法的概念有一个较准确的把握，那么或许我们能对历史上的宪法分类持更公允的态度。而且还可以依照其他的标准对宪法进行分类，这样有利于拓展研究宪法的视角。比如，根据宪法运行过程中的表现形态将宪法分为现实宪法、观念宪法、成文宪法，② 就是一种对宪法学研究极有启发的一种分类。

明确宪法概念的实质属性还有助于理解整个宪法体系，如宪法性法律、宪法惯例、宪法性法院判例等。由于宪法概念并未将宪法自身的独

---

① 《牛津法律大辞典》，光明日报出版社1989年版，第200页。

② 刘茂林：《宪法教程》，法律出版社1999年版，第45页。

特的属性表现出来，所以在教学实践中对“宪法性法律”的解释往往让人陷于尴尬的局面，如“宪法性法律规定的内容是国家根本问题，但不是根本问题的全部，只是某一个或某一方面的根本问题”①。而讲到宪法与同一法律体系之下其他法律在内容上相比较的特点时却已提到“其他法律则不同，它们规定的内容是国家生活中一般性的问题，而且只涉及国家生活某一方面”②。因此同时规定国家问题的一方面，那么何谓根本，何谓一般，何谓宪法性，何谓非宪法性，则不是容易讲清楚的。对许多人似乎是不言自明的，实际上我们内心是否已经暗含了这样的一个判断：某一法律是否为宪法性法律主要是看这项法律是否调整着与实现国家权力有关的带有根本性的社会关系方面，是否调整着社会制度和国家制度的基本原则？

新的宪法概念不仅对宪法理论、对宪法学的更新产生积极影响，还会对宪政实践产生指导作用。明确宪法概念有利于正确认识宪法所调整的社会关系，并为构筑宪法诉讼关系，为宪法司法化奠定了理论基础。一旦国家机关行使权力超过了法定的界限，并侵犯了相对一方的权利，则受侵害者即可以依据宪法提起诉讼，裁判机构亦可根据宪法判断合宪与违宪。宪法将是公民评价行使国家权力的主体行为是否合宪的标尺。但公民可以直接依据宪法获得权利的保障，宪法就和“人民自由的圣经”相去不远了。按照传统的划分法律部门的标准，每一个独立的法律部门都应该有自己所调整的社会关系，而且这种调整应有司法保障。这同时意味着这种法律规范可以进入司法适用。所以当我们的目光不再停留在宪法的政治性特点上而是开始放在宪法法律关系上面，解决宪法关系的冲突自然可进入诉讼渠道。

明确宪法的概念有助于把握宪政的内涵，理解将宪政作为法治国家的首要追求的必要性，那么对于依法治国的着眼点就更为清楚。依法治国首要的是规范行使国家权力的国家机关，要求严格依法行使宪法授予的各项权力。

新的宪法概念还对我国参与法律全球化产生积极作用，因为新的宪

---

① 刘茂林：《宪法教程》，法律出版社 1999 年版，第 25—26 页。

② 同上书，第 4 页。

法概念主要是抽出了所有的宪法的共性，所以，它更能促进各国之间的交流。尽管在政治意识形态领域里，我们还有自己的一些与他国不同的理想和信念，但当我们过多地将政治色彩带入法律中时，可能会在一定程度上影响我国法律全球化的进程。

新的宪法概念还可统一人们的思想认识，不再“泛宪法化”（这里意在强调将许多本不是宪法领域而强加在宪法领域，使得宪法领域过于庞杂，没有贯穿始终的线索）。新的宪法概念能够使宪法的“限权”精神更加突出，增强人们对宪法的控制政府、保障人权的认识，以形成维护宪法、尊崇宪法的习惯，在某种程度上促进宪法权威的普遍树立。

第二章

中西宪法思想的演进与检视

第一节　近代以前的宪法思想

一　古希腊的宪法思想

从实质意义的宪法源流看，古希腊孕育了近现代宪法思想的核心内容和思想萌芽。[①]

（一）苏格拉底的宪法思想

苏格拉底的宪法思想主要体现为对民主的反思、对法律和司法判决的尊重但同时又以实际行动诠释了近现代宪法所十分珍重和极力保障的言论自由的价值。这些集中体现在对苏格拉底的审判和执行死刑的事件中，这是除了对耶稣审判处死外，西方文明发展史中最具影响的文化事件之一。围绕苏格拉底审判，从中不难管窥西方法治和宪法形成的基因。

1. 强调守法与尊重司法

公元前 399 年，年已七旬的古希腊哲学家苏格拉底被控不信城邦神、引入新神，腐蚀青年两项罪名，在雅典的一个公民法庭被判处死刑。他的死在当时就曾引起极大的反响，一些人在其死后若干年，分别追述了苏氏在审判中的申辩，为其鸣不平，但大都散失了，只有柏拉图和色诺芬的作品较为完整地留存至今。另外，控告者的诉状从未发表过，双方的

---

① 恩格斯说：“在希腊哲学的多种多样的形式中，差不多可以找到以后各种观点的胚胎、萌芽”，《马克思恩格斯全集》第 20 卷，人民出版社 1971 年版，第 380 页。黑格尔也曾说：“今生，现世，科学与艺术，凡是满足我们精神生活，使精神有价值、有光辉的东西，我们知道都是从希腊直接或间接传来的。”［德］黑格尔：《哲学史讲演录》第 1 卷，贺麟、王太庆译，商务印书馆 1959 年版，第 157 页。

辩论都是口头的，也没有现场记录，甚至色诺芬当时并未出席审判，因此，记述的只是大意而已。但审判无疑是严格依照雅典的诉讼程序进行的。苏格拉底悲剧性的死亡在后世不仅被用来和耶稣的殉难相提并论，还被认为是以言论自由著称的雅典民主制的污点，一直令古今学者难以释怀。但从政治法治的视角看，更令后世震撼和学习的是他面对死亡所表现出的尚法守法精神。

从判处苏格拉底死刑到执行死刑有将近一个月的间隙，苏格拉底的朋友利用这段时间制订计划，想营救苏格拉底出狱，让他离开雅典。克里托是苏格拉底忠诚的老朋友，他在某天傍晚得知那艘大船就要到达雅典的消息，于是在第二天清晨去了监狱。他把营救计划告诉了苏格拉底，劝说苏格拉底同意让他的朋友们来救他。要贿赂狱卒很容易，克里托自己有足够的钱用来解救苏格拉底，还有其他许多朋友也乐意奉献。并且当局也乐于睁一只眼闭一只眼，期待着他们之中的一些人现在已感到后悔的判决不能付诸实施。雅典并非苏格拉底唯一可以幸福生活的地方。他在别的地方也可以找到自己的朋友。面对克里托的劝告，苏格拉底问他用以恶报恶的手段来保护自己是否正当，对他的判决肯定是不公正的，那么他违反法律而逃跑就是正确的吗？如果个人可以置法律于不顾，那么会给国家造成什么状况？人在任何情况下都必须服从他的国家的法令，除非他改变对法律的看法。

苏格拉底守法的理念集中体现在反驳克里托准备帮他逃离雅典的想法的论述中，他借法律之口说："苏格拉底，你想干什么？你想要采取的行动表明你想在你的能力范围内摧毁我们，摧毁法律和整个国家，你能否认这一点吗？如果公开宣布了的法律判决没有效力，可以由私人来加以取消或摧毁，那么你能想象一个城邦会继续存在而不被颠覆吗？"① 对于判决，苏格拉底借法律之口接着说："如果你不能说服你的国家，那么你就必须服从它的命令，耐心地接受她加诸你的任何惩罚。"② 如果逃跑，法律就会说："尽管你是在没有压力和误解的情况下与我们订立协议的，

① ［古希腊］柏拉图：《柏拉图全集》第1卷，王晓朝译，人民出版社2002年版，第44页。

② 同上书，第45页。

也不是在有限的时间内被迫作出承诺的，但是实际上你正在破坏这个协议和违反你的诺言。如果你对我们不满，或者感到协议不公平，那么你在这 70 年里都可以离开这个国家。”[①] 苏格拉底一生没有离开雅典，这说明他对法律的感情比其他任何雅典人都要深厚。而“一座城市如果没有法律，还有谁会在乎它呢？”[②] 并且破坏了法律会带来许多的恶果，法律说：“请你想一想，你做这种背离信仰和玷污良心的事会给你和你的朋友带来什么好处？显然，放逐、剥夺公民权、没收财产的危险都会延伸到你的朋友头上。至于你自己，如果你去了邻国，比如去底比斯或麦加拉这两个政法修明的国家，那么你会成为它们的政府的敌人，所有爱国者都会用怀疑的眼光看着你，把你当作法律和政令的摧毁者。随后，你的行为就证明审判你的法官们的看法和判决是正确的，破坏法律的人完全有可能对年轻人和蠢人产生毁灭性的影响。”[③] “如果你用这种可耻的方式逃跑，以错还错，以恶报恶，践踏自己与我们订立的协议和合约，那么你伤害了你最不应该伤害的，包括你自己、你的朋友、你的国家，还有我们。到那时，你活着要面对我们的愤怒，你死后，我们的兄弟、冥府里的法律也不会热情欢迎你，因为它们知道你试图尽力摧毁我们。”[④]

苏格拉底的弟子色诺芬这样评述苏格拉底：“在他的私人生活方面，他严格遵守法律并热情帮助别人；在公众生活方面，在法律所规定的一切事上他都服从首长的领导，无论是在国内或是从军远征，他都以严格遵守纪律而显著地高出于别人之上。……当他因米利托斯的指控而受审的时候，别的被告都习惯于在庭上说讨好法官的话，违法地去谄媚他们、乞求他们，许多人常常由于这种做法而获得了法官的释放，但苏格拉底在受审的时候却决不肯做任何违法的事情，尽管如果他稍微适当地从俗一点，就可以被法官释放，但他却宁愿守法而死也不愿违法偷生。”[⑤] 在

---

① ［古希腊］柏拉图：《柏拉图全集》第 1 卷，王晓朝译，人民出版社 2002 年版，第 47 页。

② 同上书，第 48 页。

③ 同上。

④ 同上书，第 49 页。

⑤ ［古希腊］色诺芬：《回忆苏格拉底》，吴永泉译，商务印书馆 1984 年版，第 161—162 页。

分析斯巴达强大的原因时，他对希皮阿斯说："如果不是在斯巴达最牢固地建立了守法精神，他就不可能使斯巴达和别的城邦有什么不同吗？你难道不知道，那些最能使人民守法的城邦领导人是最好的领导人，那些拥有最守法的人民的城邦，在和平时期生活得最幸福，在战争时期是不可抵抗的吗？而且，对城邦来说，同心协力是最大的幸福！这样的城邦的议会和首长们经常劝导他们的人民要同心协力。在希腊到处都有要求人民立誓同心协力的律法，而到处人们也都在立誓这样做。"① 他说："凡人民遵守律法的城邦就最强大，最幸福，但如果没有同心协力，任何城邦也治理不好，任何家庭也管理不好。作为一个人民，除了遵守律法，还有什么方法能够使自己少受城邦的惩罚、多得到国人的尊敬呢？还有什么方法能够使自己在法庭上少遭失败、多获得胜利呢？人们愿意信任并把自己的钱财或子女托付给谁呢？除了按法律行事的人以外，全城邦的人还能有谁是更值得信任的呢？"②

苏格拉底把法律想象为人格化的存在，遵守法律是基于厚重的道德意味的"约定"的义务，这种"约定""是一种暗含的，但其约束力丝毫不弱的契约"③。如果苏格拉底越狱逃生的话，这种不守法的行为就是"以你的欺骗行径败坏了法律和整个城邦"。纵然法律不公也要以生命的牺牲为代价去遵从之，这一堂吉诃德式的决定赋予作为国家和城邦之根基的约定和契约以特别的力量。面对不公的判决，苏格拉底进行了申辩，但也选择了服从；面对不公的死刑判决，他选择了服从而不是逃离。苏格拉底的悲剧正是体现在这里，但同时公民的法治理念也因此被赋予了更厚重的道德色彩、价值意蕴和神圣意义。事实上，现代西方法治社会也普遍认同："即使一个社会在原则上是公正的，也还可能产生不公正的法律和政策。"④ "如果他决定他必须违反法律，那么，在承认他对于他的

① ［古希腊］色诺芬：《回忆苏格拉底》，吴永泉译，商务印书馆 1984 年版，第 165—166 页。

② 同上书，第 166 页。

③ ［爱尔兰］J. M. 凯利：《西方法律思想简史》，王笑红译，法律出版社 2002 年版，第 15 页。

④ ［美］罗纳德·德沃金：《认真对待权利》，信春鹰、吴玉章译，中国大百科全书出版社 1998 年版，第 246 页。

同胞们的责任虽然很大，但是不能泯灭他的宗教和道德上的责任的情况下，他必须接受国家所作的判决和给予的惩罚。”① 我们有权利遵从自己的良知，但是在法治的社会我们从行为上更有义务服从法律，因为，如果我们的行为构成了对法律的不尊重，而没有受到谴责和惩罚时，这也是鼓励别人不尊重法律，一个社会不能容忍不尊重法律的倾向。

美国当代著名法哲学家博登海默认为，“在我们生活的这个时代，那种认为非正义的法律就不是法律的观点，已很少为法律哲学家或法庭的法官所赞同。这种理论有着明显的缺陷。一项制定法是否‘违背理性’往往是十分不确定的，而且有关一项特定法规是否公正与合理的问题，人们也往往会产生广泛且重大的分歧。如果公开承认人们有权无视、废弃或不遵守一项非正义的法律，那么这些情形就会置法律制度的确定性与权威性于一种无法承受的压力与重负之下”②。“在一个民主的制度之下，或者至少在原则上尊重个人权利的民主制度之下，每一个公民都负有必须遵守全部法律的基本的道德义务”③。

2. 倡导和践行言论自由

民主的理性基础是什么？民主理论假定：既有人群中的大部分人以及每个人身上的大部分品行是合理的，值得肯定的。由此构成社会的基本规则：人格平等、权利平等、容忍弱点，从而使人人享有言论自由。民主社会降低了人的同一性，却保护了人的差异性，在法律保护言论自由的同时，公民更能自觉守法，从而也更确信法律至上的权威。

苏格拉底主张和实现自己的言论自由，却不容忍他人（人类）的弱点。他极尽言辞和修辞（嘲讽、引诱等手段）揭露自作聪明者，证明他们愚痴。应该说他是主张智者或哲学家来统治的，但他的言论自由却侵犯了其他公民的人格尊严和言论自由。由于雅典民主是缺乏法治的民主：它可以容忍苏格拉底的言论，只要社会和平，秩序井然，但一旦其言论

---

① ［美］罗纳德·德沃金：《认真对待权利》，信春鹰、吴玉章译，中国大百科全书出版社1998年版，第246页。

② ［美］E. 博登海默：《法理学：法律哲学与法律方法》，邓正来译，中国政法大学出版社1999年版，第337页。

③ ［美］罗纳德·德沃金：《认真对待权利》，信春鹰、吴玉章译，中国大百科全书出版社1998年版，第246页。

自由之果是"毒果"而致雅典民主制度变性、国家颜面丢尽（战争失败或判国者是其教化之果），苏格拉底的言论自由也寿终正寝了。所以，雅典人忍耐苏格拉底的言论自由直到他70岁，直到忍无可忍。当然如果是现代民主社会，忍无可忍也得忍，就是国家处于非常时期，限制言论自由也不会罪及生命权的剥夺。所以，苏格拉底追求和践行言论自由的言行是西方法治史上不可多得的遗产。

3. 对民主的反思

宪法以民主为前提，也是民主的最有力的保障。但宪政所追求的民主不是一切事务赋予简单的多数决的民主。苏格拉底的死直接源于501个普通公民组成的陪审法院的判决，即绝对民主的司法，无基本法律制约的民主司法，受缺乏理性、受情绪控制的司法，完全民主而非充分正当性的司法程序让苏格拉底停止思想，所以苏格拉底之死带来对民主与司法的反思。苏格拉底反思当时雅典泛化民主带来的危险，因为民主也有其适用的范围，他曾说，"用豆子抽签的办法来选举城邦的领导人是非常愚蠢的，没有人愿意用抽签的办法来雇用一个舵手，或者建筑师，或吹笛子的人，或任何其他行业的人，而在这些事上做错了的话，其危害要比在管理城邦事务方面发生错误轻得多"。这种在当时难以被接受的民主思想，甚至是导致不公审判的诱因，但也恰好反映出它具备了现代的政治民主性格。在审判不公又可以逃生的情况下，他从容而平静地选择了死亡。他以自己的牺牲唤起了雅典公民的自身的觉醒，他是以雅典公民的身份与雅典公民来斗争，在他身上表现出的是一个富于政治责任的公民的色彩，他的言行体现了民主社会一个公民应有的责任和品格。他自称是叮着雅典的"牛虻"："我是神特意赐给本邦的一只牛虻，雅典像一匹硕大的骏马，日趋懒惫，需要刺激。神让我来这里来履行牛虻的职责，整天到处叮着你们，激励、劝说、批评每一个人……"尽管雅典这匹硕大的骏马，给他开了一个恶劣的玩笑，把他碾碎了，但他坚持哲学和民主的知识路线，留给一千多年后鼓励公众参与宪法普及的经典先例。

4. 守法就是正义

苏格拉底认为"守法就是正义"。[①] 正义也就是守法，两者本身是一

① ［古希腊］色诺芬：《回忆苏格拉底》，吴永泉译，商务印书馆1984年版，第164页。

回事。他还区分了“王政和暴政”，“在人民的同意下按照国家法律统治他们是王政，而不受法律控制的统治者的意志强行对不愿意的臣民进行统治则是暴政”。

遵守法庭的判决是对正义的践行，在他看来，向审判官求情，乞怜释放，总不是正当的事，只可向他剖白，说服他。审判官坐在法庭上，是要判断是非曲直，不能枉法徇情；他发誓不凭自己的好恶施恩报怨，只是依法判断。所以，“我们不可使你们背誓成习，你们也不可自己背誓成习，否则你我双方都做了不敬之事”。同样，苏格拉底也极其反对用民愤来左右审判的做法。他曾在处理“十大将未收阵亡兵士之尸”一案中，毅然强顶民愤，“虽恐吓万端，他全不顾”，始终依定法办事。更有甚者，在他的“自辩辞”中还故意不顾生死地挑起民愤，用这种极端的方法来发泄自己对按民愤办审案件的不满情绪。尽管苏格拉底认为对自己的审判有许多不公之处，但他还是以自己的死向人们宣示了这样一个观点：法律是人世间最后的裁决。

由于时代的限制，苏格拉底也谈到人定法与神法的关系，他认为高于人法的神法是“不成文法”，而且人法和神法间还有一种玄妙的关系，它通过道德系统的黏合而表现出来。苏格拉底那种“不死”的昭示便暗含于这种关系之中：既可以不断提升、完善既定的人法，又不使之被颠覆而无序；既能使法律追求道德，又不使之被道德左右而成为伦理法。这种思想为后来西方宪法产生提供超验正义依据埋下了伏笔。[①] 更为重要的是，苏格拉底的思想为柏拉图和亚里士多德继承和发展，形成了古希腊和西方文明史上的学术奇观，也奠定了西方法治文明的底色。

（二）柏拉图

柏拉图是古希腊伟大的哲学家，也是全部西方哲学乃至整个西方文

---

① 在西方学者看来，西方宪法的产生和发展与宗教关系紧密，尤其是宗教信仰自由的确立和在国家、公民生活中的分殊与纠结。有学者认为，西方宪政论是基督教文化的一部分，及至现代的信念，也认为一切文化现象都应被视为一整套相互关联的价值观、利益和信仰的体系的呈现。正义的理念是一种超验的实在。在古希腊时期，宗教是与政治秩序紧密相连的。宪法旨在维护具有尊严和价值的自我，因为自我被视为首要的价值，这种自我的优先，根植于基督教信仰。参见［美］卡尔·J. 弗里德里希：《超验正义：宪政的宗教之维》，周勇、王丽芝译，生活·读书·新知·三联书店 1997 年版，第 1—16 页。

化最伟大的哲学家和思想家之一，他和老师苏格拉底，学生亚里士多德并称为希腊三贤。在其众多著作中，《理想国》代表了他对政治和社会的主要理想，而《法律篇》则是面对现实所写成的有关法治的著作。其政治法律思想主要包括：

1. 两种正义论

柏拉图的哲学基础是理念与现实的区分，在柏拉图看来，世界由“理念世界”和“摹本世界”两部分组成。理念是精神的，是第一性的，尽管它是无形的，但它是万物的根源，是永恒不变的真实存在；而摹本世界，则是有形的、虚假的、变化不定的，只能算是理念世界的影子。人由于分享理念程度的不同，相应地便分别具有了金（哲学家→智慧）、银（勇士→勇敢）、铜铁（生产劳动者→节制）的三种不同的性质，与此相应也就具有不同的类型和品质。但节制的品质不仅应当为生产劳动者所拥有，也应当成为所有三种人都应具备的品质，因为一个国家必须保持和谐协调，只有当人们各尽其职、各守其位时，国家才可能产生“正义”的品德，成为正义之国。当个人的三种品质（欲望、激情和理智）在个体中协调运行秩序井然时，个人就成了正义之人。这意味着理性支配欲望，精神支配肉体；所以，从这个意义上说，柏拉图所说的正义就是一种道德正义。

道德正义能否实现依赖于人品中的“较善”和“较恶”部分的作用大小，如果一个人接受不良的教育，或者受坏人的熏染，恶性就会膨胀，此时就只好服从外在的权威，这个外在权威就是法律。

对于柏拉图来说，法律就是一种社会行为准则，它是公道与正义的标志。但是，法律的正义与道德正义不完全相同。法律正义是“诉讼正义”，是指通过法律机器的正常运转而获得的后果或判决。因此，法律正义是为道德正义服务的。

2. 人治优先观

柏拉图心中最理想的国家和社会是“哲学王”通过知识进行统治的国家和社会，而法律只是第二好的。哲学家的统治优于法律统治的地方和理由主要表现为：（1）哲学家所掌握的是一种真理，它比国家机关所制定的法律要高明得多；（2）“法律者强者之所好”，而现实中的法律并不必然体现正义，而恶法并非真正的法律；（3）法律是刻板和固定的，而政治本身是柔性的。而哲学家的知识可以随机应变；（4）一切社会都需要和谐，而这只有哲学家通过智慧才能达到这一目标。他推崇哲学王的统治，认为“没有任何法律或条例比知识更有威力”，但由于这种乌托邦的理想社会在现实中根本无从实现，加之本人晚年遭监禁和放逐，转而从现实出发，他强调人类必须有法律并且遵守法律，否则他们的生活将如同最野蛮的兽类。在这一思想指导下，他在 12 卷的《法律篇》中，设计了他的“第二等好”的城邦，包括地理环境、疆域大小、人口规模与来源、国家经济生活、阶级结构、政治制度、法律等细则。如，在国家体制上，他认为“独裁制是最方便的起点，其次是君主制，再次是民主制，寡头制列在第四位”①。所有的体制都需要法律，并且“无论现存体制是什么样的，法律都应当照看它的利益，它的长治久安，要反对瓦解”②。这种“宪法国家”是仅次于理想国的最好的国家。尤为可贵的是他提出，妇女和男人应该得到同样的尊重和训练。

3. 系统法制观

在柏拉图看来，法律正义的实现是一个从立法原则到具体法律的制定再到守法的十分严谨、协调的系统和完整过程。对于立法原则，他认为，根本的原则是依照公正的理念制定法律，并以全体人民的幸福为依据。而当“法有着正确的目标”就会影响“乐意守法者的幸福”③。就立法的重点而言，着重于培养公民的法律精神。而具体立法是一个“清刷”的过程，即必须对原来的旧制度和人们的品质清洗一番，方能制定出新的法律。在立法时，先应当确定宪法大纲，然后是制定法律和规章。要使制定出的法律和规章产生一个有力的效果，守法是关键，执法监督是保障。他借雅典人之口说，“完成立法后，立法者会为整个法律体系设立卫士，有些卫士拥有智慧，有些卫士拥有真正的信仰，最后由理智来把整个体系融为一体，使之服从节制与正义，而不是服从财富和个人的要

---

① ［古希腊］柏拉图：《柏拉图全集》第 3 卷，王晓朝译，人民出版社 2002 年版，第 469 页。

② 同上书，第 473 页。

③ 同上书，第 374 页。

求。”[①] 为此，他从历史的角度追溯了人类社会的发展历程，认为国家形成于契约。而契约的核心就是对法律的遵守，这就意味着，只有守法的美德才是符合国家的本性的。对于有意志的公民来讲，法律的统治并不具有强迫性，而是体现了国家的良善愿望。他认为：“如果法律能完全导致至善或至少是能部分地达到这样的目的，这些法律我们都应该执行。”要确保守法，就必须对公民进行法制教育，同时法律要拥有权威，国家官员的权力必须受到约束，所谓良法须由良吏来执行。

总之，柏拉图的法治主义思想不仅是深刻的，而且对西方近代法治主义的复兴具有深远的影响，并成为罗马法的重要思想基础；尽管最好的政治是难以实现的，而防止最坏的政治是可能的，其最好的路径是运用至高无上的法律进行统治。另外他的关于“混合政体”的研究以及“分权原则”的论述，被学者誉为三权分立的原型。他的集体主义方法论也开创了后世以集体为单位研究国家、法律学说的先河。当然，他的思想也有其局限性，如个人只是城邦的工具和手段，并无独立存在的价值。

（三）亚里士多德

亚里士多德是古希腊百科全书式的思想大家，曾师从柏拉图。其宪法思想主要体现在《政治学》《雅典政制》《尼克马可伦理学》等著作中。其宪法思想主要有：

1. 法律正义论

亚里士多德认为，城邦以正义为基础，由这种正义衍生出法律，以判断人间的是非曲直。正义是指人们在社会关系中所产生的一种美德。正义和不正义含有两种意思：一是指能否服从纪律；二是指一个人所取得的东西是否是他应当得到的。正义又可分为“普遍的正义”和“个别的正义”两种。其中“个别的正义”又分为“分配的正义”和“平均的正义”两种。“分配的正义”就是求得比例的平等，这种正义是从人的不平等性出发的，而这种不平等性是自然造成的，是固定不变的。至于“平均的正义”就是指人们之间的平等关系。这种正义是以人的等价性为

---

① ［古希腊］柏拉图：《柏拉图全集》第 3 卷，王晓朝译，人民出版社 2002 年版，第 375 页。

依据，使相互利益等同。①

法律是建立在正义基础之上的，由正义延伸出法律。正义的原则寓于实体法之中。自然正义导致了自然法的形成，而这成为国家制定实在法的依据。

2. 法治主义理论

亚里士多德最早对法治的内涵进行了精辟的阐释。他认为，法治包含两重意义：已成立的法律获得普遍的服从，而大家所服从的法律又应该本身是制定得良好的法律。② 这就是说，所谓法治，即良法与守法的结合。

法治具体体现在三个方面：（1）立法方面，他强调立法必须遵守以下原则：一是反映中产阶级的利益；二是研究国家的情况；三是考虑对公民尤其是青少年加强教育；四是灵活性与稳定性相结合。（2）执法方面。国家执政人员要严格执行法律。法律有明确规定的，应严格依法执行；法律规定不明确的或没有规定的，必须按照法律的原则来公正地处理和裁决案件。（3）守法方面。守法是法治的关键。国家必须加强对公民守法观念的培养和训练。所以，“虽有良法，要是人民不能全部都遵循，仍然不能实现法治”③。亚里士多德认为，“最重大的一端还是按照政体（宪法）的精神实施公民教育”，④ “即使是完善的法制，而且为全体公民所赞同，要是公民们的情操尚未经习俗和教化陶冶而符合于政体的基本精神（宗旨）”，则“终究是不行的”⑤。“公民们都应遵守一邦所定

① 亚里士多德认为，平等：一是数量平等，即各人所得到的事物在数量和容量上与他人所得的相等；二是比值平等，即根据各人的实际价值按比例分配与之相衡称的事物。政治权利的分配必须以人们对于构成城邦各要素的贡献的大小为依据，谁具有比他人较为优越的政治品德，谁在城邦实现良善生活的过程中善德行为最多，谁就应该在这个城邦中享受更多的利益。为实现平等和正义，他提出了中庸的思想。所谓中庸是指不偏不倚，处于两个极端的中间。亚氏认为，人的一切行为都有过度、不及和适中三种状态，只有中庸才是美德的特性。对于社会而言也是如此，社会分为极富者（常逞强放肆以致犯罪）、极贫者（往往懒散无赖易犯小罪）和中产阶级。唯有中产阶级是贫富两阶级矛盾的“最好的中性的仲裁者”。因此，中产阶级最适宜担任统治者和立法者。

② ［古希腊］亚里士多德：《政治学》，吴寿彭译，商务印书馆1981年版，第199页。

③ 同上。

④ 同上书，第275页。

⑤ 同上。

的生活规则，让各人的行为有所约束，法律不应该被看作（和自由相对的）奴役，法律毋宁是拯救。”①

亚里士多德推崇法治，反对人治。认为“法治应当优于一人之治”，“要是把全邦的权力寄托于任何一个个人，这总是不合乎正义的”②。相对于人治而言，法治的优越性十分明显：第一，法律是集体智慧和审慎考虑的产物；第二，法律没有感情，不会偏私，具有公正性；第三，法律不会说话，不能像人那样信口开河；第四，法律借助规范形式，具有明确性；第五，实行人治容易贻误国家大事，特别是世袭制更是如此；第六，时代要求实行法治，不能实行人治；第七，实行一人之治较为困难，君主的能力和精力毕竟有限；第八，一人之治剥夺了大家轮流执政的权利。③

3. 政体建构论

政体是宪法的核心要素。亚里士多德认为，一切政体都有三个因素。必须考虑到每一个要素，“倘使三个要素（部分）都有良好的组织，整个政体也将是一个健全的机构”，“三者其一为有关城邦一般公务的议事机能（部分）；其二为行政机能部分……其三为审判（司法）机能”④。其中议事机能具有最高权力，在审判机能中，他认为应设立 8 种法庭，其

---

① ［古希腊］亚里士多德：《政治学》，吴寿彭译，商务印书馆 1981 年版，第 276 页。

② 同上书，第 167—168 页。

③ 亚里士多德认为法治也有缺陷，但可以通过三种方式弥补：以个人的权力或若干人联合组成的权力“作为补助”；对某些不完善的法律进行适当的变更；加强法律解释。主要是指法律的精神（法意）来对案件作出公正的处理和裁决。另外，讲到法治，需要与法制做必要比较。法制和法治是既有区别又有联系的两个概念，二者的主要区别在于：（1）法制是法律制度的简称，属于制度的范畴，是一种实际存在的东西；而法治是法律统治的简称，是一种治国原则和方法，是相对于“人治”而言的，是对法制这种实际存在东西的完善和改造。（2）法制的产生和发展与所有国家直接相联系，在任何国家都存在法制；而法治的产生和发展却不与所有国家直接相联系，只在民主制国家才存在法治。（3）法制的基本要求是各项工作都法律化、制度化，并做到有法可依、有法必依、执法必严、违法必究；而法治的基本要求是严格依法办事，法律在各种社会调整措施中具有至上性、权威性和强制性，不是当权者的任性。（4）实行法制的主要标志，是一个国家从立法、执法、司法、守法到法律监督等方面，都有比较完备的法律和制度；而实行法治的主要标志，是一个国家的任何机关、团体和个人，包括国家最高领导人在内，都严格遵守法律和依法办事。二者的联系在于：法制是法治的基础和前提条件，要实行法治，必须具有完备的法制；法治是法制的立足点和归宿，法制的发展前途必然是最终实现法治。

④ ［古希腊］亚里士多德：《政治学》，吴寿彭译，商务印书馆 1981 年版，第 215 页。

中有一种“专司违犯宪法（政体）案件”①。

亚里士多德的宪法思想具有鲜明的特点和深远影响：一是从伦理学入手来探讨理想的政治生活方式，由此开创了西方法哲学的理论传统，并在黑格尔的《法哲学原理》中得到了最充分的实现；二是将法与政治合而为一进行研究，为近代宪法的产生和宪法规范的构造提供了理论上的参考；三是推崇法治的精神，揭示了法治的核心要义，对于西方成熟的法治理论的建立，有着重要的意义。

二　古罗马时期宪法思想

古罗马时期涌现了许多杰出的法学家和理论家。在公法特别是宪法思想方面比较有代表性的是波里比阿和西塞罗。

（一）波里比阿

波里比阿是古罗马时期杰出的政治家兼历史学家，著有历史名著《罗马史》。他的政体学说承继亚里士多德，又为西塞罗所继承，不仅对近代的资产阶级分权学说，而且对罗马共和国、近现代资本主义的政治体制产生了重大而深远的影响。

政体思想是波里比阿宪法思想的主要特色。

波里比阿所处时代是罗马扩张的时代，他潜心研究罗马为什么在如此短暂的时间内控制了整个地中海。在他看来，罗马独特的政体是成功奥秘。他明确指出，一个国家的政体形式是决定国家成败的主要因素。一切事务成败的主要原因是国家的制度形式，国家制度是所有设想和行动计划的源泉。从发掘历史发展的因果关系规律来看，一个国家的政体形式决定国家的成败。为此，他在《通史》中专门用一卷的篇幅研究罗马的政体。认为这不仅与其作品的整个主题有着密切的关系，而且对于学者与实用的政治家在制定或者改革政体的时候有所帮助。波里比阿继承并发展了亚里士多德的政体思想，在亚里士多德把政体划分为正宗政体和变态政体的基础上，进一步从动态的角度认为这六种政体形式是按一定顺序转换而循环的。

他认为，人类最初与动物一样是群居在一起的，这时权力的限度完

---

① ［古希腊］亚里士多德：《政治学》，吴寿彭译，商务印书馆1981年版，第228页。

全由体力的强弱来决定，体力强并有勇气的人自然统率着体力弱并胆怯的人，这种权力是专制主义的。随着家族观念的形成和社会关系的发展，人们产生了拥戴君主的心理和义务观念，从而导致君主政体的产生。世袭的君主是用理智来治理国家的。由于君主被嗜欲引诱，放纵、奢侈，逐渐同人民疏远并对立，君主为保护其统治地位便凭借暴力，这就变成了僭主政体。“当国王纵欲无度时，君主政体即将变为暴君政体，谋杀专制者的事件就接踵而至。煽动者绝不是公民中的渣滓，而是高贵和伟大的人物”①，这样就建立了贵族政体。贵族子弟继承先人的地位，逐渐变成纨绔子弟，只图私利，而置他人的利益于不顾，于是贵族政体就演变成了寡头政体。寡头政体不久就会遭到人民的反抗，人民通过斗争赶走贵族，自己管理国家，于是成为共和政体。共和政体经几代人之后，就会有人肆意妄为，蔑视法律，只从自己的利益出发而不顾其他等级的反对，这就变成了暴民政体。暴民为所欲为，随意杀人、流放，抢夺财产，挥霍钱物，又到了专制的野蛮时期，这样又回到了君主政体。政体就是这样周而复始地交替出现的。这就是波里比阿的政体循环论。

在波里比阿看来，即使好的政体也会向坏的政体转化，那么怎样才能使一种政体既是正宗政体，照顾到全体人民的利益，又能够稳定下来而不向其反面转化呢？波里比阿通过考察希腊城邦和罗马共和国，总结历史和现实的经验教训，提出了混合政体论。波里比阿认为，君主政体、贵族政体和共和政体是优良政体。君主政体体现了君主对臣民的慈爱，贵族政体体现了贵族的智慧，共和政体体现了人民的自由。这些优良政体各有其特点。但是这些政体也有其缺陷。在君主政体中，公民被排斥在公共立法和协议之外，无法享受实际的政治权利。在贵族政体中，人民缺乏真正的确定的自由，特别是无权自由选择地方行政官，没有人能够保证权力免遭贵族的滥用。在共和政体中，公平本身也是不公平的，因为在那里不存在任何地位等级，使人们在荣誉和地位上的差别得不到反映，这样的城邦是不能保住自己的荣耀的。除了这些政体本身所固有的缺陷之外，它们还有一种致命的缺陷，这就是它们都不具有稳定性，它们都会转化为变态政体，君主政体转化为僭主政体，贵族政体转化为

---

① 转引自张宏生、谷春德主编《西方法律思想史》，北京大学出版社1990年版，第28页。

寡头政体，共和政体转化为暴民政体。从而陷入无休止的恶性循环之中。为此，他认为，理想的政体应该能吸收各种正宗政体的优点，摆脱从正宗政体到变态政体的恶性循环。在他看来，吸收各种正宗政体的优点，克服其缺陷，不仅是可能的，而且是现实的，他把这种政体叫作混合政体。最能体现混合政体完美无缺的是罗马的政体。罗马的政体不是单纯建立在某一种政体因素之上的，而是包含着三种正宗政体的要素。罗马的政体由执政官、元老院和平民大会组成，执政官体现的是君主政体，元老院体现的是贵族政体，平民大会体现的是共和政体，同时也分别代表了君主势力、贵族集团势力和民主的势力，“上述三种势力是相互牵制的，所以就可以防止必然退化与衰败的趋势”①。这三者的权力均衡分配，囊括了君主政体、贵族政体和共和政体的优点，这种混合政体有着超常的稳定性，克服了各种正宗政体的缺陷，摆脱了正宗政体向变态政体转化的恶性循环，所以说它是理想的、完善的政体。

而混合政体的最大作用在于主张权力分离，各种权力之间相互制衡，这是最早的比较完备的分权学说。这种学说其实就是罗马共和国的政治实践的写照。罗马政体由执政官、元老院、平民大会和保民官所组成。执政官由平民大会选举产生，任期一年。执政官同时有两位，他们是行政首脑，负责指挥军队，领导各级行政官吏，向元老院引见外国使节，提出并与元老院商讨紧急事务，召集元老院会议和平民会议，提议各种法案。执政官具有君主政体的性质。元老院由贵族和退任的执政官组成，有决定内外政策、审议和批准法案、控制预算及支配国家财产的权力，还有权监督执政官。元老院具有贵族政体的性质。平民会议则有赏罚生死权、官职授予权、立法权、缔约权、宣战媾和权等，保民官代表平民的利益，有权对元老院的决议提出异议。平民会议和保民官具有共和政体的性质。执政官、元老院、平民会议和保民官这三种权力虽然混合在一起，但却是分离的。任何一种权力不能凌驾于另两种权力之上而形成独裁。在当时的罗马，西塞罗作为政治家、政治思想家，基本上继承了波里比阿的政体学说。这一学说对于近代资产阶级的分权学说（如洛克

① 转引自张宏生、谷春德主编《西方法律思想史》，北京大学出版社 1990 年版，第 29—30 页。

和孟德斯鸠）产生了很大影响，从而对近现代的资产阶级政治体制产生了重大而深远的影响。

（二）西塞罗

西塞罗是古罗马著名的政治家、社会活动家和法律家，曾任总揽罗马军政事务大权的执政官。其与宪法相关的思想主要体现在《论共和国》《论法律》等著作中：

1. 自然法思想

在人类宪法思想史的长河中，自然法思想源远流长，影响深远，特别是近代宪法产生的理论基础直接源于自然法，尽管这时的自然法与古希腊罗马时期自然法有很大不同，但本质上有相同之处。西塞罗认为，自然法是正义与法律的基础。他以自然法、自然理性为基本起点，详细论证了最好的政府形式、罗马共和国的历史和性质、正义的标准、教育的目标与功能、人定法与自然法的关系、宗教的功能、行政官制等罗马社会面临的实际问题。自然法的本质是正确理性，正义隶属于理性，自然法是正义和法律的基础：（1）自然是理性的基础。合正义即是符合自然法。在《论法律》中，西塞罗借马尔库斯之口阐述了理性与自然的关系：人是由至高的神明（即自然或自然力量）创造的最完美的生物，人有预见能力、感觉敏锐、感情复杂、善于观察、能记忆、富有理性和智力，是所有生物中唯一具有理性能力的生物。在整个宇宙中，理性是最神圣的，当理性发展成熟、完善时，便被称为智慧。理性既存于人，也存于神（自然），所以理性是人与神（自然）共有的。（2）正义隶属于理性，符合理性的才是正义的。在《论共和国》中，西塞罗指出，正义是谋求所有人利益的美德。而正义的真正基础是正确理性。（3）达至正义的途径是诉诸法律，非正义的法律不是法律。

2. 国家政体观

西塞罗的国家观是建立在契约论基础之上的。他借斯基皮奥之口指出："国家乃人民的事业，但人民不是人们某种随意聚合的集合体，而是许多人基于法的一致和利益的共同而结合起来的集合体。"这个共同体的出现是基于共同的利益需要的，是建立于一致的法律基础之上的。谈及最佳的政体形式，西塞罗认为君主制、贵族制和民主制均存在着内在的缺陷：在君主制中，公民不享有政治权利；在贵族制中，公民缺乏真正的自由；而民主制则不尊重人的尊严，因为它不允许人们享有比别人更高的荣誉和权力。西塞罗崇尚的是混合政体，是在三种传统政体平衡基础上的混合政体，即共和政体。最好的国家既包括卓越的王政因素，同时又把一部分权力托付给贵族，而把另外一些事情留给民众协商决定。唯有这种政体是公平的、稳定的。西塞罗在以罗马共和国为例阐述其观点时，还表达了宪政制度不是某些人抽象臆想出来的，而是在长期的历史发展过程中生成的观点。

3. 人定法基于自然法

法的善恶不能由人民的法令、统治者的决定、法官们的判决来决定。“我们区分好的和不好的法律只能凭自然标准。我们遵循自然，不仅区分合法和非法，而且区分高尚和丑恶。”“自然法是唯一的、绝对的、永恒的，任何人定法都不能使自然法失效；如果违反了自然法，即使具有法律的形式，也是无效的。”对法律的敬仰使西塞罗成为法治的坚定倡导者。他认为“一个执政官的职责就是依照法律对人民进行统治，并给予正当的和有益的指导。因为法律统治执政官，所以执政官统治人民，并且我们真正可以说，执政官乃是会说话的法律，而法律乃是不会说话的执政官”[①]。

第二节　中世纪宪法思想

从严格学术意义上讲，中世纪是一个不那么严密的表述。有西方学者认为，从宽泛意涵上讲，中世纪时期是指从西罗马帝国结束到以文艺复兴、地理大发现和宗教改革为标志的现代欧洲兴起这样的一个时间间隔，大约有1000年。[②] 中世纪欧洲在政治和国家领域最显著的特点就是基督教教权与世俗王权的共治，其中基督教教权往往起主导作用。正如同恩格斯所指出的，中世纪欧洲的政治和法律都掌握在僧侣手中。教会的教条同时就是政治的信条，圣经词句在各法庭中都有法律效力，甚至在法学家已经形成一种阶层的时候，法学还处于神学的控制之下。神学

① 转引自张宏生、谷春德主编《西方法律思想史》，北京大学出版社1990年版，第34页。

② ［爱尔兰］J. M. 凯利：《西方法律思想简史》，王笑红译，法律出版社2002年版，第76页。

在知识活动的整个领域中这种无上权威是教会在当时封建制度里万流归宗的地位的必然结果。因此，一般称中世纪为“黑暗的世纪”也有一定道理，但从文明发展的延续性看，西方的现代文明，进而人类的现代文明，是从西方的中世纪自然地成长起来的。在西方的古代中世纪就孕育了现代文明的胚胎。如果说宪法产生于近代社会，那么其思想的积累应该在中世纪就开始了。由于中世纪多元主义的政治格局，存在着大量的权力界限问题，比如王权与贵族、城市之间的权力界限，等级会议与国王的权力界限，不同法律的管辖权和司法权的界限等。在这种不断改进和转换的政治斗争中，产生了现代的人权与宪政思想，产生了一整套作为现代政治思想主流的自由主义理念。它们都源于中世纪对权力界限的思考。

从历史的视角看，斯多葛学派关于人的新观念，罗马法关于私权的观念，基督教关于人的平等、独立的观念促成了消极的国家观。斯多葛派只是拉开了人和国家的距离，基督教的消极国家观使个人和国家开始了对立。只有承认个人和国家是对立的这个前提，才有可能产生消极自由的观念，才有所谓的人权。纵览千余年的中世纪政治法律思想，与宪法相关的思想主要有：

1. 关于国家观念。罗马人仅有粗糙的国家观，只是到了基督教化的罗马帝国晚期，尤其是其后的中世纪时期，才出现了作为哲学近支的国家学说。认为国家是一种必要的恶，是上帝所赞同的，但其根源在于人的罪。[①] 圣奥古斯丁认为一个国家，若缺失源于永恒法的正义，就不过是有组织的贼盗。然而，他写到，国家的保护职能实践的情境虽然是不神圣的，但其行使是神加于国家的义务。[②] 到中世纪中期以后这一观点遭到背弃，而获得广泛认同的观点是国家是有着神圣起源的制度。特别是阿奎那，他以基督教的形式发展了亚里士多德的主张，即人类的天性引导人过城邦的生活，于是，即便没有假设中的人类始祖的堕落对天性的瘰坏，某种形式的政治组织对人来说也是自然的，它是“社会和政治的存

① ［爱尔兰］J. M. 凯利：《西方法律思想简史》，王笑红译，法律出版社 2002 年版，第 86 页。

② 同上。

在”，从这种城邦秩序的需要出发，产生了国家。国家观念的进一步发展则体现为意大利马西利乌斯的主张，主张国家是独立于教会之外的领域。他认为在世俗问题上，教会应服从国家，这种不再仰赖宗教权威的自治世俗国家的观念，开始穿透中世纪的薄雾。主权国家这一法律概念也首次出现在教皇的教令（1313 年）中，[①] 这也标志着主权国家观念的萌芽。到中世纪末期，国家的契约观念开始兴起。如 15 世纪末尼德兰教士韦塞尔提出臣民遵守统治者的义务不是绝对的，而更具有契约义务的性质。16 世纪初期，意大利的萨拉姆纽斯视国家为某种民事合伙。诸多教会法学家也认为国家是双方契约的结果，这一契约将权力让渡给了统治者。[②] 1594 年，英国国教徒胡克在其《论教会政体的法律》一书中认为国家的基础被归于契约而非自然本能。[③] 这些思想无疑对其后资产阶级启蒙思想家的社会契约论思想和国家权力的宪法规制具有重要影响。

2. 立法和政府的理想标准。中世纪早期的神权政治学说认为统治者的权力至少在理论上是有限制的。有一种理论甚至认为，尽管国王不对人民负责任，但他是代表人民的，他的统治应符合人民的利益。被统治者的利益是最重要的，应被作为政府行事的首要标准。立法必须是有用的、清晰的，应是为了全体公民而非任何个人的利益而起草的。法律应服务于共同利益。公共福利（包括灵魂的救赎）是政府和国王存在的首要目的。

3. 统治权利的契约说和城市法治的契约实践。统治者和被统治者之间的关系本质上是契约关系，尽管王权自身有着神圣起源，但特定君主的王权的取得的基础是他与人民的双方契约。日耳曼修道士马尼高德认为王权有着神圣起源，国王应受到尊重，但应依据正当统治的原则进行统治和治理，给予每个人应得的那一份，褒扬良善而惩罚罪恶，给予每个人正义。如果违反这一义务，则人民就有了解除遵守契约的义务。按美国学者伯尔曼的研究，欧洲中世纪的城市法“是一种密切联合的、一体化的共同体的法律”，“共同体或明或暗地是以一种契约为根据的。许

---

① ［爱尔兰］J. M. 凯利：《西方法律思想简史》，王笑红译，法律出版社 2002 年版，第 119 页。

② 同上书，第 161 页。

③ 同上书，第 162 页。

多城市和城镇是依靠一种庄严的集体宣誓或一系列誓约而建立起来的，这些誓约是由全体公民为捍卫曾公开向他们宣读的特许状而作出的”①。城市法律制度还有宪法性特征。在“立宪主义”一词完整意义上，“近代立宪主义的实际存在却首先出现于11、12世纪西欧的城市法律制度”②。城市不仅行使着与国家几乎相同的权力，而且城市的国家权力和权威，要受到各种各样的宪法性约束。③ 马尼高德认为国王头衔的葆有来自对和人民订立的契约的遵守，这一观点隐含着革命的立场，17世纪的英格兰议会对斯图亚特王朝的反抗可以说是这一思想的实践。

4. 法治。源于日耳曼人的一种基本观念得以在中世纪延续和强化：国王的统治不能逾越人民世代相传的法律的界限，而且要受这些法律的约束。统治者应遵守自己制定的法律：“皇帝制定了法律，那么他应首先尊重法律。”圣伊西多告诫统治者说，“只有他自己表现出对法律的尊重，他才能让法律约束所有的人。”④ 由于是上帝的正义创设了法律而非法律创设了上帝的正义，因此，这一时期的法治主要强调的是统治者的带头守法，缺乏后世更广泛、深刻和精微的意蕴。到中世纪中期关于统治者为何应遵守他们施加于别人的法律的道德主张也出现了；在这一时期，也有法律人主张统治者应绝对服从本国法律。尽管国王高于法律的事实和理论也一直存在，但13世纪英国具有宪政里程碑意义的事件——英王约翰于1215年签署的《大宪章》——使主张从告诫和道德规定的领地进入了实定宪政规则的领地。法治的思想在英国国教教徒布拉克顿所写的《论英格兰的法律和习惯》中表现得淋漓尽致：国王不应受制于人民，而应受制于上帝和法律，因为正是法律成就了国王……国王应给予法律所赋予他的，即统治权；因为法律若不是至高无上的，那么就不会存在国王。⑤ 在中世纪后期，许多法学学说既不断强调国王对法律的服从，也强

① ［美］哈罗德·J. 伯尔曼：《法律与革命——西方法律传统的形成》，贺卫方、高鸿钧、张志铭、夏勇译，中国大百科全书出版社1993年版，第475页。

② 同上书，第479页。

③ 同上。

④ ［爱尔兰］J. M. 凯利：《西方法律思想简史》，王笑红译，法律出版社2002年版，第93—94页。

⑤ 同上书，第125页。

调法院和法官在面对国王的命令和法律冲突时应服从法律的观点。无疑这些极大地丰富了法治的内涵。

5. 平等理论及其影响。在基督教徒看来，人人平等不是来自世界的理性因素而是基于人与基督的关系。格列高里一世（约540—600年）也强调说所有人生而平等，但上帝规定了一些人低于另外的人。神父的普遍观点是：人类本质上的平等是人类的天性尚未被罪败坏以前的理想时代的事情，随着人的败坏，人类社会的条件就使得对一些人的奴役成为必需。该时期的平等观是宗教性的，即基督教教义宣称的“我们所有人都只有一位天父”的前提下的一种推理的结果。但从实践来看，刑法领域的平等对待依然是缺失的。而更为极端的是区别对待，即给予（为数众多的）教士阶层不受世俗法庭审判的豁免权。

6. 财产与财产权。中世纪早期的基督教教义承认私有财产是一种自然权利。教会认为私有财产是现实生活的条件决定的，基督教教义关注的财产的正当使用。神父的学说普遍认同：私有财产制度并不是原初的、自然的制度，因为一开始，万物都属于全体人类；但是人类的法律和实践容许了私有财产的出现；它本身并没有错，但在具体情况下财产的正当性取决于个人怎样使用其财产。圣奥古斯丁得出了一个重要的推论：如果私有财产是人类法创设的，那么人类法一样可以废止它。尽管中世纪早期的基督教教义没有排斥私有财产制度，但它往往贬损获得财产的一般手段；这些手段可以被宽泛地归入商业，而神父一般认为商业在道德层面上低于农业和手工业。他们尤其反感高利贷。但从思想上，在圣托马斯那里，第一次对私有财产进行了详细论证。他不是从自然法，而是从自然法之外的人的实定法将这一制度合法化。在他看来，私有财产是可被容许的，主要基于对人类生活具有必要性的三重理由：第一，因为所有人都比关注共同事务或诸多其他事情都更为关注他自己占有的东西：为了避免额外劳动，每个人都把共同体的任务交给了下一个人。第二，因为当每个人都照管好自己的事情时，人类的事务就会更有秩序。第三，因为这会使人类更加和平地相处，如果每个人都对自己的一份感到满意的话。但他同时指出，道德训诫要求人们不应把物质财富只用于自己的目的而应适用于共同利益，每个人在必需的情况下都可与他们分享。当时世俗的法学家一般强调，即使在公共需要征收的场合，也必须支付补偿；但有一种思想认为，在征收数量对每个人都是同等的时候，就不需要给出补偿，只有在负担课加给单个个人的情况下，才需要作出补偿。到中世纪后期，特别是14世纪晚期和15世纪的社会动荡时期，富人对穷人的压迫、财产的滥用等使一些思想家开始揭露私有财产制度的不合理和罪恶，进而提出纯粹共产主义的思想。一些大学如牛津大学的讲座仍然宣称私有财产是罪的结果：因为基督及其使徒一文不名，所以教士也不应拥有财产。也有学者认为，一切民族都曾在没有国王和法律的情况下生活，人民共同拥有世界上的物品，那时没有私人所有权和占有，没有任何契约和贸易。托马斯·莫尔对名为乌托邦的梦幻世界的叙述中，展示了一切事物都是共有的，每一个人都拥有一切的国家。但乌托邦财产观的悖论十分明显：如果一切事物都是公有的，财富就不会存在了。有学者不认为自然法要求财产公有。还有学者如苏若茨，他更为坚守现实主义的传统。在他看来，自然法对财产权公有抑或私有并没有特别的偏好，“对财产的区分看来能够更好地适应人的天性，那些覆亡的国家就是明证，这一区分不是自然法所规定的问题，而不过是对现有国家和人类境况的适应”。财产作为中世纪思想的主题之一，不仅仅是个人财产的占有和处分问题，更是国家对财产的制度设定及其与公民财产的边界、公民对于国家的财产负担平等和公平性的宪法问题。

以上只是对中世纪与宪法相关思想的摘要论述，难免有以偏概全、挂一漏万的不足，甚至中世纪是否有宪法思想也是一些人的怀疑的议题。但笔者认为，历史如同一条蜿蜒曲折的长长河流，其壮观景象的形成无法将其不断汇入支流的贡献决然断开。中世纪的思想极其复杂多样，可为近代以来宪法和宪政继承和扬弃的诸多思想资源诞生和成长于中世纪，与后来的宪法和宪政思想固然有本质上的区别。但这些不足以否定正是中世纪的宪法思想经过适当的转换而成为近代以后宪法思想的源头和发展的养料。毕竟上帝之下的立法、正义、平等和财产等一系列概念、制度和思想阐释与近代以来以人民为一切权力和权利的生成的逻辑起点具有截然不同的意涵，但至少从形式上为近代宪法的产生和赋予这些概念及思想以新时代的新使命和生命力起到了至关重要的作用，极大地降低了人类通向宪政时代的搜寻和重构观念及创造制度成本。

第三节　西方近代宪法思想

一　布丹

近代宪法思想的显著标志是布丹提出的主权理论，其产生的背景是法律划分为公法与私法之后，出现公法学与私法学的研究及当时法国分裂的政治现实。布丹的代表作是《国家论六卷》。布丹对主权理论及由此引申出来关于政体的论述，深受古典自然法学派的影响，甚至可以说是自然法学说在国家观中的具体体现。

布丹的主权理论可以概括为如下几方面：（1）主权是国家问题的核心。他认为，“国家是以主权力量对于无数家庭及其共同事务的正当处理”。（2）主权是“一个国家绝对的和永久的权力”，是“处理国民与庶民的无上的权力，除了受神法和自然法的约束之外，它不受法律限制”。（3）主权不可分割，也不可转让。（4）主权属于正当的君主，反对暴君。

至于国家主权的具体内容，他归纳为八个部分：（1）立法权；（2）宣战、媾和以及缔结和约的权力；（3）官吏的任免权；（4）最高裁判权；（5）赦免权；（6）要求服从的权力；（7）征税权；（8）货币制造和度量衡的选定权。[①]

从主权理论中，布丹引申出了他的“政体论”。他仿效亚里士多德，把政体分为民主政体、贵族政体与君主政体三类，又把君主政体分为：正当君主制、君主专制、暴君制。布丹所倡导的是正当君主制，主张世袭君主行使主权。这是他的理论的最大局限性，也是他与后世思想家的重大区别。

国家主权与公民是什么关系也是布丹关注的问题。他将公民理解为“受别人最高的权力限制的一个自由人”[②]。所谓最高权力就是他所说的国家主权。因此，国家与公民间是不平等的，公民与公民之间也不平等。但尽管如此，他还是认为，每个公民，即使是最微不足道的，也应该享有某些权利，即使是最为高贵的，也必须承担某些义务，公民之间在享

---

① 转引自李龙主编《西方宪法思想史》，高等教育出版社 2004 年版，第 98—99 页。

② 同上书，第 100 页。

有权利的多少上虽然不平等，但大家都有服从主权者的义务，都有享受主权者保护的权利。为了防止主权的恣意，他特别强调了私有财产权的不可侵犯性。私有财产权是神法和自然法的体现，它的不可侵犯性来源于神法和自然法的不可侵犯性，而神法和自然法是高于主权的。具体表现之一是没有得到各阶级允许的前提下，君主不得随意地征收捐税。

布丹的主权论、政体论以及政教分离论、公民权利论、信仰自由论等都涉及宪法最基本的内容，其中主权论思想的提出奠定了他在宪法史上的地位，他的思想中既存在维护君主专制的落后成分，也存在体现新兴资产阶级维护自身利益的迫切要求，具有一定的历史进步意义。

二　近代宪法思想的历史演进及其代表人物

英国是近代宪法的发源地，与此相应也催生了丰富的宪法思想。在限制王权与争取资产阶级的权利和公民（当时是臣民）权利的过程中，具有先进思想的政治人物，从理论和实践上推动了近代宪法的产生和发展。其中较早的杰出代表之一，是英国著名学者爱德华·科克。他早年毕业于剑桥大学，继而在教会学习法律，当过律师，先后出任法官、检察官，1613 年调任王座法庭首席法官，不久，又被任命为枢密院成员。国王詹姆斯一世曾一度对他很信任，后因在国王与国会斗争激烈期间，科克先后同国王和支持国王的培根发生争吵，并致信国王反对其在司法中的特权，被解除职务。1620 年，他在下议院中以反对派领袖出现，组成反对国王的联盟。后因种种矛盾，科克被国会除名，并一度沦为囚犯。1628 年，科克再次复出，并被国会推举领导《权利请愿书》的起草。

在詹姆斯一世的末期和查理一世的初期，科克以其丰富的法律知识在国会中享有盛名，并当过议长。由于“他精通英国习惯法，从史实中找出各种先例，把它们粉饰一新加以利用”，从而使国会在同国王的斗争中节节胜利。

科克的贡献主要有如下几个方面：第一，他奠定了英国法治模式“法的统治”的基础。科克的法律思想，特别是他的宪法思想集中体现在他对习惯法（不成文法）的推崇上。他认为，习惯法既是王国的基本法，又是理论的化身。

第二，科克在国会领导下起草《权利请愿书》，为依法限制王权、确立议会主权奠定了基础。

第三，科克精通英国法制史，他通过对分散在《法律年鉴》中的判例整理，抽象出很多实定法规律和惯例，为英国普通法的发展和英国不成文宪法的形成与发展奠定了基础。

第四，通过捍卫司法权的独立性，对限制王权的理论和实践进行了探索。1612 年 11 月 10 日，星期日，詹姆斯一世国王应坎特伯雷大主教的奏请召见英格兰的法官。这就是著名的“星期日上午会议”。当时的情况是，教会法院将其管辖权扩张到世俗的刑事案件，完全不顾法律和程序习惯，不根据任何控诉就对案件进行审判。结果在一次拘捕行为中，高等民事法院颁发了禁制令，取消了有关的诉讼。为了体现法律至上的原则，一些人建议国王按自己的意愿收回部分案件的审判权，由国王亲自审理。这次“星期日上午会议”就是对这一建议辩论并征求法官的意见。坎特伯雷大主教在会上继续鼓吹王权至上，他认为法官只是国王的代表，国王在认为有必要时把本应由自己裁决的案件授权法官处理。对此大法官爱德华·科克爵士反驳说，根据英格兰法律，国王无权审理任何案件，所有案件不论刑事民事，都应交由法院审理。于是国王开始发言。国王说：“朕以为，法律以理性为本，朕与其他人同法官一样具有理性。”科克说：“陛下所言极是，上帝赐予陛下丰富的知识和非凡的天资，但我以为陛下对英王国的法律并不熟悉，而这些涉及臣民的生命、财产、继承权等的案件并不是按自然理性来裁断的，而是按照人为理性和法律判决的。法律是一门艺术，需要经过长期的学习和实践才能掌握，在未达到这一水平之前，任何人都不能从事案件的审判工作。”科克最后引用布拉克顿的话说：国王在臣民之上，但在上帝和法律之下①。国王不情愿接受了这一指责，几年后科克被免职，因他一贯阻碍国王的意愿。但这一著名的对话所产生的思想影响却具有划时代的意义。无论是从审判实践的技术要求还是司法权应具有的独立性和保障公民权利的功能上讲，为最高国家权力设限及其涉及的争论主题昭示了此后几百年西方宪法发展和完善的基本脉络和主题。

---

① 转引自［爱尔兰］J. M. 凯利《西方法律思想简史》，王笑红译，法律出版社 2002 年版，第 223 页。

宪法思想的另一杰出代表是英国的约翰·洛克，他是17—18世纪著名的哲学家、政治学家和法学家。它是第一位明确提出天赋人权具体内容的思想家，是西方自由主义的奠基人，是社会契约论和政治分权论的首倡者，而这些思想构成了西方近代宪法思想最核心的部分。

洛克是古典自然法学派的核心人物之一，其宪法思想几乎都是从自然法学说中引申出来的，或者其自然法理论大都体现在他对宪法思想的论述之中。洛克的宪法思想的最大特点和历史功绩是同英国资产阶级革命的实践紧密结合，并成为英国君主立宪制的理论基础。当然，由于他生活的依附性（为君主服务）和思想的独立性和先进性（同情当时的资产阶级），使其表现出在哲学上的妥协性和政治上的妥协性，也决定了其宪法思想的妥协性。因此，其哲学被称为“1688年的阶级妥协的产儿”。同样，他的宪法思想一方面反对君主专制，另一方面又坚持君主立宪。其代表作《政府论》是英国资产阶级革命的理论丰碑，集其哲学思想、政治思想与宪法思想之大成，而宪法思想在《政府论》下篇中得到了充分阐述。

洛克的宪法思想极为丰富，概括起来，主要是三个方面：一是社会契约论；二是天赋人权论；三是政治分权论。①

在洛克等英国宪法思想先驱的基础上，法国的孟德斯鸠和卢梭进一步完善和发展了相关宪法思想。

孟德斯鸠的理论极大地促进了宪法学的发展。第一，他继承和发展了洛克的分权理论，形成了完整的“三权分立”学说，并成为古典宪法基础理论存在与发展的基石。他认为：“当立法权和行政权集中在同一个人或同一机关之手，自由便不复存在了；因为人们将要害怕这个国王或议会制定暴虐的法律，并暴虐地执行这些法律。”“如果司法权不同立法权和行政权分立，自由也就不存在了。”“如果同一个人或由重要人物、贵族或平民组成的同一机关行使这三种权力，即制定法律权、执行公共决议权和裁判私人犯罪或争讼权，则一切都完了。”② 第二，孟氏主张依

---

① 参见［英］洛克《政府论》（下篇），叶启芳、瞿菊农译，商务印书馆1964年版。

② ［法］孟德斯鸠：《论法的精神》（上、下），张雁深译，商务印书馆1980年版，第156页。

法治国。他首先从法的精神的高度论述了法治的必要性；接着指出法律应与政体紧密结合，同时也要考虑气候、地理关系，特别是考虑民族精神和教育在守法中的重要性。第三，在自由与法律的关系上，孟氏作了正确的论述，强调守法的重要性。他有这样的名言："自由是做法律许可的一切事情的权利；如果一个公民能够做法律所禁止的事情，他就不再有自由了，因为其他的人也同样会有这种权利。"① 这一论断，奠定了宪法中法制统一原则的基础，有利于树立宪法与法律的权威。孟氏的宪法理论极为丰富，特别是在对宪法原则的论证上，使西方宪法基础理论形成较为完整的体系。

与孟德斯鸠略显保守的思想相比，卢梭的宪法思想是激进的。当然，这与他出身下层和早年生活在社会底层的经历不无关系。卢梭祖籍法国，出身于日内瓦一个钟表匠家庭。当时的日内瓦是个民主政体的共和国，使卢梭从童年开始就养成了爱自由爱共和国的气质，使他早年就以《论科学与艺术》一书一鸣惊人；尤其是他后期发表的《社会契约论》，影响巨大而深远。他以社会契约论为理论基础，对古典宪法基础理论作了创造性的发展，使之成为资产阶级革命的思想武器。在宪法理论上，卢梭的主要贡献表现在如下几个方面：

第一，卢梭在宪法理论发展史上第一次提出了"人民主权"这一具有划时代的口号、原则和理论，描绘了资产阶级民主宪政的蓝图。它包括：（1）主权至高无上，并且属于人民。（2）主权不可分割。（3）主权不能被代表。（4）主权不可转让。

第二，卢梭的"法治共和国"思想，使古典宪法基础理论增添了光彩。他曾经有段流传甚广的名言："凡是实行法治的国家——无论它的行政形式如何——我都称之为共和国；因为唯有在这里才是公共利益在统治着，公共事物才是作数的。"② 法治共和国有如下特征：（1）法律只能是"公意"，只能由人民来制定和废除，谁也不能侵犯人民这一神圣权力。（2）人人必须遵守法律。人民服从和遵守法律就是服从和遵守自己

① ［法］孟德斯鸠：《论法的精神》（上、下），张雁深译，商务印书馆 1980 年版，第 154 页。

② ［法］卢梭：《社会契约论》，何兆武译，商务印书馆 1980 年版，第 48 页。

的意志。(3) 法律面前人人平等,“任何人都不能自以为属于法律之上”。(4) 权利义务一致,每个公民自己享有法律规定的权利,也要履行法律规定的义务。

第三,卢梭对法律的分类突出了宪法的首要地位。他对法律作了分类:第一类是政治性法律,第二类法律卢梭认为是民法,第三类是刑法,第四类是风俗、习惯和舆论。

18 世纪中期,由于美国独立战争爆发,思想家、法学家的目光转向了美国,在革命的实践中,特别是在 1787 年宪法制定的前后,美国涌现了一批著名的宪法学家,从而把古典宪法基础理论推向了新的高峰。其中的杰出代表有潘恩和联邦党人。

托马斯·潘恩,美国独立战争时期最激进的民主主义者,著名的启蒙思想家和政治活动家。

潘恩的主要著作有:《常识》《政治论》《反暴君论》《人权论》《林中居民的信札》《政府基本原理》《理性时代》等。在《潘恩选集》和他的其他著作中,同时阐释了他宪法思想和与宪法相关的理论,如法治政体等。归纳起来,主要有:

第一,关于宪法的概念。潘恩是在同柏克的论战中确定宪法的含义的。他说:“宪法不仅是一种名义上的东西,而且是实际上的东西。它的存在不是理想的,而是现实的;如果不能以具体的方式产生宪法,就无宪法可言。宪法是一样先于政府的东西,而政府只是宪法的产物。”[①]

第二,关于人权的概念。他认为:“所有的人都处在同一地位,因此,所有的人生来就是平等的,并具有平等的天赋权利。”[②] 并且“每一代人同它前代的人在权利上都是平等的”[③]。

第三,关于宪法的制定与执行。他认为:“宪法并不是政府的法令,而是人民组成政府的法令;政府如果没有宪法就成了一种无权的权力了”[④]。作为执行宪法的政府(立法、行政和司法)“不过是一个全国性

① [美] 潘恩:《潘恩选集》,马清槐等译,商务印书馆 1980 年版,第 146 页。

② 同上书,第 141 页。

③ 同上书,第 140 页。

④ 同上书,第 250 页。

的组织，其目的在于为全体国民——个人的和集体的——造福”[①]。

第四，关于人民主权。潘恩从人权的平等性、不可分割、不可剥夺、不可消灭性出发，进一步论证主权在民。他认为人民是权利的源泉，公民权利源于天赋权利，主权作为一种权利只能属于国民，而不属于任何个人。所谓天赋权利主要指人在生存方面所具有的权利。其中包括思想上的权利，以及不妨害别人天赋权利而为自己追求幸福的权利。而公民权利则指人们作为社会成员所具有的权利，主要包括选举权、立法权、言论自由等。而人民主权首先体现为“一国国民具有制定宪法的权利”[②]，至于“一国国民是否一开始就能以最恰当的方式去行使这一权利，这完全是另一回事”[③]。

与潘恩同一时代的联邦党人也有丰富的宪法思想，这些思想对美国宪法的制定、通过和解释起了很大作用。他们的经典之作《联邦党人文集》所阐述的理论和宪法思想，在整个西方世界产生过深远的影响。该文集由号称“美国宪法之父”的汉密尔顿和曾出任过美国总统的麦迪逊等人合写而成，共编辑他们的论文 85 篇，对宪法的性质、作用以及分权制衡原则作了详细的阐述，维护了美国宪法的权威，维护了刚刚建立的联邦制度，是西方宪法思想史和制度史上理论与实际相结合的典范。[④]

---

① ［美］潘恩：《潘恩选集》，马清槐等译，商务印书馆 1980 年版，第 264 页。

② 同上书，第 263 页。

③ 同上书，第 263—264 页。

④ 在第 51 篇中，对于不同国家权力间制衡、政府的职能及与人民的关系、社会不同群体间的关系、政府的目的等做了精彩的论述。如“防止把某些权力逐渐集中于同一部门的最可靠办法，就是给予各部门的主管人抵制其他部门侵犯的必要法定手段和个人的主动”，“防御规定必须与攻击的危险相称。野心必须用野心来对抗”。人性和政府都不完美，“如果人都是天使，就不需要任何政府了。如果天使统治人，就不需要对政府有任何外来的或内在的控制了。在组织一个人统治人的政府时，最大困难在于必须首先使政府能管理被统治者，然后再使政府管理自身”。“正义是政府的目的。”“在共和国里极其重要的是，不仅要保护社会防止统治者的压迫，而且要保护一部分社会反对另一部分的不公。”他们的理论和思想阐释直接针对当时美国人民担心的实际问题，并作出了充分回应。参见［美］汉密尔顿、杰伊、麦迪逊《联邦党人文集》，程逢如、关在汉、舒逊译，商务印书馆 1980 年版，第 263—267 页。

第四节　西方现代宪法思想及其代表人物

实践的发展催生思想的变革。从19世纪末开始，西方国家大都进入到帝国主义阶段，“法律社会化”思潮兴起，西方的法律本位已由“个人本位”或“权利本位”向“社会本位”转化；帝国主义的扩张政策和瓜分殖民地的狂潮，对西方宪法学家有重大影响，现代宪法思想应运而生，主要代表艾斯曼、戴雪、狄骥等。

艾斯曼宪法思想的理论基石主要是“个人权利”，但他讲的个人权利的理论根据已不是“自然状态”“自然法”和“社会契约”，而是从人的现实存在去阐述人与现实社会的关系，尤其是他关于“法律是自由的儿子”的名言，使他的宪法思想具有现代色彩。

艾斯曼的宪法思想，涉及范围广泛，甚至有时还探究了法理学中的问题。概括起来，其主要内容有：

第一，艾斯曼认为国家是宪法学研究的重要对象。在他看来，国家——国家形态及统治形态，是宪法学研究的对象。由于研究国家的学科有数个，如政治学、社会学等，而宪法学只研究为保卫自由而限制国家权力的宪法。在这里，近代政治自由便成为艾斯曼宪法理论的核心或基石范畴，正是它派生出了宪法的基本原理。在英国，表现为四项基本制度，即代表制、两院制、大臣责任制和议会内阁制；在法国，表现为四项理论成果：国民主权、权力分立、个人权利和成文宪法。艾斯曼的重要贡献在于：对上述八项宪法原理和制度进行阐述、分析和总结，构造古典宪法基础理论的完整体系，并在新的历史条件下予以改造，使之适应西方资本主义发展新阶段的需要，从而又开拓了现代宪法基础理论。正如日本宪法学家深濑忠一在《艾斯曼的宪法学》一文中所指出：“艾斯曼宪法学的最大特色，是将指导、规制法国宪法政治实际的宪法的一般原则，将英国议会制以及法国大革命的精神与经验作为源泉、基础，以历史性的、发展的眼光以及比较的视角进行观察，在西欧‘近代政治自由’的大理念之下予以综合，从而构造一个宏大的宪法学体系。”①

① 转引自何勤华《艾斯曼宪法思想述略》，《政治与法律》1995年第4期。

第二，个人权利理论在艾斯曼的宪法思想中占有重要地位，甚至成为他阐述宪法原理的出发点。当然，他的个人权利理论不是建立在“社会契约”和“天赋人权”的基础之上，而是基于在西方流传甚广的“近代政治自由”。更重要的是，他从个人权利中又引申出了“国民主权”。他指出，主权只存在于国民这个整体，主权只能由包括国民的团体来行使，即“通过代表的统治”，于是又引申出了“代表制原理”。①

第三，国民主权原理。从个人权利引申到国家权力，就存在一个权力的正当性问题，即国家权力（主权）存在于谁？艾斯曼认为，保障近代自由最适当的就是主权存在于国民之中，即国民主权原理。在国民主权与统治形态的关系上，艾斯曼认为，主权存在于国民，并不意味存在于现实的每一个个体，而是存在于各个集团。所以，单个个人无法行使主权，主权只能由包含各个人的意志（通过大家投票表决）的国民团体来行使，而个人参与这种团体的权利，就是“参政权”，拥有参政权的是“有权者”，他们构成了“法律上的国民”，由有权者就法律草案进行投票表决，并予以执行，即亲身行使主权是“直接的统治”，而在他们的名义下，将这种权力的行使委托给他们选出的代表行使则是“通过代表的统治”。于是，艾斯曼宪法学的另一个重要内容就是代表制原理。

第四，代表制原理。艾斯曼认为，“通过代表的统治”中的代表，是在主权者人民授予之权限内，以人民的名义自由地决定事务，人民通过他们的口以及行为来表达自己的意志，这种“通过代表的统治”比国民直接进行的统治要优越。因为，（以立法权行使为例）广大市民缺少关于法律的专业知识，他们既未受到过这方面的教育，也没有研究这方面知识的空闲，不能对法律或法律草案作出适当评价。同时，“通过代表的统治”并不排斥全体人民参与政治活动的参政权，它是一种为表明国民意志而参加评议的权利，属于全体市民，它的行使是国民主权原理的题中应有之义，它必须与投票方式和多数决（定）原理相结合。

在现代宪法思想的发展史上，英国宪法学家戴雪占有重要地位。其宪法思想集中体现在《英宪精义》一书之中。

戴雪的宪法基础理论基本上是由三个部分构成，正如他本人所说的：

---

① 参见何勤华《艾斯曼宪法思想述略》，《政治与法律》1995 年第 4 期。

“至于讲演及著书的用意在于阐明解证现行宪法所有的三个主要特征：其一为巴力门主权（即议会主权—引者注），其二为法律主治，其三为宪典。”关于议会主权论。其基本含义或主要特征有三：“1. 这个立法机关不得随意变更任何法律，基本法与寻常法俱依通常手续；2. 宪法与普通法无分别；3. 除巴力门本身外，国内无第二机关，司法或其他，能宣告其所定法案，谓为非宪或无效。”关于“法的统治”论，原译为“法律主治”。戴雪认为，英国的“法的统治”有三个特征：一是武断权力不存在。二是普通法律与普通法院居优势、宪法的通则形成于普通法院的判决。① 关于宪法性法律和宪法惯例。

除此之外，戴雪的宪法权利思想十分丰富。他指出，“在英宪之下，法律的全副精神注意救济方法。这是要说，法律务须有一定方式进行，然后法律下之权利方见尊重，然后名义上的权利可化成实在权利。”② 在法律主治下，他详细论述公民的人身自由、议论自由、公众集会所应有的权利及限制，还有自卫的权利。他说：“捍卫自己的人身、自由或财产以对抗暴力，自是个人所应具有的权利。”③ 个人在必要时可以使用武力，但不应过量使用武力。

在现代宪法基础理论的发展史上，法国的里昂·狄骥也是一位开拓性的大师。

狄骥自称为“社会学法学家”，其全部学说的理论基石就是“社会连带关系”。他对宪法学提出了不少独特的观点：

1. 国家强权论。他认为，国家是社会的一个器官，是强者对弱者的统治。他说：“国家一词要就指统治者或者政治权力，要就指统治者和被统治者之间所存在的这种分化，从而存在有一种政治权力的社会本身。有时人们以开玩笑的口吻，说国家是刽子手的斧头、宪兵的军刀。如果把刽子手的斧头和宪兵的军刀作为强制权力的象征，那末这种说法是完全正确的。”④ 他还按照强力组织形式的不同来划分政体：国家最高权力

---

① ［英］戴雪：《英宪精义》，雷宾南译，中国法制出版社 2001 年版，第 232—245 页。

② 同上书，第 261 页。

③ 同上书，第 488 页。

④ 转引自《西方法律思想史资料选编》，北京大学出版社 1983 年版，第 631 页。

属于一人的是君主制，属于一个集团的是贵族政治，属于多数人的为民主制。但不管强者、弱者、统治者与被统治者，都应该服从客观性，都是有遵守社会连带关系的义务，包括统治者在发号施令时，也不能违背这一规律。他还指出，现代学者把国家目的分为三个方面：（1）维护本身的存在；（2）执行法律；（3）促进文化。这一观点的实质，就在于实现客观法。毫无疑问，狄骥的国家学说属于客观唯心主义范畴，存在严重缺陷与错误；更有甚者，他还赞扬法西斯头子墨索里尼的工团主义，直接攻击无产阶级革命，其阶级本质十分明显，其理论是为垄断资产阶级服务的。

2. 否认国家主权。这是狄骥宪法理论最不光彩的一面。

3. 否定个人权利论。在他看来，个人的自然权利和国家主权一样，都是不切实际的幻想，不能成为法律制度的科学依据。由于个人是社会的人，根本不可能有什么个人的自然权利。如果有个人权利，那也只来自社会，个人不可能按照这种自然权利而强迫社会接受其意志。

狄骥的社会宪法学，是现代宪法基础理论的重要派别，曾一度在西方流传甚广，其突出特点就是将宪法置于20世纪初叶资本主义社会现实中加以研究，扩大宪法学研究的视野，从而使宪法学与现实结合得更紧。

当代西方宪法基础理论发展很快，内容越来越丰富，有人把它称之宪法法理学，其中的代表人物之一是美国的路易斯·亨金，这位哥伦比亚大学教授，在纪念美国宪法诞生200周年期间，曾应邀在密执安大学法学院作了系列讲座，后来汇编成《宪政·民主·对外事务》一书，以美国宪法作为主线，探究了宪法法理学的基本理论和美国宪法中的“半阴影区”。其主要观点有：（1）宪法的含义。路易斯·亨金对宪法的概念作了一个原则性的表述：“一个合法的法治社会应基于人民的同意，这种同意应在人们为建立政府而达成的社会契约中反映出来。这种社会契约通常采取宪法的形式，而宪法又会确定政制构架及其建制蓝图。”[①] 他还引用了博林布鲁克关于宪法的定义：“关于宪法，恰当而准确地讲，我们意指那些源出于某些固定的理性原则和为了达到某些确定的公益目标而制

---

① ［美］路易斯·亨金：《宪政·民主·对外事务》，邓正来译，生活·读书·新知三联书店1996年版，“导论”第7页。

定的法律条文、制度和惯例的总和。”[①] 亨金以此为基础，还专门对美国宪法作了如下概括：“合众国宪法是人民为建立新政府而达成的契约，也是人民与即将成立的政府间所达成的契约。”[②]（2）宪政的实质。亨金认为，宪政也好，宪法也好，它们都不是权利的来源，而是权利的结果。因此，“宪政意味着应受制于宪法。它意味着一种有限的政府，即政府只享有人民同意授予它的权力并只为了人民同意的目的，而这一切又受制于法治”[③]。（3）共和与民主。亨金认为“共和”的意义至今还不甚一致，也不清楚。他认为，就美国宪法的立宪者来说，当时他们是把共和与民主严格分开的，民主意味着直接民选的政府，而共和的含义则是代议制政府。亨金还用了很大的篇幅论及了美国宪法的“半阴影区”，主要依据美国宪法对总统与国会在对外事务上的权力规定不明确，以致在实践中出现总统与国会发生了争斗。因此，他建议对美国宪法作一次修正，但又说得比较含糊。（4）关于宪法权利和人权。他认为，“对于立宪者而言，权利并非来源于宪法，亦不取决于宪法。权利先于宪法，先于社会和政府而存在”[④]。“宪法对当今政府的主要限制，就是政府必须尊重个人权利，当下，宪政事实上已成为保护个人权利的同义词，而且保护个人业已成为我们宪法法理学中的最为重要的部分”[⑤]。除此之外，亨金在其主编的《宪政与权利》等著作中较集中地反映了美国学术界对权力制约问题，财产权和经济自由、司法审查问题，对联邦制的评议问题，中央与地方分权问题、美国宪法的域外影响等进行了阐释。他们对宪法中的权力制约的高度评价和意义阐释是对美国宪法思想传统的承继和坚守。他们提出的，宪法不光是一种象征，它又是具有约束力的最高法律，既授予权力，又限制权力的思想观点，与两百多年前詹姆斯·麦迪逊在《联邦主义文集》第五十一篇中论述的思想一脉相承，遥相呼应。麦迪逊认为，在组织一个由人来统治人的政府时，最大的困难在于，你必须首

---

① ［美］路易斯·亨金：《宪政·民主·对外事务》，邓正来译，生活·读书·新知三联书店1996年版，“导论”第7页。

② 同上书，“导论”第8页。

③ 同上书，“导论”第11页。

④ 同上书，“导论”第10页。

⑤ 同上书，第136页。

先使政府有能力控制被统治者；其次要强制政府控制自己。宪法既是政府的积极工具，使统治者能够控制被统治者，又是政府的手段，使被统治者能够控制统治者。很显然，他们所讲的统治者与被统治者同我们所讲的统治阶级与被统治阶级是根本不同的，但其中强调的相互制约问题，却是权力制约中的新形式，是对权力制约新方式的发掘。

总之，20 世纪 50 年代后，西方宪法思想进一步发展，出现了不同思想派别，如布坎南宪法经济学思想，以其为代表的公共选择理论的宪法学说提出规则决定论和契约论等思想。

总之，西方现代宪法思想历经近 5 个世纪的演进过程，其内容不断丰富与发展，对社会的发展和人类的进步，特别是对现代文明的确立起过重大作用，其中不少有借鉴价值。当然，由于阶级及历史的局限，其中也有不少非科学和错误之处，即使在西方被实践证明有效的观点和制度，由于经验的特定条件所限，大多没有可移植的价值，但这种不断探索本国宪法新问题新领域、提出新观点、强烈的现实关怀的精神值得借鉴。因此，我们在贯彻“洋为中用”的原则中，取其精华，弃其糟粕，以便促进我国宪法基础理论的发展。

第五节　中国近代宪法思想

一　西方法文化的输入和宪法观念在中国的传播

在中国近代史上，第一个提倡“睁眼看世界”的是林则徐。他不仅突破了“用夷变夏”的羁绊，而且还委派他人翻译西方著作，如 1836 年慕洛著《世界地理大全》刚在伦敦出版，林则徐便请人译成中文，并在此基础上编成了《四洲志》；即使在鸦片战争失败后被发配到伊犁“效力赎罪”的途中，还委托好友魏源完成《海国图志》的编纂工作。

西方法文化随着西方文化一同输入中国。在《海国图志》中不限于介绍西方史地知识，也涉及对西方法律制度的评介，并对美国的民主共和制有所表述。1846 年，知识渊博的梁廷枏在《海国四说》中直接介绍了西方的宪政制度。尤其是徐继畬，因对西方民主宪政的称颂而断送了政治前程。

到 19 世纪 60 年代，上海成了引进西方法文化的中心，江南制造局专设了翻译馆，在传教士傅雅兰的77部译著中，法学译著近10部。尤其是林乐知、舒高第等人翻译的《美国宪法纂释》，使近代宪法观念开始在中国传播，并成为后来康有为戊戌变法和20世纪立宪运动的必备参考书。

此后，不少报纸在传播宪法观念上也起了作用，如上海的《申报》及时报道了日本效法西方的法律改革，又如广东学会的《万国公报》还直接登载西方一些名著，如斯宾塞的《自由篇》等。改良派创办的报纸和出版社，还专门出版西方的法学译著。

19世纪末，清王朝在形势的迫使下，不得不设立宪政编查馆，使北京成为引进西方法文化特别是宪法观念的中心。

当时中国赴西方的留学生，在传播西方法文化，特别是宪法观念和理论上，起了极为重要的作用。中国留学生不断增加，1906年已达8000人，其中专攻法学、政治、军警的占一半以上，但多数在日本。

清末预备立宪活动，在本质上是反动的，但清政府派出五大臣出国考察宪政，在客观上传播了宪法观念与理论。最主要的还是一批先进的中国人，在向西方寻求“真理”的过程中，传播了近代宪法观念与理论。尽管他们最终失败了，但给后世留下了遗产，这些遗产也包括他们本人的宪法思想。

二　改良派的宪法思想

（一）康有为宪法思想及其局限性

在中国近代，受西方宪法理论的影响并直接论及宪法的，首推康有为。

毫无疑问，康有为“变法维新”中的“变”，只能是一种改良，但这种改良具有资产阶级民主性质。因为他变法的根本目标，就是改“君主专制”为“君主立宪”。康有为对其主张的君主立宪作过概括性的说明：“立行宪法，大开国会，以庶政与国民共之，行三权鼎立之制，则中国之治强可计日可待也。”

在康有为的维新具体方案中，他把“定宪法”作为“维新之始”；并进一步明确指出，“变法全在黄章宪法”，他要求“采择万国律例，定宪法公私之分”。正如梁启超在《康有为传》中所评论的那样：先生以为欲维新中国，必以立宪法，改官制定权限为第一要义。

他说："东西各国之强，皆以立宪法开国会之故。"这当然有一定道理，但问题是什么样的宪法。民主的宪法，无疑有利于国强，而反动的宪法则相反。很显然，康有为提出制定宪法在当时是具有进步意义的。

康有为在强调制定宪法的重要性的同时，又提出了"开国会"的建议，很显然，在清王朝封建专制下，召开国会是不可能的。不过，康有为有勇气提出这一问题应予肯定。

康有为在百日维新中还多次谈到了"三权分立"，并认为要建立君主立宪国家，必须实行三权分立的原则。他说："近泰西政论，皆言三权，有议政之官，有行政之官，有司法之官，三权立，然后政体备。"又说："夫国之政体，犹人之身体也，议政者譬如心思，行政者譬如手足，司法譬如耳目，各守其官，而后体立事成。"在当时的历史条件下，康有为大胆提出实行资产阶级的三权分立原则无疑有进步意义；但反动势力强大的清王朝，绝不会接受这一主张。

在康有为的宪法思想中，还包括改革法制的主张。他明确指出"无百年不变之法"，主张"时移而法亦移矣"。他还建议制定民法、商法和诉讼法。他认为，要在中国实行宪政必须采用西方的法律制度，用新法治理天下。

必须指出，康有为的宪法思想虽然具有进步意义，但其中有不少空想色彩。他所主张的立宪法、开国会乃是权宜之计，目的在于达到他鼓吹所谓大同世界。在他看来，"私"是犯罪的根源，这在一般社会，即使立宪也是解决不了的。只有到他所讲的"大同世界"，才能是"太平之世不立刑"的理想境界。这无疑是空想。

作为剥削阶级思想家的康有为，其宪法思想同他的其他理论一样，具有明显的局限性，尤其在他的后期，即当他成为公开的保皇派之后，其宪法思想已演变为其保皇谬论的一部分，这集中表现在他所宣扬的"中国只可立宪，不可革命"的谬论和他鼓吹"中国采积四千年君主之俗，欲一旦废之以起争乱，甚非策也"。很显然，康有为一方面讲宪法，另一方面又反对革命，这是一个极大的矛盾。大家知道，宪法是适应市场经济的需要而产生的，在政治上它是资产阶级革命的产物。离开当时的革命，有何宪法可言?! 尽管如此，还是要肯定一点：在康有为提出变法的前期，明确地把定宪法、开国会、改官制作为其政治纲领的重要内容，这无疑在当时有进步意义，尤其作为中国宪法的先行倡导者，对推动我国宪法基础理论的研究是有贡献的。

（二）梁启超的宪法思想及其局限性

梁启超出版学术专集《饮冰室全集》，其中法律著作甚多，属于宪法方面的有：《各国宪法异同论》《立宪法议》《论立法权》《宪法之三大精神》《宪法起草问题答客问》《主张国民动议制宪之理由》等等。梁启超前期是戊戌变法的积极宣传者与参加者，起过较大的进步作用；后期与康有为蜕化为保皇派，成为当时革命派的思想政敌，对革命无疑起了阻碍作用。作为一个学者，其法律思想与其政治思想紧密相关，应一分为二予以评论，这里介绍的以其早期的宪法思想为主。

1.《论立法权》一文是梁启超的早期论著之一，认为“立法之业，益为政治上第一关键，觇国家之盛衰强弱者皆于此”①。接着，他指出了立法的含义，说：“夫立法者，国家之意志也。”② 当然，这种解释过于简单，也没有揭示其实质。关于立法机关，梁启超更为重视，认为这是欧美进步、中国落后的根源所在。这讲得太重。立法固然重要，但关键在于谁来立法。立法机关固然重要，关键在于由哪些人组成。梁启超反复介绍法国学者孟德斯鸠关于三权分立的观点，并鼓吹“孟氏此论，实能得立政之本原”。因此，梁启超以“三权分立”的君主立宪作为其政治纲领。但实践早已证明，这种不适合中国国情和发展规律的体制在中国是行不通的。

2.《立宪法议》是梁启超宪法思想的代表作。实际上这是梁启超起草的一个奏折，提出了有关立宪的六点请求。他对宪法概念作了阐释：“宪法者何物也，立万世不易之宪典；而一国之人，无论为君主为官吏为人民皆共守之者也，为国家一切法度之根源。此后无论出何令、更何法，百变而不许离其宗旨者也。”很显然，梁启超在这里已经把作为国家根本大法的宪法的法律特征说得很清楚了，即：一是宪法至上，任何国家机关与个人都必须遵守；二是法律之母，宪法是其他法律立法的基础；三

---

① 梁启超著，范忠信选编：《梁启超法学文集》，中国政法大学出版社 2000 年版，第 11 页。

② 同上。

是永恒不变。前两点推动了宪法基础理论的发展，后一点不符合实际情况，因为任何宪法都是可以、也是应该修改和变化的。

梁启超从世界发展趋势着眼，认为立宪必须战胜专制，明确指出："故地球各国，必一切同归于立宪而后已，此理势所必至也，以人力而欲与理势为敌，譬犹以卵击石，以蜉撼树。"同时，他还具体地指出了立宪政体之优越性。在他看来，专制政体必乱，即使是明君，最后还是要乱。而立宪政体"则一治而不能复乱"。当然，梁启超所讲的立宪是指君主立宪。

梁启超在大讲立宪的必要性、重要性和优越性之后，却不主张在当时马上立宪，而应该像日本《明治维新》那样，等一段时间再立宪。他认为在中国要等10年到15年，主张先学习与考察后再说。梁启超这一出谋划策，确实起了作用，并构成清末立宪运动的思想基础之一。但历史是无情的，清末立宪运动不可避免地被辛亥革命扫进了历史的垃圾堆。

3.《各国宪法异同论》是我国最早的比较宪法学专论。他从政体、三权分立、国会、总统、法律命令及预算、臣民权利与义务、政府大臣之责任七个方面对各国宪法（主要是欧、美、日宪法）进行了比较。他在比较之后，主要是将共和政体与君主立宪政体相比较后，得出与其政治纲领相一致的结论，认为君主立宪政体为好。

梁启超的宪法思想是丰富的，宪法专论也是当时最多的，可以说他是我国研究宪法基础理论的最早学者之一。由于历史条件的限制，他的宪法论著大都属于介绍性的。当然，也有他自己的观点。但他那些观点多数在当时有进步意义外，还有一些错误提法。何况其根本目的是建立君主立宪，这与当时中国历史发展不符。因此，尽管他在学术上有一定成就，但在政治上，尤其是在后期，是不值得提起的人。

（三）严复的宪法思想

1. 反对君主专制，主张"三权分立"。

2. 反对"有治人无治法"的观点，主张建立"一国人必从"的完备的法律制度。

3. 反对立法"逆天理悖人性"，主张符合天理人情。严复猛烈抨击封建专制的立法，称之为"乱国之法"，并认为"乱国之法为上而立者也，故其行也，求利于上，夫求利于上而不求便民，斯法因人立不悖于天理人性者寡矣”。他极力主张立法必须符合天理人情。他所讲的“天理”，即“自然之律”。他要求“治国之法”应以“便民”“利民”为宗旨。他这些观点实际上是为其提倡“兴民权”提供理论根据。应该说，这些观点在当时历史条件下，在反对封建专制的斗争中，是有明显的进步意义的。当然，他把生物进化规律引入社会领域，无疑是不科学的。至于其“天赋人性”之说，也不符合实际情况。

总之，严复的宪法思想在当时影响很大。但结果是行不通的，尤其是他晚年变成封建“旧学”的忠实维护者，走向了他自己青壮年时的反面，这就导致他成为封建王朝的殉葬品。但在中国宪法基础理论的发展过程中，我们应该了解这段历史，应该不要忘记严复。

三　中华民国时期的宪法思想

（一）孙中山的“五权宪法”思想

孙中山宪法思想的主要内容包括三个方面，一是三民主义，这是“立国之本”，它是整个宪法的基础，全部宪法的出发点；二是四大民权，即选举权、罢免权、创制权和复决权，孙中山认为人民有了这四大民权才能驾驭政府为人民办事；三是五权宪法，即立法权、行政权、司法权、考试权和监察权。孙中山看到了西方的“三权分立”种种弊端，认为其并不完善，所以又吸取中国的传统文化，糅合了中国古代的考试制度和监察制度形成了“五权分立”。

1. 三民主义思想是孙中山宪法思想的核心内容

三民主义是民族主义、民权主义和民生主义的总称。它是孙中山结合中国历史经验和所考察的资产阶级宪法制度的理论概括。1905年同盟会成立时，由孙中山提议，将“驱除鞑虏，恢复中华，建立民国，平均地权”写进了《同盟会宣言》之中。不久，同盟会的机关报《民报》出版，孙中山在《民报》的发刊词中，将上述十六字政纲概括归纳为民族、民权、民生三大主义。其实质，就是实现“民有、民治、民享”的民主政治[①]。民

① 这一归纳与林肯在1863年演讲词中的名言有某种暗合。林肯在一次演讲中曾说过：that government of the people，by the people，for the people，shall not perish from the earth. 翻译为中文是：民有、民治、民享的政府是不会从地球上消失的。

族主义的目标有二：一是推翻清王朝统治，二是建立资产阶级民主共和国。孙中山说："民族主义，即世界人类各族平等，一种族绝不能为他种族所压制。如满人入主中夏，垂二百六十余年，我汉族起而推翻之，是即民族革命主义也。"① 民权主义的目标是建立"平等""民治"的共和国，并在"民主立宪"的原则上，规划相应的政体。民族主义与民权主义是相联系的，正如孙中山所说"革命成功以后，中国的土地和主权，已经由满清皇帝的手里夺回到中国人民的手里来了。但是，我们人民徒有政治上主权之名，没有政治上主权之实，还是不能治国。必须把政治上的主权，实在拿到人民手里来，才可以治国，才叫做民治。这个达到民治的道理，就叫做民权主义"。② 民生主义则要解决人民的生存权和国家的发展权，最终实现民富国强。孙中山说："到现在全国的权力，都操在少数资本家的手里，只有少数人享幸福，大多数人还在痛苦。因为大多数人不甘受这种痛苦，所以现在才有经济革命——社会革命——的事情时常发生。我们中华民国如果把民生主义和民族主义、民权主义同时解决，用一个一劳永逸的方法，一定可以把现在的中国变成庄严灿烂的中华民国。"③ 孙中山的三民主义思想构成了其民主宪政主张的核心内容。三民主义作为一个整体，是不可分割的，是民主共和制度建立的必由之路。没有民族主义的民族革命，民权主义的政治革命就无法实现；没有民族主义的民族革命和民权主义的政治革命，人民的平等自由就得不到保障；而没有民生主义的社会革命，民族主义的民族革命和民权主义的政治革命的目标不可能真正实现。④

2. "五权宪法"，权能分治是孙中山宪法思想的独创特色

(1) "五权宪法"，权能分治的内容

在孙中山的"五权宪法"理论中，把政治权力分为两种，即"政权"与"治权"，孙中山对"政权"一词的解释，别具一格，他说："政是众人之事，集合众人之事的大力量，便叫政权，政权可以说是民权。治是

① 《孙中山全集》第6卷，中华书局1985年版，第56页。

② 同上书，第3页。

③ 同上书，第5页。

④ 殷啸虎：《孙中山民主宪政思想探析》，《东方法学》2011年第5期。

管理众人之事，集合管理众人之事的大力量，便叫做治权，治权就可以说是政府权。所以政治之中，包含有两个力量，一个是政权，一个是治权。这两个力量，一个是管理政府的力量，一个是政府自身的力量。”①孙中山认为，把政权与治权分开，是五权宪法的核心。而政权实际上是指“权”，治权实际上是指“能”。

孙中山所讲的政权，是指四个方面直接民权的综合，即选举权、罢免权、创制权和复决权。而治权，就是指立法权、行政权、司法权、考试权和监察权，这是孙中山的得意之作。其实，这是中西结合的一种体制，即在三权分立的基础上，吸收中国古代的做法，增加了考试权与监察权。孙中山认为，要把中国改造成新国家，必须把政权与治权分离，将政权“完全交到人民手里，要人民有充分的政权，可以直接去管理国事”，而将治权“完全交到政府的机关之内，要政府有很大的力量，治理全国事务”，并且用政权去约束职权，只要“人民有了充分的政权，管理政府的方法很完全，便不怕政府的力量太大，不能够管理”。②

五权宪法不仅确认五权各自独立，各司其职；而且强调五权平等，相互制衡。五权宪法中政权与治权也必须结合，必须并存。在他看来，政治中有两股力量：一个是自由的力量，一个是维持秩序的力量，如同物理学中的离心力与向心力一样。政治中自由过分，容易导致无政府状态；管理束缚得太死，则导致专制。因此，政治中的两股力量必须保持平衡，社会才能发展，国家才能走上正轨。

毫无疑问，孙中山在反对封建专制中倡导五权宪法，提出权能分治，是有进步意义的。但五权分立同三权分立在本质上没有什么区别，权能分治实际上使人民主权流于形式，更何况容易被盗用而演变为专制。这在后来国民党的独裁政治中已经得到证明。因此，权能分治实质上是与人民主权直接对立的。何况，这种理论是以唯心史观为基础的，其强调的是少数人在历史上的作用，而否认人民是历史的创造者。权能不能分治，也难于分治，人民主权不可分割。

---

① 《孙中山全集》第9卷，中华书局1986年版，第345页。

② 同上。

（2）实现“五权宪法”的途径——三个时期的演进

孙中山将五权宪法作为其革命的重要目标看待。他认为，五权宪法的完全实施，也就是他为之奋斗的革命和建设的真正成功。而完全实施“五权宪法”必须经过所谓军政、训政、宪政三个时期。有感于辛亥革命果实被窃取的惨痛教训，孙中山在1914年成立中华革命党后公布的中华革命党总章中，重申了这一革命程序，并将其修改为“军政”“训政”与“宪政”三个时期：军政时期是以积极武力扫除一切障碍而奠定民国基础，训政时期是以文明法理督率国民建设地方自治，宪政时期是俟地方自治完备之后，由国民选举代表组织宪法委员会创制宪法。①

孙中山实现五权宪法三个时期的观点，是以唯心史观为理论基础的。在他看来，社会上存在三种人，即“后知后觉”，“不知不觉”，“先知先觉”的人。后知后觉的人掌握政权，称之为“有权的人”，先知先觉的人行使治权，可称之“有能的人”。至于不知不觉的人是群氓，只能听人“训导”，这就是必须经过训政时期的所谓理由。这显然是错误的。正是这个理论，后来被国民党反动政府所利用，使“训政时期”一再延长，成为其推行独裁统治的依据。我们认为，人民是历史的创造者，离开人民的政治或宪法是行不通的。将人民群众划分为这样三类，纯属主观唯心的产物，毫无客观依据。官吏是人民的公仆，政府应听从人民，只有一切权力属于人民，才能使国家繁荣富强。人民群众的智慧是无穷的，只有人民群众才是历史发展的动力和创造者。

（3）“五权宪法”的基本原则——均权制度

从广义来讲，均权既包括中央五权之均衡，也包括中央与地方权力之合理划分。一般是从狭义上来理解或注释孙中山的均权制度。按孙中山的本意，五权宪法要求以县为单位实行地方自治。这样一来，地方自治与中央领导便存在均权问题。一般讲，凡事务具有全国性质的便划归中央，有因地制宜性质的事务则属地方。前者如军事、外交，后者如警备设施、中小学校舍等等。

孙中山提出中央与地方均权，实质在于合理分权。孙中山的设想是好的，但如何实现则是一个复杂事情。由于他逝世过早，来不及进一步

---

① 《孙中山全集》第3卷，中华书局1984年版，第97页。

说明和处理这一问题，以致这个问题在很长时间内没有解决，甚至还出现了北洋军阀混战与割据状态。

（二）民国时期宪法思想

民国时期，一些学者侧重于介绍西方宪法思想，另有一些学者结合西方宪法思想对孙中山的“五权宪法”进行阐释，试图论证“五权宪法”融合中西的创新性。鉴于国际国内形势的动荡，除孙中山的宪法思想外，富于创新的宪法思想是比较缺乏的，但在学术上仍然有可批判借鉴的地方。

第六节　马克思主义宪法思想的历史发展

一　马克思主义经典作家宪法思想

宪法无论是作为国家根本大法，还是作为近代史上的新生事物，都引起了马克思与恩格斯的极大关注。由于当时的历史条件，他们的主要精力都放在对无产阶级革命理论的探索和创立、发展马克思主义的三个组成部分上，因此对宪法基础理论的直接阐释不多。但马克思毕竟是法学世家出身，又在柏林大学攻读法学专业，不仅通过在革命实践中的长期探索创立了马克思主义法学，而且还挤出时间写出了批判资产阶级宪法的专著，如 1855 年 3 月撰写的《不列颠宪法》和 1851 年 6 月撰写的《1848 年 11 月 4 日通过法兰西共和国宪法》。恩格斯虽然不是学法学出身，但对资产阶级宪法这个直接体现资产阶级意志的根本法极为重视，曾专门作了调查，于 1844 年写出了《英国状况与英国宪法》。

马克思与恩格斯的宪法著作的显著特点是对资产阶级宪法和资本主义制度的揭露与批判。概括起来，大致有如下方面：第一，在批判中，首先揭露资产阶级宪法反动的阶级本质，如马克思在谈到英国宪法时，深刻指出：“这个不列颠宪法是什么呢？它的实质是否就是代议机关或者限制行政权呢？这些特征并没有使它无论同北美合众国的宪法或是同无数‘熟悉本行业务’的英国股份公司的章程有什么区别。不列颠宪法其实只是非正式执政的、但实际上统治着资产阶级社会一切决定性领域的资产阶级和正式执政的土地贵族之间的由来已久的、过时的、陈腐的妥协。”[1] 如果说这段论述是对资产阶级宪法阶级本质一针见血的揭露，那么在评论1848年的法国宪法时则重点揭露了资产阶级宪法的虚伪性。马克思指出：“这个虚伪的宪法中永远存在的矛盾足以说明，资产阶级口头上标榜自己是民主阶级，而实际上并不如此，它承认原则的正确性，但是从来不在实践中实现这种原则……这个宪法里包含了原则，——细节留待将来再说，而在这些细节里重新恢复了无耻的暴政！”[2]

恩格斯在调查研究的基础上，重点剖析了英国的不成文宪法，最后得出结论说：“全部英国宪法和整个立宪主义的舆论无非是个弥天大谎，当它的真正本质有时暴露得稍微明显的时候，它总是再借助无数的小谎言来弥补和掩盖。甚至人们在开始了解到所做的这一切是纯粹的假话和虚构的时候，还是紧紧抓住不放，而且抓得比任何时候都紧。”[3] 恩格斯同时还列举了英国宪法性文件所确认的公民权利，诸如出版自由、集会自由、结社自由等等，并明确指出英国不成文宪法又对这些自由给予种种限制，尤其在人权问题上，恩格斯在《反杜林论》中揭露得更为具体，他说：“永恒的正义在资产阶级的司法中得到实现；平等归结为法律面前的资产阶级的平等；被宣布为最主要的人权之一的是资产阶级的所有权”[4]，“而自由和平等也很自然地被宣布为人权。这种人权的特殊资产阶级性质的典型表现是美国宪法，它最先承认了人权，同时确认了存在于美国的有色人种奴隶制：阶级特权不受法律保护，种族特权被神圣化。”[5] 在批判的同时，恩格斯也指出了无产阶级的平等观，那就是“平等不仅应当是表面的，不仅在国家的领域中实行，它还应当是实际的，还应当在社会的、经济的领域中实行”[6]。

马克思恩格斯对资产阶级宪法阶级本质的揭露，对我们研究宪法具有普遍指导意义。宪法同整个法律一样，它不是什么人类理性的产物，也不是全社会的公意，其具有强烈的阶级性。同时，阶级本质决定于经

---

① 《马克思恩格斯全集》第11卷，人民出版社1962年版，第108页。
② 《马克思恩格斯全集》第10卷，人民出版社1998年版，第692页。
③ 《马克思恩格斯全集》第3卷，人民出版社2002年版，第584页。
④ 《马克思恩格斯选集》第3卷，人民出版社1995年版，第356页。
⑤ 同上书，第447页。
⑥ 同上书，第448页。

济关系，因此，宪法是一定社会上层建筑的重要组成部分，它既决定于经济基础，也服务于经济基础。这就是马克思恩格斯对宪法基础理论划时代的贡献。同时，马克思对宪法的法律地位，也曾作过科学的说明。他在《1848年至1850年的法兰西阶级斗争》一文中，明确指出宪法是“法律的法律”，从而肯定宪法在一国法律体系中的崇高地位和特殊作用，使我们现在所讲的宪法是母法、是根本法有了理论依据。

列宁在新的历史条件下在主持人类历史上第一部社会主义宪法的实践中，发展了马克思主义关于宪法的基础理论。概括起来，大致有如下几个方面：第一，列宁从不同的角度揭示了宪法的实质，使宪法得到了科学的解释。从阶级关系上，列宁指出：“宪制的实质在于：国家的一切基本法律和关于选举代表机关的选举权以及代表机关的权限等等的法律，都体现了阶级斗争中各种力量的实际对比关系。”① 从公民权利上，列宁认为“宪法就是一张写着人民权利的纸”②。列宁这两段名言，至今是我们阐述宪法基础理论的重要依据。当然我们在理解这些话时，既要尊重其指导意义，又要全面了解列宁说话时的历史条件。我们认为，列宁在这里是从某一角度揭示宪法的实质，但不是给宪法下定义。因此，我们既要强调宪法的阶级性，突出宪法对公民权利确认的极端重要性；又要重视宪法的基本内容和结构。

第二，列宁对宪法作了科学的分类。以往资产阶级学者从形式主义出发，把宪法分成成文宪法和不成文宪法、刚性宪法和柔性宪法、钦定宪法和民定宪法等等。尽管这种分类对研究宪法有一定作用，但没有揭示宪法的阶级本质。列宁以历史唯物主义为理论基础，指出以前所有的一切宪法，乃至最民主共和的宪法的精神和基本内容都归结在一个私有制上。就是说，以前的宪法即资产阶级宪法是以私有制为基础的资产阶级类型宪法。而“苏维埃宪法和苏维埃一样，是在革命斗争时期产生的，它是第一部宣布国家政权是劳动者的政权、剥夺剥削者——新生活建设者的敌人——的权利的宪法，这就是它和其他国家宪法的主要区别，同

---

① 《列宁全集》第17卷，人民出版社1988年版，第320页。
② 《列宁全集》第12卷，人民出版社1987年版，第50页。

时也是战胜资本的保证”[1]。这个苏维埃宪法在当时是社会主义类型宪法的唯一代表。列宁还从另一角度对宪法作了分类，他说：“当法律同现实脱节的时候，宪制是虚假的。”[2] 这就是说，可以根据宪法与现实结合是否紧密为标准，把宪法分成虚假的宪法和不虚假的宪法。当然，对列宁这一论断不能作机械理解。毫无疑问，资产阶级宪法标榜它是全体人民意志的体现，这是虚假的，关于自由、平等、博爱是虚假的。但是资产阶级宪法中也有真实的东西，如为了保护阶级利益，公开宣布“私有财产不可侵犯”，便反映资产阶级宪法的基本目的。

第三，列宁论证了宪法的重大作用。列宁对宪法的作用作了充分肯定，大致有如下几个方面：一是肯定宪法是历史经验的总结，他在谈苏维埃宪法时指出：“这部宪法记载了无产阶级群众反对国内和国际剥削者的斗争经验和组织经验。”[3] 二是肯定宪法对发扬民主的特殊功能，他说：“苏维埃宪法所给予的东西，是任何一个国家在200年内都不曾给过的。单拿代表大会的次数来说吧，在实行民主制度以来的100年中，任何一个国家都没有召开过这么多的代表大会，而我们正是用这种方法来制定共同的决议和锤炼共同的意志的。”[4] 三是肯定了宪法的教育作用。列宁指出：“我们的宪法……是揭露资产阶级民主制虚伪骗人的本质的最好的宣传鼓动材料。我们公开宣告由被剥削的劳动者实行统治，这就是我们的力量所在，这就是我们不可战胜的原因。”[5]

第四，列宁强调国家法制的统一。大家知道，法制统一是一个重要的法律原则，而宪法又为法制统一奠定了基础。列宁多次指出：“法制不能有卡卢加省的法制，喀山省的法制，而应是全俄统一的法制，甚至是全苏维埃共和国联邦统一的法制。”[6]

当然，列宁关于法律，特别是关于宪法的思想是极为丰富的，不仅在宪法基础理论上有卓越的建树，而且在法的一般理论上也有突出贡献。

---

① 《列宁全集》第34卷，人民出版社1985年版，第503页。
② 《列宁全集》第17卷，人民出版社1988年版，第320页。
③ 《列宁全集》第35卷，人民出版社1985年版，第145页。
④ 《列宁全集》第38卷，人民出版社1986年版，第337页。
⑤ 《列宁全集》第35卷，人民出版社1985年版，第77页。
⑥ 《列宁全集》第43卷，人民出版社1987年版，第195页。

因限于篇幅，只简略介绍到这里。

二　毛泽东的宪法思想

马克思主义法学的产生，是法学史上的伟大变革。我国老一辈无产阶级革命家继承与发展了马克思主义关于国家与法的基本原理，并结合中国实际情况，形成了中国特色的宪法思想。其中杰出的代表是毛泽东、董必武和邓小平。

毛泽东的宪法思想是极为丰富的，尽管因受其政治路线的影响，在晚年曾一度犯过错误，但就总体来讲，其宪法思想在宪法基础理论的发展史上，闪耀着马克思主义的光辉。本书概括分析其主要宪法思想：

（一）科学阐明了宪法与宪政的概念、宪法的地位与权威。什么是宪法呢？毛泽东有两段生动而科学的说明，他说："世界上历来的宪政，不论是英国、法国、美国或者是苏联，都是在革命成功有了民主事实之后，颁布一个根本大法，去承认它，这就是宪法。"①

毛泽东关于宪法的概念，至少有三层含义：第一，宪法与民主不可分。没有民主，便谈不上宪法，宪法是民主法律的集中表现。当然，民主是有阶级性的，因此，宪法也有资产阶级宪法与社会主义宪法之分。第二，宪法是国家根本大法。宪法作为国家大法是相对普通法律而言的。它是一国法律之母，效力最高，规定国家的根本制度和根本性问题。第三，宪法是对既定的民主事实的确认。当然，宪法除了确认性功能外，还有纲领性功能。尤其是当今世界各国的宪法，作为国家的总章程，其纲领性功能得到了进一步发挥。

对于宪法的地位与权威，他指出："一个团体要有一个章程，一个国家也要有一个章程，宪法就是一个总章程，是根本大法。"② 要保障宪法的地位和权威，首先要制定一部好的宪法。他说："搞宪法是搞科学。我们除了科学以外，什么都不要相信，就是说，不要迷信。中国人也好，外国人也好，死人也好，活人也好，对的就是对的，不对的就是不对的，不然就叫做迷信。要破除迷信。不论古代的也好，现代的也好，正确的

---

① 《毛泽东选集》第2卷，人民出版社1991年版，第735页。

② 《毛泽东文集》第6卷，人民出版社1999年版，第328页。

就信，不正确的就不信，不仅不信而且还要批评。这才是科学的态度。”①在我国，宪法权威还需处理好执政党与宪法的关系。对此，毛泽东认为，宪法既要肯定共产党作为执政党在国家政治生活中的领导地位，又要明确规定包括执政党在内的任何组织和个人都必须以宪法作为自己最高的行为准则，受宪法的约束，这就明确了宪法作为国家根本大法的地位。正如刘少奇代表宪法起草委员会在《关于中华人民共和国宪法草案的报告》中所指出：“中国共产党是我们国家的领导核心。党的这种地位，决不应当使党员在国家生活中享有任何特殊的权利，只是使他们必须担负更大的责任。中国共产党的党员必须在遵守宪法和一切其他法律中起模范作用。”②

（二）关于宪法的类型与性质。毛泽东强调指出我国的宪法是社会主义类型的宪法。从世界范围来看，宪法主要有两种类型，即资本主义宪法和社会主义宪法。资本主义宪法是与资本主义民主和资产阶级专政相联系的，而社会主义宪法则是同社会主义民主和无产阶级专政即人民民主专政相联系的。两种类型的宪法必然存在着本质上的区别，这种区别集中体现在宪法所确立的国体、政体两方面。关于国体、政体问题，毛泽东早在《新民主主义论》中就明确指出：“这个国体问题，从前清末年起，闹了几十年还没有闹清楚。其实，它只是指的一个问题，就是社会各阶级在国家中的地位。”③ 所谓‘政体’问题，那是指的政权构成的形式问题，指的一定的社会阶级取何种形式去组织那反对敌人保护自己的政权机关。”④ 新民主主义中国的国体，就是“各革命阶级联合专政”。新民主主义中国的政体，就是以“民主集中制”为组织原则，采取各级人民代表大会的系统。在《论人民民主专政》一文中，毛泽东则更为明确地指出：“总结我们的经验，集中到一点，就是工人阶级（经过共产党）领导的以工农联盟为基础的人民民主专政。”“这就是我们的公式，这就是我们的主要经验，这就是我们的主要纲领。”⑤ 毛泽东还指出：“我

---

① 《毛泽东文集》第6卷，人民出版社1999年版，第330页。

② 《建国以来刘少奇文稿》第6册，中央文献出版社2008年版，第392页。

③ 《毛泽东选集》第2卷，人民出版社1991年版，第676页。

④ 同上书，第677页。

⑤ 《毛泽东选集》第4卷，人民出版社1991年版，第1480页。

们的宪法草案，结合了原则性和灵活性。原则基本上是两个：民主原则和社会主义原则。”①

（三）关于人民立宪及其方法。宪法史上经历过君主立宪、君民共同立宪和人民立宪的不同阶段和方式。共和制国家首先要明确人民作为立宪主体的问题。毛泽东关于人民立宪的思想发端于1920年的“湖南自治”运动，当时他在《湘江评论》上的《释疑》一文可谓是一篇宣告人民立宪的檄文。他明确指出：“以后的政治法律，不装在穿长衣的先生们的脑子里，而装在工人们农人们的脑子里。他们对于政治，要怎么办就怎么办。他们对于法律，要怎么定就怎么定”，② 毛泽东人民立宪的思想在“五四宪法”制定的过程中得到了充分的体现。毛泽东指出：“我们的民主不是资产阶级的民主，而是人民民主，这就是无产阶级领导的、以工农联盟为基础的人民民主专政。人民民主的原则贯穿在我们整个宪法中。”③ 在解释“五四宪法”草案的说明中，毛泽东的人民立宪方法的思想得到充分体现，他认为，“这个宪法草案所以得人心，是什么理由呢？我看理由之一，就是起草宪法采取了领导机关的意见和广大群众的意见相结合的方法。这个宪法草案，结合了少数领导者的意见和八千多人的意见，公布以后，还要由全国人民讨论，使中央的意见和全国人民的意见相结合。就是领导和群众相结合，领导和广大积极分子相结合的方法。过去我们采用了这个方法，今后也要如此。一切重要的立法都要采用这个方法。”④

（四）关于宪法的完善与实施。毛泽东认为，“五四宪法”是一个比较完整的宪法，但也不必讲是毫无缺点，天衣无缝。“宪法，以及别的法律，都是会有缺点的，什么时候发现就及时修改。”⑤ 宪法通过以后，还要根据社会发展和国情变化及时进行修正，使宪法既具有科学性又具有时代性。对于如何完善宪法，毛泽东提出要把总结本国经验与借鉴国际

---

① 《毛泽东文集》第6卷，人民出版社1999年版，第326页。

② 《毛泽东早期文稿》，湖南出版社1990年版，第519页。

③ 《毛泽东文集》第6卷，人民出版社1999年版，第326页。

④ 同上书，第325页。

⑤ 逄先知、金冲及主编：《毛泽东传（1949—1976）》，（上册），中央文献出版社2003年版，第337—338页。

经验相结合，把坚持原则性与灵活性统一起来。毛泽东认为，“五四宪法”之所以得到大家拥护，一是因为正确地恰当地总结了经验，二是因为正确地恰当地结合了原则性和灵活性。他指出，“现在能实行的我们就写，不能实行的就不写。一时办不到的事，必须允许逐步去办”，① 这就是灵活性的表现。宪法制定后，毛泽东非常强调宪法的实施，它明确指出：宪法通过以后，“全国人民每一个人都要实行，特别是国家机关工作人员要带头实行，不实行就是违反宪法。”②

总之，毛泽东的宪法思想十分丰富，是马克思主义法律思想中国化的重要理论成果，对于新时期进一步加强宪法自身建设，继续完善以宪法为统帅的中国特色社会主义法律体系，全面推进依法治国、加快建设社会主义法治国家具有重要的理论价值和实践意义。③ 毛泽东的宪法思想对我国第一部宪法，即1954年宪法的制定与实施一直起指导作用。但是，由于他晚年的错误，特别是在“文化大革命”的错误，基本上改变了他原来对宪法的态度，甚至于走向了反面。因此，我们在前面所阐述的内容，是指他在50年代中期以前的宪法思想。事实上，在1957年以后，他很少谈到宪法。同时，我们也必须明确：毛泽东毕竟是伟大的马克思主义者，他晚年的错误不能掩盖他以往宪法思想的光辉。④

三　邓小平的宪法思想和依法治国理论

邓小平的宪法思想和依法治国理论是极为丰富的，是邓小平理论的重要组成部分，是科学性与实践性相结合的典范。他亲自主持制定了作为我国改革开放最高法律根据的1982年宪法，并在此之前即1980年，他以马克思主义的胆略，否定了在历次政治运动中起了极坏作用的“四大”，即大鸣、大放、大辩论、大字报，从而为恢复与发扬社会主义民主扫除了障碍，为制定新宪法创造了条件。

邓小平的宪法思想和宪政实践极为丰富，现将其主要方面概括如下：

---

① 《毛泽东文集》第6卷，人民出版社1999年版，第326页。

② 同上书，第328页。

③ 李婧、蒋青青：《毛泽东宪法思想及其当代价值》，《思想理论教育导刊》2014年第7期。

④ 李龙：《宪法基础理论》，武汉大学出版社1999年版，第59页。

（一）坚持中国共产党领导下的社会主义民主政治制度的宪法思想

1. 必须坚持共产党领导下的人民民主制度。中国共产党是执政党，是社会主义现代化建设事业的领导核心，党的领导为社会主义民主建设指明了方向，提供了保障。为此，社会主义民主制度的完善和发展必须坚持党的领导。

2. 必须坚持和完善人民代表大会制度。我国各级人民代表大会是由选民选举产生的代表组成的国家权力机关。鉴于我国的实际情况和西方国家权力机关因“议而不决，决而不行”① 而带来的低效率弊端，邓小平强调中国不搞西方的三权鼎立、两院制，主张坚持和完善人民代表大会制度，通过法律程序深化我国权力机关改革，扩大人大常委会的职权，明确人大代表的权利与义务，进一步完善选举制度等一系列改革措施和目标。

3. 必须坚持共产党领导的多党合作的政治协商制度。邓小平根据我国政治发展的历史经验，明确提出将坚持共产党领导的多党合作和政治协商制度作为我国民主政治的一项基本政治制度。他指出：“我国各民主党派在民主革命时期同我们党共同奋斗，在社会主义时期同我们党一道前进，一道经受考验。在今后的建设中，我们党还要同所有的爱国民主党派和爱国民主人士长期合作。”②

4. 必须坚持民主制度化、法律化。宪法与民主有着不可分割的联系，没有民主，宪法便无从谈起；民主如果不加以制度化、法律化，就很难坚持实现。邓小平总结各国，特别是社会主义国家宪政实践的经验与教训，多次强调：“为了保障人民民主，必须加强法制。必须使民主制度化、法律化，使这种制度和法律不因领导人的改变而改变，不因领导人的看法和注意力的改变而改变。”③

第一，树立宪法和法律的极大权威。邓小平主持制定的党的十一届三中全会公报明确宣布：“使这种制度和法律具有稳定性、连续性和极大

---

① 《邓小平文选》第 3 卷，人民出版社 1993 年版，第 240 页。

② 同上书，第 4 页。

③ 《邓小平文选》第 2 卷，人民出版社 1994 年版，第 146 页。

权威”；“不允许任何人有超于法律之上的特权。”[①] 其后，1982 年宪法明文规定：宪法具有最高法律效力。在十三大通过的党章再次确认：“党必须在宪法和法律范围内活动。” 树立宪法与法律的极大权威，这是邓小平对我国法制建设的杰出贡献，不仅在中国历史上，而且在国际共产主义运动史上产生了极为深远的影响。

第二，倡导“在全体人民中树立法制观念”。1986 年 6 月 28 日，邓小平在中共中央政治局作了题为《在全体民主中树立法制》的专题报告，重点阐述了如下几个著名观点：1. “加强法制重要的是进行教育，根本总则是教育人。” 2. “法制教育要从娃娃开始，小学、中学都要进行这个教育，社会上也要进行这个教育。”[②] 3. “党要管党内纪律的问题，法律范围的问题应该由国家和政府管。党干预太多，不利于在全体人民中树立法制观念。”[③] 按照邓小平的指示，我国从 1986 年起，便在全国范围内开展了普法教育，现在已进入第三个五年计划。实践证明，这对于全面实施宪法和法律，坚持和推行依法治国具有重大意义。

第三，坚持和完善有法可依，有法必依，执法必严，违法必究和法律面前人人平等原则。早在 20 世纪 50 年代初，董必武就提出了“有法可依，有法必依”这两个著名原则，但由于众所周知的原因，在当时无法执行。邓小平同志总结了我国法制建设的经验与教训，把社会主义法制原则概括为十六个字，后来又增加了法律面前人人平等。其实，有的已在我国宪法中得到了确认，有的在宪法中体现了其精神，所以邓小平多次指出：“我们要在全国坚决实行这样一些原则：有法必依，执法必严，违法必究，在法律面前人人平等。”[④] 有法可依是社会主义法制建设的前提，它既表明宪法和法律的重要性，也表明了宪法和法律的权威性；它要求建立以宪法为核心的、与社会主义市场经济相适应的法律体系。因此邓小平反复强调：“法制要在执行中间逐步完备起来，不能等。”[⑤] 有

---

① 中共中央文献研究室：《三中全会以来重要文件选编》（上），人民出版社 1982 年版，第 11 页。

② 《邓小平文选》第 3 卷，人民出版社 1993 年版，第 163 页。

③ 同上。

④ 《邓小平文选》第 2 卷，人民出版社 1994 年版，第 254 页。

⑤ 同上书，第 255 页。

法必依是社会主义法制的中心环节，有了法律不执行，再好的法律也是空的。邓小平要求人人树立法制观念，人人遵守法律，特别是党的领导和干部，更要带头遵守法律。执法必严是加强社会主义法制的关键，是针对执法机关与执法人员而讲的，它要求执法态度要严肃，执法内容要明确，赏罚决定要严明，反对“以言代法、以权压法”，杜绝“以权卖法”，做到公正裁决，廉洁自律。违法必究是社会主义法制的保障，任何违法犯罪，都必须依法追究，任何人不能凌驾于法律之上。必须全面落实法律面前人人平等原则。他指出：“公民在法律和制度面前人人平等，党员在党章和党纪面前人人平等。人人有依法规定的平等权利和义务，谁也不能占便宜，谁也不能犯法。”① 坚决反对法外特权，既包括对违法者的追究，违纪者的处分，还“要有群众监督制度，让群众和党员监督干部，特别是领导干部。凡是搞特权、特殊化，经过批评教育而又不改的，人民就有权依法进行检举、控告、弹劾、撤换、罢免，要求他们在经济上退赔，并使他们受到法律、纪律处分”②。邓小平的社会主义人人平等思想形成了一个完整的体系，从具体内容到实施保障都切合中国法制的现实，对实现宪法规定的平等权和法治国家都具有很强的指导意义。

第四，坚持和完善人民代表大会制度。从 1954 年起，我国几部宪法都明确了人民代表大会制度是我国的根本政治制度。改革开放以来，邓小平一再提出要坚持和完善人民代表大会制度，并采取一系列措施，通过法律程序使我国权力机关的建设取得了重大进展，诸如扩大人大常委会的职权、规定人民代表的权利和义务、完善选举制度、废除国家领导职务终身制等。特别是邓小平身体力行，带头退休，为完善人民代表大会制度做出了表率。坚持与完善不可分开，要坚持这个制度，就必须完善这个制度。不断完善的人民代表大会制度在我国人民的政治生活中发挥着越来越大的作用，有效地保障了我国人民实现当家做主。

邓小平宪法思想与宪政实践在我国历史上产生了深刻影响，涉及的领域很多，上面只是其中一部分，还有不少领域，诸如坚持与完善人民民主专政、坚持与完善共产党领导的多党合作与政治协商制度、精兵简

---

① 《邓小平文选》第 2 卷，人民出版社 1994 年版，第 332 页。

② 同上书，第 332 页。

政等。

邓小平宪法思想的核心，就是依法治国，其主要的路径是健全各项制度，防止形形色色的人治和破坏法治的现象。邓小平谈制度与人的关系时说："制度好可以使坏人无法任意横行，制度不好可以使好人无法充分做好事，甚至会走向反面。"[①] 江泽民同志多次提到："依法治国是邓小平建设有中国特色社会主义理论的重要组成部分。"[②] "依法治国是社会进步、社会文明的重要标志，是我们建设社会主义现代化国家的必然要求。"[③] 正如邓小平本人所强调的："要通过改革，处理好法治和人治的关系，处理好党和政府的关系。"[④]

① 《邓小平文选》第 2 卷，人民出版社 1994 年版，第 333 页。

② 《江泽民文选》第 1 卷，人民出版社 2006 年版，第 511 页。

③ 同上书，第 513 页。

④ 《邓小平文选》第 3 卷，人民出版社 1993 年版，第 177 页。

第三章

宪法原则

中国宪法学对宪法基本原则的引入和所含内容的多样性和深入性的探讨并逐步形成共识的发展历程，可视为中国当代宪法学发展的一脉。反映了宪法学研究的深入和法学教育事业的发展所取得的巨大成绩。融入教材内容中的变迁既是国家法制不断发展和健全的直接反映，也是宪法学学术研究成果寻求共识、影响社会（首先是法科学生）的直接表现，它折射出时代的变迁和进步，凝聚着法律人的共同梦想和追求，在一定程度上也决定着中国未来的法治道路和形态。

第一节　宪法基本原则的引入、阐释与发展检视

关于宪法的基本原则，我国宪法学界有“宪法的一般原则”“宪法的基本原则”“宪法基本原则”“宪法原则”等提法，内容都是对基本原则的探讨。宪法原则作为一种对宪法本质的认识和宪法规则的评价及改造的依据越来越受到法学研究者的重视。在宪法的精神和形式日趋国际化和普适化的今天，更是激起了不少学者寻求放之各国而皆准的宪法原则的不懈努力，从而形成了今天颇为壮观的普适性的有关宪法原则的各种观点，但与世界各国宪法和宪政情况相异的是，我们对宪法原则的探讨所具有的世界主义情怀依然没有影响到其他国家，并取得其他国家学者的认同。相反，我们往往以列举其他国家的各不相同的宪法原则，并概以“具体原则”一锤定音，不去探求这些不同具体原则背后的普适性原则，却从逻辑上或应然上去寻求不能普适于人类几千年的宪政实践，更未必能适合和指导中国宪法和宪政实践的、悬在半空中的宪法原则体系。

对于日渐务实的中国宪政来说，必须改变宪法原则研究的路径，从宪法史和各国宪政实践史中发掘出宪法原则的真谛，以中国特有的宪法原则的构建求得中国宪法和宪政与西方宪法和宪政同等的地位，还原宪法和宪政的国别特色，从而实现越是民族的、越是国际的宪法原则特质及其可实践性的品格。

在域外宪法教材中很少涉及宪法原则。但宪法原则也被一些学者按照本国宪法的特质提炼出来或在近似意义上被强调，如日本学者大木雅夫认为，宪法是国之根本大法。其核心是主权在民、拥护和平和保护人权这三大原则。[①] 芦部信喜则认为，日本国《宪法》是以国民主权、基本人权之尊重以及和平主义这三者为基本原理的。[②] 这三大基本原理似乎解读为原则也是可行的。在我国宪法学教材中引入宪法基本原则的内容是随着改革开放，特别是解放思想，实事求是的大环境下，结合现行宪法的制定、颁布和实施而大胆探索的结果。这一点可从当时的主要教材中看出端倪。改革开放后最早在宪法教材中安排宪法基本原则的是萧蔚云、魏定仁、宝音胡日雅克琪编著《宪法学概论》[③]，该教材编者认为资产阶级宪法原则主要有：人民主权、三权分立、法治、保障公民权利、保障私有制。还特别指出：有些国家宪法中还规定了本国的重要原则，如联邦制不得改变，共和制不能改变，放弃战争等。社会主义类型宪法有一些共同的基本原则，主要是社会主义、无产阶级专政、以马克思主义为指导的工人阶级政党的领导，民主集中制下的人民代表制、法制原则，民族平等和民族团结等原则。（在 1987 年的修订本中也无改变，文见第 29—42 页。）随后，罗豪才、吴撷英所著《资本主义国家的宪法和政治制度》[④] 一书认为，资产阶级宪法的基本原则有主权在民原则、尊重个人尊严和基本权利原则、法治主义原则、分权与制衡原则、私有财产神圣不

---

① ［日］大木雅夫：《东西方的法观念比较》，华夏、战宪斌译，北京大学出版社 2004 年版，第 172 页。

② ［日］芦部信喜：《宪法》，林来梵、凌维慈、龙绚丽译，北京大学出版社 2006 年版，第 32 页。

③ 萧蔚云、魏定仁、宝音胡日雅克琪编著：《宪法学概论》，北京大学出版社 1982 年版，第 29—42 页。

④ 罗豪才、吴撷英：《资本主义国家的宪法和政治制度》，北京大学出版社 1983 年版（1997 年重排本），第 13—23 页。

可侵犯原则。而当时最为普及的教材却未涉及。如吴家麟主编的《宪法学》[①]。其中没有宪法原则的有关内容，该教材有25所全国高校及商务印书馆共同参与编著。在1992年吴家麟主编的高等学校法学教材《宪法学》（修订本）中仍未涉及宪法基本原则的内容。[②] 这表明，宪法原则在当时并未形成普遍的共识。此时宪法基本原则的探讨区分了资本主义类型宪法和社会主义类型宪法的不同，这种分类表述的模式奠定了我国宪法学教材关于宪法基本原则表述的基调。此后，关于宪法基本原则的归纳就形成三种方式：一种是资本主义宪法和社会主义宪法分开表述，一种是只表述社会主义宪法，还有就是形式上不分资本主义宪法和社会主义宪法，试图寻求共同的原则，由此带来了逻辑和实践上的困境。1987年吴杰主编《宪法教程》认为我国宪法的基本原则有：民主原则、社会主义原则、平等原则、法制原则。资本主义宪法的基本原则为：主权在民原则、基本人权原则、法治原则、三权分立原则、保护私有财产原则。[③] 1988年中国人民大学法律系国家法教研室编著《中国宪法教程》，该教材将资本主义国家的宪法原则概括为：人民主权原则、分权原则、尊重基本人权原则、法治原则、私有财产神圣不可侵犯原则等。认为社会主义国家的宪法原则一般为：社会主义原则、权力属于人民原则、民主集中制原则、人民权利原则、社会主义法制原则以及民族平等和国际主义原则。[④] 1993年王士如主编《中国宪法学》将西方与社会主义的原则尝试一起概括，认为有相似之处，也有质的差别。认为宪法的共同原则有：人民主权原则、基本人权原则、法治原则、三权分立原则和民主集中制原则。而我国宪法的原则是：社会主义原则、人民民主原则、民主集中制原则、平等原则和法制原则。[⑤] 1994年徐秀义、王弼选主编《宪法学纲要》认为资本主义宪法和社会主义宪法是性质完全不同的两类宪法，但在表现方式上有相同或相对应的一些基本原则，它们

① 参见吴家麟主编《宪法学》，群众出版社1983年版。

② 参见吴家麟主编《宪法学》，群众出版社1992年版。

③ 吴杰主编：《宪法教程》，法律出版社1987年版，第25—27页。

④ 中国人民大学法律系国家法教研室编著：《中国宪法教程》，中国人民大学出版社1988年版，第27—42页。

⑤ 王士如主编：《中国宪法学》，南京大学出版社1993年版，第28—38页。

是人民主权原则、基本人权原则、法治原则、分权原则和民主集中制原则。[①] 1996年许崇德教授主编的《中国宪法》一书中认为宪法基本原则为民主原则，具体表现形式为人民主权原则、基本人权原则、“三权分立”原则和“议行合一”原则[②]。1998年著名宪法学家何华辉教授在《比较宪法学》一书中提出并论证了人民主权原则、基本人权原则、法治原则、三权分立原则和民主集中制原则五个宪法原则。[③] 1999年蒋碧昆教授在其主编的《宪法学》一书中认为[④]，宪法的基本原则或称宪法原则，是宪法在调整社会关系时所采取的基本立场和准则。一部宪法基本原则的多少，取决于该宪法对其所调整的社会关系的分类。我国现行宪法将其所调整的社会关系大致上分为四类，即政治关系、经济关系、文化关系和法律关系。与此相适应，现行宪法也有四个基本原则，即一切权力属于人民原则、社会主义公有制原则、社会主义精神文明原则和宪法至上原则。2001年魏定仁、甘超英、付思明著《宪法学》认为宪法的基本原则是宪法内容所包含或所表现的特定社会的基本价值和观念，以及宪法所要达到的基本社会目的，是建立社会制度、国家制度的原则，又称为“立国精神”。马克思主义宪法学认为，西方国家的宪法原则就有两个：一个是资本主义原则，一个是资产阶级民主原则。我们的宪法原则基本上是两个：一个是社会主义原则，一个是民主原则。接着作者糅合中西认为两者都存在人民主权原则、人权原则、法治原则、分权原则与民主集中制原则。[⑤] 2002年肖蔚云等著《宪法学概论》认为宪法的基本原则是指宪法所确认和包含的根本方针和准则。资本主义宪法的基本原则主要有：人民主权、三权分立、法治、保障公民权利和人权、保障私有权。社会主义类型的宪法虽然在形式上和内容上各有特点，但是它们也有一些共同的基本原则。这些原则是社会主义原则、民主原则、

① 徐秀义、王弼选主编：《宪法学纲要》，中国人民公安大学出版社1994年版，第21—34页。

② 许崇德主编：《中国宪法》，中国人民大学出版社1996年版，第41—45页。

③ 参见何华辉《比较宪法学》，武汉大学出版社1998年版，第49—104页。

④ 参见蒋碧昆主编《宪法学》，中国政法大学出版社1999年版，第43—50页；2004年版的第36—40页。另外，刘茂林主编的《宪法学教程》也归纳为这四项原则。具体参见刘茂林主编的《宪法学教程》，法律出版社1999年版，第34—40页。

⑤ 魏定仁、甘超英、付思明：《宪法学》，北京大学出版社2001年版，第23—34页。

马克思列宁主义的指导原则、法治原则、民族平等和民族团结原则。[①] 2002年邓建宏主编:《宪法学》该书认为,综观各国宪法的基本原则的共性,主要包括人民主权原则、人权保障原则、法治原则、分权制衡原则与民主集中制原则、保护财产原则。这种归纳显然存在较大随意性。至少民主集中制不是资本主义的宪法原则,另外,财产保护似乎不宜作为原则单独析出。[②] 2002年周伟主编《宪法学》[③] 认为虽然表述宪法基本原则的用法相同,但宪法基本原则所包含的实际内容却不尽相同,甚至根本不同,随着各国宪法发展,其涉及内容也将是一种动态的发展趋势。这些宪法原则主要有人民主权原则、基本人权原则、权力制约原则、法治原则。2002年郑贤君主编《宪法学》[④] 认为宪法原则主要有人民主权原则、人权原则、权力分立与制约原则、法治原则。2005年秦前红主编《新宪法学》认为宪法基本原则主要有人民主权原则、基本人权原则、法治原则和权力制约原则。[⑤] 2005年殷啸虎著《宪法学》[⑥] 认为不同类型的宪法,虽然在宪法基本原则的表述方面有相同或相似之处,但其本质与包含的意义则是不同的。他认为这些原则有人民主权原则、人权保障原则、法治原则、权力制约原则。而我国宪法所遵循的基本原则,有着鲜明的本国特色,具体表现为:四项基本原则、一切权力属于人民原则、尊重和保障人权原则、依法治国原则和民主集中制原则等。(这里作者并未就中外表述相同的原则与中国特色的原则间的关系作说明,二者是平行的互相排斥的关系,还是包含的关系,抑或是表述的不同?如果是表述的不同,为什么不统一表述,而要多此一举?这种归纳和阐释方式难以在教学和研究上达到明确性的目标,从而会体现出逻辑上的混乱)2005年张国盛、齐小力主编《宪法学》认为宪法的基本原则应当包括主权在民原则、分权制衡原则、基本人权原则、法律至上原则和财产神圣原则。这五大原则既是对宪法具体制度的高度抽象,同时

---

① 肖蔚云等:《宪法学概论》,北京大学出版社2002年版,第23—35页。

② 邓建宏主编:《宪法学》,中国检察出版社2002年版,第22—33页。

③ 周伟主编:《宪法学》,四川大学出版社2002年版,第35—42页。

④ 郑贤君主编:《宪法学》,北京大学出版社2002年版,第64—86页。

⑤ 秦前红主编:《新宪法学》,武汉大学出版社2005年版,第39—55页。

⑥ 殷啸虎:《宪法学》,北京大学出版社2005年版,第59—73页。

又体现了宪政的基本精神。[①] 2005 年魏定仁主编《宪法学》该书将宪法的基本原则分为宪法的一般原则和中华人民共和国宪法的基本原则。认为前者是指宪法在资产阶级革命中产生后，当时一般国家的宪法所普遍采用的基本理论和基本准则。这些原则主要是：人民主权原则、人权原则、法治原则和分权制衡原则。中华人民共和国宪法的基本原则包括坚持四项基本原则、以人为本原则、依法治国原则、民主集中制原则。[②] 既然是宪法的一般原则，就应该对我国宪法原则有一定影响，该书并未阐明，且似乎将我国宪法原则与宪法一般原则对立起来，显然是不符合宪法规范和实践发展的实际的。这种观点反映在傅思明 2007 年主编的《宪法学》[③] 中，该教材只是将分权制衡原则简化为分权原则。当然，其在内容和论证上更加完善和深入。2007 年胡锦光、韩大元所著《中国宪法》认为宪法的共同基本原则包括人民主权原则、基本人权保障原则、权力制约原则及法治原则。每一个国家具有不同的国情，宪法除了要体现基本的、共同的制宪理念外，还要解决本国的基本问题。因而有本国的独特宪法基本原则，如美国的联邦主义，日本的和平主义，我国的单一制。概述又分别将人民主权原则、基本人权原则和单一制原则作为我国宪法基本原则具体论述。[④] 在一定程度上产生了标准不统一的问题，即为什么不对权力制约原则和法治原则进行论述？对我国宪法不重要吗？2008 年许崇德主编的《宪法》（第四版）、2010 年焦洪昌主编的《宪法学》[⑤] 认为宪法基本原则包括人民主权原则、基本人权原则、法治原则和权力分立与制衡原则。持这一观点的教材还有杨向东 2010 年主编的《宪法学》[⑥]、2010 年王广辉主编《宪法》[⑦] 认为宪法基本原则包括人民主权原则、基本人权原则、法治原则和权力制约原则。

---

① 张国盛、齐小力主编：《宪法学》，中国人民公安大学出版社 2005 年版，第 13—29 页。

② 魏定仁主编：《宪法学》，北京大学出版社 2005 年版，第 23—28 页。

③ 傅思明主编：《宪法学》，法律出版社 2007 年版，第 23—32 页。

④ 胡锦光、韩大元：《中国宪法》，法律出版社 2007 年版，第 61—85 页。

⑤ 焦洪昌主编：《宪法学》，北京大学出版社 2010 年版，第 21—40 页。

⑥ 杨向东主编：《宪法学》，中国政法大学出版社 2010 年版，第 17—29 页。

⑦ 王广辉主编：《宪法》，中国政法大学出版社 2010 年版，第 71—78 页。

当然，也有学者在教材中回避宪法原则，如刘茂林教授所著《宪法学》①、《中国宪法导论》②。也有些教材在早些的版本中没有涉及宪法原则的内容，在后来的版本中加入了宪法原则的内容。如许崇德主编的《宪法》（中国人民大学出版社）在第四版才涉及宪法的基本原则，主要是人民主权原则、基本人权原则、法治原则和权力制约原则，且论述极为简略。

第二节　宪法基本原则：不同的学理界说与共同的学理幻象

从上文的梳理可知，对于宪法原则的探讨首先作为少数学者的探索在20世纪80年代得到初步阐释。著名宪法学家何华辉教授提出并论证了人民主权原则、基本人权原则、法治原则、三权分立原则和民主集中制原则五个宪法原则。③ 这五项原则实质上是尝试中西合璧，共性与个性兼具，但对社会主义宪法原则（主要是中国）的归纳只有一条，颇不相称。另一位比较公法学者龚祥瑞教授在《比较宪法与行政法》一书中，对西方宪法的原则进行了总结，他认为，资本主义国家的宪法一般都有一些基本原则的规定，如私有制原则、“主权在民”原则、“三权分立”原则、法治原则、“权利平等、政治自由”原则等。④ 另外，罗豪才教授认为“资本主义宪法的基本原则主要有主权在民原则、‘尊重个人尊严和基本权利’的原则、‘法治主义’原则、‘分权与制衡’原则、‘私有财产神圣不可侵犯’原则”⑤。三位学者以比较法为视角、以探求西方宪法原则的共性为特色，其用意是十分清楚的，颇有“醉翁之意不在酒”的意味，这为后来宪法学者对此研究的分化起到了一定的作用，可以认为，一种路径在此基础上开拓前行，进一步挖掘中西宪法，或者说只要称之为

---

① 刘茂林：《宪法学》，中国人民公安大学出版社、人民法院出版社2003年版。

② 刘茂林：《中国宪法导论》，北京大学出版社2005年版。

③ 参见何华辉《比较宪法学》，武汉大学出版社1998年版，第49—104页。

④ 参见龚祥瑞《比较宪法与行政法》，法律出版社2003年版，第46—92页。

⑤ 参见罗豪才、吴撷英《资本主义国家的宪法和政治制度》，北京大学出版社1983年版，第13—23页。

“宪法”的法律就应共享的原则，另一种路径是比较中西，试图求同存异。近年来，寻求中西共享的普遍化努力似乎略占优势，但在何为具体的共享原则的讨论上大相径庭。

先看比较中西，求同存异型路径的学者对宪法原则的探讨。此种路径以蒋碧昆教授与魏定仁教授为代表，比较注重对中国宪法原则的探寻。蒋碧昆教授在其主编的《宪法学》一书中认为，[①] 宪法的基本原则或称宪法原则，是宪法在调整社会关系时所采取的基本立场和准则。一部宪法基本原则的多少，取决于该宪法对其所调整的社会关系的分类。我国现行宪法将其所调整的社会关系大致上分为四类，即政治关系、经济关系、文化关系和法律关系。与此相适应，现行宪法也有四个基本原则，即一切权力属于人民原则、社会主义公有制原则、社会主义精神文明原则和宪法至上原则。魏定仁教授认为，[②] 资本主义宪法的主要原则有：人民主权原则、人权原则、法治原则和分权原则；社会主义宪法的主要原则是权力属于人民原则，保障人民权利原则、社会主义法制原则、民主集中制原则。特别值得一提的是，作为中华人民共和国第一部宪法，即1954年宪法，时任起草委员会主席的毛泽东，在充分研究了法国、苏联、东欧等一些国家宪法的基础上，指出了我国宪法的两个基本原则。毛泽东指出：“我们的宪法草案，结合了原则性和灵活性。原则基本上是两个：民主原则和社会主义原则。我们的民主不是资产阶级的民主，而是人民民主，这就是无产阶级领导的、以工农联盟为基础的人民民主专政。人民民主的原则贯穿于我们整个宪法中。另一个是社会主义原则。”[③] 应该说，毛泽东对社会主义宪法原则，特别是中国宪法原则的探讨具有开拓性的意义，这一思想在21世纪的中国立宪、修宪、行宪以及立法过程中得到一定体现，中国宪法的原则受到重视，尽管明确、完整的界定尚有讨论的余地。2000年颁行的《中华人民共和国立法法》第一章第3条明确规定：“立法应当遵循宪法的基本原则，以经济建设为中心，坚持社会

---

① 参见蒋碧昆主编《宪法学》，中国政法大学出版社1999年版，第43—50页；2004年版的第36—40页。另外，刘茂林主编的《宪法学教程》也归纳为这四项原则。具体参见刘茂林主编的《宪法学教程》，法律出版社1999年版，第34—40页。

② 参见魏定仁主编《宪法学》，北京大学出版社1994年版，第22—27页。

③ 参见王培英主编《中国宪法文献通编》，中国民主法制出版社2004年版，第265页。

主义道路，坚持人民民主专政，坚持中国共产党的领导，坚持马克思列宁主义毛泽东思想邓小平理论，坚持改革开放。”该法律首次提出我国宪法原则及其适用的问题，至于宪法的基本原则的具体内容似乎不太明确，尽管有学者认为这是“第一次提出宪法基本原则并明确其具体内容”，[①]也尽管时任全国人民代表大会常务委员会法制工作委员会主任的顾昂然在2000年3月9日的第九届全国人民代表大会第三次会议上所作的《关于〈中华人民共和国立法法（草案）〉的说明》中也认为，“宪法的基本原则是指以经济建设为中心，坚持四项基本原则，坚持改革开放。”[②] 但从学理上讲，这一表述的实践指导性比较强，但学理概括性和全面归纳性有待进一步提升和完善。

对中西宪法原则进行比较，兼顾中西进行论述的学者还有许崇德教授、李龙教授、朱国斌教授等。许崇德教授主编的《中国宪法》一书中认为宪法基本原则为民主原则，具体表现形式为人民主权原则、基本人权原则、“三权分立”原则和“议行合一”原则[③]。李龙教授认为宪法基本原则有：人民主权原则、人权原则、分权原则与民主集中制原则。[④] 朱国斌教授认为宪法基本原则有人民主权原则、人权保障原则、法治原则、分权制衡原则与民主集中制原则，这些宪法的基本原则的概括具有明显的兼顾中西的特色，但是否称之为“宪法”的都必须遵循或反映这些原则，显然难以获得普适性的，因而，这条路径有结合中西之优点，但探求的不是所有称之为“宪法”所共有的原则，因而难以说是探讨普适性的宪法原则。

与中西比较、求同存异型研究宪法原则的路径不同，近年来探求宪法一般原则的趋势逐渐占主导地位。以周叶中教授为代表，提出了宪法四项基本原则论，即人民主权原则、基本人权原则、权力制约原则和法治原则。[⑤] 这

---

① 参见范毅《逻辑的建构与逻辑的困惑》，《法商研究》2002年第1期。

② 同上。

③ 许崇德主编：《中国宪法》，中国人民大学出版社1996年版，第41—45页。

④ 李龙：《宪法基础理论》，武汉大学出版社1999年版，第177—205页。

⑤ 参见周叶中主编《宪法》，高等教育出版社、北京大学出版社2000年版，第93—109页。

一原则在多处得到阐释,[①] 还有学者提出与此不同的四项原则，如董和平教授认为宪法的基本原则是主权在民原则、尊重人权原则、权力行使民主化原则和依法治国原则。[②] 也有一些学者从三原则出发加以归纳。如，童之伟教授认为，当代宪法的基本原则主要有保障基本人权原则、人民（国民）主权和有限政府原则、法治原则三项原则。[③] 也有学者主张宪法原则应是人权保障、人民主权和正当程序三项基本原则。[④] 更有学者认为，宪法的主要原则是两个。如，韩大元教授认为，宪法原则主要由民主原则与法治原则组成。以上这些学者对宪法原则的概括基本上从宪法历史和宪法价值应然性角度，总结归纳一般性原则的路径。这些探讨存在两个问题不能解决：一是人民主权是近代以来的理论主张和制度实践，对于宪法初创时期、君主立宪时期和实质意义宪法而言不能完全适用，对于现在少数君主立宪制国家或有国教的宪法也不能涵盖；二是法治原则本身就包括民主和人权保障。因此，这些学说难以解决真正的宪法共享性原则。

在寻求普适性宪法原则路径的学者中，也有一种进路是运用逻辑的方法进行追寻，这一理路以莫纪宏教授为代表。他从逻辑视角进行研究，认为宪法原则的逻辑体系的建构“必须从宪法制度的作用入手。现代宪法在发生学上的主要社会意义就是要反对特权，这是宪法的目的所在，而要从制度上来保证这个目的的实现就必须采取相应的制度性手段，这一系列制度性手段必须指向反对特权这个目的”。而由于“在制度上存在着公民权利无法有效对抗国家权力正当性的领域。所以，宪法制度就必须以‘反对特权’为目的来设计相应的手段性措施。这是宪法制度构造的逻辑起点。由此，可以产生‘目的性宪法原则’与‘手段性宪法原则’

---

① 徐秀义、韩大元主编：《现代宪法学基本原理》，中国人民公安大学出版社 2001 年版，第 184—209 页。宪法原则一章由周叶中教授执笔；韩大元主编：《比较宪法学》，高等教育出版社 2003 年版，第 45—68 页。宪法原则一章由秦前红教授执笔。另外，还有一些学者对此四项基本原则表示认同，如周伟主编：《宪法学》，四川大学出版社 2002 年版，第 35—42 页。郑贤君主编：《宪法学》，北京大学出版社 2002 年版，第 68—87 页。王广辉：《比较宪法学》，北京大学出版社 2007 年版，第 98—115 页。

② 董和平：《宪法学》，法律出版社 2004 年版，第 116—120 页。

③ 参见童之伟《法权与宪政》，山东人民出版社 2001 年版，第 281—286 页。

④ 曹继明、黄基泉：《关于宪法基本原则的探讨》，《民主与法制》2002 年第 2 期。

两类互为因果的宪法原则体系”。[①] 他认为，作为“目的性宪法原则”主要有三个：即反对特殊的权力原则、反对特殊的权利原则和反对特殊的权势原则。作为“手段性宪法原则”又分为首要性宪法原则和辅助性宪法原则，前者主要包括人民主权原则、宪法至上原则、剩余权力原则和剩余权利原则，后者主要包括法律优先原则、法律保留原则、依法授权原则、依法行政原则和人权的司法最终性救济原则。从作者观点看好像是进行严密的逻辑构造，实质上依然是建立在历史分析和实证分析基础上的，许多原则并不具有价值上构造的特征，而是宪法实践的客观要求和反映。（如剩余权力原则、剩余权利原则、法律保留、依法行政原则等）事实上，作为“目的性宪法原则”只有一条，那就是反对特殊权力，既包括个人拥有的，也包括国家拥有的，但该观点并未界定何谓“特殊”的权力，按作者所谓“特殊的权力是国家机关通过制度设计可能获得的”。这些权力一概要反对，反之，不是通过制度设计获得的特殊权力是不用反对的，何谓不是特殊的权力，等等，这些问题没有解决，原则的确立只有语义上的作用。因此，该观点所论述的原则同样很难成为各国宪法可共享的普适性原则。

既然寻求各国宪法共享的原则难以获得逻辑证明和学界共识，更难以获得他国学者的共识，我们的研究就必须回归历史和不同国家的宪法和宪政实践，考察其他国家探求宪法原则的出发点和原则的实在性、可操作性。事实上，基于各国政体和具体国情的不同，迄今世界上没有完全相同宪法原则的国家。这一点我国学者在介绍西方国家的论文著述中已反复引证，在此不再重述。[②]

---

① 参见莫纪宏《论宪法原则》，《中国法学》2001 年第 4 期。另见莫纪宏主编：《宪法学》，社会科学文献出版社 2004 年版，第 104—114 页。

② 我国学者在研究其他国家宪法原则时，往往不太注重不同国家宪法原则共性的合理归纳，撇开这一事实，更多地从应然价值角度重构，这种研究路径得出的原则不仅各不相同，而且这些结论的证明力因为世界宪法可证明事实的缺失而不具有普适性，对中国而言更是隔靴搔痒，难以对中国宪政建设和宪法规范的完善提供有效指引。关于这些资料可参阅：韩大元、林来梵、郑贤君：《宪法学专题研究》，第 121—122 页；王广辉：《比较宪法学》，第 98—115 页；赵宝云：《西方五国宪法通论》，中国人民公安大学出版社 1994 年版，第 61—86、310—317 页；韩大元主编：《比较宪法学》，第 46 页；姜士林等编：《世界宪法大全》青岛出版社 1997 年版等。

第三节 宪法基本原则的科学建构：普适性原则与国别性原则的分层及协调

一项普适性的宪法原则，不仅要适应当前各国宪法的多样性，而且应适合于所有称之为“宪法”的古今宪法形态。显然，前述学者们提出的许多原则并不能涵盖整个古今形态，因而其普适性受到限制，不可能成立。西方学者研究认为，“宪政有着亘古不变的核心本质，”“其最古老、最坚固、最持久的本质，仍然跟最初一样，是法律对政府的限制。”① 宪法是宪政的前提，宪法的价值取向决定宪政的价值取向，而“宪法是平衡权力和权利之物”②。美国戈登教授也认为，西方宪政的历史就是控制国家的历史。③ 为了更好地控制国家权力，人类寻求到民主制度和民主方式，由贵族式民主到平民民主再到代议制民主，由议事民主到主权民主再到主权所有的民主，进而到主权所有与主权行使民主的分离，所以民主原则是基于更好控制国家权力而产生和发展的次级宪法原则。人权作为天赋的、与生俱来的道德权利是近代资产阶级思想启蒙和政治运动的产物，人权与宪法，从来源上看，人权先于宪法，但从规范保障上看，人权却是宪法之后的，宪法本来主要用于限制国家权力，只是这种限制必然产生保障公民基本权利的结果。所以，相对于控制国家权力而言，人权保障是副产品，这一点在 1215 年英国《大宪章》和美国 1787 年宪法中可以得到确证。并且，人权原则在宪法中的确立使宪法适用变得不确定，缺乏稳定性和可操作性，因为人权首先表现为一种道德权利，而道德权利是随不同民族、不同群体和个体差别而表现出十分不同甚至相对立的面孔。且就何为“人权”的问题，中西方存在不可弥合的观点冲突。如，美国学者就认为经济、社会、文化方面的权利不能归于人权范围，发展权也难以归于人权范围，因为在他们看来，人权是个体的，人

---

① ［美］C. H. 麦基文：《宪政古今》，翟小波译，贵州人民出版社 2004 年版，第 16 页。

② 同上书，第 115 页。

③ 参见［美］斯科特・戈登：《控制国家——西方宪政的历史》，应奇等译，江苏人民出版社 2001 年版。

权被侵犯是需要国家救济的，人权也是具体的、可诉的，而经济、社会、文化权利很难确定可诉性标准，如失业问题，它可能是公民本人也可能是国家的原因导致劳动权未能实现，那么在基于国家提供岗位不足的情况下，公民可否起诉国家，要求安排劳动岗位呢？显然是不可能的，且全世界没有任何一个有宪法的国家有此规定。因此，从逻辑一致性来看，是人权的就必须在侵害的情况下能获得救济，而宪法中规定的人权又远远小于公民要求的道德意蕴的人权。如果将人权保障确立为宪法原则，会带来频繁质疑和反对现有公民权利条款或频繁修改宪法权利条款的负面后果。因为是原则就必须要衡量规则、否定不适当的规则、增补适应原则要求的规则。从科学的宪法文本看，“宪法规范由规则、原则、国策、概念和程序性、技术性规定构成”①。一旦确立为宪法原则，就不仅仅是价值和观念形态的语言游戏，而是必须作用于国家的政治生活和公民的现实生活的。所以，在“人权”本身存在范围、可适用性、可法律化的领域等巨大差异理解的当下，把人权保障作为宪法原则是不合适的。起码从原则对规则的统领和评价的角度看是不合适的。如果动辄以宪法规则的不完整而有伤人权保障的要求而批评政府，则政府会无所作为，社会会一片混乱。其实，解决这个问题非常简单，只要加强控制权力，人权自然会得到保障，权力被控制得越好，公民的人权就会被保障得越充分。而控制权力比空泛的、不确定的、无边无际的人权保障更具有可操作性和合理性。因为法治的基本要求是明确性，对权力而言“法无明文规定即无权”，而权力不能伸入和控制的地方就是人权的广阔天地。所以，控制权力同时就是保障权利。再从人权的本质来看，人权就是自我主张、自我行为、自我实现的权利，公民要求国家作为是帮助自己更好地、更理性地主张，更顺利地作为，更充分地自我实现。控制权力包括三个基本方面，一是授予权力，二是控制权力的作为和不作为，三是保护权力。就是要让权力做好该做的，不做不该做的。

法治也不能作为宪法的原则，这不仅是因为法治是一个十分宽泛的概念，更因为法治原则是整个国家法制建设乃至一切政治、经济、文化建设中都应遵循的原则，而宪法原则必须具有独特性，否则很多原则都

① 李龙：《宪法基础理论》，武汉大学出版社 1999 年版，第 128 页。

会蜂拥而入，导致原则多如牛毛，作用一文不值，这是作为治国的根本法——宪法所最忌讳的。同时，“法治”本身的含义至今也未取得系统、明晰的界定，其学说各有千秋，其内涵和外延都存在极为不一致之处①，随意引入该原则对中国的宪法实践不会产生太明显的作用，相反，这是一个比较大的“口袋”原则，哪个部门法都可以戴上，而且整个国家建设都可适用该原则，这样就削弱了宪法的根本法地位和学科独特性。

要科学地提炼宪法原则，就必须分析宪法所调整的社会关系，这既是宪法之所以成为宪法的根本标准，也是探寻宪法原则的出发点和着力点。宪法原则说到底是调整宪法关系时应遵循的原则，宪法关系涉及国家机关之间、民族之间、国家与公民、政党之间、利益集团之间的宪事法律关系，但从根本上讲主要是国家与公民之间的关系。“公民与国家之

---

① 在亚里士多德首次对“法治”作出界定后，法治的定义在法学史和法律史中就层出不穷。比较全面界定法治应具备的形式和实质原则的代表当属美国法学家富勒。他认为：“法是使人类的行为服从规则治理的事业。”这一定义同法治的形式原则和实质原则都是相通的，在他看来，法作为一种有目的的事业，其本身就具有道德性，法的道德性有两个方面，即法的外在道德（external morality of law）和法的内在道德（inner morality of law）。所谓法的外在道德，是指法的实体目的或理想，所谓法的内在道德，是指有关法律的制定、解释、适用等程序上的原则，是法律之所以成为法律的先决条件，或者更确切地说，法的内在道德就是法治应当遵循的基本原则。他认为，法治应该包括八项原则：其一，法律的一般性。法治要求规则不是针对特定人的，而是对一般人都适用的，它必须为所有人都同样地提供一个行为的基本界限，即要求法律具有一般性或普遍性，同样的情况必须得到同样的对待。其二，法律的公布。这不仅是因为法律公布能够使人们了解法律，使人们有了行为的依据，使人们能够批评法律的不足，更重要的是，法律的公布不是为了每个公民都坐下来阅读全部法律，而是为了使法律规则的内容进入程序化操作，它是法律运行活动的基础，是立法程序不可缺少的环节。通过法律的公布，能够有效地避免“暗箱操作”等非民主和恣意的法律制定和适用行为，这是法治所必须面对和解决的问题。其三，法律的可预测性和非溯及既往。法律以规则治理人们的行为，它一般是适用于将来的。特别是在刑法方面，“法无明文不为罪”和不溯及既往不仅是一切文明国家都应该尊重的原则，而且是现代法治的必然要求。其四，法律的明确性。在法律制定得含糊不清、支离破碎的情况下，法治更容易受到毁损。保证法律明确性的最好办法是必要时利用立法大厅外的、日常生活中使用的常识性判断标准。其五，避免法律中的矛盾。如果法律相互矛盾，人们将无所适从。或者导致公民为了不损害自己而自行解决矛盾，这将严重损害法治。其六，法律不应该要求不可能实现的事情。法律不能强人所不能，否则，执法者就会面临一种困境：要么构成十分不公正；要么对公民的违法行为视而不见，从而削弱法律的尊严，破坏法治。其七，法律的稳定性。频繁变更法律与溯及既往的法律具有同样的危害性。法律不能朝令夕改，这是人类早就认识到的真理，对现代法治仍然适用。其八，官方行为与已公布的法律规则的一致性。这或许是法治原则最核心的问题。因为“法治的实质必然是：（法律）对公民发生作用时，政府应忠实地运用曾宣布是应由公民遵守并决定其权利和义务的规则。如果法治不是指这个意思，那就什么意思都没有。”

间的关系是宪法关系最为基本和核心的内容，处理好这种关系，是宪法关系的基本任务，也是宪法关系正常运作、健康发展的根本条件。”[①] 从宪法关系出发，从宪法关系主体入手，建构两大基本原则，必然具有普适性。对于国家而言，宪法必须完成对权力属性、范围和运行的规范和控制，由此确立的总原则是权力控制原则，至于如何控制，就是各个国家依具体国情加以具体化的问题，如英国坚持议会中心主义，美国实行三权分立与制衡、法国实行半总统半议会制的控制模式，社会主义国家采取人民代表制形式的全面监督与制约模式等。就是在古希腊时期，也存在亚里士多德所阐释政体的议事职能、行政职能和审判职能的“三职能”思想、其后古罗马波里比阿提出的分权制衡主张，此后围绕控制国家权力，出现了通过教会的控权、通过主要国家权力的分立和制衡、通过人民授予之后再进行权力分工和制约等不同具体构想和制度，形式尽管纷繁多样，但加强对权力的监控却无一例外是一项基本的宪法规范权力的根本准则。迄今尚无任何一个有宪法的国家没有将国家权力进行适当分工或分立并保持权力相互之间的制约和平衡的，各国对此宪法理念都无异议，且规范和执行起来标准可靠、操作可行、民众认同，国际共识清楚，符合权力本质和宪法精神、目的。从实践上看，国际上普遍以权力分工和制约的程度划分民主国家和集权国家，可见，对国家权力的分工（立）和制约（衡）理应成为宪法最根本的具有普适性的原则。与权力分工（立）与制约（衡）原则相适应，对权力的明确划分、权限的明确界定和运行的正当程序规范总是与保障公民权利相辅相成的。对权力范围的界定本身就包含权力可介入公民生活领域的广度和深度，而对公民权利而言，法无明文禁止即有权利。所以，宪法可以确立权利保留原则，它不仅明确、合理、可操作性强，便于公民理解、享有和行使，也便于国家机关特别是执行机关和法律适用机关（如法院、检察院、公安机关）把握。这里讲的权利保留原则是指宪法未禁止公民作为的领域和行为，都是公民有权利去作为的领域，国家无权干涉。一切宪法和法律未规定的权利都由公民保留，公民有完全的自由决定是否行使。即使有些权利可能有伤时俗和主流道德，但只要在国家未明确禁止以前，国

① 周叶中：《宪法》，高等教育出版社、北京大学出版社 2000 年版，第 142 页。

家任何机关是无权加以惩罚的。如此，就最大限度地保障了人权。这一原则无论是在有悠久自由主义传统的英国，还是在宪法里明确规定“不得因本宪法列举某种权利，而认为人民所保留之其他权利可以被取消或抹杀”的美国，都确认了这一原则。就我国改革开放以来的实践而言，公民权利的限制也基本上限于法律明确禁止的范围，在法律禁止之外，我国公民总体上还是有比较大的自由的（特别是与改革开放前相比较），尽管有时有国家机关不恰当的介入。

权力分工（立）与制约（衡）原则和权利保留原则作为宪法基本原则是宪法妥善调整社会关系的必然要求，是宪法作为一门应用科学的必然要求，也是古今宪政和宪法的宝贵经验、财富和基本规律，是法律科学、法制文明发展的结晶。它们以人类几千年的成功实践经验为基础，又渗透着进步的价值追求，既容易被人民所理解，又便于人民及其代议机关所掌握和运用，并与系统阐释人权和宪法精义的法国《人权宣言》精义一致，该宣言第16条明确宣称“凡权利无保障和分权未确立的社会就没有宪法”。尽管这一表述抽象、概括且有不完整之处，但无疑揭示了宪法两条普适性根本原则的初级形态。毕竟，人类的宪政实践已经证明，并将继续证明宪法必须在权力和权利两方面确立自己的根本原则，宪法才能称之为宪法，宪法才能不断发展，变成更加文明和良善的宪法。

围绕权力分工（立）和制约（衡）原则和权利保留原则，可以引申出次级原则，这些次级原则既可以有一定程度的普适性的共性，也可以是基于各国政制和文化不同的个性。这些次级原则不是本书现在要解决的，只在此稍作列举：如民主原则、正当程序原则。对中国而言，还有坚持四项基本原则的原则、一切权力属于人民原则、平等原则等。

第四章

人权和公民基本权利

第一节　权利、义务、权力、人权、公民权之含义

一　权利、义务与权力

权利最早（初）从西方法律或法学中引进的，词义多变。

首先，英文法律（Law）可作广义和狭义解。权利用专有词 right。欧洲大多数民族对法律也有广义狭义之分。其次，英语中 right 和 power 也分开。如美国 1776 年《独立宣言》“人民享有权利（right），政府行使权力（power）”，但也有认为二者相通，如哈特在《法律的概念》中，认为“法即第一性规则和第二性规则的结合”，“第一类规则设定义务，第二类规则授予权力，公权力或私权力。”私权力即权利。在中国，权利和义务一般分开，权利指公民或法人所享有的做或不做或要求他人和国家做或不做一定行为的资格或能力，这一概念内涵包括以下三要素：第一，权利反映了主体之间的一种对等的法律关系，不存在一方制御另一方（凭物理力量）。第二，权利是由法律规范认可的，往往分为：主观的权利，即单纯的主观意愿的形式而存在的权利，它没有效力。通过法规确认，则成为具有正当、有效性的权利，即客观的权利。真实意义的权利是主客观权利的统一。第三，权利是一种法律的资格。黑格尔认为，权利并非多数人中所有人的意志之和，它渊源于意志内在的普遍性，是普遍意志的客观化。权利只是一种可能性，权利现实化有三个条件：①意愿的表达。②对物的占有，首先是对内占有，占有自己后才占有他物，即精神对肉体的占有，个人意识到自身的自由的存在；其次是对外占有，即对物的占有。③他人的承认。任何一种对物占有都含有与他人的关系在内。

张文显将权利释义分为八种：即资格说、主张说、自由说、利益说、法力说、可能说、规范说、选择说。[①] 霍菲尔德认为权利包括四种不同情形：①权利，与之对应的是无权（no right）。②自由或特权，与之对应的是义务。③权力是“主他”，支配他人行为的权利。如，警察要求目击者回答所见，与之对应的是无能力（disability）。④豁免，是使权利人不受某种对待的权利，与之对应的是责任。

当权利和义务合在一个主体上时，往往指称国家公职人员的职权、职责、权限等。但严格而言，权力一般指国家权力、职权或权限。现今所言特权主要指外交特权，还有豁免，法律上称“不受法律追究”。[②]

权利与权力（通常表述为职权）的基本区别：①职权泛指公共权力的国家机关的具体权力与责任；公民依法拥有做或不做、要求他人做或不做的能力或资格一般用权利表达。②职权代表国家或集体利益；权利通常指个人利益。③职权不可放弃，权利则不然，一般情况下具有完全行为能力的公民基于自主性是可以放弃自己的权利的。④权力、职权与国家强制力密切联系，凭借自身依宪法和法律拥有的强制力实现；公民权利除义务人自愿履行或不予侵害实现外，受阻碍或损害的权利的实现除采取法律许可的及时、适度的自助行为外，更多的要求助于权力，如行政机关的裁（认）定、执法，法院的判决等。

从权利与权力的原初关系看，权力（职权）是权利让渡的结果，17、18 世纪的资产阶级启蒙思想家提出的社会契约论试图厘清国家权力与公民权利的关系，尽管基于实证性的不足未能成功，但公民权利决定国家权力的理念和制度却不断勃兴并不断付诸实践。尤其是以选举权为基点和纽带的权利与权力关系已经成为现代国家制度的标配。权力是因保障权利之目的而存在，但同时离开了权力作保障后盾的权利是虚假的、不能实现的；而离开权利支持的权力是不正当的、非法的，也必然是对权

---

① 张文显：《法哲学范畴研究》，中国政法大学出版社 2001 年版，第 300—305 页。

② 权利含义较复杂，特别是界定基本权利内涵时。如徐显明关于基本权利观点认为，基本权利作为人权法律化的最核心部分，具有六个方面的特征：1. 不可缺乏性。2. 不可取代性。3. 不可转让性。4. 稳定性。5. 现代国家中的共性。6. 母体性。参见后文关于人权的特征的具体论述。有学者认为宪法基本权利的基本性质：①固有性与法定性；②不受侵犯性和受制约性；③普遍性与特殊性。许崇德主编：《宪法》，中国人民大学出版社 2009 年版，第 166—168 页。

利的最大威胁。因为“权力易使人腐化，绝对权力绝对使人腐化”①，如何制约权力是人类不同形态的社会永恒的课题，尽管千百年来都在完善权利制约权力的制度和机制，但最终都证明是失败的。因此，宪政国家的最大贡献和智慧就是在加强权利制约权力的制度和机制基础上，以增加法治保障权利制约权力的模式，二者结合完成了对恣意的国家权力的规训，甚至一个国家权利制约权力的程度和效用如何成为衡量该国法治程度的最根本标志。

二　人权与公民权利

人权和公民权利是宪法基本权利规范的核心内容，厘清二者的关系对于宪法基本权利的保障具有重要意义。

公民权利是法律权利的重要方面，要比较人权和公民权利，首先有必要厘清人权和法律权利的关系：①从概念的出现和形成先后看，法律权利远早于人权。②从规范和效率层面看，绝大部分人权同时需要具备法律权利的性质才能从制度上得以有效保障。③人权实施、保障需要国内法确认，首先要从宪法层面得到承认和一定程度规范化；从国际范围讲，人权的国际标准需要由国际公约（文件）体现。

人权与公民权相比较：总体上看，人民与公民权是有内在一致性，公民权即是人权。但二者也存在一些区别：②

①从起源上看，人权源于人的自然属性和社会属性，特别是人的同一性，公民权利源于法律（宪法）的规定性。人权概念是由权利和人道等多个概念构成，有三个方面属性，即道德权利、普遍权利和反抗权利；公民权只能是法定的权利，并不直接反映道德性。

②从二者先后来看：人权是源，公民权是流。

---

① 阿克顿爵士语，转引自［英］安东尼·德·雅赛《重申自由主义》，陈茅、徐力源、刘春瑞等译，中国社会科学出版社1997年版，第1页。

② 马岭教授认为：宪法权利包括人权与公民权，人权的主体是人，公民权的主体是公民。宪法中的人权包括：作为最基本人权的生存权；作为人权核心的自由权；作为人权目标的人的尊严；作为人权保障的诉权。公民权是具有公民身份的人参与国事的权利，属于个人，但却针对国家公共生活，需要许多公民共同行动才能行使。人权是宪法权利的基础，公民权建立在人权的基础上。一个有公民身份的人所享有的生存权、自由权是作为“人”而不是以“公民”身份享有的。马岭：《宪法中的人权与公民权》，《金陵法律评论》2006年秋季卷。

③从内容上看：人权内容多于公民权，适用范围要大于公民权。

④从主体范围看，人权的主体包括本国公民，也包括外国人和无国籍人，还包括“集体”形式的人权主体，公民权的主体一般限于具有公民资格的个人。

⑤从评价标准看：人权是公民权合理性的重要判断标准，评价人权的标准既有比较抽象性、相对性和争议性的人性标准，也包括国际人权公约、区域性人权公约、不同文化的标准及意识形态的标准等。

⑥从反映现实看：人权是理想、政治、法律的目标性追求的反映，正当性的要求，公民权是现实的反映；许多归于人权的权利不能实现、只能呼吁，而公民权利具有法律效力，在不能实现时，可以请求国家立法、行政或司法救济。

⑦人权保障有国际和国内两种机制[①]；公民权主要是国内机制保障。

⑧人权与公民权的联系：人权引领公民权的发展方向；公民权是国家事实上承认和保护人权的法律表现；人权与公民权都是一定时空里社会发展在人们观念、意识中的反映。人权问题国际化使公民权也具有国际特征，公民权具有一定程度上的全球共性；而公民权的发展为人权的普遍接受及进一步发展提供了重要的实践依据和合理性的论证，二者是互动关系。人权反映的人及生存和发展的正当性必须与特定社会的具体实际密切联系起来，在当今必须通过加强国际合作，消除世界范围贫困，走世界各国互利互惠、和平发展的道路，真正的人权保障和发展才可能符合联合国一系列人权公约的设想和呼吁，人权的国际化标准才具有合理性和可行性。

实际上，公民权利也不具有一个普遍认同的含义，有三种含义需要区分：①1789 年《人权和公民权利宣言》将人权和公民权并列。如其第 4 条：“自由就是指有权从事一切无害于他人的行为，因此，各人自然权利的行使，只以保证社会上其他成员能享有同样权利为限制，此等限制仅得由法律规定之。”②《世界人权宣言》首倡两大类分类法：一是公民

---

① 人权的国际保护的含义：是指各国应当按照国际社会公认的国际法原则、国际人权宣言与公约，承担普遍的或特定的国际义务，对基本人权的某些方面进行合作与保证，并对侵犯人权行为加以防止与惩治。

权利和政治权利，另一类是经济、社会和文化权利。这里公民权利是人权的一种，是指历史上资产阶级反封建斗争中所提出的那些权利，包括生命、自由、财产、人身安全、言论、出版、集会、宗教等自由，以及法律面前人人平等以及用以实现这些实体权利的程序性权利。③我国的公民权利，指拥有中国国籍人所享有的权利。[①]

义务是权利的关系词或对应词，二者相辅相成，有权利即有义务。[②]义务也是在不同语境和环境及制度里其含义不尽相同，义务按适用对象和效力的不同可分为法律的、政治的、道德的、宗教的、习惯的或规章、团体等共同体的义务。义务可源于传统、习惯、约定等多种途径，但法律义务的最大不同是其由国家强制力作为后盾。康德认为义务分为：内在义务、外在义务、联合而生的义务。学术界的几种有代表性义务界说：①尺度说（规范说），是对义务人规定必要的行为的尺度，具有无条件性和严格性的特点。②责任说。③约束说。④手段说，是指义务人按权利人要求从事一定行为或不行为，以满足权利人的利益的法律手段。⑤利益说，义务为义务人履行不利益。⑥意思说，义务为限制义务人的意思，即义务系法律在某种情形下对义务主体之意思自由加以限制。⑦法律上之力说，义务为义务主体应受法律上之拘束。⑧行为说，义务是依法做或不做一定的行为。英国学者米尔恩认为，可从五个方面理解义务：①义务是正确的行为；②因其正确，故是必须做的行为；③义务是与义务主体的利益无关的行为——有时冲突、有时和谐；④义务与主体的实际行为选择无关：即使义务要求义务人必须做一定行为，但实际上他总是选择与自己的意志相应的行为；⑤义务来自于义务规则——道德规则或法律规则。[③]

第二节　人权的法哲学

“人权”，顾名思义，就是人的权利，其原意是指某种价值观念或道

---

① 参见沈宗灵《比较宪法》，北京大学出版社 2002 年版，第 56 页。

② 义务在英文中一般用 duty，但和 responsibility，liability，obligation 相混淆。

③ 参见［英］A. J. M. 米尔恩《人的权利与人的多样性——人权哲学》，夏勇、张志铭译，中国大百科全书出版社 1995 年版，第 34—35 页。

德观念，因而它是一种道德意义上的权利和义务。道德是人们关于善恶、是非、正义与否等的观念、原则、规范。人权就是人们从这些价值、道德观念出发而认为个体或群体的人在社会关系中应当有的权利和应当履行的义务。既然人权是一种价值观念、道德观念之体现，因而不同时代、不同社会条件下的人们就有不同的人权观。肇始于17世纪西方资产阶级革命时期的人权哲学沉淀和演进至当代，形成了蔚为壮观的诸多人权哲学流派，在面对个人、国家、社会和国际社会等多方利益的冲突博弈中，人权哲学一方面呈现出丰富多样的理论形态，另一方面又在不断交锋过程中显示出求同存异、理解和共识的些许迹象，这些也为中西方人权哲学上的对话和融通提供了良好契机。

一 当代世界性议题

当代西方人权哲学勃兴于第二次世界大战之后，源于对法西斯蹂躏人类的暴行和国家不断增强的对社会生活的全方位介入以及东西方人权观的分歧在国际对话和合作中冲突的思考。由此在西方形成了几大流派：

以法国马里旦（《人权和自然法》《人和国家》）为代表的新自然法学（神学自然法学）的人权哲学，强调“人权的真正哲学是以自然法观念为基础的”①。自然法不仅规定我们的基本义务，而且确认一些权利。

以罗尔斯（《正义论》《政治自由主义》）、德沃金（《认真对待权利》）、诺齐克（《无政府、国家与乌托邦》）、雅赛（《重申自由主义》）、哈耶克（《自由宪章》）为代表的新自由主义人权哲学派强调个人自由权利的优先性。

以上两种人权学说都属于自由主义人权哲学。

与此相对的是以麦金太尔（《德性之后》或译为《追寻美德》）、泰勒（《自我的源泉》）、桑德尔（《自由主义与正义的局限》）、昂格尔（《知识与政治》）和瓦尔泽（《正义的范围：为多元主义和平等辩护》）为代表的社群主义人权哲学。他们批判自由主义人权哲学，强调个人权利是社会活动的产物，是历史形成的，并不具有对各种社会价值的优

---

① 马里旦：《人权和自然法》，《西方法律思想史资料选编》，北京大学出版社1983年版，第673页。

先性。

以米尔恩（《人的权利与人的多样性——人权哲学》）、唐纳利（《普遍人权的理论与实践》）为代表的学者注重对人权普遍性的研究，强调存在着所有民族和地区可以适用的人权标准。

以哈贝马斯（《后民族结构》《后形而上学思想》）为代表的寻找多元文化背景下的后形而上学的人权哲学，以及以日本大沼保昭（《人权、国家与文明》）为代表的各种文明相容的人权哲学，强调通过不同文化间的对话和不同文明间的互相包容，可以寻求到共识的人权观。

在人权哲学研究的内容上，除了继续对传统人权本源问题的探讨外，侧重于对人权的概念、分类、东西方人权的异同、人权的文化差别、人权的普遍性与特殊性、人权的国内保护与国际保护之关系、价值多元和全球化时代的人面临的多重生存困境下人的新型权利的探讨，个人人权与集体人权、个人权利与公共利益等人权领域，反映当代人权研究的鲜明时代特色。在自然人、公民、集体、国家、国内社会、国际社会和文化、宗教等之间错综复杂的利益冲突中不同的学者提出了各具特色的人权观。

人权作为世界性的议题和当代人类最基本的价值追求，不仅在西方成为学者们乐此不疲的、常研常新的政治哲学问题，而且在改革开放后的中国学者中，也呈现出日渐扩大的队伍、日益广阔的视域的人权研究特色。在中国，以何怀宏、沈宗灵、吕世伦、徐显明、夏勇、李林、俞可平、曹卫东等（包括美籍华人学者杜维明、成中英）为代表，对当代中国人权哲学中的普遍性与特殊性、中国传统与当代人权、新型人权等人权哲学问题进行了有益的探讨。这些学者的研究主要涉及两个大的方向：一是挖掘中国传统哲学中与当代人权相融通的资源，建构具有儒家哲学伦理特色的中国特色的人权哲学；一是通过译评当代西方人权学者的著作，为中国人权哲学的形成和人权实践的推进提供参考。

在东西人权观差异和冲突的背景下，在寻求中国人权事业建设的迫切需要的动力推动下，解决人类共同面临的道德生活、经济、政治和社会生活等方面的问题，儒家传统能否提供一种解决方法并发挥人权建设的作用呢？为此一些学者认为建立一套具有人性伦理内涵的人权伦理是最根本的问题。[①] 这一思想从五个主要伦理方面阐释其儒家伦理人权观：

其一是整体伦理的观点，强调同时以人权与道德为内涵。这种观点结合权力与责任、功利与德性这四种需要，使人类能更进一步地掌握人的整体，使人能够成为更整体的人，使人类社会更具整体性。从人性论来谈人权，显然能进一步扩大人权伦理的内涵。

其二是经济伦理的观点，阐述如何重利而不忘义，如何不因利而背义。儒家代表人物孟子谈到无恒产则无恒心，西方也讲从功利主义出发讲经济伦理，如卢梭认为，只有在相对经济发展的基础上才能够谈民主与自由。

其三是教育伦理的观点，强调要认识人的整体性与社会的整体性。儒家的整体观，讲究个人修德而后修身，其目的是服务于国家和社会。

其四是科技伦理的观点，要求不因科技发展而丧失人性、人权及人的尊严。

其五是儒家伦理观点，主张人权观注重天人合一、人与自然的和谐、人与社会和谐，建立在这种社会整体观和宇宙一体的基础上的哲学思想无疑为当代人权的普遍性提供了重要基础。儒家德行并举、内外兼修、自立仁爱、个体自主与社会和谐的人生观、社会观有助于普遍人权的实现。另外，当代世界文化多元和文化冲突已是人权共识的重要障碍，而“儒家的基本原则‘己欲立而立于人，己欲达而达于人’，以及‘己所不欲勿施于人’已经是普世伦理的基本原则，它对各种不同的文明接受、承认、尊重其基本价值，并且认为对我最好的，不一定对我邻居最好，不强加于人”[②]。儒家的这种看问题的根本方法和处事原则为人权超越不同文化达成共识提供了重要的解决思路和基本原则。

除了从中国传统儒家思想中挖掘当代人权发展需要的思想资源外，当代中国人权哲学大多坚持研究和发展马克思主义人权哲学。主要表现为两个方面：一是研究马列经典作家关于人权的论述；二是结合中国实际和国际人权形势提出当代中国的人权观。对马列经典作家原著中人权

① 成中英：《道德自我与民主自由：人权的哲学基础》，《东岳论丛》2000 年第 6 期。

② 杜维明：《儒家与自由主义》（曾明珠整理），《儒家与自由主义》，生活·读书·新知三联书店 2001 年版，第 63 页。

思想研读，探寻马克思主义人权观的基本立场和观点。如我国一些人权学者认为，马克思主义人权观主要包括：人权的经济观、人权的历史观、人权的阶级观、人权的国家观、人权的发展观、权利与义务统一观、人权的解放观。[①]

以马克思主义人权观为指导，结合中国实际和国际人权形势提出当代中国的人权观是中国人权学者的重要使命。当前最引人注目的是徐显明提出的和谐人权观。他认为，“和谐社会之人权诉求，在人本身，欲达身与心的协调平衡；在社会，欲达人与人的和美共荣；在宇宙，则欲达人类与自然的同韵合律。”[②]“和谐权的诞生和被凝练，向传统人生理念、现有国家政治理念、当下国际关系理念提出了重构的时代命题。和谐，作为权利，首先其被证明是应然的，由此它既是衡量人际关系的价值尺度，又是人在关系中的美德。作为道德的和谐权，它主要指人应当被无条件地善待。”[③] 在法律上，人人被公权力善待是和谐权的价值所在。在他看来，“和谐权是21世纪的人类消弭文化冲突，在‘不同’中求‘和’，又能在‘和’中存其‘不同’的依靠与凭借”[④]。

二 人权是什么?

一切人权哲学的起点和基础在于其人权概念的界定。但在当代西方人权学者的著作中，很少有严格意义上的人权定义，常见的做法是对人权概念提出一个简短的释义或界定。这些界定构成了进一步阐释他们人权哲学思想的基石和圆点，也是我们了解其人权哲学思想的关键。

人权概念中，首先涉及的是对“人”的界定。对此，瑞士法学家胜雅律从人权中“人”的范围的考察提出了从有限的人权概念到普遍的人权概念的观点。他指出，西方大多数学者侧重于“以权利为中心”展开人权的研究，而对“人”缺乏必要的关注。他认为，从“人”的角度看，人权有两个阶段，其转折点是联合国的《世界人权宣言》（1948年）。“从这

---

① 《中国人权百科全书》，中国大百科全书出版社1998年版，第367—369页；李林：《马克思主义人权观》，http：//www. studa. net/2005/9 - 17/20050917267. html。

② 徐显明主编：《人权研究》第5卷，山东人民出版社2005年版，序言第4页。

③ 同上。

④ 同上书，“序言”第9页。

个宣言以来，人权——从理论上讲——才是‘普遍的’。该宣言以前，按照《世界人权宣言》标题的逻辑，人权——从理论上讲——则是非普遍的。‘非普遍的’就意味着1948年前的人权和自由是随人类、肤色等方面的不同而有区别的。”① 当然，1948年以后普遍人权的理论和实际之间存在矛盾。从国际文件看，1948年《世界人权宣言》起草时，通过了联合国起草委员会主席罗斯福夫人的建议，将“Rights of Man”改为“Human Rights”。

美国哲学家A. 格维尔茨认为，人权是指一种狭义的权利，即主张权。这种权利的整个结构的公式可表述为：A由于Y而对B有X的权利。这里包括五个主要因素：（1）权利的主体（A），有权利的人或多数人；（2）权利的性质；（3）权利的客体（X），权利指向什么；（4）权利的回答人（B），即具有关联义务的人或多数人；（5）权利的论证基础或根据（Y）。他指出，在这五个因素中，每一个都存在争论。②

坚持普遍人权标准的美国法哲学家唐纳利认为，“人权是一种特殊的权利，一个人之所以拥有这种权利，仅仅因为他是人。因此，它们是最高等级的道德要求。”③“一切人权要求都是一种‘最终诉求’”④。美国哲学家温斯顿也提出了一种普遍的人权观，认为人权是平等地属于所有人的那种普遍的道德权利。

英国哲学家米尔恩认为，人权概念是这样一种观念：存在某些无论被承认与否都在一切时间和场合属于全体人类的权利。人们仅凭其作为人就享有这些权利。他指出了西方人权观的局限性：“西方对西方人来说也许是最好的，但认为它对人类的大多数来说是最好的，则没有根据。”⑤ 所以，应有一种无论何时何地都属于全体人类的人权概念，所以，“人权概念不是一种理想概念，而是一种最低限度标准的概念”⑥，是“以社会

① 沈宗灵等主编：《西方人权学说》（下），四川人民出版社1994年版，第253—254页。

② 同上书，第115—116页。

③ ［美］杰克·唐纳利：《普遍人权的理论与实践》，王浦劬译，中国社会科学出版社2001年版，第7页。

④ 同上书，第9页。

⑤ A. J. M. 米尔恩：《人的权利与人的多样性——人权哲学》，夏勇译，中国大百科全书出版社1995年版，“导论”第4页。

⑥ 同上书，“导论”第7页。

和文化的多样性为前提，并设立所有的社会和文化都要遵循的低限道德标准”[①]。

美国哲学家韦尔曼以霍菲尔德的权利概念为基础分析人权概念，提出了较窄的人权定义。他说：“我把人权定义为：个人作为面对国家之人的一种伦理权利。这个定义排除了个人作为面对其他个人的人或面对国家之外的组织的人的伦理权。”[②]

除上述概念外，还有许多哲学家提出了自己的人权定义，正如美国的霍勒曼指出的，“人权是个多方面的概念”[③]。美国哲学家罗森鲍姆对当代西方人权理论家对人权的哲学定义进行了较系统的分析后指出，大多数人权定义可分为两类：一是指“物品”，即指一种“权利资格”；另一种是指“活动”，即指将人权看作人的“与其他人有关的行为”。从政治观点来看，人权概念至少有三种模式，其中每一种都同三大政治阵营之一相适应，即西方自由主义、马克思主义的社会主义以及第三世界的“自决论”。

尽管这易导致人权标准的相对主义倾向，但在人权学说的根基上仍有着重要的一致意见。人权受到全球的关注，说明它有希望成为克服不同传统的民族间的对立的一个普遍框架。这一吸引力根源于人权对现代社会中个人的道德健全的考虑。人权提倡者一般认为尊严是人生的一个内在品质，如果它不受尊重的话，人的生活本身将趋败坏。关于人权的一致意见包括：人权作为一种普遍的现象，人权原则强调一切人不论其差别的共同性。至于概念表述中的不一致是基于实际情况、需要、利益和冲突而产生的不同观点。但人权定义一般集中在这样一种思想上，即人权包括了所有的人，仅仅是人，而且在极其根本方面是同作为人相联系的。

罗森鲍姆认为：“广义地讲，不管以什么特殊的方针来对人权下定义，但大多数哲学定义似乎可以归结为‘活动’或‘物品’这两个标题，

---

① ［英］A. J. M. 米尔恩：《人的权利与人的多样性——人权哲学》，夏勇译，中国大百科全书出版社 1995 年版，“导论”第 7 页。

② 沈宗灵等主编：《西方人权学说》（下），第 159 页。

③ Holleman, *The Human Rights Movement* (Praegeer Publishers, 1987), p. 6.

当然有些定义比其他定义更为准确。”①

物质品型学说将权利看作一个抽象的构造，不是过程而是人内在的道德实体的构造，是与抽象的个人或共同体外在地联系的。物品派的人权概念有不同表现形式。如瓦瑟斯特伦将人权定义为仅由人拥有的一种基本的道德权利资格。因而权利就被看作自然地拥有而不是被授予的一种实体。道德性和人性就成为构成权利资格的条件因素，它们为断言生命、自由和追求幸福之类权利是“不可让予的”人权提供了依据。麦谢纳将人权定义为“正义方案中的普遍的和不可取消的因素”②。范伯格认为人权是“基于人的一切主要需要的有效的道德要求”③。

与物品派的权利定义不同，活动论者认为人权是体现与其他人有关的行为。戈尔丁认为，人权是“在人类社会层次所体现的‘主张的行为’”④。一种主张的行为是（任何一类）权利主张的断言，它预定某种据以提出主张的活动或行为。一个人可能拥有他本人从不主张的权利（正当的主张），只要这种权利是依靠某个人的主张行为而规定的。

因此，当代西方学者对人权概念不同视角的探讨和表述，超越了仅仅对存在人权的承认，也不限于官方宣告或政治辞令的观点，对人权的基本问题都有一致看法：人权是我们每个人作为人，仅因为我们是同其他相似的人生活在一起的人才具有的某种东西。人权的拥有被认为是超越变化莫测的幸运、情况、成就或个性之上的。我国学者也大多承认“人权”，“就是人的权利”⑤，但强调，“人权是一种价值观念、道德观念的体现，因而不同的人们就有不同的人权观。人权在阶级社会中不仅有社会性而且有阶级性，不同的历史传统、不同的阶级就有不同的人权观”⑥。同时，还从三个层次上揭示对人权概念的内涵：首先，人权是一种道德意义上的权利，属于应有权利的范围，是指作为人应享有的权利。其次，人权就实质而言，是国内法管辖的问题，又是一种法律权利。最

① 沈宗灵等主编：《西方人权学说》（下），第 47 页。

② 同上书，第 48 页。

③ 同上书，第 49 页。

④ 同上。

⑤ 李龙、万鄂湘：《人权理论与国际人权》，武汉大学出版社 1992 年版，第 28 页。

⑥ 沈宗灵：《比较宪法》，北京大学出版社 2002 年版，第 54—55 页。

后，人权还必须是一种实有权利，一种实实在在的现实权利。由此可知，中西方在人权概念上既有共识，也有各自强调的重心。

三　自由主义人权观与社群主义人权观

美国政治学家、哲学家福塞希认为，当代西方对人权的观点来自三大哲学方向：保守主义、自由主义和社群主义。极端的保守主义称为法西斯主义，它主张人们（或种族）之间的极端不平等。在当代难以从表面上找到保守主义代表，因为20世纪是一个平等主义的时代，大多数精英的主张为大众平等而不是为特权地位的利益来治理社会。所以，自由主义和社群主义是当代典型的且观点明确对立的人权学派。

自由主义人权观认为，最大的善或价值就是个人的幸福，而个人的幸福是通过自由和平等来实现的。在自由主义者看来，合乎道德的人和社会可以是发展的，至少会是一个较好的人和社会。自由主义学派有两大基础，每一个都对当代人权思想具有影响。其一是自然法学派。其思想是对人权的“激励”。自然法思想断言人类是自然地自由和平等的，是自然地值得最大关注的。至于其原因，有多种解释，典型的有神的指示和意志体现，以及基于人的理性或人性而不证自明的权利。在法国马里旦代表了神学自然法的人权观，并影响到《世界人权宣言》及其后的一系列国际人权公约的内容并成为它们的思想基础，另一派世俗自然法代表有富勒、罗尔斯、德沃金等。自由主义的第二个基础是功利主义思想。它认为通过自由和平等追求人的幸福和福利是最大的价值和善。早期高度利己主义的功利主义思想逐渐让位于强调个人幸福的功利主义思想，即“最大多数人的最大幸福”，而自由和平等能最大限度地促进人类幸福。

随着20世纪70年代以来，罗尔斯的《正义论》、诺齐克的《无政府、国家与乌托邦》和德沃金的《认真对待权利》等著作的发表，形成了所谓新自由主义。他们的“共同特征是主张权利对于善（好）的优先性”①。其基本立场有二：其一是不能因为普遍的善而牺牲个人权利；其

① 王启富、刘金国：《人权问题的法理学研究》，中国政法大学出版社2003年版，第108页。

二，界定这些权利的正义原则不能建立在任何特定的善的生活观之上。

罗尔斯在探讨决定其人权观根本意义的正义原则时，提出两条正义原则：第一条原则：每个人对与所有人所拥有的最广泛的平等的基本自由体系兼容的类似自由体系都应有一种平等的权利。第二条原则：社会和经济的不平等应这样安排，使它们：（1）在与正义的储存原则一致的情况下，适合于最少受惠者的最大利益；并且，（2）依系于在机会公平平等的条件下职务和地位向所有人开放。上述正义原则的选择，不是平行并列的，而是有一个次序，即要遵循两个优先规则：第一个优先规则（自由的优先性）：两个正义原则应以词典式次序排列，因此，自由只能为了自由的缘故而被限制。第二个优先规则（正义对效率和福利的优先性）；第二个正义原则以一种词典式次序优先于效率原则和最大限度追求利益总额的原则；公平的机会优先于差别原则。[①] 第一个原则又称平等自由权利原则；第二个原则包含两个原则，一个是差别原则，一个是机会的公平平等原则。罗尔斯强调自由的优先性，同时兼顾此前提下的机会平等和社会基本善的不平等分配应有利于最不利者的新自由主义所具有的明显的自由与平等兼顾的特色。当然，罗尔斯的基点在于个人，他指出："每个人都拥有一种基于正义的不可侵犯性，这种不可侵犯性即使以社会整体之名也不能逾越。"[②]

自由主义的另一重要代表诺齐克也认为，"个人拥有权利，有些事情是任何他人或团体都不能对他们做的，做了就会侵犯到他们的权利。"[③] 同样，德沃金也指出："个人权利是个人身中的政治护身符。当由于某种原因，一个集体目标不足以证明可以否认个人希望什么，享有什么和做什么时，不足以证明可以强加给个人某些损失或损害时，个人便享有权利。"[④]

---

① ［美］约翰·罗尔斯：《正义论》，何怀宏等译，中国社会科学出版社 1988 年版，第 292 页。

② 同上书，第 1 页。

③ ［美］罗伯特·诺齐克：《无政府、国家与乌托邦》，何怀宏译，中国社会科学出版社 1991 年版，第 1 页。

④ ［美］罗纳德·德沃金：《认真对待权利》，信春鹰等译，中国大百科全书出版社 1998 年版，第 6 页。

在对于自由主义核心问题的自由与平等关系的处理方面，主要涉及两个领域：一是政治领域里在对基本自由或权利的分配上自由与平等的关系。在这方面，自由与平等是一致的，自由是更基本的好，对它的分配应绝对平等，应排除任何不同情况的实质考虑，而仅仅从人之为人这一形式上去考虑。但自由的平等分配是指自由“权利”的平等分配，而非自由“价值”的平等分配。权利仅仅具有形式意义，即给予自由，也即可免于外在强制、强迫和阻力的自由，是一种“消极自由”，而价值意义上的自由，不仅给予自由，而且能够自由。

自由与平等关系的第二个方面，发生在经济领域中对其他基本好（财富和收入）的分配上。经济权利上给予自由，不干预则必然导致结果不平等；而国家干预，通过再分配予以调节，其结果是限制了自由，所以，经济领域中自由与平等存在激烈的冲突。对此，自由主义人权学者中意见有分歧，诺齐克倾向于保证经济自由，而任其不平等；而罗尔斯倾向于限制不平等。诺齐克的观点是，权利应无条件地尊重，任何再分配都是对个人权利的侵犯，而罗尔斯的观点是，最少受惠者的权利应受到尊重，放任自由将构成对他们权利的侵犯。两人的共同点是都认为权利优先于效率，正义优先于利益。他们的观点基本上代表当代自由主义人权观的主要方面。

所以，自由主义人权观主张，保护个人权利的优先性就是保护个人具有选择他自己的善生活或价值的权利，每个人只要不损害他人对善生活的选择自由，就都有权依自己对自己的目的、利益和善的感受选择自己认为善的生活方式。一个正义的社会不是去追求或促进任何特定的目的或价值，不是要求人们按照某种价值去过某种善生活，而是保持价值上的中立，仅仅提供每一个公民在不与他人的自由相冲突的条件下去追求其自己的价值的平等权利。

以罗尔斯、诺齐克等为代表的新自由主义人权观在20世纪70年代后迅速发展，并与英国哈耶克的自由主义思想汇合，形成一股强大的自由主义思潮，其过分发展和其局限性也日益引起一些学者的批判。其中在西方最为主要的批判者是兴起于20世纪80年代的社群主义，它经过其后十几年的争论和反思，在20世纪90年代进一步发展，成为当代西方对主流自由主义人权观进行批判的主力军。

“社群主义是一种新哲学。这是一种强调社区联系、环境和传统的积极价值以及共同利益的理论思潮，它致力于社群价值观与个人自由价值观的相互协调，试图揭示人格自足的形而上学虚假性，力图遏止自由主义的过分发展所带来的个人主义消极影响。”① “社群”有多种含义。从当代的定义看，一个社群是由有限数量的人所组成的，他们在同一种社会关系之中形成自己的信念和价值观，其成员之间的联系均是直接的。

社群主义兴起于对新自由主义的批评。针对新自由主义权利优先于善的“权利优先论”，社群主义认为，权利优先于善实际上等于个人的善优先于公共的善，或个人目的优先于公共目的，其基础是个人优先于群体的个人主义。自由主义的这种人权观使个人成为抽象的、超历史的、脱离社会的先验自我，可以在社会中自由选择自己的目的和善生活，其正义观是平等地保护这种自由选择权。对此，社群主义认为根本不存在这种无归属的、先于目的、先于社会的个人自我，存在的只是在一定社群中、被公共善培养熏陶出来的社会成员或公民，而权利也不过是社群当局赋予成员的权利，所以，个人具有权利的前提是他是社群的成员或加入社群而成为成员，并且，“连自由主义者竭力倡导的个人权利，如自由和平等，也只有在社群中才能真正实现”②。与自由主义人权观不同，社群主义者认为存在的只是成员权利或公民权利，权利从来不是与生俱来的、先验的、普遍的，权利之有无、权利之大小、权利之种类等完全取决于特定社群的特定善（目的），是善先于权利，而不是权利先于善。善在社群主义看来，在现实的社会生活中的物化形式是公共利益（或简称公益），所以公共利益优先于个人权利。

与“不能为了普遍利益而牺牲个人权利”的论点相反，社群主义者认为，个人可以而且应该为公共利益作出奉献，哪怕必要时作出牺牲。他们否认个人有无条件的、绝对的权利，认为个人权利要受到公共利益的限制。他们反对道德权利论，而主张法律权利，认为权利就是由法律

---

① 韩震：《后自由主义的一种话语》，刘军宁等编《自由与社群》，生活·读书·新知三联书店1998年版，第15页。

② 俞可平：《从权利政治学到公益政治学》，刘军宁等编《自由与社群》，生活·读书·新知三联书店1998年版，第66页。

规定的人与人之间的社会关系，是一种保护个人正当利益的制度安排，离开了一定的社会规则或法律规范，个人的正当作为就无法转变为不受他人干涉的权利，所以，所谓的应然权利、自然权利都缺乏说服力。与自由主义把个人权利无条件化相反，社群主义者把个人义务无条件化，个人只有在服从社群公共善及公共利益的前提下才谈得上个人权利，社群共同的善构成了对个人选择和追求其自己生活方式的自由的限制条件。

另外，与自由主义者更看重个人的消极权利相反，社群主义者更看重个人的积极权利，即个人从国家有所作为获得的权利，如各种社会福利权、社会权利等。不仅如此，社群主义还倡导集体权利，因为社群并非个人的原子式的集合，而是一个类似生命有机体的整体，同样具备了作为权利主体所要求的基本条件，如果社群自身没有权利，它就不能实现其基本职能。自由主义和社群主义关于消极权利与积极权利的对立，反映了对国家主张上的弱国家还是强国家的不同观点，也即是否同意国家在道德价值上的中立。

自由主义者主张国家价值中立，社群主义者反对国家价值中立。社群主义者认为，自由主义将“不得侵犯他人权利”的正义原则作为人类社会的首要的善，这就忽视了道德善或美德本身对于人类社会的意义。如麦金太尔认为，“一个正义的社会并不等于一个美好的社会，即使在一个社会中，每一个人都拥有最大限度的自由权利，但如果没有善生活的基础即社群，如没有亲朋好友的纽带，不参与某种社团，不投入到共同的善活动中，那么，它肯定不是我们所欲求、所向往的社会”。[①] 所以，国家要担负道德教化的责任，不仅有强迫个人不从恶的义务，而且有强迫个人从善的义务。

对于社群主义的观点，自由主义者指出，现代社会价值多元化，有许多种生活可以说是同等的善。人们之间对善生活的理解差异要求不能按一个模子来对待，把他们的生活按一种善的标准来规定。所以，国家的根本责任不是去规定价值，追求价值，而是去守护个人对价值的选择权利。所以，自由主义认为社会首先保证正义（权利），然后才可追求善

---

① 王启富、刘金国：《人权问题的法理学研究》，中国政法大学出版社 2003 年版，第 115—116 页。

（由个人自愿去做），没有正义保证的善不是善，而是强迫、不宽容或愚昧主义、伪善。强迫从善实际上是对人的不信任，把人估计得太低，使人在失去尊严或失去自由的情形下去从善；而一个正义的社会必须首先保证人的尊严，保证人自愿从善的自由，因为只有有尊严、有自觉的善行为才是真正的善。

社群主义和新自由主义的争论还在继续，很难说谁是赢家谁是输家，它们都看到了人权的一些实质性问题，但在寻求个人权利、集体权利与国家利益三者之间的均衡点上都未获得令人满意的答案。然而，正是这种彻底妥善解决方案所导致的几乎绝望的结果，启发了一些人权哲学家转向通过寻求普世性的人权公约数或不同文明（文化）间可兼容的人权观的新路径。

四　寻求普遍的人权观

不管是权利优先于善，还是善优先于权利，撇开这种何为优先的论争，是否可以寻求当代可以放之四海而皆适用的人权标准？抑或从实际出发，寻求不同文明（文化）间人权的融通？这是另一些人权哲学学者探索和试图解决的问题。消解不同民族、国家和文化不同人权观的冲突是当代人权哲学的又一个重要议题，由此产生了具有实用主义特色的人权哲学观。

英国当代哲学家米尔恩在《人的权利与人的多样性——人权哲学》一书中，从道德、政治和法律哲学的角度对人权观念进行了全面深刻的探讨。他认为，“人权这一观念若要既易于理解又经得起推敲，它就只能是一种最低限度标准的观念。”① 之所以提出这一理论，原因在于现代科学技术已经使我们的时代成为全球性相互依存的时代，各种传统的封闭自足已一去不返，它们之间的联系持续不断，既有合作，也有冲突。一种普遍的低限道德标准，因其仅为低限要求，将会与众多的文化差异和谐共存。这种普遍性人权观的探求，除了其蕴含的固有的哲学旨趣外，还有助于人们理解一些与当今的人类休戚相关的事情，至少可以为增进

① ［英］A. J. M. 米尔恩：《人的权利与人的多样性——人权哲学》，夏勇译，中国大百科全书出版社 1995 年版，中文版序。

人类合作、减少人类冲突作出至少是智识上的贡献。

米尔恩认为，他的人权观根源于社会生活的道德要求，它不仅能适用于每个社会内部，而且能适用于所有的人类关系。因为，“哪里有社会生活，哪里就必定有道德”[①]，因而“道德是普遍的”[②]。但由于不同时代、不同社会生活形式以及作为社会生活基础的各种观念和价值、知识和理解的不同，还有宗教的差别，造成道德具有多样性，但同时任何一个社会共同体都必须具备某些共同的道德原则。他认为有九项道德原则为社会生活本身所必不可少，即行善、尊重人的生命、公正、伙伴关系、社会责任、不受专横干涉、诚实的行为、礼貌和儿童福利。这些道德原则构成了普遍的人权的最基本渊源，从而在社会生活中以规则形式转化成严格意义上普遍性的人权，概括起来有七项：“它们是生命权、公平对待的公正权、获得帮助权、在不受专横干涉这一消极意义上的自由权、诚实对待权、礼貌权以及儿童受照顾权。”[③] 这样，把人权看作一种最低限度的标准，就能够对每个共同体提出两个问题：一是它的生活方式以及它的特定道德、制度和价值观是否否认将这七项主要人权中的任何一项给予所有的人类成员；二是它对每一项人权的现行解释开明到何种程度。米尔恩认为，将人权定义为普遍的低限道德标准，减轻了论证人权的难度，同时，这种低限标准能够适用于所有的人类关系，“不仅适用于同一国家的国民之间或同一信仰者之间的所有事务，而且适用于不同国家的居民之间或‘虔信者’同不信教者以及异教徒之间的所有事务”。[④]

与米尔恩一样，美国哲学家唐纳利也试图建构一种普遍的人权理论。他认为，“人权是一种特殊的权利，一个人之所以拥有这种权利，仅仅因为他是人”。[⑤] 人权来源于人的道德性，产生于人的活动，而不是上帝、

---

① ［英］A. J. M. 米尔恩：《人的权利与人的多样性——人权哲学》，夏勇译，中国大百科全书出版社 1995 年版，第 56 页。

② 同上。

③ 同上书，第 17 页。

④ 同上书，“导论”第 10 页。

⑤ ［美］杰克·唐纳利：《普遍人权的理论与实践》，王浦劬译，中国社会科学出版社 2001 年版，第 7 页。

自然或者生活中的有形存在赋予人的。“人权代表着一种社会选择，它所选择的是有关人的潜能的一种特定道德观，这种道德观的基础是关于有尊严的生活的最低限度要求的一种特定的本质性看法。”[①] 因此，人权是一种以道德为基础和核心的普遍权利。

从最低限度的人权看，人权具有普遍性，但不同文明对人权的内涵和具体人权的含义的理解时常存在分歧，如何使基本上达成共识的一定限度的人权和未达成共识或存在根本观点分歧的不同人权立场在当代有一个彼此相容地互相交流、沟通和共同发展，以推进全球各种文明（文化）共同体的人权事业和平发展，成为一些人权学者关注的焦点，这实质上是一种包容性的人权观。对于消弭不必要的人权观念之争，共同致力于全球人权事业的改进具有重要的启示意义。德国哈贝马斯人权文化间性的思想和日本的大沼保昭的文明相容的人权观，提供了东西方人权对话、沟通和相容的一种哲学思路。

哈贝马斯认为，“人权具有双面脸，它同时指向道德和法律”[②]。“一般地讲，公民属于某一个民族国家。这样，在人权的普遍意义与实现人权的地方条件之间就存在着一种独特的紧张关系：人权理应不受限制地对一切人生效，但是，如何能够实现这点呢？”[③] 哈贝马斯在分析了东西方之间人权观之间存在冲突，特别是东方集体优先于个人的权利观念与西方个人主义的权利理念的冲突之后指出，要解决当今东西方在人权问题上的对峙，首先就要解决人权在文化上的对峙。他认为以文化上的冲突为借口来支持人权的冲突的不可调和性是没有根据的。任何一种文化要生存下去，就必须在维护自身传统遗产的同时，不断地吸收其他文化，同时改造自己的传统文化。否则就难以维持下去。同样，在人权问题上的个人主义与集体主义文化上的对抗绝不是不可协调的。个人离不开集体，“个体化不是一个独立的行为主体在孤独和自由中完成的自我实现，

① ［英］A. J. M. 米尔恩：《人的权利与人的多样性——人权哲学》，夏勇译，中国大百科全书出版社1995年版，第13页。

② ［德］哈贝马斯：《关于人权的跨文化的讨论》，谢地坤译，《哈贝马斯在华讲演集》，人民出版社2002年版，第4页。

③ 同上书，第6页。

而是一个以语言为中介的社会化过程和自觉的生活历史建构过程”①。两者之间存在互补性。

鉴于此，哈贝马斯从交往行为理论和话语理论出发，提出了人权的文化间性这一概念，即人权可以进行跨文化的讨论，人们通过遵循一定的程序，经过话语论证，东西方是可以在人权问题上达成共识的。这种共识在开放的对话体系中，使参与者认识到自身的人权观念的局限性和他人的人权观念的优越性，彼此吸收对方的长处，克服其自身的弱点，从而得到共同的发展。所以，相对于近代以来确立的“独白式”的人权观，这是一种“参与式”的人权观。哈贝马斯认为，人权既不能像自由派那样理解为个人自由的权利系统，也不能像共和派那样解释为政治参与权；既不能从自由派的先验道德出发，也不能从共和派的现实伦理出发，只有话语原则才能解释个人权利与公共权利的互补性。

尽管人权的普遍性为东西方学者所认同，也反映在一系列国际人权公约中，但人权普遍性的真正内涵在东西方之间还存在分歧。如何在普遍性人权拟定目标的前提下，探寻东西方均可接受的普遍性人权的具体化的认知模式，是当代一些人权学者所关注的。

日本人权学者大沼保昭提出了以不同文明之间的通过相互对话、协商为途径达成的文明相容的人权观，为我们寻求东西方及各民族文明体系间的人权观冲突的解决提供了思考的新视野。从文明相容的人权观来看，人权的真正普遍性必须建立在各国的文化、宗教、社会意识以及人权都是历史产物、将不断变化这一基本认识上。② 由于人权的普遍性的存在只是问题的表象，世界各国由于历史、文化及经济条件的巨大差异，所持的人权观念和思想也是大相径庭，因此以欧美为主导的普遍主义的人权观念在国际人权实践中体现出国际人权标准上的唯我主义和独断主义，而其强调的占世界人口总数百分之二十的发达国家的人权观念未必就是具有全球普遍性的概念。因此，有必要建立从多角度和多方面来充

---

① ［德］哈贝马斯：《后形而上学思想》，曹卫东、付德根译，译林出版社 2001 年版，第 173 页。

② ［日］大沼保昭：《人权、国家与文明》，王志安译，生活·读书·新知三联书店 2014 年版，第 315—316 页。

分理解的人权观。大沼保昭指出，探讨人权，特别是探讨它的普遍性时，应该克服那种仅注意以发达国家为中心的支配性知识存在方式的倾向，注意考察占人类百分之八十以上的发展中国家民众的意识、思维、观念，只有充分了解了这些国家人权观念及其人权状况的基础上设定自己的人权观，才能够真正理解人权所具有的意义和作用。

大沼保昭强调，一方面要从人权得以诞生和成长的欧美中心的近现代历史背景中去把握人权，同时又要在全球性的种种互为相克的矛盾中，尝试探求为世界上尽可能多的人所能接受的人权观。他提出了既不同于欧美独断论的人权观念又不同于某些发展中国家的相对主义的人权观念的“第三条道路”，即通过平等对话以形成跨文明的重叠共识，从而确立一种能够得到广泛认同的普遍化的新的国际人权标准。关于新基本路径，“应该首先从包括代表国际社会中多种文明、文化和宗教的国家在内的绝大多数国家所批准或赞成了的主要普遍性国际人权规范中去探求”[①]。大沼保昭的理论目的是要打破人权观念的独断论，建立一个全新的、开放的、宽容的、多种文明对话的人权哲学理论，以激发非西方国家和文明参与国际人权对话的热情。可以说，21 世纪就是一个合作与对话的世纪，多元文化时代的世界秩序的建立基础就是跨文明的合作与对话。

五　过有自由和尊严的生活

尽管对于人权的具体内涵存在不同看法，但对于作为人就应当享有人权却是一致认同的，这说明人权对于人的生存而言具有根本的价值。“需求创立了人权”，这种需求源于人性，特别是人的道德性。所以，美哲学家唐纳利认为，“人权的来源是人的道德性”，[②] 人们并不是为了生活而需要人权，而是为了一种有尊严的生活而需要人权。正如《世界人权宣言》所指出的：人权产生于“人自身的固有尊严”。对于人权的侵犯就是对人性的否定；这些侵犯未必使人的需求得不到满足。“我们并不是对于健康要求拥有人权，而是对于这一种有尊严的生活，过一种称得上是

---

① ［日］大沼保昭：《人权、国家与文明》，王志安译，生活·读书·新知三联书店 2014 年版，第 350 页。

② ［美］杰克·唐纳利：《普遍人权的理论与实践》，王浦劬等译，第 13 页。

人的生活，一种没有人权就不可能享有的生活所‘需要’的那些事物拥有人权。”①

作为人权基础的人“性”是一个道德假定，一种对于人的可能性的道德考虑。同时更直接的是，人权产生于人的活动，特别是社会实践活动。人权不是上帝、自然或者生活中的有形存在赋予人的。“人权代表着一种社会选择，它所选择的是有关人的潜能的一种特定道德观，这种道德观的基础是关于有尊严的生活的最低限度要求的一种特定的本质性的看法。”②

人权的价值必须通过制度化加以实现，所以，人权要求特定类型的制度和实践活动，以实现关于人的可能性的基本道德观，是一种旨在通过制度化的基本权利实现有关人的尊严和潜能的特定观念的社会活动。当人权要求使法律活动和政治活动与其要求相吻合时，它们就将塑造按照那种道德观假定的人。因此，在道德观和政治现实之间存在着一种建构性相互作用。

人权的价值除了针对现实生活中个人怎样在国家和社会中过怎样的生活外，人权也超越了存在的现实状况，而更多涉及的是关于人可能怎样生活，是一种被视为更深刻的达到现实的可能性。

除了尊严，自由也是人权的重要价值。人的尊严总是与自由连为一体，丧失自由意味着失去尊严。人权的自由价值，无论是洛克、穆勒，还是康斯坦和托克维尔等自由主义思想家都认为，个人自由应该有一个无论如何都不可侵犯的最小范围，如果这些范围被逾越，个人将会发觉自己处身的范围将狭窄到自己的天赋能力甚至无法作出最起码的发挥。从诸多人权都要求不受外部的强制与干涉的情形看，人权无疑满足了人对消极自由的渴求。当然，除了消极自由外，人权满足了人们对积极自由的需求。在当代，积极自由与消极自由往往互相影响、互作依存，二者常常由冲突转化为相容。

尊严和自由体现了人权的目的性价值，反映了人权基于人是目的而不是他人实现目的手段的认同及人权与人作为人的存在的一体性。所以，

---

① ［美］杰克·唐纳利：《普遍人权的理论与实践》，王浦劬等译，第13页。

② 同上。

人权的目的性价值使任何个人的存在具有超越于一切的绝对价值，要求国家必须给予最低限度的尊重和保护。与此同时，基于目的性价值的统摄，人权的手段性价值也显得极为重要。人权的手段性价值首先表现为对公权力的制约。人权是防止权力滥用的有效屏障。因为“任何现世的权力都不应该是无限的，不论这种权力属于人民、属于人民代表、属于任何名义的人，还是属于法律。人民的同意不能使不合法的事情变得合法：人民不能授予任何代表他们自身没有的权利”①。首先，人权是制约公共权力的特别有效手段；其次，人权的手段性价值还表现为民主的前提和范围受人权所规制。由于民主遵循少数服从多数的原则，其负面后果易致多数人的决定可以剥夺少数人的财产甚至生命，所以，人权便是通过制约多数人的权力以保护少数人。罗尔斯的正义原则便是这种价值的体现。在他看来，人的基本自由和权利是不能以任何名义牺牲的。

因此，人权的价值是把拥有人权与人等同起来。如果不享用人权的“对象”，一个人几乎肯定被疏远或者疏离了其道德性。人权的确认和反复的重申、不懈的诉求，一方面提醒我们，每个压迫性政权都使其人民疏离人权；另一方面昭示着，如果一个人丧失人权，在道德上是“不可能的”：一个人不可能失去这些权利而过一种称得上是人的生活。

六　不同观点的交锋与共同目的的追寻

“人权”是当今中西方最引人注目的政治哲学词藻之一，通过以上对当代人权哲学最基本问题的梳理，透过对于人权问题的不同哲学解读，不难发现，不同哲学观点交锋的背后有着共同目的的追寻。每种观点都承认，人权是个人在社会中的权利。每个人因为他或她是社会成员而享有“权利”，“这种权利是合法的、有效的、具有正当理由的。它是向社会宣告各种‘善’和利益。”② 主要是“实现个人幸福和尊严的利益，它反映了正义、公平、文明的一般观念”③，所以，相互对立的人权观很

---

① Jack Hayward, *After the French Revolution: Six Critics of Democracy and Nationalism* (New York: Harvester Wheatsheaf, 1991), pp. 123 - 124.

② ［美］L. 亨金：《权利的时代》，信春鹰译，知识出版社 1997 年版，第 2 页。

③ 同上。

难分出绝对的优劣，但可以确信的是，人权的哲学探索将会随着人类社会的发展而不断深入。

当代中西人权哲学的第一个共同点便是对人权概念的界定。可以说，人权概念是一切人权哲学的基石。所有的人权概念都在“人”与“权”的界分中求得自己学说的特色和逻辑起点。按照人权中“人”的范围，人权的发展经历了由特定的少数的人、男性的人权向不特定的、每一个人作为人权主体的发展历程，即人权主体普遍化的历程；按照人权中“权”的范围，人权的发展经历了由消极自由向积极自由、个人人权向集体人权、侧重于个人的人身和政治权利向社会、经济和文化权利全面发展的过程。人权同样在自然权利、法定权利和伦理权利之间不断寻求其关照人类每个个体生活的现实和理想。人权历程的每一步是坚实的，但其理想又是美好的、遥远的，代表着人类自下而上的终极价值目标。所以，尽管不同人权学者的人权概念各有特色，但几乎所有人权概念都在人权的主体、性质、客体，回答人（即义务承担者）以及论证根据等方面，存在共同的也有不同的理解。就共同点而言，最明显的是两点：其一是大多持有人本主义的思想基础，人权论者普遍认为之所以有人权就因为是人；其二是大多数主张人权是一种道德（伦理）权利。除非后者由实在法（国内法或国际法）规定，才同时具有法定权利的性质。

由人权概念的不同，带来人权观整体上倾向的不同。以当代最具影响且互相对立的自由主义和社群主义人权观为解剖对象，可以十分明显看到西方当代人权观的基本态势。“社群”与“个人”一道构成了人权政治哲学中的两极，强调社群的观点常常与功利主义和保守主义等相联系，而强调个人的观点则往往与个人主义和自由主义相联系。在方法论上，社群主义者认为，个人主义关于理性的个人可以自由选择的前提，是错误的或虚假的，理解人类行为的唯一正确方式是把个人放到其社会的、文化的和历史的背景中去考察。在规范理论方面，社群主义者断定，作为公平的正义不可能对善具有优先性，反之，我们对善的感知应当具有优先性。自由主义者的个人权利优先与社群主义者的公益优先反映了人权在当代面临的既保护又限制的两种必备的制度调控方面如何平衡的哲学思考。

从人权的实现上看，建立在自由主义原则上的近代西方政治制度，主要功能是保护个人最大限度的选择自由和机会均等，因而扩大公民个人的自由、限制政府权力就成为自由主义人权哲学的基本观点。然而到了 20 世纪 80 年代以后的全球资本主义时期，跨国公司权力扩张、国家职能较之于第二次世界大战前后大为削弱，福利国家政策的实施面临威胁，资本流向发展中国家，这在一定程度上损害了发达资本主义国家公民个人的利益。社群主义的人权观正是依托这种背景而产生，另外，在传统社群日趋衰落的同时，一些新的社群兴盛起来，且对现实生活的影响越来越大，如绿色运动组织、反战和平组织、女权运动组织等，同时，20 世纪 70 年代后兴起的新人权运动，即以和平权、发展权和资源共享权为代表的第三代人权也为社群主义的人权观提供了社会力量和政治基础。相对于自由主义的人权观，社群主义的人权观一方面分担了政府的部分责任，强调了个人权利的社会基础和个人在享用人权时的基本义务；另一方面，社群主义强调“为他人做好事”，强调“和睦的邻里关系”“友善的人际关系”等互助互爱的主张并形成社群运动，客观上也有利于当代价值多元、个体利益膨胀时代真正实现普遍人权的需要。所以，社群主义人权观的合理性是不言而喻的，它要求包括国家在内的任何政治社群都有责任通过自己的积极作为，提供公共利益，从而最终增进每一个人的权益。当然，包括国家在内的所有社群也应有义务通过不作为的方式来增进个人权益，如传统上被自由主义珍视的学术自由、思想自由、宗教自由、结社自由、婚姻自由，等等。所以，在看到社群主义人权观合理性的同时，也应警惕其一味强调公共利益而导致的极权主义对个人权利的侵害。所以，究竟是“善优先于权利”，还是“权利优先于善”始终是人权哲学面对政治和社会现实时必须谨慎考虑的问题，也是很难有一个绝对唯一的答案的问题。

与自由主义和社群主义不同，寻求普遍人权和文明相容的人权观的人权学者，他们更多地是以实用主义的态度、以解决问题的方式进行人权哲学的思考。以米尔恩为代表的、以最低限度的人权内容寻求人权的普遍性，尽管有易于达成共识的意义，但这种普遍性对于当代权力膨胀的现实需求而言，也不过是杯水车薪，无济于事。同样，唐纳利论证有普遍人权，但依然没有指出“是什么”。所以，人权普遍性的探讨依然是远未解决的问题。哈贝马斯和大沼保昭试图通过寻求跨文化、跨文明的对话和彼此的包容来寻求人权的共识，这是一种值得重视的思路，但没有提供可操作的路径，具有较强的乌托邦的色彩。那么，中国儒家人权哲学中是否有可以化解或融通不同人权哲学观点纷争的观点呢？儒家“己所不欲，勿施于人”的原则可能是一剂良方，但这一方剂又过于抽象，易知不易行，同时也存在建构性方面的不足。如果说当代人权哲学必须帮助不同文化背景的人们建立具有共性的理想并能有益地指导现实生活的话，那么就西方而言，在自由主义人权观和社群主义人权观间寻求平衡点是一个长期的过程，就世界而言，在东西人权观的彼此融通和契合上，有着更长的路要走。同时也应看到，人权的文化间性和文明相融的人权观及儒家的和而不同，己所不欲、勿施于人的哲学观在理论上确有可取之处，它提出了一种中西人权观上融通的一种初步思路，沿着这种思路继续探索，一种中（东）西方文明都可接纳的人权观是可以获得的。在普遍倡导和谐世界的今天，有学者提出“用和谐观念去推导新的人权理论和制度”①。既有利于克服西方传统人权的极端的个人主义、利己主义和对抗主义倾向，同时，也有利于弥补中国传统的和谐之道所缺乏的权利制度和人权观念，从而建构起一种人类普遍接受的人权观念。当然，要真正实现这一目标，寻求到真正的融通，中西人权学者不仅需要更多的沟通、交流和研究，而且要生活于不同文化（文明）中的人们从观念上增强人类整体意识，即“要全人类从国家中心主义、民族中心主义、爱国主义走向世界中心主义、人类中心主义、博爱主义”。② 这种意识的超越必将有利于世界的和谐，而和谐的世界秩序和国际政治对人权的关注及和平、平等的对话也是这一理想实现的重要保证。

第三节　宪法基本权利总论

一　宪法基本权利的效力

如何正确认识宪法基本权利的效力是当前法学理论和实践领域迫切需要解决的问题。基本权利应当具有直接效力，这种效力源于宪法本身

① 夏勇：《人权概念起源》，中国政法大学出版社 1992 年版，第 190 页。

② 江畅：《理论伦理学》，湖北人民出版社 2000 年版，第 383 页。

的最高效力和法律权利的基本属性，它具有广泛性、具体性、现实性和可诉性的特征。宪法基本权利的效力有三种基本表现形式：基本权利对国家权力的效力；基本权利对私人之间活动的效力；基本权利对社会生活的效力。宪法基本权利的实现主要是通过基本权利的普通法律具体化、基本权利的直接适用和对基本权利的司法解释三种途径来完成。

近年来，在宪法实施过程中涉及基本权利的各种争议逐步增多，并出现了有关基本权利的案例，基本权利效力问题成为学术界和实务界关注的焦点。对宪法基本权利效力的认识正确与否，直接关系到社会变革时期各种利益协调的程度，长期以来，宪法基本权利被误读、被虚置化的现象，既削弱了宪法基本权利自身的功能和意义，也使宪法神圣的基本权利被下位法盲目地“具体化”，使人们在解决基本权利争议时习惯于寻找普通法律的依据，没有更多地从宪法角度考虑问题，结果不仅破坏了宪法的权威与法制的统一性，同时给公民基本权利保护带来了各种困难。因此，正确认识和强化宪法基本权利效力，扩大其效力范围，对于实现宪法规范的生活化，进一步推动建设法治国家的进程具有十分重要的意义。

（一）宪法基本权利效力源于宪法本身的效力和法律权利的基本属性

宪法基本权利效力是指基本权利的价值和具体内容能够得到实现的一种力量，是对国家行为和公民及其他社会组织的行为所产生的限制性和拘束力。

宪法基本权利不仅有效力而且有直接效力，不仅是当今世界大多数国家的宪政通例，而且在我国宪法中也得到明确的宣示；它源于宪法本身的效力，同时也是法律权利的基本属性之一。

从域外宪政实践看，第二次世界大战以后，宪法基本权利具有直接效力即直接作为司法判断的依据在发达国家已少有例外，许多发展中国家也群起效法。时至今日，基本权利的直接效力已成为一项世界性宪政惯例。[①] 就我国而言，宪法基本权利的直接效力也有宪法依据。现行宪法序言规定：“全国各族人民、一切国家机关和武装力量、各政党和各社会团体、各企业事业组织，都必须以宪法为根本的活动准则，并且负有维

① 李龙主编：《依法治国论》，武汉大学出版社 1997 年版，第 245 页。

护宪法尊严、保证宪法实施的职责。”而第 33 条第 3 款规定了任何公民享有宪法和法律规定的权利。而宪法第 41 条规定了公民对国家机关及其工作人员的诉权，这些宪法规范为基本权利的直接效力提供了明确的宪法依据。

长期以来，对宪法基本权利无直接效力的误读主要来自宪法基本权利条款被普通法“具体化”后即丧失了其适用的效力的错误观念。而实际上，源于宪法本身的效力和法律权利的一般属性的宪法基本权利的效力是不能也无法通过“具体化”而失去其效力的。

从宪法本身来看，宪法是国家的根本法，是一国最高位阶的法律，具有最高法律效力。这种根本性与其对公民权利保障的终极价值追求相一致。“事实上，宪法最主要、最核心的价值在于，它是公民权利的保障书。”① 正如 1789 年的法国《人权宣言》所宣示的，凡权利无保障和分权未确立的社会就没有宪法。列宁也曾指出：“宪法就是一张写着人民权利的纸。”② 因而宪法的基本权利的效力是宪法本身的效力在权利方面的体现。

另外，从法律权利的基本属性看。构成一项法律权利必须具备三大要件：（1）行为的可能性；（2）请求履行与权利相对应的义务的能力；（3）权利受到侵犯时，请求予以保护并追究侵权人法律责任的能力，即诉权。特别是诉权，它使主观的权利取得法律上的效力。所以“对于任何权利，都必须有可能说出何种作为或不作为将构成对它的侵犯，如果没有此种作为或不作为可以证实，那么，就不存在一项权利”③。美国现代法学家德沃金也认为“把法律与审判联合在一起，法律乃是权利在法庭上得到承认的问题”④。亦如英国法谚所谓“无救济即无权利”。“一种无法诉诸法律保护的权利，实际上根本就不是什么法律权利”。⑤ 宪法基

① 周叶中主编：《宪法》，北京大学出版社、高等教育出版社 2000 年版，第 33 页。

② 列宁：《列宁全集》第 12 卷，人民出版社 1987 年版，第 50 页。

③ ［英］A. J. M. 米尔恩：《人的权利与人的多样性——人权哲学》，夏勇等译，中国大百科全书出版社 1995 年版，第 112 页。

④ ［美］罗纳德·德沃金：《法律帝国》，李常青译，中国大百科全书出版社 1996 年版，第 356 页。

⑤ 程燎原、王人博：《权利及其救济》，山东人民出版社 1998 年版，第 349 页。

本权利是一种法律权利，因而必须从权利实现的程序化机制上确保对其违反提供救济，而救济是权利效力的体现。

（二）宪法基本权利效力的特点

1. 广泛性。宪法基本权利不仅拘束一切国家权力活动，划定了国家权力行使的界限，而且对公民及其他社会组织的社会活动也进行了广泛的规范。基本权利效力确保在广阔的政治和社会生活中明确地为公民划定属于个人自治的领域，排斥他人和国家权力的非法干涉。这种广泛性既包括作用的主体的广泛性，即包括一切形式的国家权力主体和非权力主体，也包括内容的广泛性，从公民的政治、社会、经济和文化权利领域到人身权利和自由领域。

2. 具体性。宪法基本权利效力并不是抽象的权利宣言，而是体现在具体的国家生活和社会生活中。如生命权和宗教信仰自由对国家权力和其他公民、社会组织的效力，在日常社会生活中不仅涉及每一个公民，而且是可感知并时刻都发生作用的。

3. 现实性。尽管宪法基本权利具有未来指向性的属性，但对现实的各种立法活动提供统一的基础，以其价值与效力拘束立法过程与效果。宪法基本权利具有母体性的特征，它派生出普通法律中的各种具体的权利形态。而与基本权利相冲突的法律必然是无效的法律，宪法基本权利及其效力是各项普通法律权利及其效力的渊源和基础。

4. 可诉性。在宪政运行过程中发生基本权利效力的争议时，可以通过具体的诉讼或其他规范化程序得到解决。基本权利效力的可诉性是大多数国家宪政的通例。如原西德宪法规定，任何宣称其某项基本权利受到公共当局侵犯的人都可以向宪法法院提出违宪控诉，以求宪法救济。在我国齐玉苓受教育权受侵犯一案也明确体现了基本权利效力的可诉性。

（三）宪法基本权利效力的表现形式

宪法基本权利效力在复杂的社会生活中，主要表现为三种形式：

1. 基本权利对国家权力的效力。在国家与社会二元化的结构下，基本权利效力首要的任务是限制与抵抗国家权力可能带来的侵害，从国家权力侵害中维护自由的价值，维护人的尊严。基本权利不仅从宏观上划定了国家权力活动的范围，而且每一个具体的基本权利以其不同的形式拘束国家权力的具体活动。[①] 如公民的生命权和人格尊严权等基本权利，要求国家权力的运行必须以此为基本出发点和归宿，并防止国家权力在行使中可能带来的侵害。

2. 基本权利对私人之间活动的效力。按照传统的基本权利理论，基本权利只是针对国家权力的具有防御性质的主观公权，它界定和调整国家与公民个人之间的关系。但随着社会的发展，一方面私人自治领域不断扩大，另一方面在私人自治领域内出现了大量的侵犯基本权利的现象。从宪法的效力结构与基本权利观念发生的变化看，宪法基本权利的效力应当适应用于私人之间的活动领域。因为对公民基本权利的侵害除家权力活动外，其他非权力主体都可能对基本权利造成侵害。如鉴于传统民法中的契约绝对自由、过错责任、私有财产权的绝对行使原则对人权的侵害，在社会发展到垄断资本主义时期，按基本权利效力的要求，对这些原则进行限制便是很好的例证。因此，宪法基本权利是“客观价值体系”的基础，一切私法领域的活动都必须受其指引和规范。

3. 基本权利对社会生活的效力。基本权利对社会生活的效力是指公民为有效参与社会活动，享受社会资源和进步成果而产生的对社会的拘束力。在宪法上表现为公民的社会权利，它是国家权力与公民权利和自由相结合的一类基本权利。它要求国家和公民同时积极地为一定行为来达至该领域基本权利效力的实现。如受教育权、劳动权和社会保障权的效力等。该效力体现为，公民在社会生活领域要求享有社会教育资源、获得工作岗位和报酬及失业的社会救济（保障）等一系列对社会主张的基本权利，必须得到政府的承认和积极响应，并在个人与政府的互动过程中加以实现。

（四）基本权利效力的实现途径

1. 基本权利效力通过立法细化为普通法律权利是基本权利效力实现的主要途径。一般说来，宪法基本权利具有根本性、概括性、稳定性、母体性的特点。这些特点，一方面保证了宪法的稳定性和适应能力，另一方面也带来具体适用上的困难，因此，将相关基本权利通过立法而表现为普通法律的更具体的权利形态，有利于基本权利的适用和司

---

① 韩大元：《论社会变革时期的基本权利效力问题》，《中国法学》2002 年第 6 期。

法保障。如对公民生命权、财产权等基本权利效力的实现就以刑法、民法、行政法和诉讼法等具体法律所规定的权利形式来完成。这种将宪法基本权利不断细化为普通法律中权利形态的趋势，会随着社会的发展而不断增强。

2. 直接适用宪法基本权利条款实现基本权利的效力。将基本权利具体化有其必要性和可行性，但是基本权利通过立法具体化的程度，由于受一定社会历史条件和人们认识水平的限制，具体化只能是相对的和有限的，并且，具体化之后，基本权利不仅不因此丧失自身的效力，而且还弥补具体化权利的不足。随着社会的发展，那些属于基本权利却不能在已有的具体化的权利中得到救济或充分救济的权利，此时便需要直接引用基本权利条款作为司法裁决的依据，如此方能更及时、有效地为当事人受损的基本权利提供救济。

3. 通过司法解释实现基本权利的效力。现代法治社会，是权利的时代，社会不断发展，必然会有新的要求作为基本权利而被提出来，在普通法律和宪法权利条款中不能直接求得答案时，司法解释便承担起了这一拓展宪法基本权利内涵的使命。通过法律途径解决纠纷，不管当事人主张的权利多么棘手，法院必须在争议的双方中，确定一方胜诉，正如美国著名法学家德沃金所主张的，法官“有责任去发现当事人的权利”①。因此，现在通行于大多数国家的司法解释模式，无疑是主张权利的当事人寻求基本权利救济的重要途径之一。如在20世纪初，美国法院通过司法解释，认为隐私权是生命权、自由权之一种，是一项基本人权，应该得到宪法保护。同样，在“堕胎”案中，通过司法解释对胎儿的生命权保护也从宪法权利的角度进行了详细的解释。

二　基本权利的概括分类

基本权利的具体形式丰富多样，但依其性质概括起来可划分为平等权、自由权、受益权和参政权四类权利。

（一）平等权

平等权既是一项基本权利，也是一项宪法权利原则，可以作为衡量

---

① 转引自张宏生、谷春德《西方法律思想史》，北京大学出版社1990年版，第488页。

其他宪法权利是否正当和合理的标准。自由和平等是宪法权利的两大支柱，但也是最难以厘清和取得共识的概念。

关于平等权在学理和法制实践上存在争议的问题包括但不限于：(1) 平等权保障的对象，是否以本国人为限？(2) 宪法保障平等权的规定，是仅拘束法律适用之机关，还是也拘束立法机关？(3) 宪法在保障平等权的规定上，都有“不分男女、种族、宗教、阶级等在法律上一律平等”一类的语句，这是列举规定，还是例示规定？(4) 宪法保障的平等，是相对无差别的平等，还是绝对无差别的平等？等等，正确理解这些基本方面的问题，不仅关乎对宪法的价值和功能的认识，也关乎对一个国家法制的评价和改善法制的方向。

关于平等权保障的对象，一种观点认为既包括本国人，也包括在本国的外国人，如美国、法国和德国等学者持这种看法；另一种观点认为主要指本国公民，但不妨害外国人之保护，因为平等乃先于宪法之先天的天赋权利。现代社会发展，各国在国际法的公认原则下，各国平等权的保护对象不以本国人为限，尽管法律未明示，但国际人权宪章却为绝大多数国家所公认和参加。从各国宪法规定的一般情况看，涉及公民重要政治权利如选举权、被选举权和义务如服兵役等，本国公民和外国公民仍然存在一些区别。

关于宪法保障平等权的规定，由于对宪法的“在法律面前一律平等”规范之含义的理解存有歧义，有的认为这句话是指法律适用上的平等；有的认为也包括立法机关不能制定不平等的法律，然而宪法上并未明确规定。一种观点认为，平等原则不适于立法机关，因为立法机关立法的正当性，乃是追求实质的平等性，它源于人们的体力、生理、健康等许多自身无法克服的弱势而制定不同的法律，虽区别立法，但宗旨是为了平等，故法律上一律平等是相对的，并非绝对的。如认为拘束立法机关，则立法的形式平等必将可能导致实质不平等，违背宪法的人权平等保障宗旨。对此，反对者认为，如果不能拘束立法机关，则立法机关可以任意制定对人民不平等待遇的法律，却不能视为违宪，纵使有宪法平等权的规定，也形同虚设。西方的文化观点则可能进一步追问：按宗教原理——在神之前，人类一律平等。

鉴于平等要求的抽象与具体、相对与绝对统合一身的复合性特征，比较合理的判断是，对立法机关的拘束应是总体精神、原则的约束，即同样情况的人，同样对待；不同情况的人，差别对待，但差别必须是合理的、可实证的，且为理性的大多数人所认同的，否则就是不平等的、歧视性的立法。

有关平等权规范表述中涉及的例示规定与列举规定，多数学者认为宪法中有关平等权规范表述是例示规定，选最重要、最普遍的例示出来。因为以有限之条文无法穷尽国家之情况的复杂多样性，同时，因性别、种族、宗教等而在生活中受不同待遇者最为常见，因此，宪法列举的目的，是增强其提示力和重要性。如望文生义，认为除例示之外，可以其他标准制定不平等之法律、法规，则有违宪法平等保护的真谛。

关于绝对无差别与相对无差别，换言之，就是形式平等与实质平等的问题。各国的宪政实践，侧重点有所不同：美国通过大量的判例，求其标准于合理性；德国学者，以正义概念为准则。因此，“合理之差别，不能视为违反该原则，而不合理的差别，则是违宪。”

如果忽视事实上的差别而追求纯形式之平等，是一种数学的平等，与其这样，宁肯要不平等的强制。对区别标准的审视，一般基于合理性、个人主义理念、正义、非专断等因素考量，同时这些考虑应与社会流行（占主导）的观念相协调。

平等差别与无差别之说反映人们观念之不同，也是社会发展所决定的。18、19 世纪盛倡平等，只要求法律文字上之平等，实质上是相当不平等。20 世纪后，基于不平等实质带来的社会问题，开始给予经济、生活、心理上的弱者以特别的扶持与保护，使他（她）们能有与平常人相当的水准，做到实质的平等。防止形式平等强势下导致社会分层和固化甚至出现强者愈强、弱者愈弱的马太效应。

（二）自由权

1. 自由与自由权概念

自由，从词源意义上讲，是指从被束缚、被虐待中解脱出来。自由作为一种基本的人生价值，在人类社会中所起的作用是十分重要的，但自由究竟是什么，千百年来，人们对于它的理解却充满了分歧，迄今难有一个确切的定论。亚伯拉罕・林肯曾说：“关于自由一词，始终没有一个好的定义……我们都信奉自由，但用词虽同，所指迥异。”① 每个人都有自己的自由观，人们对于自由的理解，是因时代与处境，乃至志向与性格等因素的不同而不同。自由观念随着历史与社会的演变而被赋予不同的内涵。从思想史的角度看，关于自由本性的认识一般说来大致经历了几次重大的转变。最早是古典形态的自由观，以古希腊的思想家苏格拉底为起始，在亚里士多德那里达到一种经典的表述。在古典思想家看来，所谓自由意味着“认识自己”（苏格拉底），通过认识而达到“至善”（柏拉图和亚里士多德）。尽管古典思想对于自由的认识具有丰富的社会政治内涵，但总的来说属于传统形而上学的论述，相比较而言，对于自由观念的认识，特别是把自由作为一种社会政治价值形态的认识，是现代形态的自由观。现代自由理论的社会背景与古代的城邦国家和中世纪的王国不同，属于一种民族国家与市民社会二元融合的社会形态，或者说属于一种新型资本主义的社会形态，个体在这个形态中的价值、地位与意义是完全不同于古代社会的。因此，自由观念在现代社会就具有了崭新的意义，尽管它的很多理论和实践上的资源是来自古代乃至中世纪的，但现代社会已经赋予它新的含义。② 例如，“自由”（freedom）一词虽然与 liberty 是同义词，来自拉丁语 libertas，但它在现代思想中的含义显然与拉丁词的原意大不相同。所以，今天我们理解诸如自由、法治、民主、共和等概念，既要追溯它们原本的含义，又要把握现代社会新的政治、经济、法律和文化等多方面对于旧词的附加意义，甚至可能已经把旧词转换为一种新的意义。

从政治与法律的层面上看，1958 年伯林在“契约社会与政治理论讲坛”上发表的“两种自由概念”的演讲，在现代政治思想史中具有划时代的意义，他提出积极自由与消极自由的二分法，代表了现代西方自由主义在经历了第二次世界大战之后对于“自由”这一人类的价值形态所进行的理论反思的新成果，被视为穆勒的《论自由》发表一个世纪之后关于自由理论的又一个里程碑式的作品。不过，伯林的理论此后也受到

---

① 转引自［英］弗里德里希·奥古斯特·哈耶克《自由宪章》，杨玉生等译，中国社会科学出版社 1999 年版，第 1 页。

② 高全喜：《法律与自由》，《学海》2006 年第 2 期。

了不同学派理论的批评和挑战。

简言之，自近代以来，公民社会的自由通常被分为两个方面：一是指主体不受外在压制和束缚的状态，其表述方式是“免于……的自由”，又叫“消极自由”；二是指主体具有依自己独立意志行为的能力，其表达方式是“有……自由”，又称“积极自由”。这与哲学上的自由有一定区别，在哲学意义上讲：（1）自由是对客观规律的认识和对必然的驾驭。客观规律是不依人的意志而存在的客观必然性。当人们认识了客观规律之后，就可能利用和驾驭这种力量，以实现自己的目的，从而获得行动的自由。（2）自由是对客观规律的认同。人们认识了必然性之后，还应顺应客观规律，按必然性去行动，才能实现意志的自由。因此，自由也意味着意志自由和行动自由的统一。意志自由是内在状态，行动自由是外在状态，真正的自由是不断由意志自由转化为行动自由的一系列过程。

在西方仍有一大批坚守自由主义传统的学者，特别是现当代自由主义的代表如哈耶克、诺奇克等。哈耶克特别强调“一个人不受其他某人或某些人武断意志的强制”的这种“个人的”或“人身的”自由。[①] 在他看来，自由“专指人与人之间的一种关系”，能够侵害它的唯有他人的强制。[②] 自由的前提应该是：个人具有自己有保障的私人空间，在这一空间内，有许多事情是别人无法干预的。[③] 他在分析了几个混淆自由的情形之后，得出结论并特别提醒说：如果我们将自由局限于给人类带来好处的某些特殊情况，那么我们便无法实现自由的最终目标。我们只在事先确定自由之效果将有益于人的前提下赞同的自由，不是自由。如果我们知道如何使用自由，那么在很大程度上自由将失去为自己辩护的理由。如果由于自由的结果并不那么尽如人意而不允许自由存在，我们将永远得不到自由的益处，也无法获得自由为之提供机会的、无法预见的新发展。因此，自由被滥用不能成为反对个人自由的理由，不是因为那些在

---

① ［英］弗里德里希·奥古斯特·哈耶克：《自由宪章》，杨玉生等译，中国社会科学出版社 1999 年版，第 28 页。

② 同上书，第 30 页。

③ 同上书，第 31 页。

特殊情况下可以预见的结果，而是因为我们相信总的说来自由会为好的事情而不是为坏的事情释放出更多的能量。①

作为政治学的自由概念强调主体利益与社会利益的统一，只有确认社会全体成员平等的基本自由并以此为前提把个人利益与社会秩序统一起来，才能最大限度地促进社会进步。法学的自由概念强调主体的行为与法律规范的统一。在法律上，自由意味着主体可以自主地选择和实施一定的行为，同时这种行为又必须与法律规范中所规定的行为模式相一致。当主体的自由被法律作为一种权利而确认之后，就意味着任何人和机构都不能强迫权利主体去做法律不强制他做的事，也都不能禁止权利主体去做法律允许他做的事；此外，也意味着权利主体只能在法律界定的范围内做他想做的事。正如洛克指出的："法律的目的不是废除或限制自由，而是保护和扩大自由。这是因为在一切能够接受法律支配的人类的状态中，哪里没有法律，哪里就没有自由。这是因为自由意味着不受他人的束缚和强暴，而哪里没有法律，哪里就不能有这种自由。但是自由，正如人们告诉我们的，并非人人爱怎样就可怎样的那种自由（当其他任何人的一时高兴可以支配一个人的时候，谁能自由呢?），而是在他所受约束的法律许可范围内，随其所欲地处置或安排他的人身、行动、财富和他的全部财产的那种自由，在这个范围内他不受另一个人的任意意志的支配，而是可以自由地遵循他自己的意志。"②

自由权是对自由进行法律保障的规范体现。自由权（Right to Freedom)，是指不受奴役、不受专横干预的权利。近代宪法产生以来被作为个人最重要的一项基本人权。1215 年英国《自由大宪章》首先规定了法律上的自由权，但这时的自由权主要是英国教会和贵族的自由。1679 年《人身保护法》和 1689 年《权利法案》对自由权予以重申和扩展。1789 年法国《人与公民权利宣言》明确宣布了公民自由。1791 年美国宪法第五修正案规定，非经正当法律程序，不得剥夺任何人的生命、自由或财

① ［英］弗里德里希·奥古斯特·哈耶克：《自由宪章》，杨玉生等译，中国社会科学出版社 1999 年版，第 55—56 页。

② ［英］洛克：《政府论》（下篇），叶启芳、瞿菊农译，商务印书馆 1964 年版，第 36 页。

产。1809 年《瑞典政府组织法》较为详细地列举了公民自由权。1919 年德国魏玛宪法又将公民自由权的内容进一步具体化，涉及公民的迁徙自由、营生自由、语言自由、人身自由、居住自由、通信自由、思想自由等自由权。第二次世界大战后，鉴于两次世界大战给各国人民造成的巨大精神创伤，联合国几个人权文件多次重申自由权作为公民一项基本权利的不可动摇和不可剥夺性。《世界人权宣言》规定，人人享有生命、自由与人身安全。人人皆得享受本宣言所载的一切权利与自由。《妇女政治权利公约》《经济、社会、文化权利国际公约》和《公民权利和政治权利国际公约》都详细地规定了公民的各项自由权。我国同样重视对公民自由权的保护。1949 年由中国人民政治协商会议第一届全体会议通过的《中国人民政治协商会议共同纲领》明确规定，中华人民共和国人民有思想、言论、出版、集会、结社、通信、人身、居住、迁徙、宗教信仰及示威游行的自由权。1954 年《中华人民共和国宪法》规定了对公民自由权的法律保护。1982 年《中华人民共和国宪法》规定，中华人民共和国公民有言论、出版、集会、结社、游行、示威的自由，有宗教信仰自由，中华人民共和国公民的人身自由不受侵犯，中华人民共和国公民的通信自由和通信秘密受法律保护。

保障公民自由权已成为各国宪法的最核心内容，基于各国政治、社会发展历史和文化传统的不同，自由权在各国宪法和法律中的表述并不一致。有的在宪法中概括地规定公民的自由权，而通过其他法律明确规定自由权的范围，将公民的自由权同平等权、文化教育权等权利并列并加以同等的法律保护。尽管如此，对于自由权的类型和范围还是有诸多共同的地方，并且自由的范围涵盖人身、政治、经济、社会、文化、思想、信仰等越来越多的领域。它主要包括：表达自由、新闻自由、言论自由、信仰自由、集会自由、思想自由、良心自由、学术自由、出版自由、创作自由、结社自由、通信自由、居住自由、迁徙自由、出入本国的自由、不受奴役的自由、人身自由、宗教自由、示威自由、游行自由、契约自由、经营自由、婚姻自由、离返任何国家的自由等自由权利。当然，宪法上规定（列举）的这些自由并不是宪法保障的全部，宪法并未明示但有利于人的尊严和自主的维护且无害于他人及社会的自由同样应受到宪法的保障。每个国家公民自由的具体保障和限度由其具体法律规定细化，诸如每种自由的享有的程度、行使限度和方式、保障机制及侵犯后的救济等。

2. 自由权的限度

从渊源上讲，法律上的自由权源于自由主义哲学观，而自由主义是立足于个人权利本位的国家观和社会观。自由主义的核心是个人权利，它是指权利不受强制的一种状态。如言论自由，它是指一个人的言论权利免于受到外力特别是国家权力武断和无端的压制而自由表达的权利，一旦被无理压制就可以断定不存在言论自由。因此，权利与自由是一种体用关系，权利是体，自由是用。当然，在使用习惯上，权利与自由已经互文化了，你中有我，我中有你，几乎变成了同义词。但在自由主义中，并不都是主张权利至上，正如英国的伯林曾经谈论过两种自由，一种是“免于……的自由”，这是消极自由。还有一种是“做……的自由”，这是积极自由。前一种自由就是免于被强制，比如，任何外部力量，都不能干涉我的信仰，强制我信什么或不信什么。因此，信仰作为权利，就是典型的消极自由。在消极自由里，不存在权利至上的问题，它的问题是权利是否被干涉。消极自由所以称为消极，在于这种权利不但是私人性的，而且不会对他人形成妨害。但人类历史上和现实中，消极自由往往会因为社会的主流观点和统治阶级意志而被过度干预，或者在教育类规训中被频频限制。可见消极自由非常脆弱，它的诉求用哈耶克的话说，就是要“独立于他人的专断意志”。积极自由不是消极地防御被侵害，而是主动地去“做”的权利。做什么固然也是人的权利，但由于人是社会中的人，他的行为有可能对他人造成影响或妨碍。因此，积极自由是一种有限制的自由，正如消极自由无限制或不需要限制。假如一个人有大声歌唱的自由，但大家都在图书馆里安静地看书，此人歌唱的权利无疑要让位于他人需要保持安静的权利。后者作为权利不会影响前者，但前者却必然影响后者。这就是两种权利在同一时空中行使时，积极权利需要让位于消极权利。这个“让”就是对积极自由的限制。但现实中的许多情形远比这种情形复杂，两种自由的冲突实质是两种权益的冲突，依靠冲突主体间的协商和协调往往是不会有结果的，更多的是需要法律作出对某一秩序、公共道德、善良风俗等的保障或某种权益保障的优先性，冲突依此才有可能最终解决。英国密尔有《论自由》一书，清末严复将书名翻译为《群己权界论》。“群己”指的是个人与他人，“权界”则指对他人而言，个人的权利界限。这个界限没有定形但有定则，它以个人权利不能侵害他人权利为其限。

因此，一般而言对自由的限制与消极自由无关，而主要是积极自由。没有限制的积极自由是可怕的，它表面看是一个人的自由，而非所有人的自由，其结果是寻求这种自由的人也不会有自由，因为这种自由的兑现是以他人自由受到侵害为代价，如果每个人都这样，无异于每一个他人都是自己行使无限制自由的地狱。

在现代宪法和国际人权法上，自由受到限制的理由主要指：政治目的（如共同体、特定集团维持统治）、社会秩序的维系、社会信仰（往往禁止虚假广告）、个人权利和特定时期等价值之间的衡量。[①] 当然，有些自由权兼具消极自由和积极自由的品格，如财产权，一方面要免于国家和他人的侵害，另一方面又要限制个人获取和使用财产的方式。

3. 积极自由附带义务

如上文所述，积极自由是有限制的自由，从法律上讲，实现这种自由也意味着承担相应的义务，同时自由也意味着责任。

（三）受益权

1. 受益权的内涵

受益权是指公民因其个人利益而请求国家为某种行为之权利。典型的受益权是权利受侵害后向法院提起诉讼，请求法院裁判之权利。

受益权渊源甚早，17 世纪英国《权利法案》规定了人民有向国王请愿之权。18、19 世纪宪法，也多有此类规定。请愿之外，各国宪法，虽

---

① 《世界人权宣言》第二十九条规定：（一）人人对社会负有义务，因为只有在社会中他的个性才可得到自由和充分的发展。（二）人人在行使他的权利和自由时，只受法律所确定的限制，确定此种限制的唯一目的确在于保证对旁人的权利和自由给予应有的承认和尊重，并在一个民主的社会中适应道德、公共秩序和普遍福利的正当需要。（三）这些权利和自由的行使，无论在任何情下均不得违背联合国的宗旨和原则。《公民权利和政治权利国际公约》中规定了加以限制的情形，即除去法律所规定的限制以及在民主社会中为维护国家安全或公共安全、公共秩序，保护公共卫生或道德，或他人的权利和自由所必需的限制。尊重他人的权利或名誉。《经济、社会及文化权利国际公约》中规定了国家对此等权利只能加以限制同这些权利的性质不相违背而且只是为了促进民主社会中的总的福利的目的的法律所确定的限制。这些限制性规定或对限制性规定的限制，也为自由之间、自由与权利之间冲突的解决提供了指导和基本准则。

然较少明文规定公民有诉讼权，但即使在专制时代，诉讼折狱，平亭曲直，已是政府之己任（中国古代可以通过击鼓鸣冤直接进入诉讼程序）。宪法产生和发展兴盛之后，原来的权利申诉方式演变成公民的基本权利。请愿权、诉愿权得以宪法化并受到切实保障。而承认公民有此权利后，如果政府或他人侵害公民的权利时，可以请愿或诉愿的方式提起诉讼，学理上称为救济权。作为第二性的救济权，既是消极地避免或解除侵害之权，也是获得适当补救的权利，但不是积极要求政府采取增加福利之措施，从这一意义上讲，具有消极性。

现代宪法的发展，除上述受益权外，还有保障生存权、劳动权（工作权）、教育权等积极性的受益权。以前认为“管理得最少的政府就是最好的政府”，到20世纪后观念变为“最好政府为最能服务之政府”。于是，政府的任务不仅仅是保境安民、听诉折狱而已，而且应使人民有康乐之生活，并随着文化的发展，对人们衣食住行都应关心。

2. 工作权（劳动权）的受益权性质之争

随着社会的发展，公民的权利呈现出复合性的特征，尤其是一些新型的权利形态，如工作权（劳动权）。劳动既是进化后人的本能，也是社会分工时代个人获得生存的必须行为和生活方式之一。劳动既要保障自己的生活和生存，又要不被强迫和毁灭自己，就必然与国家、社会和他人（团体）发生关系，工作权的本质是人的劳动意志自主性与生存条件的客观制约性之间的矛盾及其认识和处理方式。正因如此，关注重点不同，就得出工作权不同的属性结论。第一种观点认为，劳动权是自由权之一种。理由是公民有选择工作之自由，政府不得加以干涉（侵害），因此，劳动权应是自由权。

第二种观点认为，劳动权兼具自由权与受益权的性质。理由是，其一，工作选择基于各人禀赋能力、喜好等个人自由或自主决定的因素，是自由的表现，如果强逼则如同奴隶；其二，工作的目的是为维持人的生存，国家通过确认公民工作的最低工资、劳动保障、组织工会之权，维护公民权益；其三，公民一旦失业或丧失劳动能力，国家应给予救助。

第三种观点认为，劳动权、工作权是受益权的一种，但并非具体之权利，而仅具方针规定之性质，是经济基本权或生存的基本权。政府仅有提供力所能及的条件和机会促进人民就业的道德义务（责任），人民在失业之时，不能请求政府给予适当的工作机会。

第四种观点认为，劳动权是具体的受益权。理由是在自由资本主义时代，有劳动能力而无劳动机会的情形比比皆是，因而产生争取劳动权利的问题。公民要求给予劳动机会的权利，如果未能给予劳动机会，则有要求给予最低生活保障或帮助的权利，于是发生劳动权问题。与此相关的国家义务也具有一定的明确性、可期待性、可获得性，如国家应设立职业培训、职业介绍机构、创造或提供就业机会等，建立失业保险等制度，尽管不能完全满足需要，但国家有义务尽最大努力实现之。

（四）参政权

参政权是指公民通过一定程序和方式参加国家机关的组成、统治权的行使，或地方居民参加地方自治权行使之权利。在专制主义统治时代，国家一切皆自君出；资产阶级革命后，倡导民权，倡导国家为人民所共有、政治为人所共理，人们对政治机关如何组成、政治权如何行使等问题，都应有直接或间接参加之权，如此才符合民主政治之本义，地方居民也有参加地方自治权行使的权利。

参政权一般包括四个基本的权利，即选举权、罢免权、创制权和复决权。

参政权的发展经历了较长的发展过程。首先是选举权和被选举权，其后有罢免权，再后有创制权、复决权。选举权与被选举权是民有、民治的民主政治的产物。但是随着时代发展，20 世纪以后，人们对间接民主的弊端见解日深，如对于不良议员与官吏，人民无权罢免。议会应该制定的法律而不制定；或者虽然制定了，但是不适当的情况下，人民也没有复决的权利。这种能放而不能收的政治参与权利，难以实现真正的民主。为保障直接民权的实现，20 世纪以来一些国家宪法借鉴瑞士、美国各州的罢免、创制、复决等制度，予以实施。第一次世界大战后，魏玛宪法首先完善了这些参政权利体系。

由四个参政权体现和保障的直接民主较好地反映了人民主权的宪法原则，也有诸多的优点：一是可充分、透彻表达民意。二是有利于防止政党之专横，使之不能把持、垄断立法机关。三是可调和立法机关与行政机关之冲突，如对某一法律应否制定或修改，相持不下时，或许可以通过公民行使复决权而加以解决。四是可增加政府的权能。由于议会把握立法、财政、行政监督权，政府往往受制于议会，如果没有人民直接民主政治权之行使，则极易导致议会专横跋扈，政府弱而无力，对国家的法治和善治都可能产生负面后果。

当然，一切问题都有两面性，直接民主具有巨大优点的同时，也有其弱点：一是组织起来成本较大，特别是对于幅员辽阔，交通不便，技术落后的国家和地区；二是盲目性大，特别是国民政治素质和经济条件贫困地区，常常面临贿选或不当势力干涉等的巨大风险；三是人口太多，情况极端复杂，运行成本巨大，并带来诸多不便和意外性。

在互联网和信息化不断发展的今天，直接民主的有些弱势可以得到补强，通过各种形式、手段，扩大政治参与，加强政治沟通，特别是扩大人民参政的机会，保证人民的意见能及时达到立法机关和政府决策机关；同时，政府应尽最大努力、提供各种有效便捷的途径保证公众知情权、表达权、参政权和监督权，是直接民主在新的时代得到更充分实现面临的重要课题。

（五）权利（人权）保障的制约

20 世纪以来，人权保障不仅国内法日见昌盛，而且人权问题进入国际领域，具有国际化趋势。但权利是一种社会概念，是因社会生活所需要而产生，从而由国家和社会通过一定程序加以确认。人权是权利的一种，自然符合这一定律。

人权既产生于社会生活的必需，当然也就不能遗世独立，孤立于社会秩序和公共利益之外，而随意享有或行使，这样可能损害社会秩序公共利益或他人之权利。

人权尽管多种多样，但究其存在形态和实现而言，可分为享有人权与行使人权两种形态，不论哪一种，都遵循依法律限制的原则，一般由立法机关通过立法的形式加以明确限制，但不同性质的人权需要不同位阶的法律来限制。如《立法法》第九条规定，本法第八条规定的事项尚未制定法律的，全国人民代表大会及其常务委员会有权作出决定，授权国务院可以根据实际需要，对其中的部分事项先制定行政法规，但是有关犯罪和刑罚、对公民政治权利的剥夺和限制人身自由的强制措施和处罚、司法制度等事项除外。据此可知，位阶上低于法律的行政法规不可以规定限制人身自由的强制措施。

至于立法机关，由于代表人民性，日渐受到挑战，人们不得不反思何种人权何种情形下，如何限制，必须要有合乎宪法的精神和社会情势，有可资依据的标准。不是为所欲为，必要时应有全民公决加以最终决定。

人权的限制标准既有共性的地方，也有不同之处。归纳起来，限制标准主要有：（1）自由民主的基本程序（自由行使）。（2）不侵犯其他人的权利（内在限制）。（3）宪法秩序。（4）道德规范。（5）公共福利（负有公共福利之责任，不得滥用）。（6）公共秩序、公共卫生、善良风俗、不侵害第三人行为（如，土耳其宪法第 19 条）。（7）世界人权宣言第 29 条：a. 受法律所规定之限制；b. 不得违反联合国的宗旨及原则。

但制约标准的合理性也是可以讨论的，从学理上讲：福利能否作为一般标准还是有不同的看法：第一种观点认为基本人权，并非毫无制约。在公共福祉的范围之内，予以保障，为当然之理。不违反公共福祉，基本人权应予最大程度保障和尊重，如因公共福祉需要，可限制。

第二种观点认为，基本人权源于自然法，具有绝对意义，不得以公共福利的名义，加以限制。如果以公共福祉居于基本人权之上，则有可能在公共福祉名义下，可以任意限制人权，则人权保障的意义尽失。如同第二次世界大战期间在“公益优先”口号下，招致民主政治之危机。最大问题是公共福祉是法院认定，而一般法令或多或少都会有公共福祉之成分。一般说来，应规定除因法律保留者外，除由国民自律外，不得由国家权力加以伤害。实质上，权利自由是相对的，时代变迁，防止滥用而有制约之必要。制约程度如何，依各种权利自由不同而有差别。因现代社会秩序要求，是一种客观界限，非立法所能左右。这是一种内在制约。除上述内在制约外，权利还有外在制约，即：由达成特定之国家目的，或某种政策的考虑，为公益而加以限制。这不能以公共福祉为一般标准，加以制约，否则有违人权，损及宪法精神。

第三种观点认为，依照基本人权之性质，分为公共福祉制约者，与不能为公共福祉制约的多种情况。自由权（自然权利的基本权），是依自然法而来的前国家的权利，绝对不能加以限制。而社会权（生存权），则由于历史演进而产生的后国家权利，故可加以限制。如此又有二种观点：一种认为国家所能限制者，仅为国家所创设之权利，对于非由国家创设的自然权利，国家是不能加以限制的。另一种认为自由权是以自由主义的思想为背景，不是排除国家权力的干涉而创设者，故不能以国家权力加以限制。后者是针对自由经济所产生的贫富悬殊巨大的状态，国家为实施社会政策，所创设的权利，故而可以国家权力加以限制。

第四种观点认为，时至现代，实质的公平，为人权规制的根据，公共福祉一语，应作实质的公平理解。以日本宫泽俊义观点为代表，认为对于每个人的人权享有及主张，应通过与他人人权的关系观察。在社会生活中，人们各自的物心两方面的条件，各有不同，故各人意见、利益，亦有差别。因此，每个人关于人权之主张，时常与他人的人权，发生或多或少的矛盾与冲突，为维持社会生活秩序起见，此种矛盾冲突之调整，实属绝对的必要。在专制制度下，这种冲突调整，较为容易，君主据有绝对的决定权。但在民主制下，则情形不同。因为民主主义，个人至上，人权应有最高价值，没有其他价值可与人权来对抗，国家只为保障人权而存在，能对抗人权价值者，仅为他人的人权。因而调整的标准是公平。公平不仅仅是形式的公平，还包括实质的公平。

以上四种学说各有其特色和独到的见解，但也存在可商榷的地方：第一种观点强调公共福祉的绝对性，容易导致政府恣意而为。第二种观点忽视现代生活多样化和利益的复杂性、人与人之间利害的紧密相关性，以及众多社会公益存在的事实。且人权的内在制约，含义也比较模糊，如果从宽解释，则国家可随意限制；如果从严解释，则个人可任意妄为，不顾他人之权利。第三种观点将人权分为可制约，不可制约者，实质上囿于天赋人权理论，而自由权与社会权在许多情况下实难区分，如工人为工资而集会，既可以是自由权，亦可以说是社会权，限与不限实在难以有圆满的答案。第四种观点尚可采信。[①] 但“公平”本身也是一个比较抽象的概念，具体的认定和标准也受到人们的观念、国家政策、政治、文化等因素的影响，真正转化为可操作的法律规范和机制还需要更多的因素需要考虑。从历史上看，首倡公共福祉为基本人权之界限的是自然法学说，洛克认为国家对于自由的限制，仅限于“社会之善”或“共同之善”，卢梭也有“公意”（实质内涵是共同利益或公共利益），美国早

① 参见林纪东《比较宪法》，五南图书出版公司 1994 年版，第 293—295 页。

先的弗吉尼亚权利宣言和其后的美国宪法，都强调了共同利益和一般福祉对成立政府和制定宪法目的的宗旨性地位。由此可以认为，公共福祉构成人权的限制从理论上是没有疑问的，最关键的问题是宪法和法律实施中的方式和程度的合理性与正当性。

第四节 社会转型与公民基本权利的重塑

从宪政建设的维度看，当下中国社会转型的实质是建设社会主义法治国家，宪法公民权的扩展和权利保障的落实。宪法学的重要使命之一是通过重塑宪法公民权的基本理念，完善公民权的生成机制和规范体系，建立完备、便利、经济、高效和司法最终救济等一系列针对中国现实的、具有可操作性的救济权制度体系，为完成中国当代法治化社会转型的目标提供根本的信仰支撑、制度规范和公民行为的根本范式，在现有的国际国内的既有背景和资源前提下，保障社会转型过程的和平性、有序性，促进每个公民的全面发展和自我实现。

在近代意义的宪法产生以前，人类社会的每次转型都伴随着血与火的洗礼，充满了战争的硝烟和残酷手段的运用。近代宪法产生以来，人类社会转型（包括各个立宪国家的社会转型）基本上是在宪法框架或借助宪法（尽管有些时候出现伪宪法和事实上的违宪）的名义来完成的，因而这些转型更强调规范的指引和整体有序的社会环境。如果说社会转型归根到底是人的行为和观念的改变，即个人不断增长的自由、平等、解放和全面发展的话，那么，人类历史上任何一次或任何程度的社会转型在一定程度上都可浓缩为公民的拓展权利。所以，社会转型本质上是权利的扩展，而近代以来的社会转型其权利的重心更侧重于公民的宪法权利，中国也不例外，当下的中国社会转型的根本问题便是宪法公民权的拓展和保障问题。

（一）社会转型与宪法公民权重塑需求的提出

所谓社会转型，简言之是指社会中的人、社会整体结构（政治、经济、文化、意识形态等）的整体性、结构性的变迁与发展。

社会转型的主体是一定社会关系中现实地从事或参与社会实践活动的人；本质是人与社会整体结构的质的飞跃，演进到新的类型，其目的和意义是促进人的解放、全面发展和社会的全面进步，具有整体性、复杂性和长期性的特点。社会转型的典型表现是政治民主化、经济市场化、价值、文化多元化、意识形态多样化，尤其是社会中人格的平等性、地位的主体化和行为的自由化。由于各个国家的历史传统差异和各国之间社会发展阶段的不同和民族之间交流的增多，社会转型的模式存在自下而上的自然演变型和自上而下的理性建构型两种不同模式，但到了当代，社会转型往往是两种模式共同作用于一个社会的现代化转型。

就中国而言，当代中国社会转型是指当代中国社会中的人和社会整体结构的整体性、结构性的变迁与发展，主要内涵包括从传统社会向现代社会、从农业社会向工业社会和信息社会、从封闭性社会向开放性社会、从人治社会向法治社会的整体性、结构性的社会变迁和发展。就人与人最一般的生活交往的关系而言，可形象称之为熟人社会向陌生人社会转变，由此使适用于熟人社会的基本游戏规则需要刷新以适应陌生人的社会；就个人与国家的关系而言，在市民社会与政治国家总体分离格局下的部分领域的交叉和融合，使个人享有的自由在宪法和法律充分肯定和保护的前提下，日渐增多的行使方面的限制特征不断凸显。在形式上承认每个公民享有平等的自由的同时，更侧重于实质和实际拥有和行使自由方面的平等性。同时，国家权力在围绕保障公民最大限度实现宪法和法律承认的自由和权利的过程中，其职权界限进一步明晰和规范，国家机关和公权力行使者的作为与不作为进一步规范化和细化，公权力的行使进一步格式化，公民日益主张和逐步被宪法确认的拥有对抗强大国家权力和充分满足个人自治和意志自由的新的宪法权利构成转型社会最为亮丽的景观；在公民信仰和社会权威方面，传统权威的逐步淡出和公民信仰迷惘的局面并存。转型时期由于制度缺失和行为失范带来普遍的机械实用主义和功利主义思想催生了新的权力崇拜、价值多元与价值虚无、享乐主义盛行等现象对长期以来被视为进步、文明的制度和观念等提出挑战。普遍的社会浮躁心理、短期利益行为和行为可期待性、生活安定性和保障性减弱等焦虑性思想和意识构成当下社会现实不可忽视的又一方面。而这些转型期出现的不正常现象归根结底是宪法权利制度短缺、权利设置虚化、新型权利缺失、权利保障和救济制度供给的严重不足且缺失实效性，尤其是宪法公民权体系中的政治权利的供给严重不足，既有权利或在具体化和实际运作中被权力操纵或扭曲，或仅以宪法文本形式“形而上”的存在，没有具体法律和程序支撑其运作起来。或公权力的错位和行为的严重失范与新中国成立后历次政治运动和不加分析批判中华传统政治、文化等思想倾向结合起来，形成了部分权力行使者基本社会良心和责任感的缺位、政策优位和权力肆意行使的人治理念和权力运作方式；另外，以缺乏严格论证的实质合理性取代形式合理性，重实体轻程序，重激情轻规则，重民意轻民权，重集体轻个体，重国格轻人格，重潜规则轻法规则，重目标轻过程，加之国际经济全球化和西方文化价值观念的涌入、权力腐败的无孔不入带来民众对权力的普遍不信任等使中国当代转型所呈现出“剪不断，理还乱”的极端复杂的民族化特征。

中国是一个多民族且各地发展又极不平衡、祖国尚未完全统一的发展中国家。中国发展面临着落后的生产力与日益增长的人们物质和文化生活的需要的矛盾与国际上帝国主义、霸权主义国家亡我之心不死的种种遏制和反遏制政治外交斗争交织在一起，国内任何一个问题的处理不当都可能导致社会转型进程的迟滞，严重的或导致国家内乱或外国势力的介入。而社会转型作为一种客观事实且作为一项社会长期性的任务，首先需要安定团结的政治和生活环境，诚信、公平和有序的经济环境、中华民族文化和爱国文化被普遍认同、巩固和发扬的文化环境，这些环境都依赖于以宪法为根本指导原则和行为准则的法治环境，而良好法治环境的根本保证是良善、有效的宪法公民权体系。因为宪法是公民权利的宣言书和保障书，宪法和宪政的目的是人权。所以，宪法公民权的完善和有效保障既标志着国家权力的有限性，也标志着国家权力真正服务于公民权利，同时更是保证当代中国社会转型目标实现的根本保证。本书基于这种理念，认为我国宪法公民权的既有理念、体例和内容难以完全满足转型时期的需要，急需重塑。择其要者：一是重构基本权利理念；二是完善基本权利规范体系和内容；三是建构完备、协调、统一、有效的权利保障和救济体系；四是以人权入宪为契机建构基本权利生成和保障的新路径。限于篇幅，本书只对这些问题作概括论述。

（二）宪法公民权理念的重构

宪法公民权，在我国通常称为公民的基本权利，是指公民必不可少的权利，是受宪法保护的基本的和基础性的权利。基本权利的内涵和外延因时代差异和各国的见解不同而异。一般而言，英美学者称之为人权，德国学者则称之为基本权利或基本权，日本学者称之为基本人权。我国称为公民的基本权利。在成文宪法国家，以法规形式表现的基本权利一般只能由宪法加以规定。衡量一种权利是否是基本权利，可通过对“基本”含义的提示来衡量，有学者认为，基本权利中的“基本”至少包含六个基本特性，即权利的不可缺乏性、不可取代性、不可转让性、稳定性、现代国家中的共性和母体性。[①] 从世界范围看，各国宪法都承认公民拥有宪法规定的基本权利，但这只是基本权利问题的一个方面，由于基本权利标志着公民的宪法地位和人格受保护之程度。公民拥有宪法规定的权利，就可以向国家主张权利并对抗国家权力的专横，实现自我。所以耶林认为，“人在权利之中方具有精神的生存条件，并依靠权利保护精神的生存条件。若无权利，人将归于家畜”。[②] 然而仅有宪法明文规定的权利是否就可以无时无刻地保护个人尊严、生命和财产等利益呢？答案显然是否定的，因为一方面纸面上的权利变成现实的权利需要法律实施的许多环节作保障，另一方面成文法律总是落后于现实，法律也总是趋向于规范已发生的权利侵害之保护，而公民正当的权利要求却总是在与时俱进，特别是现代社会科技发展带来的重大而迅猛的社会变迁，对权利的渴求势不可挡，正如美国法学家施瓦茨描述的，“20 世纪下半叶，新的利益几乎前所未有地逼迫着法律，要求以法律权利的形式得到确认。”[③]

而对一项权利要求确认为公民的基本权利，在各个国家其理念是不一样的，大致可分两种理念：一种是以近代自然法思想为指导的天赋人权理念，或称为自然权利理念；另一种是以实证主义和功利主义理论为

---

① 徐显明：《公民权利义务通论》，群众出版社出版 1991 年版，第 132—133 页。

② 梁慧星主编：《为权利而斗争》，中国法制出版社 2000 年版，第 12 页。

③ ［美］伯纳德·施瓦茨：《美国法律史》，王军等译，中国政法大学出版社 1996 年版，第 273 页。

代表的法律权利理念。[1]

以英美为代表的天赋权利理念首先发端于英国，宪法起于美国，影响于英联邦的一些国家。自然权利思想的萌芽早在古希腊罗马时代就有，但将其作为宪法权利加以神圣保护却是直接得益于英国的洛克和法国的卢梭。当然，这之前的荷兰法学家格老秀斯的自然法思想对此也功不可没。洛克拿着封建王朝的俸禄替新兴资产阶级的权利主张摇旗呐喊，他认为，“人类天生都是自由、平等和独立的。”[2] “任何人都不得侵害他人的生命、健康、自由或财产。”[3] 而卢梭则强调，每个人都生而自由、平等，这些是不可放弃的权利，一旦“放弃自己的自由，就是放弃自己做人的资格，就是放弃人类的权利。”[4] 洛克和卢梭的自然权利思想为英美宪法权利根本理念的树立奠定了坚实的基础。作为美国宪法重要前奏和制度构件的《独立宣言》明确宣称：“这些真理是不言而喻的：人人生而平等，他们都从他们的‘造物主’那边被赋予了某些不可转让的权利，其中包括生命权、自由权和追求幸福的权利。为了保障这些权利，所以才在人们中间成立政府。而政府的正当权利，则系得自被统治者的同意。如果遇有任何一种形式的政府变成损害这些目的的，那么人民就有权利来改变它或废除它，以建立新的政府。”[5]

这种自然权利理念直接体现于美国宪法规范和后来的发展中。美国宪法修正案第九条规定：不得因本宪法只列举某些权利，而认为人民所保留的其他权利可以被取消或轻视。随后，自然权利理念在美国最高法院的宪法解释中不断成为公民“新”的基本权利获得宪法保护的重要理论依据。在宪法解释中，自然权利学说帮助法官们确定和权衡通行的社会价值。“当最高法院用当代语言谈到‘基本权利’时说，它担负着使先

---

① 从学说方面看，有自然权利说、法律权利说、社会权利说和阶级权利说等，但从各国制宪和行宪的实践看，主要的还是自然权利理念和法律权利理念两种理念指导宪政实践，即以英美为代表的自然权利理念，和以大陆法系为代表的法律权利理念。中国尽管从总的法学思想上信奉马克思主义的阶级权利说，但宪法权利的制度设计和运作却是以法律权利为依归。本书的分析是从这一实证视角分析。

② ［英］洛克：《政府论》（下篇），叶启芳、瞿菊农译，商务印书馆 1964 年版，第 59 页。

③ 同上书，第 6 页。

④ ［法］卢梭：《社会契约论》，何兆武译，商务印书馆 1963 年版，第 16 页。

⑤ 姜士林主编：《世界宪法全书》，青岛出版社 1997 年版，第 1614 页。

哲们的‘自然权利’宪法化的任务。该院认为‘现在所谓的基本权利即过去的自然权利’。”[①] 所以，美国当代著名宪法学家路易斯·亨金指出：“在美国人的心目中，权利既不是社会赠予的也不是政府赠予的，它们是天赋和固有的。权利既不是由宪法授与的，也非源于宪法，它们先于宪法而存在。宪法规定政府有义务尊重这些先在的权利。”[②]

英国是一直奉行自由主义的国家，加之是不成文宪法的国家，所以不存在成文宪法国家那样依据成文宪法规定基本权利的情形。[③] 但美国、法国宪法所承认的基本权利是以英国传统为基础的。[④] 就英国而言，“既然大不列颠没有成文宪法，那么也就不存在对‘基本权利’的特别保护。言论自由和公共集会权的存在，源出于所有的政治制度不言自明的原则，即做了任何不违法或做了政府当局不禁止的事情，都是合法的。与许多别的国家相比，英国公民的基本权利是比较多的”[⑤]。

与英美法系国家不同，大陆法系国家侧重于宪法权利在成文宪法中尽可能列举出来，以期对立法、执法和司法以明确的指引，基本上排除了法院造法进而确认新的宪法权利的可能。这一宪法权利理念导源于罗马法力求穷尽一切法律问题的精神，而一部部卷帙浩繁的法典是其直接的体现。

在我国，2004 年修宪以前，宪法权利的理念与大陆法系的传统有着较近的关系，承认公民基本权利源于宪法。《中华人民共和国宪法》序言中明确指出：全国各族人民、一切国家机关和武装力量、各政党和各社会团体、各企业事业组织，都必须以宪法为根本的活动准则。第二条规定：中华人民共和国的一切权力属于人民。人民行使国家权力的机关是全国人民代表大会和地方各级人民代表大会。第三十三条第三款规定：任何公民享有宪法和法律规定的权利，同时必须履行宪法和法律规定的

---

① ［美］詹姆斯·安修：《美国宪法解释与判例》，黎建飞译，中国政法大学出版社 1999 年版，第 187 页。

② ［美］路易斯·亨金等编：《宪政与权利》，郑戈等译，生活·读书·新知三联书店 1996 年版，第 512 页。

③ ［英］W. Ivor. 詹宁斯：《法与宪法》，龚祥瑞译，生活·读书·新知三联书店 1997 年版，第 179 页。

④ 同上书，第 180 页。

⑤ 同上书，第 29 页。

义务。从以上这些与公民基本权利理念相关的条款可以看出，我国现行宪法采取的是宪法权利源于宪法规定的权利法定理念，排除了其他形式存在的基本权利。2004 年修宪尽管增加了“国家尊重和保障人权”的条款，但对此条款的学理解释并不统一，有权解释机关也并未作出解释，而按我国主流意识形态的人权观推断，我国人权的理论和法制建设都必须坚持马克思主义人权观为指导，公民的基本权利（基本人权）是社会政治、经济、文化等发展的产物，并非天赋的和固有的。但问题是，我国已是包括《世界人权宣言》在内的多个人权公约的缔约国，而一系列人权公约的权利理念是建立在人类固有尊严的基础上，这个理念在我国加入这些公约时并未提出保留，那么这就意味着人类固有尊严的理念作为国家承认和制定宪法保护公民基本权利之理念是被正式承认的，且已向世界其他国家进行了明示的。正因如此，我国公民基本权利根本理念的重塑就是顺理成章了。

当然，自然权利说强调人的自然属性，否定人的社会属性，不仅有不全面的缺陷，更有可能导致公民基本权利的规定流于主观、空泛和理想化，导致公民只能望梅止渴；而将公民基本权利仅视为法之子，否认人类社会存在和发展的伦理性和目的性，那么一旦出现恶法之治，公民基本权利就会被随意剥夺，最后可能导致宪法中的权利消失，导致权利沙漠化的危险。所以，未来中国宪法基本权利理念必须根植于人类固有尊严的维护，立足于政治、经济、文化的现实，着眼于人类及其社会理想生存状况的价值诉求，着力于世界人权公约与国内宪法的衔接与改革，完善基本权利的立法技术改造和体系构架，使基本权利在理念、生成机制、规范构造和保障等基本权利生命体的运行中形成一个自洽的体系。

如何在基本权利理念与宪法规范二者之间求得协调？首先，要认识到权利被法规范所认可，并不意味着权利自身就是法规范所赋予的。法规范仅仅赋予权利以客观性，而并不赋予本体论意义上的权利本身。其次，权利虽然是由法规范所认可，但权利同时也构成了法规范自身价值的内核，法规范必须通过确认权利的内容，才得以实现其自身的价值目标，从而获得其自身存在的合理性和意义。所以，历史上的法律实证主义尽管对此进行否认，但第二次世界大战以后，作为法律实证主义思想的发祥地的联邦德国在《基本法》中确认了英美法传统中的“不可侵犯的和不可转让的人权”的理念，日本国宪法中也接受了“不可侵犯的永久的权利”的理想。对此，有学者总结为：“至少在宪法理论上，那种法规范本身可以直接赋予权利的观念，已不占主流地位。”① 所以，宪法权利，其实乃为“宪法所保障的权利”，而非“宪法所赋予的权利”。②

至此，对这一问题的看法可归结为：首先，我国公民的基本权利与宪法所规定的基本权利应是不同内涵的概念，宪法所规定的公民的基本权利，只是公民基本权利中的一部分，是可以被宪法所明示、所特别强调和可以提供现实的制度保障的基本权利。宪法规定的公民基本权利之外，公民应还有其他内容的基本权利的存在。其次，公民的基本权利是人权中最基本的部分，其来源并非宪法赋予，而是源于人之为人所应有的尊严，显露于政治、道德和法律等不同领域，只要社会在发展，只要存在着国家、社会和他人对个人尊严可能存在侵害的地方，基本权利便会自动生成，因为它是人之为人的尊严的根本的，也是最低限度的需要。再次，公民的基本权利中应有一些即使是民主社会里的立法机关都不能剥夺也不可剥夺的绝对意义的基本权利，它们不因人的社会地位、境遇和过错等而发生丝毫改变。最后，公民基本权利中被宪法明确保护的权利表明现实生活中的公民生存的底线保障，所以，一切侵害宪法公民权的行为必须得到及时、充分的救济，一旦公力救济缺位或不足，必须承担责任。

（三）宪法公民权的体系重塑

“宪法应该是一个理念的决定，来确定国家的存在，同时也是一种实质判断标准，来决定国家的组织与功能，以及人民自由人权的体系。”③ 作为公民基本权利实质判断标准，公民基本权利体系建构的良好与否直接关系到公民的日常生活和宪法目的实现。但对于如何建构科学、合理的基本权利体系学界尚无深入的研究和公认的观点，有学者认为“建立以经济权利为基础，以政治权利为保障，以自由权和平等权的实现为目

---

① 林来梵：《从宪法规范到规范宪法：规范宪法学的一种前言》，法律出版社 2001 年版，第 77 页。

② 同上书，第 79 页。

③ 陈新民：《公法学札记》，中国政法大学出版社 2001 年版，第 156 页。

标的权利体系，并建立相应的宪法权利救济制度。”① 此观点有道理但略显抽象化。本书从社会转型期的要求略谈几点本人的思考。

众所周知，修改前的我国现行宪法是20世纪70年代末80年代初国家和公民生活理想的表达、行为的规范和利益保护等的根本反映，随后中国社会的转型步伐与日俱进，尤其是经济上经历的计划经济向有计划的商品经济再到社会主义市场经济的转变，带来经济结构的整体性变迁，由此引发了政治体制、人事体制、分配体制等各方面的制度转型，同时，农民依附于集体土地、工人依附于固定单位和岗位的生活和工作模式的转型，带来人们生活条件的改善，独立人格和自由权利意识的增强，并且随着国家对外开放政策的持续推进，国际文化和价值观念与国内传统和民族文化观念不断互动，带来人们的观念转型，特别是随着20世纪末中国对两个最重要的国际人权公约的签署，揭开了重塑我国宪法公民权的新篇章。尽管自20世纪80年代至20世纪末，我国已进行了三次宪法修改，但由于主要涉及的是宪法中关于经济方面的规范内容，尽管也涉及公民经济权的内容，但无私有财产权和人权等方面的直接规定；2004年的修宪既是对改革开放二十多年的政治、经济和文化等社会转型过程中许多成果和权利的确认，也是对加入两个国际人权公约后作出的最高法律层面的回应，公民权利和国家有关权力规范的完善体现了21世纪我国宪法公民权演进的新动向，特别是“国家尊重和保障人权”条款的入宪，既为中国信守人权公约宗旨、履行公约义务作出了有最高约束力的承诺，也为重塑中国宪法公民权体系提供了重要指导思想。它预示着今后我国宪法公民权体系构建的着力点是以人为本、以国际上公认的人权价值和规范体系为重要参照系、结合中国人权实际和努力方向，建构既有中国特色，又符合国际人权公约精神和规范要求的宪法公民权体系。

我国既有的宪法公民权体系，总体上是科学的，是我国公民在社会生活各个领域中实现自我的重要指导和根本保障，在过去的二十多年中也一直发挥着保护公民自由、幸福生活、实现自我的不可替代的功能。但随着中国社会的超常规发展，逐步出现了一些不容回避的问题，主要是：（1）体系结构不完备；（2）权利类型不完整；（3）权利规范结构不

① 刘茂林：《宪法学》，中国人民公安大学出版社、人民法院出版社2003年版，第285页。

科学；（4）权利内容不全面且过于粗放等不足，尚需进一步完善，应当尽快予以修正和补充。基于以上分析，本书认为重塑我国宪法公民权应着重注意以下几个方面：

1. 设置尊重和保障人权和公民权利的一般性、概括性条款

宪法所规定的公民基本权利，既表明公民在国家中的宪法地位，也表明国家对公民基本权利的总的价值取向和最根本的承诺。对此，宪政成熟的国家多有规定，尽管规定在宪法文本中所处的位置不同，但表明这种根本的价值取向却是相同的。

美国早在1776年《独立宣言》里就强调，成立政府的目的是保障人们的平等权、生命权、自由权和追求幸福权等自然权利。这些“自然权利”被写进宪法，“成为实在法所授予或承认的权利，它们制约着国会，并被最高法院用以确定立法的有效性。”[①] 所以，美国宪法序言开篇就明其增进全民福利，并谋求美国民众及其子孙后代永享自由的幸福。这一联邦的根本宗旨，无疑是公民权利的宣言书和保障书。同样，现行法兰西共和国宪法也在序言一开头就表明他们：“热爱1789年的《人和公民的权利宣言》所规定的，并由1946年宪法序言所确认和补充的人权和国家主权的原则。”而日本国宪法在其宪法第三章“国民的权利和义务”中，也是明确承诺（第十一条）：“不得妨碍国民享有的一切基本人权。本宪法所保障的国民的基本人权，为不可侵犯的永久权利，现在及将来均赋予国民。”德国《基本法》中也同样阐明其坚持“不可侵犯的和不可转让的人权”理念。我国在公民的基本权利和义务一章中，尽管也有“国家尊重和保障人权”的条款，但这一条款相比于其他国家略显抽象，含义略显单薄，特别是国家尊重和保障的人权到底是什么性质、基于什么理念等。在我国已加入一系列国际人权公约之后，不妨将人权的内涵界定得更明确一些，如基于人固有尊严的、永久性的、不可侵犯、不可转让的“人权”等。这样规定既与国际人权公约的根本出发点和价值取向共通，也向世界证明我们保护人权的决心和对人权的正确解读和尊重。

---

① ［英］W. Ivor. 詹宁斯：《法与宪法》，生活·读书·新知三联书店1997年版，第180页。

另外，公民基本权利的限制和侵犯根本地和首先地来源于立法权的限制和侵犯。因此，要防止借民主的立法权来任意限制和侵犯公民的基本权利。在宪法公民权规范设置时，应当首先给立法权以边界，从而从国家权力源头上为公民基本权利保障设置保护装置。西方的立宪经验值得借鉴和参考。

美国宪法第一条第九项中规定：公民根据人身保护令享有的特权不得中止，惟遇内乱或外患、公共治安需要停止这项特权时，不在此限。褫夺公权的法案或追溯既往的法律一律不得通过。在其宪法修正案第一条中更是明确规定：国会不得制定关于下列事项的法律：建立宗教或禁止信教自由；剥夺人民的言论自由或出版自由；剥夺人民和平集会以及向政府申冤请愿的权利。从国家权力层面看，对人权的普遍性侵权的最大威胁来自于立法权的侵害。美国立宪者的考虑可谓用心良苦，得其圭臬。同样，法国宪法以《人和公民的权利宣言》为权利保护原则，而《人和公民的权利宣言》中也有对立法权限制性的规定。如第五条规定：法律仅有权禁止有害于社会的行为。第八条规定了法律只应规定确实需要和显然不可少的刑罚。这些规定实质是对立法权的限制。日本国宪法第三章第十三条规定：对于国民谋求生存、自由以及幸福的权利，只要不违反公共福祉，在立法及其他国政上都必须予以最大尊重。第二十四条第二款规定：关于选择配偶、财产权、继承、选定居所、离婚、婚姻与家族以及其他有关事项的法律，必须以尊重个人尊严与两性实质平等为基础制定之。宪法公民权的保护之所以要求对立法权予以一定限制，从根本上讲源于所有的国家权力都会被滥用并且都不是绝对的，所以都应当有其界限并加以控制；从公民基本权利属性来讲，立法只能保护而不能任意限制，就是依民主程序和行使需要加以限制也应当出于更好地保护的目的且有实质性的不可逾越的边界和价值取向。正如洛克所说：立法权“对于人民的生命和财产不是，并且也不可能是绝对地专断的”①。它只是“在最大范围内，以社会的公众福利为限”②。所以，在公民基本权利部分一方面以尊重有丰富内涵的人权为根本原则，同时设置立法权

① ［英］洛克：《政府论》（下篇），叶启芳、瞿菊农译，商务印书馆1964年版，第83页。

② 同上。

的一般性或具体性界限，更有利于保障公民的宪法权利。

2. 重构宪法公民权的权利类型和数量

无权利即无人格，无完整的权利即无完整的人格。宪法公民权是公民人格有无和完整与否的根本标志和终极保障。我国现行宪法公民权基本上涵盖了公民应具备的基本人权，但仍有需要进一步完善的地方，特别是一些重要的概括性、程序性、人身自由和救济方面的权利缺失较为严重。对于基本权利的分类，不同国家学者和同一个国家的学者由于看问题的视角不一样，分类也不尽相同，但所有权利都是基于公民的生活现实和生活理想，都是为了公民更自由、幸福地生活和更有保障地实现人生理想。所以，问题关键不是分类的权威性而是分类与公民生活领域的契合性。只要人的生活深入到哪个领域，公民就应当在该领域享有宪法权利。基于此，将公民基本权利分为：生命权、自由权、政治权利、经济权利、文化权利、平等权、追求幸福权、受益权（请求权、救济权）这七类权利可以涵盖公民生命过程中全部生活的领域。我国宪法公民权尽管也包括这些权利，但存在体例不合理、规定不集中、规范不完整等方面的不足，需要重构。具体说来：其一，增加生命权和生存权。生命权作为基本人权应当得到宪法的明确保护。《世界人权宣言》和《公民权利和政治权利国际公约》都将生命权作为基本人权在公约文本的前面给予规定，并强调‘人人有固有的生命权’。这个权利应受法律保护，不得任意剥夺任何人的生命。生存权是建立在生命权基础上更富内涵的基本人权，重视生命权和生存权的保障和改善一直是我国党和政府的一切政策和方针的出发点及工作重心，现在需要将政策法律化，一方面是宪法权利体系完整性的要求，另一方面也是向国际社会展示中国政府对人权的基本立场和庄重承诺。因为宪法是“一个国际范围内的发展影响到国家范围的渠道”①，通过国内宪法权利规范的展示，国际社会对中国的人权状况就会有一个总体的认识。同时，这也是党和政府坚持实事求是的基本原则和方针在宪法领域的反映。

其二，程序性宪法权利。公民实体性权利的实现都必须要经过程序

---

①［荷］亨利·范·马尔赛文、格尔·范·德·唐：《成文宪法的比较研究》，陈云生译，华夏出版社1987年版，第375页。

运行来完成，如果没有程序性权利的保障，实体性权利必将成为一纸空文，特别是公民面对强大的政府可能的专横时更为如此。所以，“正当法律程序和平等法律保护之类的宪法限制的目的，就是保护公民不受政府专横权力的掠夺、滥施暴虐和强迫之害。”① “任何领域的统治权力都应当服从正当法律和程序的根本性的宪法限制。”② 故此，赋予公民以正当法律程序保障的权利，既可限制权力的滥用，也为其他宪法权利的行使和实现增加了一重保险。

其三，刑事被告人的权利。刑事被告首先在社会道德观念上就是被谴责的对象，而其人身自由被严格限制更加大了其人身权利可能被侵害，且又被社会所漠视的概率。因此，刑事被告（包括违法嫌疑人）的人身权利应作宪法规范层面的特别保护。这不仅是不成文宪法代表的英国宪法的重要特征③，更是成文宪法国家宪法规范中极其重要的部分，不仅条款众多，而且规范完善、细密。从被告人的知情权、辩护权、免费获得律师权、免于过重金钱罚、免于酷刑、正当程序、合格公正法庭审判权、免于强迫自证其罪的权利、一罚不两罚及申诉、损害赔偿救济权等。同样，国际人权公约也反复强调保护刑事被告人的正当权利。鉴于我国刑事被告人（或刑事嫌疑人）在道德和人身自由两方面都处于弱势的客观情况，在宪法公民权中给予特别规定和强调，一方面可彰显国家人权保障的力度和全面性、实质的平等性，另一方面有利于全社会形成对刑事被告人正当权利充分理解和尊重，最终也为自己的权利提供切实保障。社会生活常识告诉我们：人有旦夕祸福，月有阴晴圆缺，此事古难全。一个人会不会触犯刑律，固然有自身的主观因素的重要决定作用，有时也由于过失或非自己所能控制的因素而作为被告（或嫌疑人）接受调查、拘留或审判。只有宪法能对公民随时可能处于的这种最不利的境遇时的

---

① ［美］伯纳德·施瓦茨：《美国法律史》，王军等译，中国政法大学出版社 1990 年版，第 311—312 页。

② 同上书，第 312 页。

③ 英国自 1215 年《大宪章》时起就开始从法律和司法实践方面不断加强公民正当法律程序权利的完善和保障，正因如此，欧洲学者深入研究后得出结论认为英国法是“在程序的缝隙中渗透出来的”。［法］勒内·达维德：《当代主要法律体系》，漆竹生译，上海译文出版社 1984 年版，第 300 页。

权利给予最高位阶规范的保障，作为个人的幸福生活才能伴随人的生命的全过程。

其四，宪法救济权。无救济即无权利，有权利必有救济。由于基本权利主要防范来自国家权力的侵害，因此，必须用宪法规范予以明确宪法位阶的救济权。日本国宪法在其第三章国民的权利和义务中用了四个专门条款对救济权予以明确规定。第十六条规定：任何人对于损害的救济，公务员的罢免，法律、命令以及规章的制定、修改或废除，都有和平请愿的权利，任何人不因进行此种请愿而受不同待遇。第十七条规定：任何人因公务员的不法行为而受到损害时，均得根据法律规定，向国家或公共团体要求赔偿。第三十二条规定：不得剥夺任何人在法院接受审判的权利。第四十条规定：任何人在拘留或拘禁后被判无罪时，得依法律规定向国家要求赔偿。我国宪法第四十一条规定了公民的救济权，包括申诉、控告、检举、获得赔偿等权利。对照国外一些国家和国际人权公约的相关规定，我国公民宪法救济权应着重增加司法救济权、请愿权、罢免权、复决权等救济权利。《世界人权宣言》第八条规定：任何人当宪法或法律所赋予他的基本权利遭受侵害时，有权由合格的国家法庭对这种侵害行为作有效的补救。

公民基本权利规定得再完善，如果没有法定的救济权利可行使，公民同样难以免于被压迫、奴役和丧失人格。所以，“如果无人维护权利，在法律中确立权利将是毫无意义的。”[①] 而宪法对救济权的规定，反映的是宪法权利体系的完整性和权利的神圣不可侵犯性，彰显的是宪政和法治的人权保护真谛。英国著名宪法学家戴雪在总结英国的宪政精义时说，“在英宪之下，法律的全副精神注意救济方法。这是要说，法律务须有一定方式进行，然后法律下之权利方见尊重，然后名义上的权利可化成实在权利。”[②] 因为“从来政府以一纸公文宣布人身自由应有权利的存在，并非难事。最难之事是在如何能见诸实行。倘若不能实行，此类宣布所得无几”[③]。宪法是公民权利的宣言书，更是公民权利的保障书。早在

---

① ［美］C. H. 麦基文：《宪政古今》，翟小波译，贵州人民出版社 2004 年版，第 62 页。

② ［英］戴雪：《英宪精义》，雷宾南译，中国法制出版社 2001 年版，第 261 页。

③ 同上书，第 262 页。

1789 年法国的《人权宣言》第 16 条就明确指出：凡权利无保障和分权未确立的社会便没有宪法。美国亨金教授认为："美国的人权观意味着可以获得维护人权的救济手段。"[①] 在美国，三权分立，甚至联邦制，都是为了分割了统治权，以防止专制并保护个人的权利不被蹂躏。美国还发展出自己独特的救济手段即司法审查制度。总之，18 世纪以来的各国宪法都或多或少地规定了权利救济的问题。

其五，急需入宪的具体权利。结合当前中国社会转型时期的需要，有学者在 2004 年修宪前认为至少有十大人权在宪法人权体系中入谱进位应是水到渠成的。[②] 这十种权利为：隐私权、知情权、财产权、生存权、发展权、环境权、迁徙自由、平等权、正当程序和接受公正审判的权利。[③] 但 2004 年修宪，具体确认了私有财产权的保护，且修改条款并未置入公民基本权利和义务一章。所以，宪法公民权的体系结构的科学安

---

① ［美］路易斯·亨金、阿尔伯特·J. 罗森塔尔编：《宪政与权利》，郑戈等译，生活·读书·新知三联书店 1996 年版，第 13 页。

② 徐显明：《人权建设三愿》，载《人权研究》第 2 卷，山东人民出版社 2002 年版，"序言"第 1—5 页。

③ 有学者通过我国现行宪法公民基本权利与国际人权公约的对比，认为目前我国宪法关于公民基本权利的规定落后于世界潮流，内容不够全面。与两个国际人权公约相比较，我国现行宪法没有规定或规定得不全面或不明确的公民基本权利多达 30 项：（1）自决权（自由决定自己的政治地位并自由谋求自己的经济、社会和文化的发展）；（2）享受公正和良好的工作条件权（特别是安全卫生条件、晋升机会同等和带薪休假权）；（3）组织和参加工会权；（4）罢工权；（5）社会保障权；（6）获得相当的生活水准权；（7）免于饥饿权；（8）达到最高的体质和心理健康标准权；（9）受教育权（特别是初等教育一律免费，中等教育和高等教育逐渐免费）；（10）享受科学进步及其应用所产生的利益权；（11）科学、文学或艺术作品所产生的精神上和物质上的利益受保护权；（12）生命权；（13）免受酷刑或残忍的、不人道的或侮辱性的待遇或刑罚权；（14）不被强迫奴役权；（15）不被强迫或强制劳动权；（16）人身安全权；（17）被拘捕人在合理时间内受审判或被释放权；（18）被剥夺自由人人道待遇权；（19）不因无力还债而被监禁权；（20）自由迁徙和选择住所权；（21）在法庭和裁决所前一律平等权；（22）无罪推定权；（23）受刑事指控时最低限度司法保障权（包括迅速告知被指控的性质和原因、有相当时间和便利准备辩护并与自己选择的律师联络、受审时间不被无故拖延、出庭受审并进行辩护、讯问证人、免费获得程序援助、不被强迫认罪等）；（24）上诉权；（25）私生活不受非法干涉权；（26）思想、良心自由权；（27）持有主张不受干涉权；（28）寻求、接受和传递各种消息（也就是知情权）和思想自由权；（29）直接或通过代表参与公共事务权；（30）平等参加本国公务权，等等。对这些基本人权，我国在修宪时应该自觉考虑与之衔接和协调，将它们载入宪法，明确规定为我国公民的基本权利。参见杨海坤《宪法修改与公民基本权利新论》，《法学论坛》2003 年第 4 期。

排、完善和具体权利增补应是中国未来宪政建设的重要任务之一。

3. 宪法文本中增加公民的政党监督权

从我国宪法文本看，政党也是要遵守宪法，并且要以保护公民权利为目的。但宪法对于政党权力并无规定更谈不上监督和控制，这是不符合我国宪法精神的。我国现行宪法序言明确规定：全国各族人民、一切国家机关和武装力量、各政党和各社会团体、各企业事业组织，都必须以宪法为根本的活动准则，并且负有维护宪法尊严、保证宪法实施的职责。第五条规定：一切国家机关和武装力量、各政党和各社会团体、各企业事业组织都必须遵守宪法和法律。一切违反宪法和法律的行为，必须予以追究。任何组织或者个人都不得有超越宪法和法律的特权。我国宪法第四十一条规定：中华人民共和国公民对于任何国家机关和国家工作人员，有提出批评和建议的权利；对于任何国家机关和国家工作人员的违法失职行为，有向有关国家机关提出申诉、控告或者检举的权利，但是不得捏造或者歪曲事实进行诬告陷害。由于国家机关和国家工作人员侵犯公民权利而受到损失的人，有依照法律规定取得赔偿的权利。但由于政党不是国家机关，却在社会生活中有巨大权力，包括对公民生活的每个领域几乎都产生实质且久远的影响，一旦对公民造成侵权，公民没有办法依据宪法维权，所以，增加公民对政党（首先是执政党）的监督权既与宪法的序言和总纲精神一致，也符合我国政治及公民生活的宗旨和目的。

（四）人权入宪与宪法公民权生成和保障的新路径

改革开放以来的社会转型给国家政治生活和公民社会生活领域带来最具里程碑意义的思想共识是人权的普遍认同和政治法律上的逐步接纳。20 世纪末中国政府对两个最重要的国际人权公约的签署标志着中国社会法治建设进入一个崭新的时代，此后中国宪政和法治建设既能保持中国政府一贯坚持的保障人权的制度实践，又能在一系列普适性的国际人权公约框架内不断改造和完善我国的人权法制建设，同时向国际社会郑重宣告和承诺作为世界大国的中国对人类人权保障事业义务的履行，结合转型时期公民权利意识和要求的日渐蓬勃，以人为本和科学发展观的社会总体发展的战略性指导思想的树立，以尊重和保障人权为宗旨的立法、执法和司法的改革和发展在 21 世纪之初已如火如荼地在有序铺开。不管是在交通立法中确立的以人为本的指导思想，还是执法和司法过程中的人性化操作，都折射出一种普遍尊重和保障人权的新理念，这种以人权相对于国家秩序和阶级斗争的优先性理念的确立，将会带来中国法制建设的以人权为核心理念的新时代，而这一时代的开启当以人权条款入宪所带来的公民基本权利范围的扩大和保障的深入。

2004 年修宪将“国家尊重和保障人权”作为宪法第三十三条第三款置于公民的基本权利和义务一章中，围绕这一条款的解读尽管多种多样，但都承认这一条款对中国法治建设的重要意义。仅从本书研究的视角而言，人权入宪对公民基本权利带来的变革性影响应是最直接的意义。正如有学者指出的，“人权”入宪“意味着国家既要保障宪法规定的基本权利，同时也要保护宪法上未列举的非基本权利。从某种意义上讲，修宪者们在考虑这一条款时也可能意识到人权条款可能起到的多种保护功能，试图解决因立法不作为或立法工作滞后而出现的基本权利救济不完善的现象，并以人权价值为基础扩大权利救济范围”①。在宪法发展史上，宪法未列举权利保护的理论和规范源于美国。美国宪法修正案第九条规定：不得因本宪法只列举某些权利，而认为人民所保留的其他权利可以被取消或轻视。对这一条款的性质和保护范围，尽管在美国学术界存在较大争议，但可以肯定的是美国宪法上所列举的权利肯定不是美国公民宪法权利的全部。甚至，“严格地讲，它们并不是‘宪法权利’。”② 但它们是由宪法来保护的。宪法上明示的权利如同冰山在海面上可见的一部分，人民还有大量保留着的权利，只要条件允许，它们就应该显现为公民的基本权利，并受到宪法保护。所以，一般意义上，宪法中规定的基本权利只是人权的一部分，是一定时期内人的全面发展所需要的最重要的权利，它不能也无法包括在今后漫长的人的自我不断发展、完善和解放的道路上所需要的所有权利要求，要更及时更好地保护人的尊严就必须设置原则性的对待宪法未列权利的基本态度的条款。这种列举表明宪法公民权是一个开放而非封闭的体系，是一个不断发展而非僵硬、停滞的体

---

① 韩大元：《宪法文本中“人权条款”的规范分析》，《人权》2006 年第 1 期。

② ［美］路易斯·亨金、阿尔伯特·J. 罗森塔尔编：《宪政与权利》，郑戈等译，生活·读书·新知三联书店 1996 年版，“导论”第 4 页。

系，符合人类社会的发展规律和人的需求不断丰富的客观实际。

我国现行宪法没有专门的对宪法未列举权利如何处理的条款，但“国家尊重和保障人权”这一条款在价值取向上可视为承认公民保留的权利值得尊重和保护。有学者指出，在我国目前的宪法现实中，人权条款发挥不同形式的保障功能。[①] 人权条款可能释为基本权利保障的概括性条款，为基本权利的实现提供更直接、更广泛的价值基础。同样，人权条款对宪法未列举的权利的保护方面只能起到一定的补充功能。如为扩大基本权利保护范围，可以依照人权条款提炼现有条款中隐含的新的权利类型；当基本权利有规定，而没有具体法律规定时提供具体的救济途径；对基本权利条款进行宪法解释时为解释的合理性提供价值基础与标准；当出现宪法和法律上没有规定的新的权利要求时，可依照人权条款作出必要的判断等。所以，人权条款提供了一种新的宪法公民权生成和保障路径，尽管它不能直接成为当事人诉请法院保护其主张新权利的直接依据，但基于人权道德性和公众的普遍性诉求的结合无疑为立法将道德权利转化为宪法和法律权利提供了合理性、可行性的渠道，特别是它奠基于人的尊严的需要的优先性基础上，而不是国家统治的优先性的价值选择上，从这一层面视之，人权条款入宪对宪法公民权的重塑具有根本原则上统领和实践上引领的作用。

中国社会的转型与全球化的国际潮流交叉重叠，从国际上看，“每个国家的国家利益如今都明显地包含了需要（和义务）发展自己的能力去尊重、保障其人民的公民及政治权利，逐步地充分实现人民的经济、社会和文化权利。困难在于——正如已经是——如何继续界定和调整国际和国内范畴的国家价值和人的价值，以及——在每个国家——个人权利和公共善。需要在每个国家促进的是尊重个人自由、自治和其他人权的文化，并克服文化上的抵触”[②]。今后，“对人的价值的全面关注会继续增长”[③]。

---

① 韩大元：《宪法文本中“人权条款”的规范分析》，《人权》2006 年第 1 期。

② ［美］路易斯·亨金：《国际法：政治与价值》，张乃根等译，中国政法大学出版社 2005 年版，第 405 页。

③ 同上。

总而言之，社会转型时期宪法公民权存在重构的契机和必要，我们应坚持一切从人出发，以人为中心，把人作为观念、行为和制度的主体；人的自由、尊严、幸福、解放和全面发展，应当成为个人、群体、社会和政府的终极关怀。宪法公民权的重塑既是对社会转型时期权利需求的回应，同时也是中国社会成功实现转型的根本保证。

第五节　若干公民基本权利探赜

随着我国民主法治进程的不断推进，公民基本权利不断发展，近年来，随着互联网技术的迅猛发展，公民的政治参与意识和能力得到很大提高，但宪法和法律提供的制度供给却不充分，同时社会主义市场经济日渐完善，但公民财产权保障制度上有诸多缺失，在文化建设蓬勃发展的同时，如何保障公民文化权利的实现是当下中国面临的新课题。因此，本书这种选取四种权利回应中国法治建设的前沿问题。作者认为文化权利的保障和实现不仅有利于中华优秀文化的传承和创造性转换，而且更加有利于公民对其他宪法权利和人权的认知和追求，有利于对财产权的正确理解和正当保护，有利于充分行使知情权和监督权。这四个权利尽管可分属于不同类型的权利，但它们之间还是有密切的联系。一个没有财产的人很难有充分的经历和兴趣参与政治民主生活，而缺乏知情权和监督权的社会，公民的财产权则始终处于不确定剥夺和限制的恐惧之中，因为无法知晓和监督滥用国家权力的权力行使者的恣意和专横。①

一　知情权

知情权是当代法治社会中的一项基础性人权，被执政党提高到十分重要的地位，并在我国的政治和社会实践中不断得到有益探索，但我国

① 尽管我国宪法明确指出依法治国，建设社会主义法治国家，但现实的尴尬却困扰着主权者的公民。一些地方政府，如一些城市未经听证突然宣布的汽车限牌、商品房限购等政策，表面看起来是形势所迫，防止突击狂购潮，实质上是对公民知情权和监督权的漠视，把市民当作管理和治理的对象、客体，而不是城市建设和治理的主体，这与宪法所规定的人民当家做主的精神相背离，也反映出单向度的管理和压制思维惯性，更反映出保障公民知情权、监督权和财产权的紧迫性。

当下的法律制度对公民享有的公法领域的知情权却存在着规范供给严重缺乏、理论支撑相当乏力的重大缺陷。因此，有必要从宪法理论和实践的视角对知情权的概念与范围、知情权的理论基础和法律价值、知情权行使原则、方式、知情权宪政实践的不足与完善等一系列问题进行了探析，以期对作为基础性的政治权利的知情权有一个全面、理性和前瞻性的认识。

在理性的社会中，公民只有充分地享有和行使了知情权，才能据以合理地安排自己的生活，并最大限度地保护自己的权利和利益。尽管知情权具有基础性和前导性的重要价值，但是时至今日，有关知情权的法律规范还相当贫乏，特别是关涉公法领域的知情权的理论研究仍比较薄弱，这与不断推进中的中国民主政治建设和公众日益强烈要求的知情权保障及其应有地位极不相称。为此，有必要从宪政的高度对知情权的基本问题进行初步梳理和探析，以推动知情权的理论成熟和实践运作，促进依法治国、尊重和保障人权等目标的顺利实现。

（一）知情权的概念及实践的历史性展开

知情权一词源于英文“right to know”。在日文中被译为“知る权利”。台湾将其译为知的权利和资讯权。在我国通常称为知悉权、了解权或者得知权，是指自然人、法人及其他社会组织依法享有的知悉、获取与法律赋予该主体的权利相关的各种信息的自由和权利。

知情权是现代法律发达过程中出现的一个新概念。我国有的学者认为，知情权属于公法方面的权利，其含义是一个人有权知道他应知道的东西，比如自己的档案材料。知情权包含的内容是十分广泛的，既包括属于公法范围的事务，也包括民事方面的情况。[①] 伴随知识经济时代与电子信息情报网络时代的到来，知情权已日益成为公民在社会生活中的一项基本权利。

从实质内容来看，知情权的实践大致经历了三个主要发展阶段：

1. 古代知情权的萌芽状态与初步实践

在我国知情权的法律实践最早可以追溯到公元前 8 世纪开始的“春秋”时代，这一时期，社会动荡，犯上作乱时有发生，“春秋”之中，弑

① 张新宝：《中国侵权行为法》，中国社会科学出版社 1995 年版，第 233 页。

君三十六，亡国五十二，诸侯奔不得保其社稷者，不可胜数。[①] 在法律上出现了礼治路线维护者和变法革新派的争论，其焦点主要集中在两个方面：一是为国以礼，还是事断于法；二是“以礼明是非”，还是“以法为权衡”。主张礼治者认为，治国必须“为国以礼”[②]，应当“导之以德，齐之以礼”[③]。变法革新者认为，“君臣上下贵贱皆从法”[④] 主张“事断于法”[⑤]，并且明确要求“和民一众，不知法不可”，强调公布成文法，从而第一次在客观上将知情权的实践付之于社会的政治法律生活，是对“民可使由之，不可使知之”[⑥] 的政治神秘主义和愚民政策及思想的突破。

成文法的公布导致了奴隶主贵族们及其思想代言人的强烈反对。他们认为“临事制刑，不豫设法”“刑不可知，则威不可测”，而“今制法以定之，勒鼎以示之，民知在上不敢越法以罪己，又不能曲法以施恩，则权柄移于法，故民皆不畏上。”[⑦] 因此，极力反对成文法的制定更反对公之于众。但法家代表人物不仅继承了春秋初期政治家们制定成文法的传统，还把其推进一步，加以公布，当时采取的主要形式是作刑书和铸刑鼎。公元前 536 年，郑国子产首先作刑书三篇，并且铸刑于鼎，以为“国之常法”[⑧]。这是我国历史上正式公布的第一部成文法，它首次打破了奴隶主贵族垄断法律的秘密状态，使法律走向社会，使天下人知悉法律的内容。

新兴地主阶级制定和公布成文法，作为政治法律方面争取知情权的伟大实践，摧毁了决策过程和结果不为臣民所知的时代，“它不仅动摇了奴隶制法律制度的基础，而且开创了一个法治替代礼治的新局面”[⑨]。使法律作为调控社会行为的工具具有不可动摇的地位，正如本杰明所言：

---

① 《史记·太史公自序》。

② 《左传·昭公二十六年》《论语·先进》。

③ 《论语·为政》。

④ 《管子·任法》。

⑤ 《邓析子·转辞》。

⑥ 《论语·泰伯》。

⑦ 《左传·昭公六年注》。

⑧ 同上。

⑨ 张晋藩：《中国法制史》，群众出版社 1995 年版，第 23 页。

“法律作为一种行为指南，如果不为人知而且也无法为人所知，那么就会成为一纸空话。”[①] 因此，新兴地主阶级通过昭示于天下的成文法指导和规范人们的行为，取得了对奴隶主阶级的胜利。自此以后，历代统治者无不强调人们对法律内容的知悉和服从。

从法律内容上看，中国早期的民事法律关系，一直十分强调诚信原则。“西周时期已有物权与债权的若干法律规定和民事诉讼案例。至唐宋，则不断充实，并在民事法律规定中贯穿诚信的要求。”[②] 其中将买方的知情权作为重要保护内容之一。

当然，中国古代由于奉行的是政治神秘主义，尽管法律因统治的迫切需要而不得不公开，但在行政和司法的许多领域基本上是反对公开的，事实上也不可能公开。而“保密”却是政治的常态。基于君主统治的需要，许多学说都为政治神秘化提供论证。先秦思想家为了维持和巩固现存秩序，故意用一些手段把君主神化。“神化”的最重要手段就是掩盖其“人”的面目，张扬其伪造的“神”的光彩。如墨子用特务手段侦知百姓的思想行为，制造“天子之视听也神”。天子有千里眼和顺风耳，无远弗届，靠给老百姓打个措手不及制造神秘。法家强调君王从身心到手段都要“退藏于密”，深居简出，不使人知；权谋深藏于胸，使人莫测。用这些“潜御群臣”，吓唬百姓。然而这些都要靠个“密”字来实现，越秘密、越出其不意越能收到奇效。要保密，第一要使百姓愚昧，智力退化，除了吃饭干活不再有其他欲望，用老子的话说就是“虚其心，实其腹；弱其志，强其骨”。韩非也说理想的国家只需要两种人——农民和战士，其他的都是蠹虫。第二不能让老百姓有“知情”的权利。孔子说的“民可使由之，不可使知之”，是讲不要把政情告诉民众。因此，自古“保密”便成为皇权专制统治不可须臾离开的法宝。[③]

与中国古代相比，在世界其他国家，最早涉及知情权的法律规范在

---

① 张晋藩：《中国法制史》，群众出版社 1995 年版，第 23 页。

② 例如：在唐代买卖契约中，强调卖主的担保责任。唐律杂律对瑕疵的担保规定如下：买奴婢、马、牛、驼、骡、驴立卷之后，“有旧病者，三日内听悔，无病欺者，市如法，违者笞四十。”在买卖交易中，如果买卖双方共为奸计，均处杖八十。张晋藩：《中国法律的传统与近代转型》，法律出版社 1997 年版，第 69、70 页。

③ 王学泰：《神秘政治与民众知情权》，《同舟共进》2008 年第 2 期。

公法和私法领域均得以体现。如公元前18世纪古巴比伦刻在石柱上的《汉穆拉比法典》，公元前2世纪至公元2世纪的古印度《摩奴法典》在买卖契约中就强调卖方应如实告知所出卖之物，使买方知悉标的物的必要情况。[①] 这些均为知情权的较早体现。在古希腊、古罗马法中，公众对法律的知悉和卖主不仅要对产品瑕疵承担责任（不告知买受人），而且对暗藏的瑕疵也负有担保的义务的规定已比较普遍。但是，这一时期知情权被淹没于激烈的政治斗争和契约的整体框架中。

2. 近代知情权的契约体现与宪政推动（15至19世纪）

随着资本主义经济在欧洲的普遍兴起，此时的公法和私法领域对知情权的有关规定予以了继承和发展。特别是进入19世纪以来，资本主义社会民主制度的进步、发展和工业产品大量涌入人们的日常生活，人们对政治决策和经济社会关系进行了解、知悉的要求日益强烈，市民社会对政治国家以及市民社会成员之间的知情权要求达到了前所未有的地步。但古典的契约自由的概念，由于没有考虑到社会的和经济的压力，实际上，可以在许多情况下迫使人们去缔结契约，从而无法满足社会主体对知情权的主张。如现代的交通工具对于人们的旅游而言，是不可选择的，一方利用自己的信息、技术和缔约中的优势地位（如垄断、特许经营）给对方产生不利影响，使对方处于不能知情却又不得不缔约的地位。再如格式合同的发展，一方强加给另一方的，另一方则没有选择的余地。所以，“普通的老百姓都会发现，他在生活中缔结的大多数最重要的契约，其条件或多或少都是强加给他的”[②]。因为，“一般老百姓要是了解其中的实情，是说什么也不会真正同意的”。[③] 于是法律的介入，要求产品生产者、销售者必须作必要的信息披露使消费者知悉相关内容，这就必须使传统知情权的范围加以扩大。由消极的（故意或过失隐瞒瑕疵的责任）到法律强制性的信息披露，成为知情权在英美法中一个的重要体现。凡是一方掌握信息并且知道对方不掌握时，似乎应该向后者披露，才符

① 《摩奴法典》，转引自林榕年主编《外国法制史新编》，群众出版社1994年版，第128页。

② 《外国民法资料选编》，北京大学出版社1983年版，第351页。

③ 同上。

合善意和公平交易标准。[①]

在公法领域，知情权在成文宪法上的体现最早始于美国宪法修正案第六条的规定："在一切刑事诉讼中，被告得享有下列权利：……取得关于告发事件的性质和理由的通知。"这一确保被告（嫌疑人）知悉与指控相关的情况的权利相继为其他国家宪法所借鉴。1789 年法国《人权和公民权宣言》第十五条规定"社会有权要求全体公务人员报告其工作。"美国的开国功臣在建国之初，亦对知情权做过如下经典阐述，如托马斯·杰斐逊曾在巴黎写给国内友人的信中强调："政府的基础，源于民意。因此，首先应该做的，就是使民意正确。为免使人民失误，有必要通过报纸，向人民提供有关政府活动的充分情报。进一步则要研究把新闻广泛地传递到全体人民中去。"继杰斐逊之后出任第四任总统的詹姆斯·麦迪逊则认为，"不掌握正确的信息情报及获得信息情报的方法，（所谓的）人民的政府只能是滑稽喜剧或是悲剧的序幕，或者除此两者之外什么也不是。掌握情报者通常支配不掌握情报者。因此，为要使自身成为统治者的人民，必须从信息情报中获取知识，把自身武装起来"。正是在这些理念的支撑下，知情权始得逐步法制化和现实化。当然，作为一个明确的"知情权"概念在此时还没有被正式提出。

3. 现代知情权的多元互动与纵横发展（20 世纪以来）

20 世纪初，生产的垄断和社会化、国际化进一步加剧，面对消费者的弱势地位，法律的介入扩展了"告知义务"的适用范围和深度。除了一般的不向对方作出错误的意思表示的告知义务外，对于某些特别的合同，如保险合同、公司认股招募合同等，其中一方当事人必须负有详细陈述各种与合同有关的情况的正面义务。同时，最近美国亦有人主张在生牛肉食品及其他某些食品或商品（如种子、化肥等）的买卖中，卖方在瑕疵担保责任和产品责任之外还应承担详细告知义务。[②] 由此，消费者的知情权得到更深层次的保障并由此扩展到私法的其他某些方面。

---

① 沈达明：《英美合同法引论》，对外贸易教育出版社 1993 年版，第 173—177 页。

② 傅静坤：《二十世纪契约法》，法律出版社 1997 年版，第 45 页。

公法领域内知情权概念，是美国新闻记者肯特·库柏在1945年一次演讲中明确提出的，其基本含义是公民有权知道其应该知道的信息，国家应保障公民在最大范围内享有获取信息权利，特别是有关国家政务信息的权利。在第二次世界大战前，知情权只是新闻从业人员的主张和口号，第二次世界大战后，美国1966年《情报自由法》的颁布，确立了有关知情权法律规范的总体原则：除涉及国家防务、外交政策的文件，根据法律执行的调查档案、私人信息、贸易秘密以及由其他法规保护的秘密外，凡联邦政府掌握的档案可以供任何人检查和抄录（复印），如果拒绝公开某一份文件，可以向联邦法院起诉。1977年，国会又制定了“置政府于阳光下之法”，要求联邦政府属下的多个委员会和机构的会议公开举行，因某种理由需举行秘密会议，这些理由须得到该单位的首席法律官员或法律总顾问的认可。1974年又制定了《隐私法》，这样使知情权在美国被当作一项基本权利，具有较高的法律地位。

第二次世界大战后，基于对导致战争根源之一的种族偏见与思想专制的普遍反思，知情权开始突破束缚进入了广泛普及与发展时期。日本学者认为它是一项“新人权”。原联邦德国基于对纳粹限制人民自由获得客观信息情报以愚弄欺骗人民的反省，首先由各州将新闻出版界的信息情报收集权和政府有向新闻出版界提供信息情报义务写入了各州宪法或州出版法。在此基础上制定的波恩基本法第5条第1项明确规定：“人人有以口头、书面和图画自由表达和散播自己的观点以及自由地从一般可允许的来源获得消息的权利。出版自由和通过广播和电影进行报道的自由受保障。不建立检查制度。”1948年《世界人权宣言》在序言中则将“人人享有言论和信仰自由并免于恐惧和匮乏”宣布为“普遍人民的最高愿望”。并以第19条规定，“人人有权享有主张和发表意见的自由；此项权利包括持有主张而不受干涉的自由，和通过任何媒介和不论国境寻求、接受和传递消息和思想的自由”。1966年《公民权利和政治权利公约》第19条将《宣言》的这一宗旨与规定进一步具体化并开放给各国签字、批准和加入。至1991年年底已有100个国家批准或加入了该公约，另有包括我国在内的一些国家则已经签署了该公约。因该公约明确规定了对各缔约国的约束力，可以说，依法保障知情权已形成世界潮流。[①]

在我国，知情权的理念与精神在宪法和法律中均有某种或明或暗的体现。宪政知情权的伟大实践在1954年的制宪过程中有较充沛的表现。可以说，制定1954年宪法的过程是每个中国公民第一次享受到知情权、参与权的伟大实践，无论怎样肯定其伟大的宪政意义都不过分。资料显示，1954年3月24日至6月11日，北京和全国各大城市组织各民主党派、各人民团体和社会各方面代表人物共八千多人对宪法草案进行讨论。经过81天的讨论，共提出了5900多条意见，采纳了100多条。1954年6月15日，宪法草案公布。在随后的两个多月时间里，全国共有1.5亿人参加了讨论，共提出了118万多条修改和补充意见。[②] 后来，由于国际国内形势的变化和党的执政经验的不足，公民知情权被长期搁置。直到1978年改革开放，特别是1982年，我国现行宪法的颁布为知情权提供了生长的土壤。[③] 改革开放以后，党和政府对信息资源的利用和信息制度的建设高度重视。早在1984年9月，邓小平就提出了“开发信息资源，服务四化建设”的响亮口号。而实践中的政务公开制度始于1987年党的第十三次全国代表大会。在十三大政治报告里已经提到，把政治体制改革提上全党日程的时机已经成熟，并具体提出建立社会协商对话制度，提高领导机关活动的开放程度，重大情况让人民知道，重大问题经人民讨论。在十三大精神推动下，于20世纪80年代后期为促进为政清廉展开的

---

① 有学者认为，综观当代各国宪法，在宪法规范的层面上对这一课题的积极回应主要存在如下两种方式：第一种方式是，在宪法权利的规范体系之中以明文的形式规定知情权保障条款。第二种方式是，通过宪法判例确认和界定了知情权，同时还制定了有关保障知情权的单行普通法律。参见韩大元、林来梵、郑贤君《宪法学专题研究》，中国人民大学出版社2008年第2版，第383页。

② 王培英主编：《中国宪法文献通编》，中国民主法制出版社2004年版，第272—273页。

③ 现行宪法第2条规定：人民有权依照法律规定，通过各种途径和形式，管理国家事务，管理经济和文化事业，管理社会事务。第七十一条规定：全国人民代表大会和全国人民代表大会常务委员会认为必要的时候，可以组织关于特定问题的调查委员会，并且根据调查委员会的报告，作出相应的决议。调查委员会进行调查的时候，一切有关的国家机关、社会团体和公民都有义务向它提供必要的材料。同时，第七十三条规定：全国人民代表大会代表在全国人民代表大会开会期间，全国人民代表大会常务委员会组成人员在常务委员会开会期间，有权依照法律规定的程序提出对国务院或国务院各部、各委员会的质询案，受质询的机关必须负责答复。这实质上确认了人大代表代表人民享有的对国家事务的知情权。

"两公开一监督"活动。在1990年年初，开始全面推行村务公开。最高人民检察院于1998年率先实行了检务公开以后，法院、公安、海关等重要司法和行政执法机关开始推行审判公开、警务公开和海关关务公开等措施。党的组织和人事主管部门开始了领导职务任前公示。随着我国行政管理活动不断规范化、法治化，行政行为的公开性不断增强。同时进入20世纪90年代以来，涉及人民重大切身利益的重大政府行为逐步实行听证制度。与此相应，对于1999年年初开始的政府上网工程的意义与作用的认识，亦不宜将其仅定位为一项"为解决我国网络上的路多车少问题而采取的振兴我国新兴电子信息产业措施"，[①] 而应同时视其为我国为推行政治体制改革，实行政务公开保障公民知情权的一项最具有影响力和透明性的举措。

进入21世纪，作为执政的中国共产党和中央人民政府都开始从民主政治和国家建设全局的高度重视公民知情权的保障。特别是对2001年南丹矿难、2003年"非典"及日益加剧的群众上访、群体性事件等的反思和总结，结合公众对知情权的热望和网络媒体的推动，政府信息公开、公民对国家和与自己密切相关权益的与日俱增的关注，在知政与表达、参政、监督甚至地方保持稳定的关系中，知情权起到了关键的作用。2004年10月国务院在《国务院关于全面推进依法行政实施纲要》中明确指出，行政机关实施行政管理，除涉及国家秘密和依法受到保护的商业秘密、个人隐私外，应当公开，注意听取公民、法人和其他组织的意见；要严格遵循法定程序，依法保障行政管理相对人、利害关系人的知情权、参与权和救济权。2007年的第十届全国人民代表大会第五次会议上温家宝所作的《政府工作报告》更进一步指出："要积极稳妥地推进政治体制改革，加快中国特色的民主政治建设。完善人民的民主权利保障制度，保障人民依法管理国家事务、管理经济和文化事业、管理社会事务。各级政府要坚持科学民主决策，完善重大问题集体决策制度、专家咨询制度、社会公示和听证制度、决策责任制度，依法保障公民的知情权、参与权、表达权、监督权。"在党的最高层次会议上，则将知情权置于公民和党员行使民主权利的基础性地位。2006年10月11日中国

---

① 转引自赵正群《得知权理念及其在我国的初步实践》，《中国法学》2001年第3期。

共产党第十六届中央委员会第六次全体会议通过的《中共中央关于构建社会主义和谐社会若干重大问题的决定》中明确指出，“坚持和完善人民代表大会制度、中国共产党领导的多党合作和政治协商制度、民族区域自治制度，从各个层次扩大公民有序的政治参与，保障人民依法管理国家事务、管理经济和文化事业、管理社会事务。推进决策科学化、民主化，深化政务公开，依法保障公民的知情权、参与权、表达权、监督权。扩大基层民主，完善厂务公开、村务公开等办事公开制度，完善基层民主管理制度，发挥社会自治功能，保证人民依法直接行使民主权利。”随后 2007 年党的十七大报告更进一步指出，“人民当家作主是社会主义民主政治的本质和核心。要健全民主制度，丰富民主形式，拓宽民主管道，依法实行民主选举、民主决策、民主管理、民主监督，保障人民的知情权、参与权、表达权、监督权。”2008 年 5 月正式实施的《中华人民共和国政府信息公开条例》确立了“以公开为原则，以不公开为例外”的宗旨，不仅规定了信息公开是政府的法定义务，也保障了信息请求是公民的法定权利。尽管党的文件和政府条例尚难在中国法体系中获得法律和宪法位阶，但必须清楚的是作为执政党的中国共产党的文件和重大决策历来构成了中国宪政实践的重要内容，发挥着宪法功能的调整和指导作用。并且，在法律缺位的情况下，国务院制定的条例也起到了法律的作用。果能如党的文件和国务院条例所言遵照执行，则公民的知情权实质上已获得宪法层面的保障，何时“入宪”也是指日可待的事情。

由此可见，知情权的发展具有这样一些特点：第一，知情权形成可独立主张的权利，经过了权利主张、政治民主化和法律规范化的充分发展过程。第二，知情权的外延不断扩大，发端于私法领域，而后遍及公法领域，并且公法领域的知情权更根本和全面地影响着公民的生活，标志着公民在国家生活中的地位。第三，知情权的法律实践不断发展，日益被普遍化，经历了从国内法规范再到国际化的发展历程，是当代社会不可或缺的基础性和普遍性人权。第四，知情权的发展和保护切合人权本质，展示其对当代人发展的基础性意义，缺乏知情权的人权体系是极不完整的，其所能保障的最好状态也只能是公民不受国家干涉的消极的人权（自由）。第五，知情权在中国的价值已提升到民主政治和人民主权的高度，但尚需不断开发，并提升为一项宪法明确保障的基本人权。有关知情权在公法领域的实践已有了不同程度的发展，特别是改革开放以来在宪政层面的提升成就喜人，但在立法规范和行政司法实践中所显现的知情权之实然价值与其应然价值间仍有相当距离，它们构成了中国未来宪政建设中完善知情权的重要领域。

（二）知情权的理论基础和法律价值

1. 知情权的理论基础

（1）民主：充分了解与充分参与的相关性

从理论上讲，“民主是一种人民自治的制度”。从本质上说，“民主是一种社会管理体制”[①]。古希腊雅典城邦曾是奴隶制社会民主制的典型，不过它是奴隶主贵族的民主。民主随着资产阶级革命的胜利而被确立为一项宪政原则。民主有三个原则：一是多数决定原则；二是保护少数原则；三是正当程序原则。这三个原则充分实现的前提是参与民主决策的成员具有对所决事项的充分了解与知情。“一个社会如果希望民主成功，必须负责提供并发行普遍参与管理所需的信息。”[②] 从历史上看，“西方民主，已经历了古代民主和近代民主两大历史阶段，自20世纪中叶起，开始进入了一个新的历史阶段——当代民主阶段”[③]。古代民主是西方民主的渊源，在中世纪，这种民主制淹没在专制统治的漫漫长夜之中，因为，“在专制国家，人人平等是因为每一个人‘什么都不是’”[④]。近代民主思想冲破神学的禁锢，高扬人权与理性。尽管近代民主制是代议制而不是直接民主制，但人民还是通过各种形式监督和制约政府，使政府执行民意。杰斐逊这样认为：“人民对于他们政府机关的控制，是衡量一个政府是否为共和制的标准。”[⑤] 西方民主机制中首要的是参与机制，“在有关政

---

① ［美］科恩：《论民主》，聂崇信等译，商务印书馆1988年版，第6—9页。

② 同上书，第159页。

③ 应克复等：《西方民主史》，中国社会科学出版社1997年版，第1页。

④ ［法］孟德斯鸠：《论法的精神》（上册），张雁深译，商务印书馆1982年版，第76页。

⑤ 马啸原：《近代西方政治思想》，云南人民出版社1987年版，第222页。

治的理论研究和经验研究中，参与都是一个核心概念”①。而“如果民主国家中，不论间接或直接民主，有治理权的公民处于一无所知的状态，要想治理好这个国家是不可能的”②。“没有知情权的保障，民主主义就不可能得到真正实现。因为主权者不能获得有关政治的信息就不可能作出准确的判断。”③ 可见，只有赋予大多数人以知悉所欲决策事项与情形之权利，方才有真正宪政民主的形成。

（2）平等：占有信息与理性抉择的对等享有

知情权的充分行使是平等权的必然要求和逻辑延伸，这可从平等的内涵与外延中获得求证。“平等乃是一个具有多种不同含义的概念，它所指的对象可以是政治参与的权利、收入分配的制度，也可以是不得势的群体的社会地位和法律地位，它的范围涉及法律待遇的平等、机会的平等和人类基本需要的平等”④。“平等，从一般的意义上讲，总是意味着从某一标准看来是相同的人同样的看待。”⑤ 马克思认为“平等是人在实践领域中对自身的意识，也就是人意识到别人是和自己平等的人，人把别人当作和自己平等的人来对待。……也就是说，它表明人对人的社会关系或人的关系。”⑥ 在政治生活中，选举权的平等性，不仅仅意味着每次选举中每一票效力相等，而且平等更要求对选举相关事项，特别是候选人情况的真实、全面的了解，没有对候选人的全面、真实的了解，则这种平等行使选举权的行为充其量是形式的平等，但其实质是反平等的。在诉讼领域中，法律程序要求平等地对待当事人。这要求，“其一，解决争执者应保持中立。人们不应充当审理他们自己的案件的法官；法官或陪审团不应偏心。其二，审理过程中，双方都应提供信息。其三，各方

① ［英］戴维·米勒、韦农·皮格丹诺编：《布莱克维尔政治学百科全书》，中国政法大学出版社1992年版，第563页。

② ［美］科恩：《论民主》，聂崇信等译，商务印书馆1988年版，第159页。

③ ［日］杉原泰雄：《宪法的历史——比较宪法学新论》，吕昶等译，社会科学文献出版社2000年版，第190页。

④ ［美］E. 博登海默：《法理学：法律哲学与法律方法》，邓正来译，中国政法大学出版社1999年版，第285页。

⑤ 李龙：《法理学》，武汉大学出版社1996年版，第138页。

⑥ 《马克思恩格斯全集》第2卷，第18页。

起码应知道他方提供的信息，并有机会对之发表自己的意见。”① 可见，平等要求对信息的充分获取，知情权是人类追求平等而产生的权利形态。

（3）自由：客观定在与意识自治的有机统一

自由最基本、最原始的含义是：“不受他人武断意志的支配。”② “自由是指一个人在多大程度上能够自行其是，在多大程度上他能够自由确定其行为方式，以及在多大程度上可根据自己所执着追求的目标，而不是根据别人为实现其意图所设定的强制条件去行动。③ 自由既是主体的意志与客观规律的统一，也是个人与社会的统一。

现代以前的自由观是一种消极的自由观，是摆脱某种外在束缚的自由观，但自从1919年《魏玛宪法》颁布后，自由观发生了新的变化，积极的自由观产生了，人们希望通过自己和政府、社会的积极的行为去追求自由、实现自由。美国总统罗斯福在20世纪上半叶提出的“四大自由”就是一个典型。当今社会里的自由应是通过政府积极推动，让每个人都有获取充分信息的自由，从而获得建立在对社会信息平等享有基础上最大限度发挥自己潜力的自由。只有公民能在社会生活中充分获取、筛选与加工信息，才能有实现自我价值的自由。

2. 知情权的法律价值

（1）秩序价值

秩序是自然界和人类社会运动、发展和变化的规律性现象，是某种程度的一致性、连续性和稳定性，“秩序的维持在某种程度上是以存在着一个合理的健全的法律制度为条件的”，“法律旨在创设一种正义的社会秩序”④。这不仅要求社会需要一套规则体系来规范人们的行为，而且这些规则必须得到切实的遵守并且一贯地遵循。而对规则的观点有两种：

---

① ［美］迈克尔·D. 贝勒斯：《法律的原则——一个规范的分析》，张文显等译，中国大百科全书出版社1996年版，第36页。

② ［英］弗雷德里希·奥古斯特·哈耶克：《自由宪章》，杨玉生等译，中国社会科学出版社1999年版，第30页。

③ 同上书，第31页。

④ ［美］E. 博登海默：《法理学：法律哲学与法律方法》，邓正来译，中国政法大学出版社1999年版，第318页。

内在观点和外在观点。[①] 充分的法律信息的知晓有助于培养和强化社会主体对法律的内在观点，从而有助于社会秩序的稳定和持续。具体言之，知情权的秩序价值体现在：①知情权的充分行使，是秩序形成的人文条件。②知情权的充分行使增强公民对规则自觉遵守的主体意识，有利于维持秩序。③知情权为责任的承担提供合理的、理性的依据，有利于恢复受损的秩序。④知情权的充分行使为法律秩序的良性改进提供稳态环境，有利于新秩序的建构。

（2）效益价值

法律通过规则设立的权利和义务分配实现了资源最大限度地优化使用与配置的社会目的。“与市场一样，法律（尤其是普通法）也用等同于机会成本的代价来引导人们促成效率最大化”[②]。“法律实施涉及对可供选择的匮乏资源的合理使用是无疑的。同样……判决必须依最有效率地利用资源这一原则进行”[③]。而知情权的效益价值主要体现在：首先，知情权的行使避免立法成本和实施成本过高的问题。只有充分吸收民意，让社会公众参与立法，才能做到社会各种资源配置效率最大化，而要做到这一点就必须赋予公众广泛的知情权，因为没有知情的参与只能是盲目的、徒劳无益的。其次，在法律救济（司法）领域，原、被告的知情确保了司法资源的最优化利用。所以，有学者认为，“市场那看不见的手与法官的无私公正有着异曲同工之处”[④]。

（3）程序价值

知情权的充分行使确保程序的公开公正性。在宪法规制的民主政治生活领域，选举人的知情权是选举程序公开的保证。在诉讼法领域，不

---

① ［英］哈特：《法律的概念》，张文显译，中国大百科全书出版社 1996 年版，第 91—93 页。哈特认为：“在任何特定时间，依据规则（法律规则和非法律规则）为生的任何社会的生活都可能存在于两种人之间的张力之中：一方面是接受规则和自愿合作以维护规则，并因而从规则的观点来看待他们本人和他人行为的人。另一方面是拒绝这种规则，仅从把规则作为可能惩罚之征兆的外在观点出发才注意这些规则的人。”他认为，原始社会共同体的秩序维持是“多数人是依靠从内在观点出发而看待的规则生活的”。

② ［美］理查德·A. 波斯纳：《法律的经济分析》，蒋兆康译，中国大百科全书出版社 1997 年版，第 519 页。

③ 同上书，“中文版序言”第 15 页。

④ 同上书，第 679 页。

仅原、被告双方对对方之诉讼请求或辩护理由应详尽知晓，而且法院的审判过程和判决结果也应让社会公众和媒体知悉，这样才能确保程序上的公开和公正。在私法领域，当事人双方的知情权的充分行使，体现了民事法律行为形成过程的平等性、合理性和公开性，从而在程序上保证了意思自治和等价交易的真正实现。

（4）控权价值

权力制约实质上是两个大的方面：一方面是人民的主权权力——人民主权，通过宪政设计而以公民权利表现出来，“宪法将人民主权外化和个体化为公民权利，通过保障和发展公民的广泛民主权利来不断扩大和深化人民对于社会和国家的最高权力”[①]。另一方面是国家权力之间的双向制约关系。而公民权利对国家权力的制约往往以公民的民主权利，特别是创制、选举、罢免、复决等程序过程实现，其间公民知情权行使得充分与否直接决定了权力的生成、运行及保障的正当性、有效性，而“国家权力的互相制约是权利制约权力的重要补充”[②]。权利（力）制约权力也必须以知情为前提，否则监督、制约、控权等都是一纸空文。因此，没有知情权，就不可能有真正的控权；从这个意义上讲，没有知情权，就没有宪政与法治。

（三）知情权的行使原则和行使方式

1. 知情权的行使原则

（1）关联原则

知情权行使的关联原则是指当事人双方行使知情权必须是对相关的人、物和在相关的时间、地域范围内行使，对与既定法律关系无关的不得行使知情权。关联原则从两个方面对知情权行使进行指导：一是从积极方面看，凡是与已发生的具体法律关系有关的情况，当事人均有权详尽获知，否则构成由于他方不知情而承担相应责任的法律后果；二是从消极方面说，无相关性的内容不得要求对方告知，也无权获知。关联的情况主要有：①职权的关联性。②职务的关联性。③身份的相关性。④利害关系的关联性。

---

① 周叶中主编：《宪法学》，北京大学出版社 2000 年版，第 154 页。

② 同上书，第 147 页。

(2) 及时原则

由于知情权的行使是其他实体权利行使的前置程序，一切公民现实行使着的权利都有其国家保护的期间，法律不保护躺在权利上睡大觉的人。所以，知情权行使的及时与否对后续权利的行使与保障影响甚大。及时行使知情权要求：①按程序行使知情权。②要给予对方必要的告知时间。③及时行使要求积极合作。只有双方很好地合作，信息才能畅通无阻地进入各自领域。

(3) 自由原则

知情权行使的自由原则指主体可以行使也可以放弃的行使准则。当事人可选择性地处分知情权，体现了法律对个人自由的尊重和保护。在公法领域里，当事人一方可因多种原因不行使知情权，如公民基于政治信仰、处世态度、利益相关性、认同态度、对政治的厌倦等而放弃知情权的行使。

2. 知情权的行使方式

法定的知情权转化成现实的知情权需要通过对知情权的实际行使。不同领域的知情权的行使方式是不一样的。适用不同的知情方式有利于依不同情况有针对性地行使知情权，从而提高知情效率，并且有利于从程序上防止不当行使知情权的情况。一般而言，知情权的行使方式有如下几种：(1) 利用和通过传媒行使知情权。如电视、广播、报刊、网络等。重大、敏感、热点、隐蔽性强的信息披露多是传媒的职责和魅力所在。(2) 通过听证方式知情。在公法领域，特别是行政法领域较为常见。听证有利于公民对政府行政行为透明度的监督和推动。(3) 通过申请、调查、查阅等方式的知情。通过申请、调查、查阅的方式，公民可获得事关自己权益的信息。(4) 察看、质询（问）。这是一种即时知情方式，察看是借助长期以来训练出的经验判断和法律标准对对象进行的确认；质询（问）是一种主动的知悉方式，一般涉及知情权的权利主体的切身利益或其所代表的利益。当然，无论哪种方式，都必须在法律许可的范围内合理地使用，使用的界限是不构成对他方合法权利的侵害。

（四）知情权的法律边界

任何一种权利都有其特定的行使和保护范围，不同权利之间有着各自的边界，知情权的法律边界是在与它极易发生冲突的法律领域中得以确立和明晰。

1. 知情权与隐私权

隐私权，又称个人生活秘密权或私生活秘密权，是指公民的个人生活秘密和个人生活自由不受侵犯的权利，[①] 具有专属性、秘密性、可放弃性。[②] 知情权作为一种积极的权利，通过主体的积极作为达到权利的实现状态，而隐私权是一种消极权利，即只要享有隐私权的主体之外的其他人履行了不作为的义务，它就可以得到保护。因此，一方的知情权的攻击性势必与对方隐私权的防守性产生冲突。恩格斯曾经提出了一个处理个人隐私与新闻报道相互关系的原则：个人隐私一般应受保护，但当个人私事甚至隐私与最重要的公共利益——政治生活发生联系的时候，个人的私事就已经不是一般意义的私事，而属于政治的一部分，它不受隐私权的保护，应成为历史记载和新闻报道不可回避的内容。[③]

司法实践中，美国有多个判例划分知情权或公开化与隐私权的界限。1967 年美国联邦最高法院提出了一个新的标准：在涉及隐私权的案件中，如果原告不能证明新闻报道中的错误是出于被告的故意或轻率，根据宪法第一修正案，被告对于新闻报道的错误可以免受侵害隐私权的起诉。[④] 而美国学者威廉·普罗泽认为：对私生活权的侵权行为有以下四种：（1）打扰原告的孤独生活或隐居；（2）未经授权公开泄露私人的不宜公开的事实；（3）公开那些在公众心目中会产生对原告的错误看法的材料；（4）被告人为得到利益或好处而盗用原告姓名或肖像。[⑤]

基于上述分析，结合我国的具体情况，处理知情权与隐私权的关系，需要遵循以下原则：

第一，社会政治及公共利益原则。一个人的隐私是否受法律保护及保护的范围应该依个人的社会角色而定。当一个公民担任一定国家机关

---

① 李步云主编：《宪法比较研究》，法律出版社 1998 年版，第 485 页。

② 魏振瀛主编：《民法》，北京大学出版社 2000 年版，第 661—662 页。

③ 《马克思恩格斯全集》第 18 卷，人民出版社 1964 年版，第 591 页。

④ 参见张新宝《中国侵权行为法》，中国社会科学出版社 1995 年版，第 234 页。

⑤ 参见罗豪才、吴撷英《资本主义国家的宪法和政治制度》，北京大学出版社 1983 年版，第 105 页。

职务时，其原来属于隐私权范围的某些隐私因与公共利益及政治民主有关而具有应公开的属性。

第二，利益衡量原则。“法律保障的不只是经济利益，而是极其多样的利益：从保障最基本的人身安全，到保障个人名誉或神的名誉等纯粹精神的东西，等等。而且，法律还保障政治的、宗教的、家庭的和其他权威的地位，以及任何在经济上限定的社会地位”[①]。因此，利益衡量是对一定权利保障的多样性利益的综合权衡，进行一定程度优先保护的选择过程。

第三，权利协调原则。一般情况下，知情权与隐私权所体现的利益依据一定社会的道德原则和价值位次可以得出谁具有优先性。但在有些情况下，由于二者的权利价值孰优孰劣，难以比较，此时，便应当通过利益协调的方式将知情权与隐私权加以平衡。首先要将二者的权利给予必要的限制，实行最低限度的必要知情和最大限度地减少对隐私权的侵犯。

第四，人格尊严原则。人格尊严是人权的最核心内容之一，在处理隐私权与知情权关系时尤应遵循。即使在逮捕嫌疑人或新闻报道中，也应最大限度地保护人格尊严，其基本点是“成为一个人，并尊敬他人为人”[②]。因此，对涉及隐私的问题，应一般化，不能过分详细，有些隐私特别是无关宏旨的细节如果有损他人人格，则不宜公开报道。

2. 知情权与商业秘密

在知情权与商业秘密之间如何界分便是知情权法律边界必须回答的又一重要问题。所谓商业秘密，是指不为公众所知悉，能为权利人带来经济利益，具有实用性并经权利人采取保密措施的技术信息和经营信息。它具有：秘密性、实用性、保密性和合法性。[③]

我们认为确立知情权与商业秘密的界限、处理知情权与商业秘密的冲突，应坚持以下原则：

---

① ［德］马克斯·韦伯：《论经济与社会中的法律》，张乃根译，中国大百科全书出版社1998年版，第32—33页。

② ［德］黑格尔：《法哲学原理》，转引自李步云《宪法比较研究》，法律出版社1998年版，第479页。

③ 杨紫桓、徐杰：《经济法学》，北京大学出版社1994年版，第249页。

（1）最低限度的知情原则。商业秘密是法人（组织）存在和发展的重要条件之一，是能带来巨大财富的关键因素，但商业秘密的过分绝对化状态，不仅使消费者对法人（组织）的产品或信誉产生怀疑，更有可能使其违法操作从而殃及广大民众的生命、财产安全。而国有垄断企业的商业秘密对公民权益的影响不亚于公权力的影响。因此，必要的信息披露，有利于打消消费者的疑虑，激发其购买欲，增加交易的速度和安全性，减少日后引发争议的可能性，能尽早遏制交易成本的增加。再者，最低限度的知情是消费者的知情权与法人（组织）的商业秘密二者兼顾的最佳处理方式。

（2）保密原则。私法领域的保密是对于用人单位内部职工而言，不是本书探讨的范围。公法意义上的保密原则不是拒斥知情，而是拒绝无关的知情，是应当的知情与应保护的商业秘密的有机统一。保密原则既将必要人员（如执法人员）的知情权行使置于可接受的程度，也使商业秘密具有其应有的市场价值。保密原则的适用，赋予了知情者保密的义务，违反此义务要承担法律责任。

（3）公共利益原则。任何商业秘密的持有者不能借口商业秘密拒绝国家行政管理机关的基于维护公共利益的调查、询问和检查。基于公共利益的考虑，有合理怀疑的情况下，任何公民、法人和其他组织也可行使知情权。

3. 知情权与安全

当知情权的触角不断伸向生活的各个角落时，人的自我实现和社会实现达到最高程度的和谐。然而，知情权主体的分散性和知情权行使后果的不确定性又可能带来公共领域或集体安全的威胁。尤其是有些需要绝对安全的领域会在不同程度上限制知情权的行使。

安全是其他法律价值实现的根基。“安全有助于使人们享有诸如生命、财产、自由和平等等其他价值的状况稳定化并尽可能地维持下去。”霍布斯认为“人民的安全乃是至高无上的法律”。法律的安全目的所关注的是坚决保护重大的需要和利益。“从最低限度来讲，人之幸福要求有足够的秩序以确保诸如粮食生产、住房以及孩子抚养等基本需要得到满足；这一要求只有在日常生活达致一定程度的安全、和平及有序的基础上才能加以实现，而无法在持续的动乱和冲突状况中予以实现。”①

在现实生活中基于国家安全的整体利益，需要限制一般的公民对重大安全领域的知情权；另一种是在社会保障制度领域，该领域安全的举措的有效性与个体的知情紧密相关，每一个公民充分知悉该制度以使这种制度为人民普遍提供生活、养老等安全利益和价值的认同。另外，网络时代的网络安全与网上知情权问题也发生着冲突，知情应以不侵犯网络安全为前提；如果知情导致网络安全性降低，则该知情必须受到限制。

二　公民监督权

公民监督权不仅是我国人民主权原则的具体体现，而且更是社会主义民主宪政建设的最重要课题之一。它是马克思主义人民监督权理论在公民政治权利领域中的必然反映，我国公民监督权的宪法规范超越了西方传统的请愿权之意蕴，具有更多的社会主义民主宪政的色彩，检视我国公民监督权的规范构建及其不足，充分认识其实现过程中的多样性和艰难性，建构以舆论监督法治化和举报人权利保障为着力点的制度和运行机制，有利于宪法规定的公民监督权有序、稳步和充分的实现。

公民监督权是中国特色人权的重要内容之一，是公民政治权利的重要组成部分。完善和保障公民监督权是我国宪法的基本要求，更是社会主义民主宪政建设中的最关键问题之一。可以说，公民监督权实现的充分程度是社会主义民主宪政建设的标杆。没有公民监督权的实现，社会主义民主宪政就永远是远离国民的虚无缥缈的海市蜃楼。然而，公民监督权在现实中遭遇种种尴尬和阻却，极其不尽如人意。在理论上，公民监督权的极端重要性与学界对这一问题关注的严重不足形成了巨大反差。党的十七大报告明确指出，人民当家做主是社会主义民主政治的本质和核心。要健全民主制度，丰富民主形式，拓宽民主渠道，依法实行民主选举、民主决策、民主管理、民主监督，保障人民的知情权、参与权、表达权、监督权。而我国宪法第 2 条、第 3 条、第 27 条和第 41 条对公民监督权早就作出了十分明确的规定，但有关监督权的理论阐释、制度化

---

① ［美］E. 博登海默：《法理学：法律哲学与法律方法》，邓正来译，中国政法大学出版社 1999 年版，第 294 页。

路径和保障手段却严重缺失。因此，从学理、规范和实现路径等方面深入、系统地研究公民监督权问题不仅是宪法学理论上的迫切需要，更是当下中国宪政建设须臾不可回避的重大理论和现实问题。

（一）建立在马克思主义人权理论基础上的公民监督权

公民监督权思想产生于社会主义革命先驱的巴黎公社时期。马克思在总结巴黎公社历史经验时就提出了人民群众监督的思想。这一思想被列宁进一步发展和付诸实践，我国宪法规定的公民（人民）监督权是马克思主义宪法思想和社会主义宪政的必然要求和体现。

早在100多年前，马克思恩格斯总结巴黎公社历史经验时就提出了人民群众监督的思想。马克思恩格斯认为无产阶级国家机关及其工作人员应“由普选选出的人担任”，“选举者可以随时撤换被选举者”，①人民群众要防止国家机关工作人员“去追求升官发财”。②列宁继承了马克思恩格斯这一思想并结合俄国革命和建设的实际进行了大量的研究和系统论述。十月革命前，他就针对俄国1905年革命中出现的工农代表苏维埃进行分析并指出，它是工农自己的政权，要切实做到“让群众自下而上地直接参加全部国家生活的民主建设”③。要实现这新型社会主义民主管理和建设模式，一个重要的形式就是人民群众对国家机关实行管理监督，这种管理监督“就是把共产主义社会第一阶段‘调整好’，使它能正常地运转所必需的主要条件”④。为此，他认为人民不仅要有充分的普选权和罢免权，而且要“立刻转到使所有的人都来执行监督和监察的职能”⑤。十月革命后，面对刚取得政权的苏维埃面临的巩固和发展的艰巨任务，列宁更加强调人民群众要对新型民主的苏维埃国家及其工作人员实行监督。他指出，“群众应当有权为自己选举负责的领导者。群众应当有权撤换他们。群众应当有权了解和检查他们活动的每一个细节”⑥。

---

① 《马克思恩格斯选集》第3卷，人民出版社1995年版，第13页。

② 同上。

③ 《列宁全集》第29卷，人民出版社1985年版，第162页。

④ 《列宁全集》第31卷，人民出版社1985年版，第97页。

⑤ 《列宁选集》第3卷，人民出版社1995年版，第210页。

⑥ 《列宁全集》第34卷，人民出版社1985年版，第143—144页。

以群众信访的形式对党和国家机关工作进行监督是列宁进行公民监督权实践的重要途径。列宁认为，搞好群众的信访工作是苏维埃政权机关密切联系群众、及时了解民情、接受群众监督的又一形式。1918 年 12 月，苏维埃政府在拟定和颁布《关于苏维埃机关的管理规则》的草稿时，列宁就对群众来信来访问题作了明确的指示，他说："每个苏维埃机关，都要张贴接待群众来访日期和时间的告示，不仅贴在室内，而且贴在大门外面，使没有出入证的群众都能看到。接待室必须设在可以自由出入、根本不需要什么出入证的地方。"① 并且，"星期日和节日必须规定接待时间。"② "每个苏维埃机关都要设登记簿，要有简要的记载，记下来访者的姓名、申诉要点、交谁办理。"③ 对于接待群众的问事处，"不仅要就群众询问的问题一一作出口头或书面的答复，而且要替不识字的人和写不清楚的人免费代写申诉。"④ 为了保证问事处能切实搞好信访工作，列宁还要求各党派、非党工会、非党的知识分子联合会的代表参加。

列宁还主张实行国家政务公开原则，增加权力运行的透明度。对政务不知情的监督不是真正的监督，知情是监督的前提。列宁指出："没有公开性而谈民主制是很可笑的。"⑤ "只有当群众知道一切，能判断一切，并自觉地从事一切的时候，国家才有力量。"⑥ 苏维埃政权"是大多数人的专政，它完全是靠广大群众的信任，完全是靠不加任何限制、最广泛、最有力地吸引全体群众参加政权来维持的。丝毫没有什么隐私和秘密"⑦。人民群众只有对国家事务详情有真正的了解，才能更好地进行监督，如果群众不了解相关情况，则无从监督。苏维埃政权尤其应将与人民利益密切相关的情况及时向人民汇报。"所有负责的公职人员一律定期向工农群众作实事求是的工作报告。这种报告每月至少安排一次，使非党工农

---

① 《列宁全集》第 35 卷，人民出版社 1985 年版，第 360 页。

② 同上。

③ 同上。

④ 同上书，第 360—361 页。

⑤ 《列宁全集》第 6 卷，人民出版社 1986 年版，第 131 页。

⑥ 《列宁全集》第 33 卷，人民出版社 1985 年版，第 16 页。

⑦ 《列宁全集》第 12 卷，人民出版社 1987 年版，第 287 页。

群众有机会对苏维埃机关及其工作进行批评”①。因此，“要有多种多样的自下而上的监督形式和方法，以便消除苏维埃政权的一切可能发生的弊病，反复地不倦地铲除官僚主义的莠草”②。

总之，人民监督权思想贯穿了列宁领导俄国革命和社会主义建设的全过程。列宁对人民监督权理论的探索和制度实践是结合苏俄实际逐步发展和完善的，许多是社会主义建设过程中带有普遍性、规律性的问题，如公民参与、防止官僚主义、防止政党衰落等。而列宁提出的指导思想和解决方案为我国人民（公民）监督权宪法制度的建立提供了思想指导和经验借鉴。

毛泽东在领导中国革命过程中也十分重视人民对党和政府的监督，并把它上升到事关党的事业成败和国家长治久安的高度。在 1941 年 11 月 6 日，他就在陕甘宁边区参议会的演讲中明确指出：“共产党是为民族、为人民谋利益的政党，它本身决无私利可图。它应该受人民的监督，而决不应该违背人民的意旨。它的党员应该站在民众之中，而决不应该站在民众之上。”③ 1945 年，当时中国革命胜利在望，民主人士黄炎培向毛泽东提出一个问题：历代王朝几经更迭，其兴也勃焉，其亡也忽焉，共产党能否找到跳出这种周期率的办法？毛泽东当即回答说：“我们已经找到新路，我们能跳出周期率。这条新路，就是民主。只有让人民起来监督政府，政府才不敢松懈。只有人人起来负责，才不会人亡政息。”④ 毛泽东在此表现了对监督特别重视，把它提到了关系政党、国家生死存亡的高度。1956 年，毛泽东提出了共产党与民主党派“长期共存，互相监督”的方针。由于毛泽东晚年的错误，他的人民监督思想和实践没有得到落实。改革开放以来，邓小平在毛泽东人民和民主党派监督思想的基础上，把监督思想向前推进了一步。他不仅敏锐地洞察到道德无法制约政治的弊端，而且一针见血地指出，解决这一弊端必须依靠制度和法律。依靠制度加强监督，是邓小平在考虑对党组织和党员进行监督时首先提

① 《列宁文稿》第 4 卷，人民出版社 1978 年版，第 22 页。

② 《列宁选集》第 3 卷，人民出版社 1995 年版，第 506—507 页。

③ 《毛泽东选集》第 3 卷，人民出版社 1991 年版，第 809 页。

④ 薄一波：《若干重大决策与事件的回顾》（上），中共中央党校出版社 1991 年版，第 156—157 页。

出来的。他认为，除了加强对党员的思想教育之外，更重要的是要“从国家制度和党的制度上作出适当的规定，以便对于党的组织和党员实行严格的监督”。① 十一届三中全会前后，邓小平从制度方面总结了党的建设的历史经验，把依靠制度进行监督发展为依靠制度和法律进行监督。同时，监督的内容也从党组织和党员上升到国家的高度。在1978年中央工作会议上他明确指出：“为了保障人民民主，必须加强法制。必须使民主制度化、法律化，使这种制度和法律不因领导人的改变而改变，不因领导人的看法和注意力的改变而改变。”② 邓小平总结“文革”中监督失控给党和国家造成极大损失时得出的一条极为重要的结论：“我们过去发生的各种错误，固然与某些领导人的思想、作风有关，但是组织制度、工作制度方面的问题更重要。这方面的制度好可以使坏人无法任意横行，制度不好可以使好人无法充分做好事，甚至会走向反面。即使像毛泽东同志这样伟大的人物，也受到一些不好的制度的严重影响，以至对党对国家对他个人都造成了很大的不幸。”所以说，“领导制度、组织制度问题更带有根本性、全局性、稳定性和长期性。这种制度问题，关系到党和国家是否改变颜色，必须引起全党的高度重视”③。邓小平依靠制度和法律加强监督的思想，具体来说，又包括以下两个方面：首先，对国家机关的专门监督和制约是法律制约的首要环节。邓小平指出：“最重要的是要有专门的机构进行铁面无私的监督检查。”④ “我们要坚持共产党的领导，当然也要有监督，有制约。”⑤ 其次，社会力量的监督制约是依法制约权力的强大保障。这既包括民主党派的监督，更强调人民群众的监督。充分发挥各民主党派进行政治协商、民主监督的作用，能为国家的建设以及社会全面发展凝聚广泛的力量。而人民群众的监督是我国法制监督制约体系的基础，它反映了一切权力属于人民的国家本质。因此，邓小平指出：“要有群众监督制度，让群众和党员监督干部，特别是领导干

---

① 《邓小平文选》第1卷，人民出版社1994年版，第215页。

② 《邓小平文选》第2卷，人民出版社1994年版，第146页。

③ 同上书，第333页。

④ 同上书，第332页。

⑤ 《邓小平文选》第3卷，人民出版社1993年版，第256页。

部。”[①] “要切实保障工人农民个人的民主权利，包括民主选举、民主管理和民主监督。”[②] “要让群众能经常表达自己的意见，在人民代表大会上，政协会议上，职工代表大会上，学生代表大会上，或者在各种场合，使他们有意见就能提。”[③]

（二）公民监督权：学理辨析与社会主义宪政特质

公民监督权是马克思主义人民主权理论在我国宪政领域的直接体现。从宪法学的意义上讲，“监督权是我国现行宪法所确立的公民的基本权利之一，指的是公民监督国家机关及其工作人员活动的权利。”[④] 有学者认为，监督权是宪法学者们根据宪法第 41 条概括出来的一个崭新的概念。“这一概念装置确切地表达了一种惟名论式的纯真而又豪迈的理念，即：在人民成为国家主人公的时代里，承认人民的请愿权在理论上是自相矛盾的，而‘监督权’这一用语则可超越传统请愿权的悲情意义，体现出人民当家作主的宪法理想。”[⑤] 这一观点也得到一些学者的认同。[⑥] 有学者从比较宪法的角度或监督权的实质部分观之，认为它相当于传统宪法学所说的请愿权。[⑦] 关于监督权的具体内容，我国不同宪法学者观点不完全相同。[⑧] 一般认为，宪法第 41 条中的“提出批评和建议的权利”，实际上构成了监督权的具体内容。[⑨] 从监督权的权利属性看，有学者认为鉴于

---

① 《邓小平文选》第 2 卷，人民出版社 1994 年版，第 332 页。

② 同上书，第 146 页。

③ 《邓小平文选》第 1 卷，人民出版社 1994 年版，第 273 页。

④ 许崇德、胡锦光、李元起、任进、韩大元编：《宪法》，中国人民大学出版社 2007 年版，第 214 页。

⑤ 林来梵：《从宪法规范到规范宪法》，法律出版社 2001 年版，第 145 页。

⑥ 韩大元、林来梵、郑贤君：《宪法学专题研究》，中国人民大学出版社 2004 年版，第 404 页。

⑦ 林来梵：《从宪法规范到规范宪法》，法律出版社 2001 年版，第 144 页。

⑧ 有学者认为监督权包括批评权、建议权、申诉权、控告权、检举权、获得国家赔偿权、罢免权 7 项权利。参见周伟主编《宪法学》，四川大学出版社 2002 年版，第 123 页。也有认为监督权包括批评权、建议权、申诉权、控告权、检举权 5 项权利。参见秦前红主编《新宪法学》，武汉大学出版社 2005 年版，第 109—110 页。而许崇德教授主编的 1996 年版的《中国宪法》一书则认为监督权包括批评权、建议权、申诉权、控告权、检举权、取得赔偿权 6 项权利。参见许崇德主编《中国宪法》，中国人民大学出版社 1996 年版，第 414—415 页。

⑨ 许崇德、胡锦光、李元起、任进、韩大元编：《宪法》，中国人民大学出版社 2007 年版，第 214 页。

其内容的复杂性，以宪法第 41 条规定为文本分析对象，可分为政治性的权利和非政治性的权利。[①]

对于以上一些观点，本书在基本认同的基础上，提出以下若干不同看法。首先，本书认为将监督权认定为是一种学理上的概念是对我国宪法文本的误读，是仅仅将公民权利局限于宪法文本第 2 章“公民基本权利和义务”的结果，而没有顾及总纲中的规定；其次，将监督权与请愿权几近等同的看法，也是对请愿权与监督权理论基础、内容和功能等方面的区别关注不足的结果；再次，把监督权分为政治性和非政治性是对宪法立法原意的误读。最后，本书认为，监督权是一项概括性的基本权利，是带有责任色彩的社会主义社会公民的政治权利，兼有参政权与受益权的双重属性，该权利体系中既有直接意义上的监督权，如批评权、建议权和检举权，也有救济（受益）意义上的监督权如罢免权、控告权和获得国家赔偿权等，是一个内容十分丰富的概括性的基本权利。

首先，监督权并不是一些宪法学者们总结、概括出的权利，而是我国宪法明确规定的公民（人民）的最基本的政治权利。一些宪法学者之所以认为“监督权”是学术创造，乃是割裂了宪法文本的整体性，是片面解读的结果。从世界各国宪法对公民权利的规定看，有不同的模式，如美国主要以《权利法案》这种修正案的形式集中列出；法国以《人权宣言》的形式置于宪法之首；英国采取法不禁止即为公民自由领域的形式；而中国则是以《公民的基本权利与义务》为独立的一章且与义务一同规定的形式。事实上，宪法规定公民基本权利有明示、默示和控权三种方式。明示是一种直接对权利进行规定的方式；默示则采取概括保留条款，如美国宪法修正案第 9 条的规定；控权方式是通过对国家权力的限制规定必然推定出的公民权利。如美国宪法除 10 条修正案通常被称为《权利法案》外，公民宪法权利还在其他条文中如权力规范的条文中多有体现。如第 1 条第 9 项第 2 款规定人身保护令享有的特权不得中止，惟遇内乱或外患，公共治安需要停止这项特权时，不在此限。第 3 款规定“褫夺公权的法案或追溯既往的法律一律不得通过。”在第 3 条第 2 项第 3 款规定，对于除弹劾案外一切罪案，应由陪审团审判。该条第 3 项规定

① 林来梵：《从宪法规范到规范宪法》，法律出版社 2001 年版，第 148 页。

叛国罪的构成要件及处罚规范。其中涉及公民的财产权和名誉权的保障。同样，美国10条修正案之后的修正案许多也规定了公民的基本权利。①所以，宪法对公民权利的规定，形式不是单一的、也不应该单一。在理解宪法权利时，更不应该局限于明确规定为“权利”的权利，而必须遵循立宪精神和权力规范的内容，这样才能有一个完整的宪法权利体系。基于此，本书认为，我国公民监督权应结合宪法第3条、第27条、第41条规定，必然合乎逻辑地得出“监督权是我国宪法明确规定的公民基本权利”的结论。

中华人民共和国宪法第3条第2款明确规定：全国人民代表大会和地方各级人民代表大会都由民主选举产生，对人民负责，受人民监督。该条第3款接着规定：国家行政机关、审判机关、检察机关都由人民代表大会产生，对它负责，受它监督。第27条第2款规定：“一切国家机关和国家工作人员必须依靠人民的支持，经常保持同人民的密切联系，倾听人民的意见和建议，接受人民的监督，努力为人民服务。”这些规定明确了人民的监督权。而这里的“人民”包括作为人民组成分子的个体——公民，也包括一定数量个体的集合而形成的组织（团体）。所以，公民监督权也是这些规定的应有之义。并且“人民监督”既有权力之意，更有权利之义，是责任与权利的结合。人民不履行监督责任，共和国就会灭亡。正如英国著名政治学者希特所言，“如果公民不愿献身于共和国的公共事务，那么，它就将瓦解于内部纷争和腐败，最终演变为权威主义，甚至是专制主义形式的国家。直接参与极其必要”②。所以，公民“还存在一种责任（权利），即对政府的监督”③。因为由民主选举产生的权力机关，是人民特别是公民个体行使选举权的结果，则对其监督必然也是行使监督权利，并且监督权利作为一种宪法权利本身就是对抗和限制国家权力的。同样，人民既然能对产生其他国家机关的全国人大及其常委会行使监督权，则必然也能对其他国家机关拥有监督权。至此，可以认

① 《美国宪法修正案》第14条、第15条、第19条、第24条都与公民权利有关。

② ［英］德里克·希特：《何谓公民身份》，郭忠华译，吉林出版集团有限责任公司2007年版，第64—65页。

③ 同上书，第66页。

为，公民监督权是宪法规定的权利而不是宪法学者概括出的权利。本书认为，宪法第41条规定的公民基本权利是对第3条第2款和第3款、第27条的具体化。而宪法第41条也明确将公民的批评、建议、申诉、控告或检举、取得赔偿权限定于针对国家机关及其工作人员的职务行为，并不存在有些学者所分析的非政治性和政治性。道理很简单，我们解读的对象是宪法，而不是民法。而对于国家机关及其工作人员的采购、购物等非职务行为，自然适用私法调整。

其次，公民监督权是与请愿权有本质区别的权利。从两种权利的产生来看，请愿权是封建社会主权专制制度下，人民反对君主绝对权力斗争的结果。它起源于英国，先是处于弱势的下院向国王请愿、要求伸张不平的权利。后来才是每个公民享有的权利。1689年，英国资产阶级革命胜利后颁布的《权利法案》明确规定："向国王请愿乃臣民主权利，一切对此项请愿之判罪或控告，皆为非法。"此后，请愿权在一些资本主义国家宪法中得到确认。在20世纪下半叶，有学者曾统计了世界上142部宪法，其中有75部宪法对请愿权作了规定。①

因此，请愿权是阶级对立和斗争的结果，而监督权是人民主权自我完善的要求和必然体现。

从两种权利的内容看。请愿权的范围小于监督权。日本阿部照哉等学者认为，"宪法规定对于损害的救济、公务员的罢免，与法律、命令或规则的制定、废止或修改，以及其他事项，得请愿之，总之，就国家或公共团体机关权限内的一切事项，皆得请愿"②。而我国宪法所规定的监督权限包括对代表和官员的监督、对机关的行为的监督，也包括合理化建议和个人举报的各种不良现象。可以说涉及社会生活和国家生活的方方面面。

从权利行使的程序和途径看，请愿权规定了较严格的程序且方式单一，而监督权程序和途径多样，更便于公民监督国家机关及其工作人员。

---

① ［荷］亨利·范·马尔赛文等：《成文宪法的比较研究》，陈云生译，华夏出版社1987年版，第151页。

② ［日］阿部照哉等编著：《宪法》（下册），周宗宪译，中国政法大学出版社2006年版，第364页。

关于请愿的程序，“对一般官公署的请愿，须具备载明请愿人住所、姓名的书面，向管辖请愿事项的官公署提出。管辖官公署不明时，得向内阁提出。对国会各议院请愿，系经由议员介绍提出。对地方议会请愿，亦须经由地方议员介绍提出”[①]。可见，请愿权的行使是一个比较严格、固定、单一性的程序。与之相比，我国公民监督权既有采取比较正规的程序方式，也有灵活多样的方式和简单程序。如公民的申诉、控告要求严格的程序规则，而批评、建议、检举则采取相对宽松的程序和不拘一格的方式。

从权利的属性看，一般认为“请愿权系请求国家机关为一定行为之权利，属于受益权”[②]。而监督权既有参政权，也具有受益权的属性，因而具有双重属性。如申诉、控告往往与维护公民自身权利，请求国家机关作出行为，获得一定救济，从而具有受益权属性，但批评、建议和检举更多是对国家政治生活的参与，因而明显具有参政权的属性。

综上所述，本书认为，监督权是我国宪法规定的公民的基本权利之一，是有别于西方国家宪法中规定的请愿权的一种兼具参政权与受益权双重属性的权利。它既含有传统请愿权的基本内容，更有社会主义民主宪政建设过程中弥补制度和正常机制不足所需的国情性规定。

（三）公民监督权：公约规定、国内法规范与现实的尴尬

公民监督权作为一种公民参与国家管理的权利，经过近代资产阶级革命到现代资本主义社会公民政治参与权的勃兴和新闻自由的普遍保障，业已形成一项公认的公民政治权利，并且一系列国际人权文件都以不同方式承认了公民监督权作为公民权利和政治权利的属性。《世界人权宣言》第19条规定，人人有权享有主张的发表意见的自由；此项权利包括有主张而不受干涉的自由，和通过任何媒介和不论国界寻求、接受和传递消息和思想的自由。《公民权利和政治权利国际公约》第19条第1款规定，人人有权持有主张、不受干涉。第2款规定，人人有自由发表意见的权利；此项权利包括寻求、接受和传递各种消息和思想的自由，而

---

① ［日］阿部照哉等编著：《宪法》（下册），周宗宪译，中国政法大学出版社2006年版，第363页。

② 同上书，第362页。

不论国界，也不论口头的、书写的、印刷的、采取艺术形式的或通过他所选择的任何其他媒介。第25条第1款规定，每个公民应有权利和机会直接或通过自由选择的代表参与公共事务。《联合国反腐败公约》第33条规定了保护举报人的条款：各缔约国均应当考虑在本国法律制度中纳入适当措施，以便对出于合理理由善意向主管机关举报涉及根据本公约确立的犯罪的任何事实的任何人员提供保护，使其不致受到任何不公正的待遇。这些规定尽管没有明确公民监督权，但人人享有主张意见的自由表达、借助"任何其他媒介"、直接参与公共事务等规定中可以推导出公民对公共事务以批评、建议、举报等形式参与，也可以借助如报纸、电视、网络等媒介加以表达。而现代传媒及其所引导和代表的公众舆论对国家权力的监督起着越来越大的作用。法国大革命时期著名的政治活动家罗伯斯庇尔说过："出版自由是鞭挞专制主义的最可怕的鞭子。"① 美国第三届总统托马斯·杰斐逊主张："报纸要对政府提供一种其他机构无法提供的监督作用。"②

国内法层面上，公民监督权在西方国家的宪法中通过以表达自由、请愿权、呼吁权等权利形态得以彰显。《保加利亚宪法》第45条规定：公民有权向国家机构提出申诉、建议和请愿。③《白俄罗斯宪法》第40条规定：每个人都享有向国家机关投送个人或集体呼吁书的权利。④ 正如前文已分析的，只分析请愿权尚不能完全符合本书对公民监督权的定义。而西方宪法中普遍认可的言论、出版自由，特别是具体形式的新闻自由的确是公民监督权的典型表现。在我国，公民监督权在根本法宪法和其他法律法规中得到具体体现。我国《宪法》第2条、第3条、第27条和第41条的规定形成了一个严密的、有巨大发展空间的公民监督权的最高效力的规范体系。我国《宪法》第2条规定："人民依照法律规定，通过各种途径和形式，管理国家事务，管理经济和文化事业，管理社会事务。"第3条规定："全国人民代表大会和地方各级人民代表大

---

① 转引自应克复等著《西方民主史》，中国社会科学出版社1997年版，第447页。

② 同上。

③ 姜士林等主编：《世界宪法大全》，青岛出版社1997年版，第751页。

④ 同上书，第739页。

会都由民主选举产生，对人民负责，受人民监督。”第 27 条第 2 款规定：“一切国家机关和国家工作人员必须依靠人民的支持，经常保持同人民的密切联系，倾听人民的意见和建议，接受人民的监督，努力为人民服务。”第 41 条规定：“公民对于任何国家机关和国家工作人员都有提出批评和建议的权利。”这些为人民监督权进一步法律化、制度化提供了基本依据。

为了进一步细化宪法赋予公民监督权的规定，我国具体的法律法规和条例在不断探索和制定。

1991 年，最高人民检察院发布了《关于保护公民举报权利的规定》，对如何保护举报人做出了规定。1996 年，最高人民检察院检察委员会通过了《人民检察院举报工作规定》，以 50 条的篇幅，建立了更为完善的举报人保护制度。在地方性法规方面，1989 年 6 月广东省人大率先通过《广东省保护公民举报条例》，这一地方性法规后，各地纷纷也出台了相关法规。2005 年 8 月，国务院通过了《信访条例》，较全面地规定了对公民监督权的保护，可以说，从具体制度上保护公民监督权已经纳入了法制化轨道。

尽管宪法赋予了每个公民神圣监督权利，相关的制度也逐步建立起来。但在现实生活中，公民监督权的行使并不顺畅，权利的保护也难尽人意。究其原因，一是立法位阶较低，难以形成有效的保护。二是运行机制不健全，监督者遭受打击报复的现象时有发生，严重影响了公民监督的积极性。如，由于我国目前的法律体系缺乏对举报处理的程序规范，缺乏对打击报复行为的明确界定，导致群众不敢检举揭发，或者举报后，当纪检监察或检察机关侦查时，又不敢站出来说话。群众敢不敢站出来举报，取决于自身的利益及安全能不能得到保障。如今的贪官们大都关系网大，手中又握有实权，在举报制度不健全的情况下，举报材料经常辗转落到被举报者手中，举报者的情况可想而知。近年来在一些地方打击报复举报人的案件呈上升趋势，手段不断升级，甚至多次发生雇凶杀人的恶性事件。有些被举报人利用职权，打着合法的旗号，强行将举报人撤职、调离，甚至打入监牢。这样的事情怎不让人惊心？举报者又怎么敢再去举报？在贪官受到法律惩罚之前，举报人受到打击报复会让很多知情者望而却步，三缄其口。这种恶劣的影响不仅让后来者“失语”，也让贪官长期逍遥法外。所以，法律应该进一步健全，制定《举报法》和《证人保护办法》势在必行。

《反腐败国际公约》中，有缔约国应考虑建立保护举报人制度的条款。我国已在这一条约上签字，因而制定一部《举报法》，统一明确举报人的权利，明确侵犯举报人的权利要受到的惩罚，这将有利于保护与提高人们举报的积极性，为反腐败及其他执法工作的开展提供更有力的群众基础。

马克思指出："报刊按其使命来说，是社会的捍卫者，是针对当权者的孜孜不倦的揭露者，是无处不在的耳目，是热情维护自己自由的人民精神的千呼万应的喉舌。"[①] 社会主义的报刊无疑首先要大力宣扬社会主义的法律方针和政策，讴歌社会主义的新人新事，但也要代表和传达民意，履行对公权力和公职人员的监督责任。但现实中，媒体特别是官方媒体的监督权受到诸多限制，监督所需的信息往往被封锁，即使监督，其后果是人身、职业和财产遭受不利影响。如此，媒体往往变成了一些权力拥有者歌功颂德、吟唱升平的工具。因此，需要制定《舆论监督法》《新闻法》《信息公开法》《人身保护法》《申诉法》等。

再有，公民的信访权问题。公民通过信访监督与制约滥用权力的机制，其出发点是好的，在现实中也能发挥一定的作用，但该机制的运行与法治原则相悖。它使一个收集和反馈意见的机制变成了判断公民与公权力之间具体权利义务关系的裁决机构，而且各种国家机关都设信访办，一方面出现群众急需解决的问题在不同信访办或机关间"转圈圈"，"踢皮球"；另一方面又损害了司法的权威和司法最终救济机制作用的发挥，也与法治社会所要求的国家机关间的不同职能分工的原则向左。

（四）公民监督权实现的基本路径：舆论监督法治化与举报人保护制度的建构

1. 舆论监督法治化是实现公民监督权的最一般模式

英国著名政治学家布赖斯较早对舆论监督的重要性进行了论述，他认为，"人民的意见决不能由所选的代表完全代达出来，因为代表或者于无意之中误解人民的希望，或者竟有恶意违背人民的希望；人民虽有训

---

① 《马克思恩格斯全集》第6卷，人民出版社1961年版，第275页。

示也不能免除这个危险”[①]。尽管投票也是一种监督，但没有舆论监督的经常、持久和适应性，“舆论和投票方法相比，实在是一种较有弹性的、较难谬误的人民行使权力的工具或方法。舆论是常常存在的，活动的；事实变迁了，它也会变迁的，并且会跟着事实走的”[②]。所以“舆论的作用是继续的，投票的作用是一时的间断的”[③]。日本著名的宪法学家阿部照哉等学者认为，“在国民主权的原理下，宪法令所有的国家统治机关皆应服从民主的监控。此所谓民主的监控，系指主权者国民的意思，以某些形式及于、反映至统治机关的存在和行为上，或给予影响”[④]。在现代民主宪政国家，公民参与国家管理，行使主权权利（权力），除了选举、罢免、复决等权利外，更经常的政治参与是以舆论监督、举报等形式进行的行使主权的活动。

在我国社会主义宪政建设过程中，发挥舆论监督的作用是中国共产党始终保持先进性的必然要求和密切联系群众进行社会主义宪政建设的重要途径。针对党内存在的官僚主义、腐败等事关党的生死存亡和国家民主宪政建设的问题，邓小平同志早在20世纪80年代就指出：“要有群众监督制度，让群众和党员监督干部，特别是领导干部。”[⑤] 党的十五大报告中谈到完善民主监督时，强调要“把党内监督、群众监督结合起来，发挥舆论监督的作用”，党的十六大报告中进一步强调强调发挥舆论监督的作用。党的十七大在强调搞好舆论监督的同时，更加明确地提出要保障人民的知情权、参与权、表达权和监督权等。《中国共产党党内监督条例》的颁布，在我党的历史上第一次以党内法规形式，把舆论监督列为一项党内监督的重要制度。中国共产党如此强调舆论监督，其目的就是要始终保持党的先进性、人民性，不断带领人民进行中国宪政建设，实现人民的幸福。

---

① ［英］詹姆斯·布赖斯：《现代民治政体》（上册），张慰慈等译，吉林人民出版社2001年版，第151页。

② 同上书，第159页。

③ 同上书，第158页。

④ ［日］阿部照哉等编著：《宪法》（下册），周宗宪译，中国政法大学出版社2006年版，第317页。

⑤ 《邓小平文选》第2卷，人民出版社1994年版，第332页。

发挥舆论监督的作用，也是社会主义法治的基本要求。我国《宪法》明确规定：依法治国，建设社会主义法治国家。同时，宪法中的相关规定赋予了公民广泛的舆论监督权，[①] 并为公民充分行使舆论监督权提供了最重要的法律依据，也为普通法律对此进一步细化提供了基本原则和总体要求。另外，一些省市还通过地方立法，明确规定新闻媒体要对国家工作人员履行职务的行为进行舆论监督。这些情形表明，舆论监督正逐步成为执政党的重要执政理念和政策重心之一，舆论监督进一步制度化和法律细化正成为完善我国社会主义法治的重要内容。

然而，从现实来看，只有党的文件的确认、重视和宪法的规定还不足以使公众舆论监督权真正法制化，特别是变成公众可实实在在行使的权利。由于我国宪法赋予的是人民群众广泛的概括的民主监督权利，即理论上从对全国人民代表大会及其常务委员会和各级人民代表大会及其常务委员会的监督，到对其他各级国家机关及其工作人员行为的监督。而从现实层面看，这些宪法权利并未具体化为可操作的权利，因而舆论监督缺乏明确、具体、有力的法律制度的保障。虽然“我国目前的法律监督机制已经在起作用，但是还未获得人们所期望的以及她本身应达到的效果，具体的表现为监督滞后、监督虚设和监督乏力”。[②] 从整个国家监督体系看，自上而下的监督最有力，而自下而上的监督却十分乏力，乃至成了对自上而下的监督权的依附关系。舆论往往变成少数部门和领导人歌功颂德、吟唱升平的工具，舆论监督的这种严重“虚化”的地位，导致许多监督盲点或空当，其结果是一些政府部门和官员脱离群众，侵害人民利益，不作为、乱作为时有发生，大案要案多发，腐败现象依然严重，法治面临严峻挑战。

舆论监督之所以乏力，除上述的制度缺失外，还有两方面原因：一是公众和传媒的知情权、批评权不能实现；二是舆论监督之后的打击报复现象十分严重，而法律对此的预防和救济却十分不力。因此，进行系统的舆论监督权建构，成为当下我国宪法规定的公民监督权实现的首要

---

① 我国宪法中有关言论自由、批评、建议和检举等权利的规定较集中地反映了舆论监督权的基本内容。

② 李交发等：《法治建设论》，湖南人民出版社 1998 年版，第 132 页。

主题。

要想让舆论监督真正完成宪法和党中央赋予的监督一切国家机关及其工作人员的神圣使命，就必须从以下方面完善舆论监督所需的权利支撑体系。

（1）立法明确规定舆论监督者的知情权

知情权的基本含义是公民有权知道其应该知道的信息，国家应保障公民在最大范围内享有获取各种信息的权利，特别是有关国家政务信息的权利。在第二次世界大战前，知情权只是新闻从业人员的主张和口号，第二次世界大战后，美国国会相继制定《情报自由法》《隐私法》等一系列法律保障公民的知情权。1948 年的《世界人权宣言》第 19 条明确规定：人人有权享有主张和发表意见的自由；此项权利包括持有主张而不受干涉的自由；和通过任何媒介和不论国界寻求、接受和传递消息和思想的自由。1966 年的《公民权利和政治权利国际公约》第 19 条对此进行了进一步细化，该条第 2 款规定：人人有自由发表意见的权利；此项权利包括寻求、接受和传递各种消息和思想的自由，而不论国界，也不论口头的、书写的、印刷的、采取艺术形式的或通过他所选择的任何其他媒介。目前，世界上绝大多数国家都加入了该公约。我国也于 1998 年签署了该公约。可以说舆论监督的知情权保障已成为世界潮流。

保障公民知情权是人类政治文明发展的必然。在古代专制社会，实行“民可使由之，不可使知之”“法不可知，则威不可测”的愚民、专制的统治观念和统治实践，从根本上否定人民的知情权、参政权和对国家权力的监督权。近代以来，随着资产阶级政治革命的胜利，在广大无产阶级的不断斗争下，公民了解国事、平等参与国家事务的要求被逐步制度化，知情权开始进入公民政治生活领域。20 世纪后，随着政府信息对公民生活的影响愈来愈大，知情权发展成为公民的一项必不可少的政治权利，其内容主要包括知政权、社会知情权。从知悉国家的立法活动、选举活动、政府行政行为、法院审判活动、政府领导人的履历和主要活动等的权利，到及时知悉社会重大灾害、环境状况等的权利。在当代民主社会，知情权不仅是一项个人自由权利，更是一项重要的民主参政和民主监督权利。作为个人权利，知情权对个体的生存和发展至关重要。如果政府对公民的知情权不从法律上予以切实保障，个体发展自身人格及实现自身价值的可能性就会出现障碍。因为，无知情权，公民就无法理性地安排自己的生活，也使公民许多其他权利的实现不可能。作为民主参政和民主监督权，人民参与管理国家事务、社会事务、监督国家机关及其工作人员必须以知情为前提，不知情则无法进行有价值的参与，更无从监督公权力。因此，保障公民知情权，是现代民主宪政精神的基本要求和体现。

无产阶级在创建社会主义制度时，保障人民的知情权是其重要方针和政策之一。早在苏俄社会主义建设时期，列宁就十分强调无产阶级政权处理政权事务的公开性，强调人民对苏维埃国家及其工作人员实行监督的重要性。他指出，“群众应当有权为自己选举负责的领导者。群众应当有权撤换他们。群众应当有权了解和检查他们活动的每一个细节”①。不仅如此，列宁还进一步从民主政治高度加以阐释，他深刻指出：“没有公开性而谈民主制是很可笑的。”② 苏维埃政权“是大多数人的专政，它完全是靠广大群众的信任，完全是靠不加任何限制、最广泛、最有力地吸引全体群众参加政权来维持的。丝毫没有什么隐私和秘密。”③人民群众对国家事务的了解本质上是参政的表现，也只有对国家事务详情有真正的了解，才能更好地进行监督。如果群众不了解相关情况，则无从监督，而人民不能监督就不能说是真正的人民当家做主的民主制度了。

（2）无过错推定的合理怀疑权

所谓怀疑权是舆论监督者的知情权因客观或是人为因素阻却时，基于善意、合理的目的而进行的一种监督权利。由于知情权的实现在很大程度上取决于官方的“意愿”，一旦官方封锁消息，则外界无从知情，而以传媒为代表的公众舆论便会失去应有的监督功能。因此，为了防止知情权的虚化，确立舆论监督主体的怀疑权是有效监督所必需的。在西方，新闻舆论基于其对民主国家的重大作用和社会责任感，在涉及国家机关及掌握国家权力的政客的言行的监督方面，确立了无过错推定的合理怀

---

① 《列宁全集》第 34 卷，人民出版社 1985 年版，第 143—144 页。

② 《列宁全集》第 6 卷，人民出版社 1986 年版，第 131 页。

③ 《列宁全集》第 12 卷，人民出版社 1987 年版，第 287 页。

疑原则。鉴于传媒在履行这种职责时招致的纠纷，推定传媒具有善意而无须负责，除非权力机关中公共名人能够明确证明传媒故意栽赃丑化，而且拒不采用或刊登对方的抗辩说明。所以，怀疑权既是对知情权的救济，也是为了更好地行使舆论监督权。

在我国，怀疑权也有若干法律上的渊源，如《宪法》第 35 条所赋予公民的言论、出版自由的权利；第 41 条赋予公民的对于任何国家机关和工作人员的提出批评建议的权利等。可以说，怀疑权就是这些宪法性权利的具体化或者说落实。一般说来，媒体只有在获得“事实”后才可对公职人员的行为进行报道和评价，否则就是滥用言论自由权，同时也会引来侵权诉讼。而怀疑权支持媒体预先介入虽未明确但依事理可合逻辑推定的“事实”，确能提升媒体监督的信心和力度。同时，怀疑权的社会意义及效果也是显而易见的。

当然，由于怀疑权不是建立在确凿的“事实”基础上的，因此要正确行使怀疑权，就要首先正确理解和把握怀疑权。首先应明确，怀疑权不等于怀疑。所谓权利是指公民或法人依法律规定可以做也可以不做出一定行为的能力或资格。其次，有权怀疑是消除怀疑的前提，如果连起码的怀疑能力都不允许拥有，那么一切怀疑则无从解决，从而酿成更大的怀疑，导致不信任。从总体上讲，人们固然应当相信自己选举出来的政府和官员，但社会的复杂性和人性的不完善性，迫使人类的理性需要先疑后信，先释疑而后采信，不许疑则无法取信。任何权力都不可能，也不应该要求人们如同信仰上帝那样对自己无疑而信。当然，怀疑权绝不是无端猜疑。舆论批评的严肃性和合理性是衡量怀疑权是否正确行使的重要标准。当前，尤需要从以下方面正确看待和行使怀疑权：

第一，怀疑权是促进政务及时、充分公开的具体措施之一。在政府运行和活动的范围有了巨大扩张的情况下，政府有能力掩盖其本身的某些犯罪和渎职行为，而媒体的发展及其灵活性、主观能动性能够发现和报道行政部门的某些秘密的不法行为。在媒体获得怀疑权的条件下，公务人员的应公开却不公开的行为会备受媒体的责问和怀疑，这在一定程度上强化了政府及官员工作的透明度，促使政府和官员接受更广泛的群众监督和社会评价。这对建设法治政府具有重要意义。

第二，怀疑权是社会性权利，其行使必须维护公共利益的迫切需要。怀疑权的价值目标不是个体利益，而是公共利益。授予媒体以怀疑权利，不是赋予媒体以特权，而是让媒体利用这种权利或自由对社会负责，对民众及时行使告知的义务。

第三，不能对媒体责备求全。如果要求怀疑权的行使不存在丝毫过失，一律要求发现“真实”后才可以报道，那么媒体的监督不但会来得很迟，而且更可能产生“寒蝉效应”，即媒体会惧于对私人（主要指公职人员）承担责任的成本，进而惧于发表言论，使媒体沉默。这必然会给社会民主带来伤害。

第四，对政府和公职人员的行为，特别是应当透明而未透明的行为，应允许民众和媒体进行无恶意的评价。政务透明度是衡量一个社会民主程度的标志之一，舆论监督能促进政务公开和政府勤于政务。正如温家宝在十届人大二次会议上所作的政府工作报告中明确指出的，“政府的一切权力都是人民赋予的，必须对人民负责，为人民谋利益，接受人民监督。只有人民监督政府，政府才不会懈怠。同时，要接受新闻舆论和社会公众监督。”另外，在媒体报道被证实与客观有较大的差距以后，政府和公职人员还可以行使更正请求权、答辩权来维护自己的权利。

（3）批评权

批评权是宪法规定的公民的一项基本权利，其含义是指公民对国家机关和国家工作人员在工作中的缺点和错误，有提出批评意见的权利。这也是保证公民行使舆论监督的一项重要权利，其具体表现是公民通过各种合法途径对政府及其工作人员的职务行为和有损官员形象的其他行为进行客观、公正、实事求是的批评。行使好、维护好广大人民的批评权是保障社会主义机体永葆健康的重要法宝，是人民真正参与管理国家和社会事务的重要表现形式。列宁早在苏维埃政权巩固和建设时期就明确要求，“所有负责的公职人员一律定期向工农群众作实事求是的工作报告。这种报告每月至少安排一次，使非党工农群众有机会对苏维埃机关及其工作进行批评”①。在我国，从中国共产党创立到带领广大人民群众

① 《列宁文稿》第4卷，人民出版社1978年版，第21页。

经过艰苦卓绝的革命斗争，最终取得全国革命胜利的历程看，始终保护人民享有批评权和方便人民行使批评权是革命胜利的一大法宝。正因如此，我国宪法把批评权确立为公民的一项政治权利。我国宪法第 41 条明确规定：中华人民共和国公民对于任何国家机关和国家工作人员，有提出批评和建议的权利。

但从实践来看，批评权却缺乏具体的规范指引和运行保障机制，特别是公众不能借助大众传媒进行有效的批评。在世界其他一些国家和地区，舆论监督之所以有力，在很大程度上得益于对腐败现象及时地公开报道和揭露，不管被监督者地位有多高，后台有多硬，从美国当时正在台上的总统克林顿到韩国前总统金大中的儿子等都无一能逃脱舆论的监督（更有依法的追究）。所以，切实保障和落实有批评权的监督，对维护国家和社会整体利益和公民个人合法权益非常必要。法律必须明确规定，公民可以通过各种合法途径，公开地批评党、政府及其工作人员工作中的各种不良现象，被批评者对舆论批评有及时答复的义务，也有反批评的权利，而这一切只要建立在善意、实事求是、符合正当程序的基础上即可。对公民依法行使了批评权而遭打击报复的，必须依法追究打击报复者的责任。

（4）安全保障权

舆论监督是自下而上的监督，在一个“官本位”观念十分浓厚的中国，打击报复往往是权力拥有者容易使用的对付监督者的手段。因此，如何保障依法进行了舆论监督的监督主体的人身和财产安全，是需要法律从实体到程序进行严格规定的事项。虽然我国宪法第 41 条第 2 款已明确规定，“对于公民的申诉、控告或者检举，任何人不得压制和打击报复。”但由于无具体法律将之具体化，因而对公民和传媒在有效行使监督后遭受打击报复的情形，仍然缺乏有力、具体可靠的法律保护。从法理上讲，这种保护应包括为检举者保密，赋予公民、传媒明确的检举权利和人身、财产权利被侵害后及时、经济和方便的救济途径，并通过正当司法程序对可能出现的纠纷进行裁决，尤其是要对打击报复行使舆论监督的公众和传媒的部门和官员以最及时和最严厉的处罚。

以上四种权利构成了相互联系、不可分割的完整的权利体系，失去其中任何一种权利，舆论监督便不复存在，社会主义法治必将变成海市蜃楼。没有知情权，舆论监督便无法启动；没有怀疑权，则知情权很难充分实现，因为政府或官员可以以各种借口拒绝告知或进行不完全、抑或虚假的告知，怀疑权的行使无疑使知情权的不足得到有效救济；知情权也是批评权的前提，没有知情的批评是不负责任的甚至是滥用批评权的表现，而批评权是知情权的合理延伸，公众不是为了知情而知情，而是通过知情，再来合理行使批评权、建议权等权利达到参与和管理国家各项事务的目的，从而真正实现人们当家做主。“公开是监督的前提，知情是监督的保证，没有被监督者公开应被监督的信息，知情则无从谈起，而不知情，批评就流于空洞和虚假，则监督无从谈起。”① 同时，舆论监督必然要监督一些国家机关和官员的不正当、不合理和违法的行为，这无疑会损害他们的既得利益和将来的不法利益，因而这些机关或个人会利用自己的优势地位和权力进行或明或暗的打击报复。在现实中往往出现越是需要监督的事情，越是被牢牢地封闭住，不让群众知道，不许媒体采访和报道，一旦媒体采访和报道，其后果往往要付出沉重的代价。所以，只有给舆论监督者以法律明确、详细而充分的人身和财产保障，舆论监督才会真正发挥其应有的有效遏制权力滥用的作用。

当然，任何权利的行使都有其界限，舆论监督权的行使也不例外，并且舆论还有自身难以克服的缺陷。正如布赖斯所言：“舆论的最大缺点就是在激扬的时候，很有灭绝反对意见，和压抑一切所不喜欢听的言论的趋势。”②

2. 举报人权利保护制度是公民监督权充分实现的关键和基本标志

舆论监督“具有广泛性、公开性、及时性、灵活性和评介性的特点，由于它的时效性强、辐射面广、透明度高和震慑力大，因而体现出对权力机关和权力行使者滥用权力等不当行为的独有的监督与制约功能”③。但舆论监督侧重于面上的监督，对个体的监督，特别是深藏于复杂现象

① 陈焱光：《论社会主义舆论监督的权利支撑体系》，《当代世界与社会主义》2008 年第 2 期。

② ［英］詹姆斯·布赖斯：《现代民治政体》（上册），张慰慈等译，吉林人民出版社 2001 年版，第 161 页。

③ 陈焱光、谢斌：《舆论监督与权力控制》，《新闻前哨》2008 年第 4 期。

背后的监督，往往不及举报监督有力。并且，举报者面临的危险和伤害的风险远远高于舆论监督者。所以，举报监督的针对性强、风险性高等特性使举报人权利的保障成为公民监督权充分实现与否的关键和根本标志。如果举报人的权利频遭侵害，国家不能提供强有力的保障，公民监督权依然是宪法的宣言和民主政治的梦呓。

对于举报人的保护，我国法律只在刑法和刑事诉讼法中有所涉及。除此之外，现在全国有十二个省、两个地级市人大制定了地方性的保护举报人的法规，但它们都有一个共同的弱点，就是偏重事后追究，对举报人缺乏有效的预防性保护，使举报人的监督成本过大，影响了举报的效率和举报人的积极性。① 另外，目前国家各部门大多有为举报人保密的工作制度，但由于受制度的缺陷和人员的素质等因素的影响，举报人的保护效果并不理想，有的甚至泄露举报人信息，导致举报人遭受打击报复，遭受人身、家庭和财产等多方面的损失。

作为一项宪法权利，举报不仅是公民履行监督权的一种具体方式，更是国家吸取民间力量参与社会治理、遏制违法犯罪行为的制度安排。从本质上说，举报依赖的是公民维护社会正义的道德意识和责任心。由于举报的对象大多是违法犯罪分子，其行为蕴含极大的风险，所以举报本身带有见义勇为的性质。当公民以举报的形式主动参与社会治理时，整个社会成为举报行为的获益者，国家就应当给举报人更多的制度支持和立法保护。

目前，对于举报人的法律保护，最有强度的是我国刑法规定的对打击报复举报人的惩罚条款。另外，相关政府部门、司法机关也出台了一系列规定。但这些条款过于原则，可操作性不强；规范之间也不统一，

---

①　四川省武胜县工商局党组书记龚远明在自家门前遭 3 名陌生男子砍杀，央视《新闻调查》2006 年 3 月 28 日报道原辽宁省鞍山市国税局公务员李文娟因实名举报遭到打击报复，两度被辞退并被劳动教养一年之后，媒体披露的又一起实名举报遭打击报复的恶性事件。“两会”期间，全国人大代表童海保在接受新华社记者采访时也曾透露：东北一位厅级干部因举报当地一位高官横遭打击报复，饱受折磨后含恨去世；还有一位举报人连续 8 年检举一位当地领导干部被构陷入狱，现在被举报对象虽已落入了法网，但他还得时刻提防其外逃同伙报复。据最高人民检察院统计，从 20 世纪 90 年代开始，全国每年发生的对证人、举报人报复致残致死案件由每年不足 500 件上升到现在的每年 1200 多件。参见《举报人频频遭袭期待立法保护》http：//news. qq. com/a/20060410/000006. htm。

且比较抽象，缺乏明确的惩处机制和程序规范。为此，早在 2000 年第九届全国人大三次会议上，就有 159 名代表提出议案，呼吁制定《举报法》，以维护举报人的合法权益。遗憾的是，《举报法》至今仍未列入立法计划。

从法理上看，举报在法治社会本身也是一种法律行为，举报行为的实施必定使举报受理机关与举报人之间形成权利义务关系，这些关系必定要受到相应立法的正式调整。我国宪法第 41 条规定，对于公民的申诉、控告或检举，有关国家机关必须查清事实，负责处理，任何人不得压制和打击报复。这构成了制定《举报法》的法理和宪法依据。可见，无论是从理论上还是实践需要上看，在整合已有法律条款及有关部门的各种规定基础上出台一部《举报法》，都是摆在我国立法机关面前的一项重要课题。

笔者认为，制定《举报法》应当以规范举报行为，保护举报人的积极性为出发点，核心是设定举报人的各项权利并建立实际的权利保护机制，至少包括：规定举报人享有自由选择举报方式的权利、拒绝直接充当证人的权利、优先知情权、信息保密的权利、申请和获得保护的权利以及获得报酬与补偿的权利等；明确举报机关对举报人的姓名、住址、身份等基本情况的保密义务和人身、财产保护责任；设立特殊举报人保护制度，对于因举报重大案件线索而可能遭受打击报复的举报人给予全方位保护；建立严密的责任追究机制，对违法虚假举报、打击报复举报人、举报机关保护失职等设置相应的制裁措施，严厉惩处打击报复行为。另外，《举报法》还须对举报受理和办理的主体、方式、时限等作出完善的程序性规范，以推动我国举报工作的顺畅发展。

对举报人的保护是举报法规范的核心，它包括对举报人的人身安全、财产安全的保护以及举报人的奖励制度。在安全保护上，保护机制是关键的环节，为了保证举报人的安全，检察机关可以适当放弃对其实名的要求，采取诸如网上举报、密码举报、电话自动受理系统等方式，只要举报人提供的信息较为充分真实，就应该认真进行初查和侦查，并以各种途径与举报人进行沟通和联系，反馈举报案件的处理。根据《人民检察院举报工作规定》，举报职务犯罪可以采取到检察机关举报，也可以采取电话举报、信函举报和预约举报等方式。而今资讯手段发达，更是可以采取电传、电报、录音、录像或者通过互联网等方式进行。有的检察机关，还推出了密码举报和举报电话自动受理系统。密码举报制度的实施不仅有效地提高了举报线索的质量，提高了立案率，而且更好地保护了举报人的合法权益。

另外，借鉴域外经验也有利于保护举报人。如，在香港廉政公署，只有负责调查该宗案件的调查员才会获准查看投诉内容，其他廉署职员无权翻查任何机密档案，而投诉人也只需与特定的案件调查员联系即可，这就是“单线联系制度”。为了更好地加强举报工作人员的责任，我国大陆地区也可以考虑采用这种制度，即举报人的个人信息只对某一级别的极少数（可以根据案件的不同情形严格限制信息传播范围），一旦出现保护举报人不力的情况，即追究首次接受举报信息的官员的法律和行政责任。

综上所述，笔者认为对于一个经济、社会急剧转型，宪政文化贫瘠，宪政制度建设滞后，官僚意识仍然以不同程度、形态和形式广泛存在国家权力运行的各个角落的中国而言，公民监督权的充分实现是铲除官僚主义，确保人民当家做主，保障公民各项人权，进行社会主义宪政建设的最有效途径之一。如果说有限政府是宪政的核心，那么，公民监督权的充分行使是实现有限政府的根本保障。

三　财产权

从宪法视角看，私有财产权构成了近代资产阶级宪政的基石，在我国社会主义初级阶段，保护公民私有财产有利于推动社会建设，激发公民和社会的活力及创造力，增强公民的保护公私财产的意识。财产权宪法保障是宪法理念与宪法实践的统一、实体规范与程序保障的统一、保护与限制的统一。通过对私有财产权法理和宪法制度的剖析，结合我国私有财产的宪法地位的确立，充分落实宪法精神，完善相关实体规范、正当程序的保障和宪政观念的培育等。

社会的变革总是伴随着财产权不同形式和内容的变化，深刻地影响着社会财富的分配和人们的生活。近代以来，财产权更是构成了一国宪政的基石，具有重要的地位。而今，怎样的财产权制度才能在现有的生产力和生产关系的条件下最有利于社会资源的最有效利用和经济的最快速发展，并最终服务于社会主义宪政归宿的人权发展和保障，这是必须首先从理论上要解决的问题。在我国，如何完善私有财产权的法律保护，成了我国宪政建设进一步发展的瓶颈，因此，从宪政的高度对这一问题进行理论分析和探索，具有极其重要的法律意义和深远的社会意义。

（一）私有财产权是宪政的基石——从基本含义到法哲学诠释

财产权（the right of property）以财产为调整对象，而财产是一个范围不十分确定的概念。什么才算是“财产”，则只能在特定的政治、经济制度中才能确定。财产权也无确切的含义，有的将它定义为：财产权是民事主体所享有的具有经济利益的权利。它具有物质财富的内容，一般可以货币进行计算。它是一定社会的物质资料占有、支配、流通和分配关系的法律表现。[①]

也有的定义为：这个术语从严格的意义上来讲，用来指财产所有权，法律规范规定物的所有权转移的情形便是如此。此外，这个术语也被人们更经常地在转换了的意义上使用，这时它是指所有权的客体，即指所有物。[②] 还有的认为，法律上的财产概念指的是人与资源之间的关系。财产权使得拥有者能对资源的使用、消费和移转做出决定。[③] 宪法上所讲的财产权，既包括私法上的权利，也包括公法上的权利。

从历史的发展过程和趋势看，财产权随着社会发展和法律制度的发达，呈不断扩大之势。最初财产权的客体表现为有形财产，其中最主要的是土地，随着工业革命和技术向生产力的转化和智力成果的普遍精神价值，无形财产（如著作权、商标等知识产权）取得了法律地位和规范保障。在 20 世纪 60 年代，随着西方发达资本主义国家普遍推行福利制度，美国学者查尔斯·赖克提出了“新财产”的概念，它包括社会福利、政府职位和经营许可等政府授予的优惠（privilege）或馈赠。他认为这是对公民至关重要的社会福利，不能被视为随时都可取消的馈赠，而是类

① 《中国大百科全书》（法学卷），中国大百科全书出版社 1984 年版，第 33 页。

② 《牛津法律大辞典》，光明日报出版社 1988 年版，第 729 页。

③ ［美］路易斯·亨金、阿尔伯特·J. 罗森塔尔：《宪政与权利》，郑戈等译，生活·读书·新知三联书店 1996 年版，第 153 页。

似于财产的个人权利。[①] 因此，近现代财产权的法律表现，一般是指人民得以主张其财产上的利益，他人和国家不得加以非法侵害的权利，其实质是私有财产权的法律保障问题。

在法哲学领域，许多法哲学家、思想家对私有财产权的宪政地位有着深刻而独到的阐释，为私有财产权宪政地位的确立和法律实践提供了理论支撑。早在古希腊时期，亚里士多德曾专门研究过财产制度与理想政体的关系。他认为“接受现行的［私产］制度而在良好的礼俗上和正当的法规上加以改善，就能远为优胜，这就可以兼备公产和私有两者的利益。财产可以在某一方面［在应用时］归公，一般而论则应属私有。划清了各人所有利益的范围，人们相互间争吵的根源就会消除；各人注意自己范围以内的事业，各家的境况，也就可以改进了。在这种制度中，以道德风尚督促各人，对财物作有利大众的使用”，[②] 同时他还认为当明确了财产的私有时，还能带来人生的快乐。后来，罗马法对私人财产权利义务关系的精心设计，无疑是以承认和保障个人利益为不言而喻的前提，是财产权神圣原则的法律表现。在中世纪，著名基督教神学家托马斯·阿奎那虽然主张在自然法下万物公有，但他仍然承认人的利己趋向和个人财产权的价值。他为私有权作了如下辩护：（1）每个人对属己之物比属人之物更关切，故逃避或推诿社会事务，这样，就需要一批公务员。（2）若每个人注意个别事物，则较有秩序；若注意每一件事物即不确定的事物，则一定会发生混乱。（3）若每个人对其所拥有感到满意，则和平得以增进。观察结果已证明，不拥有事物比拥有事物之纠纷更多。[③]

近代资产阶级启蒙思想家直接将私有财产权作为宪政的基础加以阐释。英国资产阶级启蒙思想家洛克将财产权作为“天赋人权”的核心内容，认为它是自由、平等、安全等人权实现的基础，并首次强调指出私有财产神圣不可侵犯，就是立法权这一“最高权力，未经本人同意，不能取去任何人的财产的任何部分”[④]。因为保护财产是政府的目的，也是

① 张千帆：《西方宪政体系》（上册，《美国宪法》），中国政法大学出版社 2000 年版，第 225 页。

② ［古希腊］亚里士多德：《政治学》，吴寿彭译，商务印书馆 1981 年版，第 54 页。

③ 夏勇：《人权概念起源》，中国政法大学出版社 1992 年版，第 103 页。

④ ［英］洛克：《政府论》（下篇），叶启芳等译，商务印书馆 1982 年版，第 86 页。

人们加入社会的目的；“如果支配那些臣民的人有权向任何私人取走其财产中他所属意的部分，并随意加以使用和处置，那么纵然有良好和公正的法律来规定他同一般臣民之间的产权范围，一个人的财权还是没有保障的。”[①] 因此，“未经人民自己或其代表同意，决不应该对人民的财产课税。”[②] 这样，洛克从理论上解决了通过资产阶级控制立法权而防止君主专制，又通过对立法权的限制，达到最终保护资产阶级私有财产权的目的。与他同一时期的另一政治思想家哈林顿认为“政权是由财产产生，财产是政权的基础”，[③] “产权的均势或地产的比例是怎样的，国家性质也就是怎样的”[④]。而主权是“财产的自然产物”。且本土或民族国家是“建立在所有权上的”[⑤]。从而直接揭示了财产权在宪政中的重要地位。由于财产本身是一种法定的制度，因而只能依法存在，财产的分配、交易必须依法进行。法国资产阶级启蒙思想家孟德斯鸠认为“公家需要某一个人财产的时候，应该以民法为依据；在民法慈母般的眼里每一个人就是整个的国家”。因为“在这种场合，公家就是以私人的资格和私人办交涉而已”[⑥]。并认为“每一个人永恒不变地保有民法所给与的财产”[⑦]。卢梭认为“财产是政治社会的真正基础，是公民订约的真正保障”[⑧]。美国缔造者之一的托马斯·杰斐逊，对私有财产的重视体现在其对人权法案的赞成上。“美国宪法第一批修正案在广大人民的压力下于1791年通过，杰斐逊对此十分赞成。”[⑨] 而第一批修正案即权利法案的“核心是保护私有制，它是在保护私有制经济制度的基础上，来规定所谓公民权利的”[⑩]。他还认为普遍给予人们生存资料私人所有权，有助于民众参与共和政体：

---

① ［英］洛克：《政府论》（下篇），叶启芳等译，商务印书馆1982年版，第87页。

② 同上书，第89页。

③ ［英］哈林顿：《大洋国》，何新译，商务印书馆1963年版，第10页。

④ 同上。

⑤ 同上。

⑥ ［法］孟德斯鸠：《论法的精神》（下册），张雁深译，商务印书馆1963年版，第190页。

⑦ 同上。

⑧ ［法］卢梭：《社会契约论》，何兆武译，商务印书馆1980年版，第31页。

⑨ 张宏生等主编：《西方法律思想史》，北京大学出版社1990年版，第234页。

⑩ 赵宝云：《西方五国宪法通论》，中国人民公安大学出版社1994年版，第39页。

“每个人由于他的财产或者他的良好状况而热心拥护法律和秩序。而且这样的人们可以可靠而有利地由他们自己去妥善处理其公共事务，以及决定自由的程度。”① 德国著名法哲学家黑格尔认为，人的自由意志最主要表现是在对私有财产的所有权上。从“自由的角度看，财产是自由最初的定在”②，所有权对人极为重要，“人唯有在所有权中才是作为理性而存在的。”③ 而19世纪英国资产阶级法理学家、功利主义创始人边沁认为，财产权是同法律共生死的，财产权是财产在法律上的表现，是法律对财产的认可和确认。他指出，“一个国家富裕的唯一办法便是维护财产权利的神圣尊严。”④ 法国18世纪大革命时期的思想家、政治家罗伯斯比尔从人权的视角探视财产权的重要性。他认为自由权主要指人身、财产、言论和出版自由权。其中财产自由权是最基本的人权或公民权，是关系到其他所有权利得以实现的关键。他深刻指出：“如果贫困这个最严厉的法律迫使人民中最健康和最众多的那一部分放弃权利，那么法律对权利平等的原则表示假仁假义的尊重又有什么意义呢?”⑤ 当然，资产阶级学者所研究的和资本主义国家的宪法所保护的主要是资产阶级的私有财产权。我们今天所讲的是在坚持社会主义公有制为主体基础上的私有财产的保护问题。其实，马克思主义是高度重视财产在人类历史发展中的重大作用的，因为共产主义本身就是以社会物质极其丰富为前提的。因此，“无论怎样高度估计财产对人类文明的影响，都不为过甚。”⑥

随着资本主义的发展，绝对的私有财产权制度存在弊端，在法哲学领域出现财产权为社会职务的学说，以法国狄骥为代表，认定财产所有者负有社会职务，财产权受到保护是因其履行社会职务，而且因其要履行社会职务，又应该加以限制。进入20世纪以后，这一思想付诸宪法实践，但却没有改变其私有财产神圣不可侵犯的原则。

---

① ［美］肯尼思·W. 汤普森：《宪法的政治理论》，张志铭译，生活·读书·新知三联书店1997年版，第135—136页。

② ［德］黑格尔：《法哲学原理》，范扬等译，商务印书馆1961年版，第54页。

③ 同上书，第50页。

④ ［美］E. 博登海默：《法理学：法律哲学与法律方法》，邓正来译，中国政法大学出版社1999年版，第106页。

⑤ ［法］罗伯斯比尔：《革命法制和审判》，赵涵舆译，商务印书馆1965年版，第152页。

⑥ 《马克思恩格斯全集》第45卷，人民出版社1956年版，第277页。

（二）私有财产权在宪政中表现——是宪政理念与宪政实践的统一、是实体规范和程序保障的统一、是保护与限制的统一

从法律上确立私有财产制度的保障，是宪法产生时期（18 世纪末期到 19 世纪）的主要现象之一。在宪法产生以前，私有财产并未获得法律上的确切保障，君主与官吏有任意剥夺的自由。依当时的观念，“普天之下，莫非王土；率土之滨，莫非王臣”。人民仅有对财产的占有、使用之权。只是到了资产阶级时期，宪法产生后，始于宪法上明文规定：私有财产神圣不可侵犯。私有财产非依法律，不得征收或没收，以防止行政机关之肆意侵害。而这项规定不仅仅是消极的防止侵害，而且含有交易自由、使用自由、继承自由等积极的意义，以鼓励自由竞争，刺激资本主义经济迅速发展。通过规定财产为神圣不可侵犯之权利，凸显私有财产权在宪政中的至尊地位。另外，就当时的宪政理念而言，人权思想与财产权不可分离，将生命、自由、安全和财产权作为天赋人权的内容，且将财产权置于中心地位。既然这些基本人权不是国家所赋予的，因而也不是国家能任意剥夺的；而一旦任意剥夺，则不仅危害人权，而且也违反人类组织国家的目的。因此，当时的立宪国家的宪法中都有保护私有财产的实体规范和正当法律程序条款，其中正当法律程序是英国法传统发展和影响的结果。[①] 在英国普通法的传统中形成的“程序优于权利”的理念，在这里通过宪法性法律的发达而完善的正当程序，对私有财产权加以保障。随后，随着北美大陆的开发，英国移民在美国继承了这一原则并在成立联邦国家时明确入宪。1789 年麦迪逊将正当程序写入由他

---

① 1215 年英国的《自由大宪章》，限制了王权，并首次从法律程序上规范财产等自由权利的程序保障。《自由大宪章》第 39 条规定：“凡自由民，如未经其同级贵族之依法裁判，或经国法判决，皆不得被逮捕、监禁、没收财产、剥夺法律保护权、流放或加以任何其他损害。”随后，在 1354 年英国国会通过的第 28 条法令即《自由令》第三章中规定：“未经法律的正当程序进行答辩，对任何财产或身份的拥有者一律不得剥夺其土地或住所，不得逮捕或幽禁，不得剥夺其继承权，或剥夺其生存之权利。”这条规定首次以法令形式表达了包括财产保护在内的正当的法律程序原则。在 1628 年的宪法性文件《权利请愿书》中，除重申《自由令》的正当法律程序原则外，更规定“自今而后，非经国会法案共表同意，不宜强迫任何人征收或缴付任何贡金、贷款、强迫献金、租税或类似负担”，从而进一步加强对私有财产权的正当法律程序保障。在英国国会 1689 年《权利法案》的第 12 条规定“定罪前，特定人的一切让与及对罚金与没收财产所作的一切承诺，皆属非法而无效”，突出强调在特定的、对公民不利的情况下对财产可能侵害的程序保障。

起草的、后来成为联邦《权利法案》的宪法修正案初稿。1791年通过的美国宪法修正案第5条规定："无论何人……不经正当法律程序，不得剥夺生命、自由和财产。不给予公平赔偿，私有财产不得充作公用。"1868年通过的第14条修正案又重申这一规定，并禁止各州对它统治下的任何人拒绝法律上的平等保护。与美国相似，作为第一部法国宪法序言的《人权宣言》规定，"财产为神圣不可侵犯之权利，非因依法规定之公共需要，并给予正当之事先决定赔偿者，不得剥夺各人之所有权。"英、美、法等国宪政制度中对正当法律程序的推崇，深刻地影响了其他国家的宪法和诉讼法的程序性规范。

19世纪末以来，人类社会经历了重大变迁，为适应社会发展，在美国，法院援用正当程序条款时，对宪法的解释具有极大的灵活性和适时性。正如首席法官马歇尔所说："我们永远不应忘记我们解释的是一部宪法……准备延续若干个世纪的宪法，因此它理应适应人类事务的各种危机……"① 这种思想在正当性法律程序领域也得到明显的反映。在20世纪70年代以前，正当程序的"财产"概念的范围相当狭隘，它主要只包括财产权通常定义的不动产、动产和金钱或证券。在20世纪70年代发生的程序性革命，由于法院引进基于福利社会的"新财产"概念，极大扩充了正当程序的适用范围。"程序性正当程序条款所保护的财产利益，远超过土地、动产或钱财的实际拥有权。"② "新财产"包括社会福利和公共职业等政府馈赠，一旦从"优惠"变为类似财产的"权利"，对它们的剥夺就受到"正当程序"的限制。这些限制主要表现在福利享有者的听证权利，使他们能在政府机关面前陈诉状况，在政府正式决定前为自己继续获得社会福利而辩护。

随着19世纪末20世纪初资本主义普遍地由自由资本主义向垄断资本主义的过渡，财产权保护的变化表现在：在尊重私有财产与交易自由的前提下，要求财产的使用要有助于公益，即所有者行使其财产权时做到："（1）决不能为无益于己，而有损于旁人的行为；（2）亦不能抵抗任何

---

① ［法］勒内·达维德：《当代主要法律体系》，上海译文出版社1984年版，第411页。

② 张千帆：《西方宪政体系》（上册），中国政法大学出版社2000年版，第225页。

有利于旁人而无损于己的行为。"[①] 同时基于公益的理由而加以适当限制。这种新观念的宪政实践最初表现在1919年德国的《魏玛宪法》中。[②] 此后的宪法多对私有财产权设定限制条款。因此，近代宪法以财产权与生命、自由权同等重要，为消极的不可侵犯之权利；现代宪法强调私有财产权的保护，但同时设定个人应负担的义务，一如法国著名公法学家狄骥所言："所有权对所有财富持有者来说包含了利用所有权增加社会财富的义务和由此引出社会的相互依存。"[③] 在行使财产权时应考虑公共利益，不可因一己私利，滥用财产，以致妨害社会公益，因而是鼓励人们善用财产，不致荒废，以促进经济繁荣，增进社会公共福利和财产社会价值的充分实现。

（三）私有财产的法律保护是中国宪政建设进一步发展的必然要求

对私有财产权的保护的合理性是基于其社会的普遍理念，即财产权是个人自由权利的基础和组成部分，关乎一个人在社会生活中的自由度，因而对私有财产权的法律保障依然是绝大多数国家宪法规范的共通性内容。从世界各国宪法看，规定了私有财产权的宪法保障的占绝大多数。[④] 同时，也反映了商品经济和市场经济条件下，对资源有效管理和利用的客观规律，因而具有合理性的一面。

从整个人类的发展历程来看，"某种形式的财产制度为社会生活本身所必需，但它在不同的共同体内可以采取不同的形式，至于它采取哪一种形式则取决于共同体的生活方式、经济水平和特定的道德"。"只要这种财产权与最低限度的普遍道德标准不相抵触。"[⑤] 马克思在分析财产权

---

① 王世杰、钱端升：《比较宪法》，中国政法大学出版社1997年版，第124页。

② 该法第151条规定："经济生活之秩序，以使各人得到人类应得之生活为目的，各人之经济自由，在此限度内，予以保障。"第153条中规定："所有权受宪法之保障，其内容及界限，依法律规定之。""所有权包含义务，所有权之行使，应同时顾及公共福利。"

③ ［法］莱昂·狄骥：《宪法学教程》，王文利等译，辽海出版社、春风文艺出版社1999年版，第239页。

④ 宪法规定了财产私有权的有118个国家，占83.1%，没规定的24个国家，占16.9%。见［荷］亨利·范·马尔赛文格尔·范·德·唐《成文宪法的比较研究》，陈云生译，华夏出版社1987年版，第154页。

⑤ ［英］A. J. M. 米尔恩：《人的权利与人的多样性——人权哲学》，夏勇等译，中国大百科全书出版社1995年版，第180页。

的产生和历史形式时就曾指出："在每个历史时代中所有权以各种不同的方式、在完全不同的社会关系下面发展着。"① "要想把所有权作为一种独立的关系、一种特殊的范畴、一种抽象的和永恒的观念来下定义，这只能是形而上学或法学的幻想。"② 因为"创造这种权利的，是生产关系。一旦生产关系达到必须改变外壳的程度，这种权利和一切以它为依据的交易的物质源泉，即一种有经济上和历史上的存在理由的、从社会生活的生产过程产生的源泉，就会消失"③。法律表现所有权并且保护一定的所有权关系，取决于一定的社会生产关系状况，我国现阶段社会生产力还没有发展到人们对物质产品的按需分配的历史阶段，解决社会物质财富的数量与人们对财富占有和支配的需求的矛盾，其方法就必须依靠财产所有权制度，因而财产法的实质是"调整人们之间因物而产生的法律关系"④。在人与物不断产生冲突的社会里，法律是最佳的解决方式，因为"法律是冲突的创造物，也是冲突的解毒药"⑤。在我国私人财产的大量增加、私营经济的蓬勃发展、难以令人放心的政策与私有财产法律保护的相对滞后之间的矛盾冲突十分突出，而中国宪政建设的瓶颈是通过社会主义市场经济的进一步发展，推进人权保障的进一步深入，这就迫切需要更完善的财产法规加以指引和保障。同时，严峻的现实告诉我们，现在"不少民营企业家不敢公开财产，不敢把企业做大，因为他们担心财产安全问题，害怕碰上各种名义的摊派、集资"⑥。"有些民营企业主怕财产安全得不到保护，开始转移财产，甚至转向国外，这对国内经济发展十分不利。"⑦ 因此，如果不能从宪法规范的高度消除公民和民营企业对自己财产安全的担心，就会损害我国的社会主义市场经济的进一步健康发展；而不从具体的部门法上制止对私有财产权的保护，私有财产权

---

① 《马克思恩格斯全集》第4卷，人民出版社1958年版，第180页。

② 同上。

③ 《马克思恩格斯全集》第25卷，人民出版社1974年版，第874—875页。

④ ［英］F. H. 劳森、B. 拉登：《财产法》，施天涛等译，中国大百科全书出版社1998年版，第1页。

⑤ ［美］昂格尔：《现代社会中的法律》，吴玉章等译，中国政法大学出版社1994年版，第28页。

⑥ 《私有财产问题浮出水面》，《文摘周报》2002年11月25日。

⑦ 同上。

保障也会荡然无存。

从另一方面看，依法保护私人财产，必将有助于中国的宪政建设：首先，保护私人财产有利于形成良好而稳定的宪政秩序，使国家长治久安，为经济发展和人权实现提供良好的环境。人在社会中，一旦离开了物质财富，就生活不下去。但在现阶段生产力的条件下，社会资源相对于人们的需求而言是十分稀缺的，矛盾的解决是通过所有权制度确定、保护物权归属，以明人己之分界，从而达到防止社会纷争的目的。对此，我国古代的思想家就已经认识到了这一点，商鞅曾举例说："一兔走而百人逐之，非以兔为可以分为百，由名之未定也。夫卖兔者满市而盗不敢取，由名分已定也。"[①] 定纷止争是秩序建立的基础，而在一个你争我夺、毫无"游戏"规则的混乱状态下，要实现人的基本权利是无法想象的。其次，保护私人财产，是我国经济发展的重要保障。财产的归属越充分，财产归属的范围越明确，财产的利用效率就越高。对私人财产的保护，会带来财产利用的高效益。再次，保护私人财产，是人格完善的基础。人格的完善是宪政的目标之一，个人的人格完善和发展，必须要有可以为其支配的物质作为基础。从实践层面考察，三十多年来的经济改革，以导入外资和发展乡镇企业为支撑点，经历了商业自由化、投资自由化、金融自由化等几个主要阶段。"这是一个国家逐步退出直接经营活动的分权让利过程，其结局必然是要恢复私有财产权的合法地位，"[②] 因此，不管是从理论上分析，还是从实践上评判考察，现阶段中国的私有财产保护必须获得宪法支撑。

（四）完善我国私有财产权法律保护路径的宪政思考

1. 理论上系统研究私有财产权宪政地位这一重大课题，为法律规范的运作和人们观念更新提供理论先导。人类几百年的宪政史已表明，"财产权是一切政治权利的先导，宪政民主的基石"，是"个人在社会生活和政治生活中的能力的必要组成部分"。[③] 它"划定了受保护的个人自由与

---

① 高绍先：《中国历代法学名篇注译》，中国人民公安大学出版社 1993 年版，第 96 页。

② 季卫东：《宪政新论——全球化时代的法与社会变迁》，北京大学出版社 2002 年版，第 181 页。

③ ［美］埃尔斯特、［挪］斯莱格斯塔德：《宪政与民主——理性与社会变迁研究》，潘勤等译，生活·读书·新知三联书店 1997 年版，第 291 页。

政府权力的合法范围之界限”①。我们对社会主义的认识经历了比较曲折的过程，直到改革开放后，才开始真正认清社会主义经济的本质和发展的阶段性。长期以来，理论上探讨公共财产神圣不可侵犯，而将私有财产权作为资本主义的代名词，对私有财产存在的合理性、必然性以及与社会主义制度的正相关性的探索一直是法学理论的禁区。而改革开放三十多年来，公民的私有财产大量增加却是不争的事实，非公有制经济对社会主义现代化的作用不断增强。因此，从理论上突破禁区，正确认识公民私有财产权对社会主义市场经济和法制建设的积极作用，为新世纪中国的宪政发展注入新的基因。

2. 完善私有财产权的实体法和程序法规范体系。尽管 2004 年我国宪法修改，明确了国家保护公民合法的私有财产权，但以宪法为根据制定系统的保护私有财产权的具体法律法规体系还不完善。今后，在保护公民合法私有财产权的法律体系建设上，不仅要重视实体法的保护，更应重视正当性法律程序的保障，特别是从宪法的高度对正当性法律程序的价值、设计和运作等进行系统研究。因为“任何法律实体权利如果没有相应的法律程序权益予以保障，则立法赋予再多的法律实体权利也是没有任何意义的”②。当前特别紧迫的是尽早地制定《民法典》《行政程序法》等保障公民私有财产权利的内容、处分及程序，规范政府的具体行政行为运行的方式和步骤，与此同时，进一步完善民诉和刑诉中涉及影响公民私有财产的程序规范。并且，鉴于正当法律程序在西方法律制度中获得了比较充分的发展，可以结合中国的实际，合理借鉴。

3. 在全社会树立尊重私有财产和正当法律程序的观念。观念是社会变革和制度运行的重要基础，由于“中国的法律传统中缺乏明确界定的、神圣不可侵犯的所有权观念”③。因此，在社会主义初级阶段，在观念上承认并从法律上保护私人财产所有权，其社会的、道德的、政治的乃至

---

① ［美］埃尔斯特、［挪］斯莱格斯塔德：《宪政与民主——理性与社会变迁研究》，潘勤等译，生活·读书·新知三联书店 1997 年版，第 279 页。

② 姜明安主编：《行政法与行政诉讼法》，北京大学出版社 1999 年版，第 263 页。

③ 季卫东：《宪政新论——全球化时代的法与社会变迁》，北京大学出版社 2002 年版，第 185 页。

经济上的合理性、重要性是不言而喻的。“贫穷不是社会主义”①，应当让辛勤劳动者享有其劳动成果及成果带来的收益的办法，来给他（她）们的勤奋以报偿。另外，财产对于工作是一种刺激，对个人的社会价值也是一项重要的评判指标，并且私人财产通常总是比公共财产得到更悉心的照料和更好的管理。因此，使私有财产与公共财产同样获得宪法强有力的保障，应成为我们的宪政观念。当然，我们也要正确认识私有财产权的相对性和合理使用，防止滥用财产。同时，将程序的透明、公平、公正和完善的理念根植于国人的法观念中，特别是要形成国家机关及其工作人员的一切抽象和具体行政行为的首要观念。

四　文化权

文化权利概念具有个人人权与集体人权的双重属性，文化权利法制化和国际化的历程充满论争，正确认识我国公民文化权利保障面临的冲突和困境，从理念、规范和救济三者的协调统一的发展路径完善我国公民文化权利的法律保障。

文化权利受到忽视、低估或遗忘，被当作其他人权的“穷亲戚”。就涉及的范围、法律内容和执行情况来说，文化权利和公民、政治、经济、社会权利相比，是最不发达的，造成这种状况的原因有多方面。一是文化权利概念模糊。文化权利散见于联合国、专门机构和地区组织通过的文件中，因没有专门条约或宣言，导致分类繁复。在一些情况下，文化权利仅被归纳为一种权利：“拥有文化的权利。”这种表述使人们弄不清楚其准确含义。二是一些国家对文化权利持保留态度。他们担心并怀疑承认享有不同文化认同的权利、认同弱势群体特别是“少数人”和土著的权利，会助长分离倾向，危害国家统一。由于上述原因，《联合国宪章》和《世界人权宣言》都没有提及“属于少数人”的文化权利，只有《公民权利和政治权利国际公约》第 27 条才予以承认。②

---

① 《邓小平文选》第 3 卷，人民出版社 1993 年版，第 225 页。

② 参见孙茹《对人权的系统诠释》——〈人权：概念与标准〉一书评介》，《现代国际关系》2002 年第 2 期。该书由联合国教科文组织和平、人权、民主和宽容部主任贾努兹·西蒙奈德思（Janusz Symonides）主编，作者来自美国、挪威、乌拉圭、俄罗斯、奥地利、土耳其、波兰等国，多为法学教授，并具有在联合国人权委员会或相关人权机构任职的经历。

文化权利如今是“被赋予权力的权利”。不承认和遵守文化权利，人的尊严和人的发展都不会得到保证，其他人权也不会得到充分实现。同样，不承认文化权利，文化多元化和多样性就得不到尊重，民主社会就不能很好地运转。因而，作者强调，增强文化权利也是总体上增强“经济社会文化权利”。1993 年维也纳《行动纲领》强调“所有人权的统一和不可分割性”，并把传统的分类改成按字母顺序“公民、文化、经济、政治和社会权利”，回到了 1948 年人权宣言的立场。

与国际国内就公民权利、政治权利、经济和社会权利的认识和保障都达成了较广泛共识相比，文化权利的内涵、外延及保障的共识却不尽如人意。在我国没有公民文化权利的充分保障，要实现文化大发展和实现文化强国的目标几无可能。而文化权利的复杂性单凭相关规范的解读难以顺利实施和保障，必须从法理的高度探析文化权利法律保障的基本路径，为我国公民文化权利的充分享有和实现提供理论支持。基于此，本书对此作初步探析。

（一）作为反抗文化专制与自我实现的人权：文化权利法制化的历史考察

从权利演化来看，文化权利的产生是一个历史的过程。在资产阶级革命以前，不仅基本上不存在文化权的保护，而且人们在思想文化表达方面受到种种限制、禁锢，有意无意地触犯这些禁锢都会受到惩罚，甚至危及生命。我国从汉代开始一直到明清时期，屡次大兴文字狱是最有力的证明。专制统治者剥夺人们文化权利的根本目的就在于控制人们的思想，巩固其统治地位。欧洲中世纪对文化的管制也是比较严格的。罗马教廷一贯严厉禁止异端邪说，宗教裁判所从 13 世纪开始一直是正式的教会法庭，异教徒、自由思想者等不被认同的文化主体，都可能被宗教裁判所判处死刑。在当时的西班牙就有 3 万人被判以火刑处死。12 世纪到 13 世纪，天主教和罗马教廷对社会生活的影响大大加强了，教会逐步确立了对世俗政权和社会的全方位干预。当时的欧洲社会具有典型的宗教化特征，宗教教义成为所有思想学说的根源。西欧国家的所有学校长期掌握在教会手中，教会制定教学大纲，挑选学生。[1] 可见，中外文化权利的发展都有几乎同样的历史演进过程，早期人们的文化活动方式和文化内容都受到不同程度的压制。到了资产阶级革命前后，人们在文化方面也应该拥有天赋的人权才逐渐成为共识，这种共识也通过资本主义国家的建立而在法律层面得以体现。文化权利的立法最早出现在国内立法中，[2] 一般认为，德国于1919年7月31日通过的《魏玛宪法》在历史上第一次比较明确地规定了公民的文化权利，尽管其对公民文化权利的认识还属于起步阶段。

文化权利作为一项国家普遍承认的人权，与第二次世界大战、被压迫民族解放运动和少数民族争取权利运动等因素相关。第二次世界大战后，人们对人权的重要性和人权国际保护的紧迫性在更大程度上取得了共识。在此背景下，国际社会在总结各国文化权利立法经验的基础上，制定了一系列涉及文化权利的法律文件。1945年《联合国宪章》规定了联合国的根本宗旨："不分种族、性别、语言或宗教，增进并激励对于全体人类之人权及基本自由之尊重。"学者们据此推论宪章中就"已开始包含有关文化方面的纲领"。[3] 1948年第3届联合国大会通过的《世界人权宣言》第22条和第27条进一步强调了公民文化权利作为人权的重要性与普遍性。由于《世界人权宣言》并不具有法律拘束力，因此，联合国开始启动起草国际人权公约的程序。经过十几年的努力到"政治时机最终趋于成熟之时"，《经济、社会和文化权利国际公约》和《公民权利和政治权利国际公约》在1966年的第21届联大上一致通过。《经济、社会和文化权利国际公约》第1条作了原则性的规定："所有人民都有自决权。他们凭这种权利自由决定他们的政治地位，并自由谋求他们的经济、社会和文化的发展。"第15条对每个人应享有的文化权利进行了具体详细的列举："（甲）参加文化生活；（乙）享受科学进步及其应用所产生的利益；（丙）对其本人的任何科学、文学或艺术作品所产生的精神上和

---

[1] 安娜·尼古拉耶夫娜·马尔科娃：《文化学》，王亚民译，敦煌文艺出版社2003年版，第113—114页。

[2] 杨松才、泰莉：《〈经济、社会和文化权利国际公约〉若干问题研究》，湖南人民出版社2009年版，第329—330页。

[3] 艺衡、任珺、杨立青：《文化权利：回溯与解读》，社会科学文献出版社2005年版，第342页。

物质上的利益享受被保护之权利。”同时，第 15 条还规定了国家保护上述文化权利的义务。《公民权利和政治权利国际公约》第 27 条也对文化权利作出了规定。这两份文件的问世，标志着对公民基本文化权利的性质和内容有了世界范围的基本共识并步入了法制化的进程。

随后几十年间，为使上述国际公约规定的文化权利获得切实的保障，联合国教科文组织坚持不懈地推动文化权利的实施。迄今已通过《世界版权公约》《取缔教育歧视公约》《关于采取措施禁止并防止文化财产非法进出口和所有权非法转让公约》《关于保护世界文化和自然遗产的公约》以及《保护非物质文化遗产公约》等公约，还通过了《墨西哥文化政策宣言》《世界文化多样性宣言》等多部有关文化权利的宣言和倡议书等文件，来提高对文化权利的重视，促进文化权利的保护。通过上述公约、宣言和意见书等文件，教科文组织保护并发展了文化认同权、受教育权、信息权、参与文化生活的权利、创造权、享受科学进步的权利、保护作者物质和精神利益的权利以及国际文化合作的权利等权能内容。[①] 1997 年的《关于侵犯经济、社会、文化权利行为的马斯特里赫特准则》讨论了经济社会文化权利的重要意义、缔约国履行义务的形式和评估标准、通过故意和疏忽的行为对权利侵犯的含义、对侵犯所负有的责任、受害者以及其被赋予享有有效救济的权利。至此，文化权利的保障形成了从宣言、公约的一般规定到具体实施和侵权救济的全面规范和落实阶段。

与国际法层面的文化权利保护相适应，各国国内立法也发生了显著变化，公民基本文化权利作为基本权利的内容被写入许多国家的宪法之中。[②] 如 1982 年《葡萄牙共和国宪法》全面和系统地肯定了文化权利作为基本权利在宪法中的地位，不仅包括肯定文化权利的概念，还详细地列举了文化权利的类型。该宪法第 9 条规定，国家的基本任务是实现经济、社会与文化权利。第 42 条规定了公民享有“文化创造的自由”。第

---

① 雅努兹·西摩尼迪斯：《文化权利：一种被忽视的人权》，《国家社会科学杂志》（中文版）1999 年第 4 期。

② 参见亨利·范·马尔赛文、格尔·范·德·唐《成文宪法：通过计算机进行的比较研究》，陈云生译，北京大学出版社 2007 年版，第 147—151 页。

72 条第 2 款规定：国家在大众传播媒介、文化娱乐团体、文化遗产保护团体、基层社会组织及其他文化机构的配合下，促进文化的民主化，鼓励并确保全体公民享受文化创造之成果。第 78 条规定：任何人都有权从事文化创造与开发，并负有保存、保护与完善文化遗产之责任。再如，1990 年《德意志联邦共和国基本法》第 1 章“基本权利”部分明确了信仰自由、出版自由、广播电影自由和艺术自由等消极自由的内容。具有“文化宪法”之称的 1981 年《西班牙王国宪法》第 44 条第 1 款规定：公共权力推动并监督所有人有接触文化的权利。今天，纵观世界各国宪法，“无论是资本主义国家的宪法还是社会主义国家的宪法，都有文化制度方面的内容，文化制度是宪法不可缺少的一个重要组成部分。”① 在我国，“文化制度一向是我国宪法的重要内容之一”。② 纵观各国宪法，尽管文化权利的宪法规定各有千秋，但都表达了对公民通过广泛的途径行使文化权利、满足自身精神发展和实现自我价值的尊重和保障，也从根本法的高度规定了国家的义务。

我国宪法明确了公民基本文化权利在基本权利体系中的地位。早在新中国成立初期制定的 1954 年《宪法》中，就对公民应享有的文化权利作了比较详细地规定。主要涉及公民的言论自由、出版自由、宗教信仰自由、进行科学研究、文艺创作和其他文化活动的自由。1978 年《宪法》强调了各项文化事业必须为社会主义服务，国家通过“百花齐放、百家争鸣”的方针，促进艺术发展和科学进步，促进社会主义文化繁荣。现行《宪法》在总纲里强调，人民依照法律规定，通过各种途径和形式，管理文化事业。第 47 条规定，中华人民共和国公民有进行科学研究、文学艺术创作和其他文化活动的自由。并通过制定和实施《著作权法》《文物保护法》《档案法》《语言文字法》《非物质文化遗产保护法》等法律，初步形成了公民文化权利的保障体系。当然，各国宪法和相关法律对公民基本文化权利范畴的界定也不是完全一致的。根据相关国际公约、各国宪法的规定和适应人的自主全面发展的要求，文化权利的范围应当扩展到教育权利、学术自由、科学研究自由、文化创造和文化活动、体育

① 刘茂林：《中国宪法导论》，北京大学出版社 2009 年版，第 251 页。

② 莫纪宏：《宪法学原理》，中国社会科学出版社 2008 年版，第 264 页。

和其他有益于人民群众身心健康的娱乐活动。[①] 但由于文化等因素对文化权利的深刻影响，短期内寻求文化权利概念的一致认识依然存在不可逾越的障碍。

（二）作为具有个人人权与集体人权双重属性的文化权利：文化权利的概念与性质分析

公民文化权利保障的困难在一定程度上与文化权利概念和性质的复杂性相关。学界普遍认为，文化权利常被称为人权中的“不发达部门”。[②] 这种“不发达”，是指相对于其他种类的人权，比如公民权、政治权利、经济和社会权利而言，文化权利在范围、法律内涵和可执行性上最不成熟。这些固然是重要原因，但对文化权利的概念和性质的认识尚不深入，导致文化权利法律规范不足、可操作性不强。

文化权利的概念界定迄今没有公认的定义，之所以难以达成一致看法，主要原因，一是由于社会背景的不同和文化传统的差异，各国学者对文化权利的诠释和关注焦点也不尽相同。二是对“文化”一词的理解难达成共识。“文化”没有统一的定义，可以不同方式来理解：狭义的文化指创造性的、艺术的或科学的活动；广义的文化可以指人类活动的总和，一切价值、知识和实践都是文化。如果采取广义的文化定义，文化权利就包括了获得教育和信息的权利。三是给文化权利定义所需外延散见于联合国和专门机构的各种文件，其中有全球性的，也有地区性的，更有各国宪法的不同规定，也牵涉到不同政治和宗教的因素。如政府的担心和恐惧。他们害怕一旦承认各种不同团（群）体文化认同的权利，承认弱势人群，尤其是少数民族和土著人民有认同的权利，无异于鼓励分裂，危害国家统一。由于这一顾虑，联合国宪章中没有明示文化权利。出于同样的原因，《世界人权宣言》中不包括少数人群成员的文化权利。直到1966年，这些权利才在《公民权利和政治权利国际公约》和《经济、社会、文化权利国际公约》中得到承认。但公约并未明示其内涵与外延，由此带来了概念的不同理解和界定。

---

① 莫纪宏：《论文化权利的宪法保护》，《法学论坛》2012年第1期。

② 雅努兹·西摩尼迪斯：《文化权利：一种被忽视的人权》，《国家社会科学杂志》（中文版）1999年第4期。

在我国，有的学者认为，所谓文化权利，可以简单地界定为以文化为客体的权利。[①] 该定义依然是模糊的。有的学者认为，文化权利“大体相当”于《经济、社会、文化权利国际公约》中所指的文化权利，[②] 即，人们参加文化生活、享受科学进步及其应用所产生的利益以及对其本人的任何科学、文学或艺术作品所产生的精神上和物质上的利益享受得到保护的权利。但基于文化的开放性，该权利也应该更具开放性和包容性，不能仅仅限于公约列举的权能。从权利主体来看，文化权利可以分为集体文化权利和个体文化权利。个体文化权利和集体文化权利有密切关联，两者在一定条件下还可以相互转化。在文化权利的制度保障上，一般情况下，个体文化权利和集体文化权利都可以从同样的制度文本中获得保障。但集体文化权利基于保护自身的需要，有时限制了个体文化权利的范围。如基于特定民族或群体自身独特性的保护和公序良俗的文化价值取向而限制个体文化权利的创造、传习和选择等。

也有学者主张“公民文化权利是指公民在社会文化生活中应该享有的不容侵犯的各种自由和利益。从根本上说，就是指公民自由从事文化活动，创造、生产、传播、消费或欣赏文化产品并以此获得利益的权利”[③]。另有学者认为，文化权利的含义应该是指在一定的社会历史条件下，每个人按其本质和尊严所享有或应该享有的文化待遇和文化机会（如在技术、法律、教育、科学、艺术作品等方面的待遇和机会）以及所可以采取的文化态度和文化习惯（如习俗、道德、价值观念、思想观念等方面的自由和主张）。[④] 但该定义忽略了“集体”的文化权利。

还有学者以《经济、社会和文化权利国际公约》关于文化权利的界定为基础，对国际人权领域关于文化权利内涵的理解进行了概括[⑤]，认为：从权利属性来看，文化权利是一种基本人权，文化权利是人权不可分割的重要组成部分。从权利主体来看，文化权利不是精英的权利，而

---

① 何锦前：《公民基本文化权利的规范分析》，《湖南工业大学学报》2012 年第 4 期。

② 黄金荣：《〈经济、社会、文化权利国际公约〉国内实施读本》，北京大学出版社 2011 年版，第 157 页。

③ 张庆福：《宪政论丛》，法律出版社 1999 年版，第 73 页。

④ 赵宴群：《文化权利的确立与实现》，博士论文，复旦大学，2007 年，第 21 页。

⑤ 杨炼：《法哲学视野下的文化权利》，《文史博览》2012 年第 4 期。

是每个人的权利，还包括民族、宗教和语言上的少数人群的权利。从文化权利的内容来看，文化权利是参加文化生活的权利。参加文化生活包括获得文化和参加文化两个方面的内容，获得文化是指通过创造适当的社会经济条件使人人得到自由获取信息、训练、知识和了解并享受文化价值和文化财产的各种具体机会；参加文化是群体或个人为了充分发展其个性、和谐生活及社会的文化进步，而受到保障的自由表达、传播、表演和从事创造性活动的各种具体的机会。三是从权利构成来看，是由文化参与权、文化合作权、文化表达权、参加和传播文化活动的权利、受教育权等紧密联系在一起的权利谱系，表现为物质和精神的利益。

在西方，福布里尔大学研究文化权利的团体，将文化定义为“个人或团体据以表达自我和发展的价值观、信仰、语言、艺术和科学、传统、制度以及生活方式”。它提出的文化权利内涵包括：文化认同的权利；与文化团体认同的权利；参与文化生活的权利；接受教育和培训的权利；信息权；文化遗产权；自由研究、创造性活动和知识资产的权利；参加文化策略的制定、执行和评估的权利。该草案由于卷入了国际上关于文化权利的争论，实际上并未获得广泛的认同。

当然，文化权利的定义还有很多，依然难以有一致认同的定义。文化权利概念分歧的重要原因在于对“文化”理解的不一致，由于文化是一个综合性、多层次的概念，文化内涵的丰富性和不确定性决定了文化权利内涵的丰富性。西摩尼迪斯认为，文化权利是人人享有的个体权利。但它们的实施即使不是全部、也在很大程度上与他人相关。对少数人群和土著人民尤其如此。正如《公民权利和政治权利国际公约》中规定：在存在着人种的、宗教的或语言的少数人的国家中，不得否认这种少数人同他们的集团中的其他成员共同享有自己的文化、信奉和实行自己的宗教或使用自己的语言的权利。1989 年欧洲安全与合作会议通过的《维也纳决议》，1990 年欧安会哥本哈根关于人类意义会议确定了不歧视和平等原则，其《决议》提出了少数人群成员的具体文化权利。1990 年 11 月 21 日欧安会首脑会议通过的《巴黎宪章》再次宣布少数人群的民族、文化、语言和宗教认同应该得到保护。中欧和东欧国家签订的一系列双边条约重申了这些原则。1992 年 12 月 18 日，联合国大会 47/135 号决议通过了《在民族或族裔、宗教和语言上属于少数群体的人的权利宣言》，《宣言》规定国家有义务保护其领土上的少数人群的生存和文化认同。1992 年欧洲议会通过了《地区或少数人群语言欧洲宪章》，1992 年欧洲议会《保护少数民族框架协议》，规定国家有责任保护少数人群成员的文化权利。主要包括保护其民族文化基本因素的认同权利；在私人和公共场合自由使用其语言的权利；建立其私立教育机构的权利；学习其语言的权利；与具有相同民族、文化、语言或宗教认同的其他人建立并保持联系的权利。应该说，欧洲对少数民族的文化认同和少数民族成员的文化权利的保护程度大大高于世界水平。

从性质上说，公民基本文化权利是普遍的、不可剥夺的人权，它既是消极自由权，又是需要国家提供保障的积极权利；它既是自主权，又是防御权和抵抗权。既是个人的人权，也是集体特别是少数族群的重要权利。正如《墨西哥文化政策宣言》强调的：每种文化都代表一套独有和不可替代的价值，因为每个民族的传统和表达方式都是它表明自己存在于世界的最有效的方法。但不容否认的是，文化权利与政治稳定存在内在张力，特别是多元的文化中存在的分裂和独立倾向。所以，不设任何限制的行使文化权利可能演变为文化歧视和民族分裂，导致政治共同体的瓦解，这也是文化权利法律保障过程中不得不进行的现实考量。

综上分析，可以认为最低限度的文化权利是公民或团体普遍、平等享有的以文化为客体的基本人权，其权能内容主要包括文化参与权、文化成果共享权、文化利益保障权和文化选择权等方面。这些权利有一个共同的特点就是，为了满足公民个人或团体的精神需求，是一种精神性的权利。同时，文化权利是一个历史性范畴，各民族历史的差别也在一定程度上影响了其文化权利的内容和实现方式。随着历史的发展，文化权利的内涵和外延必将得到进一步的深化和拓展。

（三）我国公民文化权利保障面临的冲突和困境：国际视域与国内法规范的检视

从国际公约和各国宪法规范看，文化权利的保障无论在国际范围还是一国范围内都存在不可避免的冲突和困境。在国际上存在以下冲突：(1) 理论上与传统人权理论的冲突。一些西方学者通过比较公民权利和政治权利与经济社会文化权利认为，第一，公民权利、政治权利是“绝对的”，而且是要求“立即”实现的；而经济社会文化权利则是程序性的，是逐步实现的。第二，公民权利、政治权利是可诉的，即可以诉诸司法，得到法院或者相关司法机关的裁决；而经济社会文化权利则“更具有政治意味”，多数是不可诉的，不是真正意义上的权利。第三，认为公民、政治权利是“免费”的权利，并不需要消耗很多资源；而经济社会文化权利则是“昂贵”的。[①] 总之，保障公民经济社会文化权利，国家义务是缺位的。（2）人权的普遍性和文化相对主义的冲突。接受人人有权享有不同的文化认同，承认文化特性和差别，必然产生文化相对主义，从而与文化权利的人权普遍性要求和特质相冲突。（3）新的信息与通信技术。新的信息技术对文化权利产生了相当积极的影响。使个人享受科学进步成果等文化权利得到了加强。但也出现了新的排斥和贫困：信息的贫困和排斥。因为使用因特网需要电力和电子通信网络。因此，产生有钱用得起的信息富人和没钱而用不起的信息穷人间文化权利实际享有的不平等。（4）全球化使世界上各种思想和价值观通过大众传媒而会通融合，一方面影响民族文化，另一方面形成一个共同的世界文化。文化全球化产生了文化同质化的效果。一方面人们逐渐接受共同的价值观和行为模式，凸显了人权的普遍性，一定程度上能够消除带有歧视色彩的传统做法。但另一方面，随着不同文化之间的相互作用，以及文化交流与传播日益增强，强势群体的文化对弱势人群——如少数民族、土著人民和移民工人的文化权利产生负面影响，甚至还威胁到现存的文化认同。

在国内，冲突和困境同样存在：全球化对中华民族文化认同的冲击；中华民族内部体现为汉族与其他民族之间的文化认同；国家统治集团推行和倡导的主流文化与多元社会的多元文化对主流文化的冲击，以及主流文化的官方建构与个人文化自主权之间的冲突；文化权利的共享性和发展性与经济和知识产权保护制度客观上对弱势群体文化权利充分实现的制约性之间的矛盾；国家文化发展战略中文化产业和文化事业的界分

---

① 何海岚：《〈经济、社会和文化权利国际公约〉实施问题研究》，《政法论坛》2012 年第 1 期。

对公民平等享有文化权利的不平等影响，因为并不是所有的公民都支付得起享有文化产业发展带来的文化权利成果；文化权利保障国家义务的非强制性、精神性（非显性）与其他人权保障国家义务的强制性和可显示性间的冲突。一定程度上削弱了政府承担公民文化权利保障义务的积极性；保障公民文化权利与保障国家安全、秩序和稳定之间也存在冲突。文化权利的自主选择性和共同体存续的必要文化共识间存在一定张力；政府因政绩动机和城市发展可能导致大量文化遗产的破坏和灭失，这与不断增长的公民对文化继承权和享有权的需求之间存在冲突。总之，基于个体和团体本位的文化权利所追求的自我表现、自我实现的价值取向与国家存在所需的安全、稳定和秩序等现实目标之间的冲突是无法彻底消弭的。

上述国际和国内有关文化权利的冲突凸显了国际社会、国家（地区）和个人及团体间在文化权利的法律保护方面面临的困境。全球化促进全世界文化发展多样性和参与文化生活自由度扩大的同时，也带来了发展中国家不得不面对吸收还是抵制其他文化影响的重大现实难题和由此带来国内的连锁反应，使文化权利问题成为一个高度紧张点，因此对于人权而言具有重大意义。如何建构一个合理的国际国内法律体系和机制来保证每个国家和民族都有保护自己文化遗产和个性的权利的道路，依然任重道远。

（四）完善我国公民文化权利保障的基本路径：理念、规范与救济的协调统一

观念是制度之母。人权的保障史首先是一部人权观念的发展史，文化权利的保障同样如此。良善的保障文化权利的观念是制定良善的保障文化权利法律制度的根本理念，但文化权利保障的法律规范从纸面走向现实更需要对侵权提供及时、充分的救济。因此，文化权利的保障必须在理念、规范与救济三者协调统一的框架下运作，结合我国法制现状，本书认为可从如下方面完善我国公民文化权利的保障：

（1）形成正确的文化权利保护的理念。尽管联合国相关组织提出了一系列措施，如建立健全文化权利、制定国际行为法、设立国际文化权利监察办公室、建立国际法庭、处理对个人和组织提出的文化诉讼案等。但现实的情况是，这些措施并不完善，到目前为止，只有极少数的几起文化权利受到侵犯的案件得到过起诉和处理。文化权利最终还是要在国家和地区的发展进程中逐步得以实现。用传统的观点看，文化权利的许多方面还不是严格的法律意义上的权利，有些是不能提供明确定义的权利，有些是不能提供依法审判的权利，这些权利的正当性更多地体现为道德性要求，是一种“先定”的伦理权利；还有一些文化权利也不适宜运用法律来执行。因此，理念的转变和由正确的理念来引领具有决定性的意义。国家对人权保护承担的义务是多层次的，且无可逃遁的。认为保障文化权利实现需要耗费大量资源的观点并不正确，因为并非所有的文化权利都需要耗用资源，更多情况下，是个人自由免受国家干预，或者通过个人自主地调配资源。同时，传统的权利保障，国家承担不干涉义务的模式不适应当代人权发展的要求。而公约要求的逐步实现，真正用意是要求无论缔约国贫富与否，都应该公平、有效、充分地利用资源，以一切适当方法在短期内实现权利。况且，现在有相当部分的文化权利是可诉的，需要进一步完善的是审判和执行的问题。同时，文化权利是人文发展的结果和人文进一步发展的保障。人文发展所倡导的人类自由观念，其价值是内在的。它既满足了文化权利的正当性要求，也满足了文化权利的普适性要求，有利于维护和促进以文化身份认同和建立在文化自由基础之上的文化多样性为中心的文化权利。

（2）加强人权教育，培育文化权利意识。我国已经加入了《经济、社会和文化权利国际公约》《公民权利和政治权利国际公约》这两个最重要的人权公约，“尊重和保障人权”也已被写入了我国的宪法，但是人们对尊重和保护文化权利的认识尚欠深入，当务之急是文化权利保障意识的培育。而教育是树立文化权利思想的最好途径，正如洛克所言，教育是为了自由。因为人若是缺乏自主，就会成为易于侵犯他人权利和愿意放弃自己权利的人。在政府加大人权教育投入的同时，还应积极发挥非政府组织的作用。

（3）充分利用大众传媒，传播文化权利内容。权利需要传播才能为公民熟知并潜移默化地转化为公民内在的需求和品格。利用报刊、电视、广播、互联网等各种媒体对文化权利的介绍和宣传，既符合现代社会意识传播的规律，也是权利实现的基本环节，正如没有近代启蒙思想的传播就没有近代民主和宪政一样。

(4) 加强文化权利的立法保护。尽管我国已加入了文化权利方面的主要国际公约，宪法也进行了明确规定，一些领域也有普通法律细化，但依然不充分。有些法律尚付阙如，如《新闻法》《出版法》《演出法》《现代文化财产保护法》《广播电视法》《电影法》等都亟须制定。另外，在我国现阶段，文化商品和文化服务经营权的法律限制过多，文化资源的稀缺、分布的城乡和地域的不平衡，网络时代不同群体享有文化权利的不平等，加之现有互联网管理法规的管制导向等都制约了公民对文化权利平等、自由和充分的享有。因此，应通过对相关法律的立、改、废加以系统地完善。

(5) 完善政府文化行政执法权的控制。公民实现文化权利离不开政府的支持和帮助，但是，政府在文化事业领域的管理职权过大，影响了公民从事文化活动的主动性和积极性，所以，政府在管理和保障之间应该有一个平衡点。政府对文化权利负有尊重、保护和实现的三种义务，未能履行三种义务的任何一种都构成了对权利的侵犯。政府文化行政主管部门通过合理行使文化执法权，打击和制裁各种侵犯公民文化权利的行为，为公民行使文化权利创造一个良好的法律环境。

(6) 加强公民文化权利的救济制度建设，为受侵害的公民文化权利提供救济。无救济即无权利，有权利必有救济是权利保障的公理。从国际上看，2008 年 12 月 8 日《经济、社会、文化权利国际公约》任择议定书在联合国人权理事会获得通过，联大把接受和审查来自个人和群体的、有关经济社会文化权利受到侵害的申诉权限授予经济社会文化权利委员会，从而初步形成了文化权利的国际救济机制。在国内，我们不仅要及时落实相关公约和议定书的要求，更应在救济范围和机制上不断完善。尽管文化权利的精神性和复杂性增加了诉讼救济的难度，社会转型时期也会加剧文化权利保障与社会发展需要的稳定环境之间的冲突，但都不是我们忽视完善法制保障的借口。针对文化权利保护立法的不作为和不当作为，公民可运用宪法赋予的批评权、建议权进行救济，也可通过申请法律法规审查方式进行救济；针对滥用行政权侵害公民文化权利的，可以通过行政诉讼、行政申诉和行政赔偿进行救济。针对社会组织和个人侵害公民文化权利的行为，政府有义务提供及时充分的救济。通过确立司法最终救济原则和制度确保文化权利获得最公平的救济，同时司法救济应由被动司法向能动司法转变，以及时、有效遏制社会转型时期过分追逐 GDP、超稳定政治秩序和个人经济利益而破坏人类文化遗产、限制文化权利或滥用文化权利的现象。总之，完善的救济机制能确保文化权利的保障从“柔性”变为“刚性”。

第五章

国家权力及其制约

第一节　宪法下的国家权力及其规范

早在20世纪初，日本著名宪法学家美浓部达吉就指出，“宪法学以关于国家之法为其研究的对象，所以在宪法学的全部中，为其中心观念者，其一是‘法’，其一是‘国家’”①。但近一个世纪以来，对“国家”问题的宪政研究并不理想，对此，英国宪法学家杰弗里·马歇尔不无感叹地指出，由于“国家”的含义的复杂性，“法律和政治理论家都不太愿意去探讨‘国家’这一术语及其代表的观念”②。然而，我国自20世纪早期开始立宪时起，宪法中的“国家”规范就一直存在并不断增多，在我国现行宪法规范中，直接对“国家”进行规范的条款近50条（款），这为保证改革开放顺利推进、国家职能依法充分发挥作用等都起到了巨大作用，但与此形成鲜明对比的是，学界对其进行系统深入的研究尚付阙如，本书试图对此作一初步的探析。

一　“国家”宪政学说之检视

对“国家”进行政治法律上的探讨与人类的文明一样久远，在西方的古希腊时期、中国的古代商周时期就开始了。但近代以前的“国家”是家国一体，所谓“朕即国家”，“普天之下，莫非王土；率土之滨，莫

① ［日］美浓部达吉：《宪法学原理》，欧宗祐等译，中国政法大学出版社2003年版，第72页。

② ［英］杰弗里·马歇尔：《宪法理论》，刘刚译，法律出版社2006年版，第16页。

非王臣”。在用语上，中国古代将“家”“国”“天下”作了区分，按古代惯例：在天子则曰“天下”，在诸侯则曰“国”，在卿大夫则曰“家”。按西方学者的观点，① 古希腊人没有与我们谓之“国家”的抽象概念对应的词，具有这一意涵的语词是“城邦”。到了古罗马共和国中期开始，出现了指称国家制度名称的语词。当然，这并不否认古希腊哲学家对国家和法律起源的思考。如亚里士多德对城邦问题的探讨。同时，古希腊哲学对“社会契约”的推崇，认为公民服从法律和政府的基本义务仰赖于公民与城邦缔结的原初契约。守法成为公民对国家（城邦）的最重要义务。这一点通过苏格拉底审判得到了充分诠释。所以，纵使法律不公也要以生命的牺牲为代价去遵从之，这一堂吉诃德式的决定赋予作为国家和城邦之根基的约定和契约以特别的力量。② 到古罗马时期，尽管有国家观念，但仅有粗糙的国家观念。只有到了基督教化的罗马帝国的晚期，才出现了作为哲学近支的国家学说。而早期基督教作者对国家所持的论调都是极为否定的。③ 如认为罗马国家是一个恶魔。基督教早期乃至中世纪初期强调的是国家的合法性而非其起源。如中世纪早期的国家观认为，国家的根基是不洁净的，源于人的罪，国家不过是用以压制邪恶和惩罚违法者的必要的恶。到中世纪中期，上述观点遭背弃，而认为国家是有着神圣起源的制度。如圣托马斯提出了国家作为上帝设计的一部分而将用国家正当化的理论，认为国家有其抽象和普遍的正当性，是自然本身的创造，而不是必要的恶或人之堕落的结果。意大利的马西利乌斯认为国家是基于自然的自治体，并主张在世俗问题上，教会应服从国家。此时，自治世俗国家的观念，开始穿透中世纪的薄雾，国家也被认为具有对外主权。到中世纪末期，文艺复兴和宗教改革进一步推动了国家观念向近现代的演进。16 世纪的教会法学家维多利亚认为，国家不是人类出于意志的行为的结果，而是基于人类联合天性的自然有机成长的过程，国家显然赋予个人实在的利益。另一学者莫利纳认为，联合组成国家是

---

① ［爱尔兰］J. M. 凯利：《西方法律思想简史》，王笑红译，法律出版社 2002 年版，第 6 页。

② 同上书，第 15 页。

③ 同上书，第 86 页。

出于个人的自由意志，自愿的联合是国家的必要条件，国家非此而不能形成。1594年，英国国教徒胡克在《论教会政体的法律》一书中，认为国家的基础是契约而非自然本能。综观14世纪和15世纪的著作，西方学者普遍强调了臣民有限（契约）行为的意涵上的国家之自愿性的起源。而文艺复兴的代表性人物马基雅维利则认为古代之共和国（古代雅典和罗马）而非基督教的共和国是理想国家的模型。并认为国家及其利益和有效治理是国家的唯一的价值。直到18世纪，国家才作为自有其正当的实体面目清晰地出现了。这一时期，解释国家的基础是社会契约模式。但随着法国大革命带来的冲击，社会契约、自然法以及自然权利一道丧失了名誉，它先是给予恐怖行动知识上的支持，后又对拿破仑暴政助纣为虐。因此，在19世纪，人们不得不把国家性质及其正当功能的问题置于一块白板上重新思考。其间首先发端于经济自由主义的国家类型的政治理论，它源于洛克对财产权的极端重视，即财产权构成了国家存在的资格[①]；财产权又包含了契约自由，由此形成了当时的主导思想，即市场运作和任何私人契约关系一样，不受国家干涉，同时，亚当·斯密从经济学上给予了有力的证明和支持。功利主义创始人边沁从国家总体收益的角度也为国家管理活动进行了立法上的论证。进而英国自由主义哲学家格林重述了自由主义的信仰：自由主义应包含对个人尊严的尊重，对个人应获致充分发挥其能力的机会的认识，以及对国家应有所作用的承认。它认同国家可能采取立法干预或管制的形式，以便能够提供实现这一理想的基本条件。这种思想也在客观上支持了其后产生的社会主义性质国家的国家观，并推动了由国家起源、国家本质向国家的功能关注的转变。这一时代，对国家功能更深刻的审视是德国哲学家黑格尔。他认为，国家不是单一的、整体性的概念，而有着三重特征，首先是通常理解的国家，即“政治”国家，其次是“公民”国家，再次是“伦理”国家，它作为一切伦理价值、共享体验和反应及历史归属感的总和。在黑格尔看来，这是最高价值和意义的国家。在“伦理”国家中，个人通过

---

① 洛克认为，最高权力，未经本人同意，不能取去任何人的财产的任何部分。因为，保护财产是政府的目的，也是人们加入社会的目的。［英］洛克：《政府论》（下），瞿菊农等译，商务印书馆1964年版，第86页。

对超验历史的参与而获得自由和自我实现。马克思通过对黑格尔的批判，揭示了国家产生的经济根源和阶级占有形式的不平等关系。国家是符合控制社会资源的人的需要的结构安排，是根植于物质生活条件的。19世纪集德国国家学大成的耶林纳克认为，国家具有在社会学及法学上被考察的两个层面：从社会学上考察，国家乃是具有固有统治权之定位人的团体统一体；从法学上考察，国家系独立的权利义务主体，故国家为法人，以“具有固有统治权之定位国民的社团”①。

英国宪法学家杰弗里·马歇尔分析韦尔登的国家定义后指出，其国家一词包含的日常和专门含义似乎都是指（粗略地说）众多共同体中的一个独立之政治共同体。也就是，在国际关系和国际法中作为一个单元存在的民族国家。但这种看法忽略了“国家”一词在国内语境中的日常和专门含义。他认为，理解国家的困难在于区分“国家”一词的三种含义。首先，它被用来在市民状态和“陆海军事状态”之间进行比较。其次，它可用来表示作为一个单元的民族或人民的简称。最后，是它更加现代的意义，用来表示政府机制的整体或部分。② 当然，马歇尔的分析和引证立足于英国的宪政实践。所以，在他看来，“国家”一词到底是什么意思，应区别不同场合来理解。在日常场合，国家指称与公民相对的机构和行为，有时也表达一种等级，而“国家行为”应被认为是作为整体的民族的行为。不管国家是“有组织的共同体”，还是“国家共同体中的所有政府机关”，从第一次世界大战期间以及战后开始，“国家”逐渐对英格兰人民的生活进行潜在但普遍的干预。③ 他认为，“以宪法为核心的公法处理的是这样两种权利：一种是国家宣称为自身拥有的、可对抗公民的权利，另一种是国家允许被用来对抗自身的权利。”④ 著名纯粹法学创始人凯尔森对“国家”从纯法学的视角进行了界定和分析。在他看来，由于“国家”这一术语通常所指对象多样化而弄得难以界定，如果从纯粹法学观点来研究，就比较简单。基于此，他认为国家只是作为一个法

---

① ［日］阿部照哉等编著：《宪法》（上），周宗宪译，中国政法大学出版社2005年版，第53页。

② ［英］杰弗里·马歇尔：《宪法理论》，刘刚译，法律出版社2006年版，第19—20页。

③ 同上书，第36—37页。

④ 同上书，第39页。

律现象，作为一个法人即一个社团来加以考虑。这一社团与其他社团区别在于构成国家社团的那个规范性秩序。国家是由国内的法律秩序创造的共同体。国家作为法人是这一共同体或构成这一共同体的国内法律秩序的人格化。[①] 而且国家，作为通过其机关而行为的主体，作为归属的主体或者作为法人，都是法律秩序的人格化。[②] 所以，国家作为义务与权利的主体，并不能脱离人的活动而存在，这种义务和权利是国家机关的义务和权利。

美国学者斯科特·戈登从宪政史的角度探究国家理论和实践问题，认为西方的宪政历史本质上是控制国家的历史。他认为，存在一种广为流传的观点，即国家（控制）的领域应当减少，但在具体问题上，公众永远要求更多的而不是更少的政府行为。[③] 他研究后指出，立宪民主制在构造控制国家的一种完善的体系上尚未取得成功，与社会完善的其他维度一样，这种理想不可能被我们完全掌握。[④]

从自由的视角分析国家与个人之关系，对于理解宪法中“国家”规范和功能的正当性与合法性是必不可少的。宪政的发端与发展都与自由主义哲学相关。霍布豪斯认为，自由主义是这样一种信念，即社会能够安全地建立在个性的这种自我指引力之上，只有在这个基础上，才能建立起一个真正的社会。所以，自由与其说是个人的权利，不如说是社会的必需。[⑤] 社会自由是以限制为基础的。一个人只有在他人无法伤害和干涉他的情况下才能自由地指引自己的生活。国家可能提供一些它认为最好的东西，而并不强迫任何人去利用这些东西。精神是不能用暴力使其就范的。他认为，国家的强迫是通过压倒个人的强迫行为以及国家内任何个人联合组织实行的强迫行为，以此维护言论自由、人身和财产安全、真正的契约自由、集合和结社权利，最后也维护国家自身实现共同目的，

---

① ［奥］凯尔森：《法与国家的一般理论》，沈宗灵译，中国大百科全书出版社 1996 年版，第 203 页。

② 同上书，第 221 页。

③ ［美］斯科特·戈登：《控制国家：西方宪政的历史》，应奇等译，江苏人民出版社 2001 年版，第 3 页。

④ 同上书，第 356 页。

⑤ ［英］霍布豪斯：《自由主义》，朱曾汶译，商务印书馆 1996 年版，第 61—62 页。

不受个别成员反抗阻挠的权力。[1] 所以，自由和控制之间没有真正的对立，因为每一种自由都依靠一种相应的控制。[2] 国家的强迫在一定意义上讲是其职责，国家的职责为头脑和个性创造据以发展的条件，使公民依靠本身努力获得充分公民效率所需要的一切。[3] “在一个社会里，一个能力正常的老实人无法靠有用的劳动来养活自己，这个人就是受组织不良之害。”[4] 在此，霍布豪斯自由主义与国家对公民承担义务及合理干预是相容且合理的。

拉德布鲁赫从文化的视野分析了两种对立的文化观及其影响下的国家观。他认为人类迄今为止的法律和国家可以用个人主义和超个人主义文化制度加以解释。超个人主义国家观下的所有国家类型首先是把国家作为一个整体，进而从外部、从世界舞台的角度来看，并且以外部政策的需要为标准来规定其内部政策；而个人主义则首先是依照私人生活的观念从内部来观察国家，进而使得其源于内部政策的外部政策得以成长。[5] 超个人主义国家观将国家本身的强权意志作为有拘束力的现实存在而接受，国家的奋斗意味着为生存而奋斗的超个人形式，即种族生存奋斗，每个人都由国家人格而预先确定了他们的角色。[6] 而所有的个人主义的法哲学都认为法律和国家只是服务于个人主义终极目的之工具的工具。两种观念中每一种都是以一个图画来设想其国家理想：超个人主义观念以有机体，即整体的人为图画。如在好的国家中，不是整体为了个体而存在，而是个体为了整体而存在。个人主义观念则认为，契约才能使国家合理化，国家仅仅通过意愿自由的、完全可以理解的自私自利的成员而实现其共同聚合。国家除了因个人而具有的价值之外，不可要求其他价值，这就是自由主义的国家学说。国家观在近代以来不断被演绎，随着国家观的变化，国家与国家法（宪法）之关系在矛盾运动中将国家功

---

① ［英］霍布豪斯：《自由主义》，朱曾汶译，商务印书馆 1996 年版，第 74 页。

② 同上书，第 75 页。

③ 同上书，第 80 页。

④ 同上。

⑤ ［德］拉德布鲁赫：《法学导论》，米健、朱林译，中国大百科全书出版社 1997 年版，第 11 页。

⑥ 同上书，第 11—12 页。

能不断纳入法制轨道。国家和国家法之间存在矛盾：即国家以国家法为前提条件，而另一方面国家法又以国家为前提条件。[①] 从国家发展史观察，等级国家和专制国家时期，国家的活动是没有边界的，国家是万能的警察国家，而立宪国家是法治国家，在宪法和其他法律中明确地宣告某些领域的不可侵犯。在自由放任主义的资本主义时期，国家充当社会的“守夜人”角色，这种旧自由主义理论在洪堡的宪政思想中得到充分体现，他认为国家对公民的正面福利，尤其是物质福利的关心是有害的。“国家不要对公民正面的福利作任何关照，除了保障他们对付自身和对付外敌所需要的安全外，不要再向前迈出一步；国家不得为了其他别的最终目的而限制他们的自由。”[②] 在他看来，“法治国家”的国家职责在于将自己限制在保证其成员避免非正义。

19 世纪末到 20 世纪初，西方经历了由自由放任的资本主义向垄断资本主义的转变，社会主义国家的产生也改变了人们对国家和国家职能的认识。特别是 20 世纪 20 年代至 30 年代的世界性经济危机，使国家由消极的社会秩序“守夜人”向积极干预社会事务的角色转换，尤其是国家的经济职能和积极有为的理念及实践推动了现代宪法的产生和发展。这种转换导致了对国家职能的重新认识，产生了比较典型的三种国家学说：一是国家至上，强权即真理、自由即服从、权威靠暴力建立和维持的法西斯主义国家学说；二是以狄骥为代表的社会连带主义国家学说；三是以韦伯、柯尔、拉斯基为代表的改良主义国家学说。该学说反映了垄断资本主义时期国家职能的特征，主张国家干预经济，反对先前传统自由主义主张的“最好的政府是管理得最少的政府”的观点，提出“最好的政府是能够稳当而成功地管理得最多的政府”的观点。[③] 主张推行福利政策，缓和阶级矛盾；主张在资产阶级民主制度框架内，通过和平途径实现社会主义。迄今为止，国家学说可以说是流派纷呈，莫衷一是。20 世

① ［德］拉德布鲁赫：《法学导论》，米健、朱林译，中国大百科全书出版社 1997 年版，第 32 页。

② ［德］洪堡：《论国家的作用》，林荣远等译，中国社会科学出版社 1998 年版，第 54 页。

③ 邹永贤、俞可平、骆沙舟、陈炳辉：《现代西方国家学说》，福建人民出版社 1993 年版，第 338 页。

纪 20 年代，美浓部达吉曾从国家起源和国家本质等方面总结了主要的国家学说。[①] 我国也有宪法学者对此作了总结。[②]

综上所述，宪政的国家学说是随着社会的发展而不断变迁的，基于不同的时代背景、政治体制、经济特色、哲学观、政治观而产生出不同的国家观，每种国家观都有其反映当时社会现实的合理性的一面，但也都存在着片面性的不足。但总体而言，国家观随着社会的发展，逐渐褪去了暴力、神秘的色彩，转而从现实的国家实体功能的角度进行界定和阐释，不断为国家职能的扩充提供理论证明或改造性批判。近代以来，在不同的国家观的指导下，宪法规范对“国家”这一被霍布斯称为“利维坦”的巨大怪物进行了不同方面的规制。

马克思主义国家学说既是对资产阶级思想家国家学说的批判，更是社会主义国家宪法制度建设和发展的指导理论。马克思主义认为，法与国家不是从来就有的，它是社会历史发展到一定阶段的产物。恩格斯在《论住宅问题》一文中说：“在社会发展的某个很早的阶段，产生了这样一种需要：把每天重复着的产品生产、分配和交换用一个共同规则约束起来，借以使个人服从生产和交换的共同条件。这个规则首先表现为习惯，不久便成了法律。随着法律的产生，就必然产生出以维护法律为职责的机关——公共权力，即国家。”[③] 马克思提出了国家职能的二重性理论，即国家具有政治统治与社会公共事务管理双重基本职能。一方面，马克思认为国家具有政治统治功能，譬如，国家是“一个阶级镇压另一个阶级的机器”，是“一个阶级用以压迫另一个阶级的有组织的暴力”；另一方面，马克思对国家的社会管理职能有充分的论述，他明确指出，国家的职能“既包括执行由一切社会的性质产生的各种公共事务，又包

---

① 美浓部达吉在《宪法学原理》一书中总结：关于国家本质的学说有实力说、道德说、有机体说、合力说和统治团体说。而对于国家的起源的学说，他总结为神意说、家族说、财产说、契约说、实力说、心理说。参见［日］美浓部达吉《宪法学原理》，欧宗祐等译，中国政法大学出版社 2003 年版，第 85—97、119—125 页。

② 秦前红教授主编《新宪法学》一书中将国家学说归纳为国家契约说、社会共同体说、国家统治说、国家要素说、政治试题说和马克思主义国家学说。参见秦前红主编《新宪法学》，武汉大学出版社 2005 年版，第 130—133 页。

③ 《马克思恩格斯文集》第 3 卷，人民出版社 2009 年版，第 322 页。

括由政府同人民大众相对立而产生的各种特殊职能。”① 中国宪法在马克思主义国家理论指导下，结合现代宪法对社会生活积极调控的普遍现实，在合理传承中国20世纪早期立宪的相关经验，并在改革开放的三十多年中不断完善，形成了鲜明的中国特色。

总之，传统经典的宪政学说强调对国家的控制，通过分权宪法的形式将国家的职能明确授予以立法、行政和司法为代表的机关；新立宪主义理论主张从控制、限制国家到建设性的权力，即宪政政体必须不只是限制权力的政体，它还必须能有效地利用这些权力，制定政策，提高公民的福利。② “要关注社会问题明智的解决和公民性格的形成”③，基于此，有两种不同但又有相通之处的国家职能观。一般而言，国家职能是指国家对国民精神生活、经济生活和社会生活的干预。一种观点认为，国家干预程度应最小化，应该仅限于确保疆域和民族内部的安全；相反的观点则认为国家有着根本不能以固定的规则来界定的极其广泛的职权。但客观现实是，“在所有现代国家中，总体的趋势是国家活动的大幅度增加”④。

二　宪法“国家”规范之体现

在域外的宪法中明确以“国家”作为规范对象的宪法条文并不多见，与我国“国家”规范的指涉、内涵及规范表达上有相同更有不同之处。兹选几国宪法相关规范说明。《日本国宪法》第二十条第3款规定：国家及国家机关不得进行宗教教育及其他任何宗教活动。第25条第2款规定：国家必须在生活的一切方面为提高和增进社会福利、社会保障以及公共卫生而努力。《德意志联邦共和国基本法》第6款第1款规定：婚姻和家庭受国家的特别保护。第7条第1款：整个教育体制受国家的监督。

《俄罗斯联邦宪法》第4条第3款规定：俄罗斯联邦保障自己领土的

① 《马克思恩格斯选集》第2卷，人民出版社1995年版，第510页。

② ［美］斯蒂芬·L. 埃尔金、卡罗尔·爱德华·索乌坦编：《新宪政论》，周叶谦译，生活·读书·新知三联书店1998年版，第156页。

③ 同上书，第144页。

④ ［法］莱昂·狄骥：《宪法学教程》，王文利等译，辽海出版社、春风文艺出版社1999年版，第71—72页。

完整和不受侵犯。第 19 条第 2 款规定：国家保障人和公民的权利与自由的平等，而不管其性别、种族、民族、语言、出身、财产、职务、居住地、宗教态度、信仰、所属社会团体以及其他情况如何。禁止以任何形式以社会、种族、民族、语言或宗教属性去限制公民的权利。[①] 第 45 条第 1 款规定：国家保护俄罗斯联邦境内的人和公民的权利与自由。第 52 条中规定，因犯罪和滥用职权的受害人的权利受法律保护。国家保障其能诉诸司法机关和对其所受损失得到赔偿。第 61 条第 2 款规定：俄罗斯联邦对其居住在境外的公民提供保护和庇护。第 63 条第 1 款规定：俄罗斯联邦根据公认的国际法准则向外国公民和无国籍人士提供政治避难。第 67 条第 2 款规定：俄罗斯联邦对俄罗斯联邦的大陆架和特别经济区拥有主权，并按联邦法律和国际法准则规定的程序对其实施管辖。第 68 条第 3 款：俄罗斯联邦保障俄罗斯联邦各族人民享有保留本族语言、建立学习和发展本族语言条件的权利。第 69 条：俄罗斯联邦根据公认的国际法原则和准则以及俄罗斯联邦签署的国际条约保障本地少数民族人民的权利。

《美利坚合众国宪法》第 1 条第 9 款第 7 项规定，合众国不得授予贵族爵位。第 4 条第 4 款规定，合众国保证本联邦各州实行共和政体，保护每州免遭入侵，并应州议会或州行政长官（在州议会不能召开时）的请求平定内乱。

《墨西哥合众国宪法》第 3 条第 5 款规定，国家可在任何时候随意撤销对在私人场所进行的学业的官方有效性的承认。第 3 条第 7 款规定，国家实行的一切教育均免费提供。第 26 条规定，国家将建立一种民主地制定国家发展计划的制度，这种制度应使经济增长具有稳固、充满活力、持续和公正的特点，从而实现国家的独立与政治、社会和文化的民主化。第 27 条第 3 款规定，国家随时有权强迫私有财产接受公共利益所要求的形式，并有权为使社会受益而规定如何利用可以收归己有的自然资源；以便公平地分配公共财富，注意保护公共财富，实现国家的均衡发展的城乡人民生活条件的改善。因此，将颁布必要的措施，以便有秩序地安

---

① 姜士林主编：《宪法大全》，青岛出版社 1997 年版，第 827 页。以下外国宪法条款均引自该书，不再一一注明页码。

排人们安家落户和规定对土地、水源和森林的适当的供给、使用、储备和运用办法，从而实施公共工程并计划和调整居民中心的建立、保留、改善和扩大；分割大庄园的土地；在法定范围内安排对村社和公社的组建和集体开发；发展正在开发中的农业小地产；设立拥有为其所必需的土地和水源的新农业居民中心，促进农业的发展和防止地产可能遭受的、有损于整个社会的自然资源的破坏和其他损害。没有土地和水源或土地和水源不足以满足其需要的居民中心，有权要求在永远保留开发中的农业小地产的前提下，从就近的地产中取得土地和水源分配给它们。第28条规定，墨西哥合众国在法律规定的范围和情况下禁止垄断、垄断活动、专卖和偷税漏税。对于以保护工业为名的各种禁令同样对待。该条第6款规定国家拥有需要的机构和企业的权利。

当然，也有一些国家如《法兰西共和国宪法》则无直接规范“国家”的条款。

通过以上梳理，不难发现，法国、美国等国家的早期宪法直接规范“国家”的条款很少或没有，这与传统宪法强调分权和控权的国家观是一脉相承的，其潜在的宪政逻辑是：只要国家的权力被驯服，符合公民理想状态的经济生活、社会生活和精神生活无须国家干预，即可自足地实现。而现代宪法“国家”规范的明显增多应该与克服消极国家理念及实践的不足和积极国家理念的勃兴密切相关。在内容上，主要体现为经济领域的国家调控和实现公民权利的更具体保障。

中国一百多年的制宪历程中，先后有多部宪法草案和宪法，不仅有对“国家”的直接规范，而且有逐步增多的特点。最早的是1912年的《大中华民国临时约法草案》第七章《国计民生》第60条规定，土地属于国有，私人既得之土地所有权，概改为领租权，领租人须限于耕作者，原日非耕作之土地所有人，由国家制定偿价方法，取回其土地。但国家于未能以现金收回以前，得公估租额，准由原日土地所有人依额分期收租抵偿，俟抵足后，交还于国家。但国家于原日土地所有人未抵足租额以前，仍得随时依法收回其土地。①

1931年的《中华民国训政时期约法》第四章《国计民生》，其中第

---

① 《中国宪法》（文献通编），中国民主法制出版社2004年版，第332页。

33 条规定，为发展国民生计，国家对于人民生产事业，应予以奖励及保护。第 35 条规定，国家应兴办油、煤、金、铁矿业，并对于民营矿业，予以奖励及保护。第 36 条规定，国家应创办国营航业，并对于民营航业，予以奖励及保护。第 41 条规定，为改良劳工生活状况，国家应实施保护劳工法规。第 42 条规定，为预防及救济因伤病废老而不能劳动之农民工人等，国家应施行劳动保险制度。第 43 条规定，为谋国民经济之发展，国家应提供各种合作业。第 44 条规定，人民生活必需品之产销及价格，国家应调整或限制之。第 46 条规定，现役军人因服务而致残废者，国家应施以相当之救济。①

1936 年的《中华民国宪法草案（五五宪草）》第六章《国民经济》，其中第 117 条第 2 款规定，国家对于人民取得所有权之土地，得按照土地所有权人申报，或政府估定之地价，依法律征税或征收之。第 120 条规定，国家对于土地之分配整理，以扶植自耕农及自行使用土地人为原则。第 121 条规定，国家对于私人之财富及私营企业，认为有妨害国民生计之均衡发展时，得依法律节制之。第 122 条规定，国家对于国民生产事业及对外贸易，应奖励、指导及保护之。第 123 条第 2 款规定，国家对于前项特许之私营事业，因国防上之紧急需要，得临时管理之，并得依法律收归公营，但应予以适当之补偿。第 124 条规定，国家为改良劳工生产，增进其生产技能及救济劳工失业，应实施保护劳工政策。第 126 条规定，国家为某农业之发展及农民之福利，应充裕农村经济，改善农村生活，并以科学方法，提高农民耕作效能。第 2 款规定，国家对于农产品之种类、数量及分配，得调节之。第 127 条规定，人民因服兵役、工役或公务，而致残废或死亡者，国家应予以适当之救济或抚恤。第 128 条规定，老弱残废无力生活者，国家应予以适当之救济。②

1947 年的《中华民国宪法》第十三章《基本国策》中的第三节国民经济，其中第 143 条第 3 款规定，国家对于土地之分配与整理，应以扶植自耕农及自行使用土地人为原则，并规定其适当经营之面积。第 145 条规定，国家对于私人财富及私营事业，认为有妨害国计民生之平衡发展者，

---

① 《中国宪法》（文献通编），中国民主法制出版社 2004 年版，第 338—339 页。

② 同上书，第 353—354 页。

应以法律限制之。第2款规定，合作事业应受国家之奖励与扶助。第3款规定，国民生产事业及对外贸易，应受国家之奖励、指导及保护。第146条规定，国家应运用科学技术，以兴修水利，增进地力，改善农业环境，规划土地利用，开发农业资源，促成农业之工业化。第150条规定，国家应普设平民金融机构，以救济失业。第151条规定，国家对于侨居国外之国民，应扶助并保护其经济事业之发展。第四节社会安全，其中第153条规定，国家为改良劳工及农民之生活，增进其生产技能，应制定保护劳工及农民之法律，实施保护劳工及农民之政策。第155条规定，国家为谋社会福利，应实施社会保险制度。人民之老弱残废，无力生活，及受非常灾害者，国家应予以适当之扶助与救济。第156条规定，国家为奠定民族生存发展之基础，应保护母性，并实施妇女儿童福利政策。第157条规定，国家为增进民族健康，应普遍推行卫生保健事业及公医制度。第五节教育文化，第163条规定，国家应注重各地区教育之均衡发展，并推行社会教育，以提高一般国民之文化水准，边远及贫瘠地区之教育文化经费，由国库存补助之。其重要之教育文化事业，得由中央办理或补助之。第165条规定，国家应保障教育、科学、艺术工作者之生活，并依国民经济之进展，随时提高其待遇。第166条规定，国家应奖励科学之发明与创造，并保护有关历史文化艺术之古迹古物。第167条规定，国家对于下列事业或个人予以奖励或补助：（1）国内私人经营之教育事业成绩优良者；（2）侨居国外国民之教育事业成绩优良者；（3）于学术或技术有发明者；（4）从事教育久于其职而成绩优良者。第六节边疆地区，其中第168条规定，国家对于边疆地区各民族之地位，应予以合法之保障，并与其地方自治事业，特别予以扶植。第169条规定，国家对于边疆地区各民族之教育、文化、交通、水利、卫生及其他经济、社会事业，应积极举办，并扶助其发展，对于土地使用，应依其气候、土壤性质，及人民生活习惯之所宜，予以保障及发展。①

新中国刚成立时，起临时宪法作用的《中国人民政治协商会议共同纲领》中并无直接对“国家”的宪法规范。1954年宪法共有22款规范“国家”的条款。第七条第二款规定：国家保护合作社的财产，鼓励、指

① 《中国宪法》（文献通编），中国民主法制出版社2004年版，第372—375页。

导和帮助合作社经济的发展，并且以发展生产合作为改造个体农业和个体手工业的主要道路。第八条共有三款：国家依照法律保护农民的土地所有权和其他生产资料所有权。国家指导和帮助个体农民增加生产，并且鼓励他们根据自愿的原则组织生产合作、供销合作和信用合作。国家对富农经济采取限制和逐步消灭的政策。第九条共两个条款：国家依照法律保护手工业者和其他非农业的个体劳动者的生产资料所有权。国家指导和帮助个体手工业者和其他非农业的个体劳动者改善经营，并且鼓励他们根据自愿的原则组织生产合作和供销合作。第十条共三款：国家依照法律保护资本家的生产资料所有权和其他资本所有权。国家对资本主义工商业采取利用、限制和改造的政策。国家通过国家行政机关的管理、国营经济的领导和工人群众的监督，利用资本主义工商业的有利于国计民生的积极作用，限制它们的不利于国计民生的消极作用，鼓励和指导它们转变为各种不同形式的国家资本主义经济，逐步以全民所有制代替资本家所有制。国家禁止资本家的危害公共利益、扰乱社会经济秩序、破坏国家经济计划的一切非法行为。第十一条规定：国家保护公民的合法收入、储蓄、房屋和各种生活资料的所有权。第十二条规定：国家依照法律保护公民的私有财产的继承权。第十三条规定：国家为了公共利益的需要，可以依照法律规定的条件，对城乡土地和其他生产资料实行征购、征用或者收归国有。第十四条规定：国家禁止任何人利用私有财产破坏公共利益。第十五条规定：国家用经济计划指导国民经济的发展和改造，使生产力不断提高，以改进人民的物质生活和文化生活，巩固国家的独立和安全。第十六条规定：劳动是中华人民共和国一切有劳动能力的公民的光荣的事情。国家鼓励公民在劳动中的积极性和创造性。第十九条第二款规定：国家依照法律在一定时期内剥夺封建地主和官僚资本家的政治权利，同时给以生活出路，使他们在劳动中改造成为自食其力的公民。在第三章《公民的基本权利和义务》中，第八十七条规定：中华人民共和国公民有言论、出版、集会、结社、游行、示威的自由。国家供给必需的物质上的便利，以保证公民享受这些自由。第九十一条规定：中华人民共和国公民有劳动的权利。国家通过国民经济有计划的发展，逐步扩大劳动就业，改善劳动条件和工资待遇，以保证公民享受这种权利。第九十二条中华人民共和国劳动者有休息的权利。国家规定工人和职员的工作时间和休假制度，逐步扩充劳动者休息和休养的物质条件，以保证劳动者享受这种权利。第九十三条规定：中华人民共和国劳动者在年老、疾病或者丧失劳动能力的时候，有获得物质帮助的权利。国家举办社会保险、社会救济和群众卫生事业，并且逐步扩大这些设施，以保证劳动者享受这种权利。第九十四条规定：中华人民共和国公民有受教育的权利。国家设立并且逐步扩大各种学校和其他文化教育机关，以保证公民享受这种权利。同时特设一款即第二款规定：国家特别关怀青年的体力和智力的发展。第九十五条规定：中华人民共和国保障公民进行科学研究、文学艺术创作和其他文化活动的自由。国家对于从事科学、教育、文学、艺术和其他文化事业的公民的创造性工作，给以鼓励和帮助。

1982 年宪法共有 50 个条款对“国家”进行宪法规范。分布在第一章和第二章中，其中第一章总纲中有 38 个条款，第二章公民的基本权利与义务中有 12 个条款。① 我国现行宪法的文本统计，包括目录、章节标题、正文，“国家”一词共出现 151 次。根据其在宪法文本中的使用场景，“国家”一词的内涵是不同的。宪法文本中的“国家”一般在三种意义上使用：②

一是统一的政治实体意义上的“国家”。“国家”一词最常用的用法就是表示整个统一的政治实体，具体又可以分为主权意义上（对外）的国家和主权意义上（对内）的国家两种。前者如《宪法》序言第 2 自然段规定：“一八四〇年以后，封建的国家逐渐变成半殖民地、半封建的国家。中国人民为国家独立、民族解放和民主自由进行了前仆后继的英勇奋斗。”后者常常使用的表达方式是“国家的权力”“国家机关”“国家机构”“国家工作人员”“国家权力机关”“国家行政机关”等。

---

① 具体在现行宪法中的分布如下：第四条第 1、2 款，第五条第 2 款，第六条第 2 款，第七条，第八条第 3 款，第九条第 2 款，第十条第 2 款，第十一条第 2 款，第十二条第 2 款，第十三条第 2、3 款，第十四条第 1、2、3、4 款，第十五条第 1、2、3 款，第十九条第 1、2、3、4、5 款，第二十条，第二十一条第 1、2 款，第二十二条第 1、2 款，第二十三条，第二十四条第 1、2 款，第二十五条，第二十六条第 1、2 款，第二十八条，第二十九条第 2 款，第三十三条第 3 款，第三十六条第 3 款，第四十二条第 2、4 款，第四十三条，第四十四条，第四十五条第 2、3 款，第四十六条第 2 款，第四十七条，第四十八条第 2 款，第四十九条，第五十条。

② 参见韩大元《宪法学基础理论》，中国政法大学出版社 2008 年版，第 45—46 页。

二是与社会相对的意义上的“国家”。近代以来，特别是宪法产生后，国家与社会有了比较明确的界分，因此，宪法中“国家”有时是在与社会对应的意义上使用。如《宪法》第四十五条规定：中华人民共和国公民在年老、疾病或者丧失劳动能力的情况下，有从国家和社会获得物质帮助的权利。国家发展为公民享受这些权利所需要的社会保险、社会救济和医疗卫生事业。国家和社会保障残废军人的生活，抚恤烈士家属，优待军人家属。国家和社会帮助安排盲、聋、哑和其他有残疾的公民的劳动、生活和教育。第五十一条规定：中华人民共和国公民在行使自由和权利的时候，不得损害国家的、社会的、集体的利益和其他公民的合法的自由和权利。

三是与地方相对意义上的国家。在这种语境下，国家一般是指中央。如《宪法》第一百一十八条规定：民族自治地方的自治机关在国家计划的指导下，自主地安排和管理地方性的经济建设事业。国家在民族自治地方开发资源、建设企业的时候，应当照顾民族自治地方的利益。

三 中国宪法“国家”规范的中国特色及其完善

通过上文对国家观的检视和“国家”规范的梳理，可以看出我国宪法的“国家”条款既符合现代宪法精神，也是中国社会特质的制度体现。中国一百多年的制宪历程，一开始就受到积极国家观和中国现实及文化传统的影响。马克思主义传入中国后，对中国的宪政建设，特别是根据地和新中国的宪政建设起着根本性的指导作用，是推动中国宪法“国家”规范形成中国特色的指导思想。一百多年来，与西方自下而上的自发型的宪政历程不同，中国宪政之路具有自上而下的政府推进型特点。政府的宪政规划必然伴随着国家权力和职能的扩充，以确保宪政蓝图的实现。而扩充的重点是经济和社会管理领域，也加强了国家对公民社会、经济和文化权利的保障义务。之所以体现出这一特征，是因为：一是中国经济比较落后的客观现实需要一个强大的国家权力引领、规制和保障；二是现代宪政理论支持国家对社会生活的全面介入，而宪法又是国家介入最合法、最权威、最适当和最有效的方式；三是几百年的宪法传统使一些共同性内容已经成为宪法的内核和宪法的标志，尤其是对政治领域的干预极易倒退为封建专制，这既违反宪法的本质，也是人民不能答应的；

四是现代宪法追求的不仅仅是形式上的自由和平等，更是实质意义上的自由和平等，而只有国家的积极作为才能实现。

中国宪法“国家”规范的设置具有鲜明的中国特色，这一特色集中体现在1982年宪法即现行宪法中（包括四次修改增添的内容），但其渊源却始于20世纪早期的中国立宪实践。无论是民族资产阶级，还是南京国民党政府所制定的宪法（含草案），当然，新中国的立宪对“国家”的规范与以前的比较既有共同之处也有较大的不同。其共同之处是对国计民生领域都强调了国家的职责和义务，较大的不同体现在现行宪法不仅强调国家对民生保障的重视和责任，而且在总纲中以基本原则的形式比较集中地规定了国家应尽的职责，更加强调国家在法制的统一、少数民族的权益、各种经济体制的保障、公民各项权益保障等方面应尽的国家义务，对公益的保护，对科技、教育、文化、人才培养等社会主义各项事业发展的全面促进和保障。

现行宪法相对之前宪法的“国家”规范，不仅体现在条款的增多上，也体现在依法治国理念的贯彻上，如强调依法对非公有制经济的监督和管理，依法对土地、对公民的私有财产实行征收、征用并给予补偿、依法禁止任何组织或者个人扰乱社会经济秩序。另外，“国家”规范的表达也更加科学，基于国家履行对人权保障义务的三种方式，即尊重、保障和促进，现行宪法在表述时也能结合我国实际做实事求是的规范要求。同时，宪法规范通过直接规范“国家”的权能领域，既是向世界和广大人民的宣告和承诺，明确自己责任的宣告，也是公民监督国家的重要依据。当然，规范同时也是判定国家行为合宪性的重要依据。

诚然，如果按依法治国，建设社会主义法治国家的目标来研判，我国宪法的“国家”规范尚有进一步完善之处：一是在社会价值多元化、国家与社会二元化的时代，国家的过度介入会不当挤压社会自治的应有空间。而社会自治是培养具有宪政精神的公民的必要前提。因此，一方面要切实完善现有的基层自治制度和保障机制，防止行政权的非法干预和其他破坏基层自治的行为；另一方面要依法引导和规范社会其他自治组织，使社会中应该自治的领域回归自治之位。二是国家与公民个人私域的界限还不明晰。应当设置国家不得干涉的公民私生活领域，这样才能体现宪法中“国家尊重和保障人权”的原则及规范的价值。三是有些国家介入领域的价值取向和目标与价值多元的社会现实存在冲突，有些事实上不可能实现。而法治的原则之一是法律应当具有可行性。因此，需要对“国家”事实上做不到的规范作适当调整，使宪法规范与人们事实上可达到的现实充分对接。四是“国家依法……”的条款较少，为国家权力的恣意留下了太多的空间。更有个别条款（第十三条第3款）使用“可以依照法律的规定”的表达显然有悖法治精神，因为对于公民生存和尊严基础的私有财产，国家还可以不依照法律的规定进行征收和征用，这无疑会使私有财产的宪法保障形同虚设。因此，应按照法治国家的基本要求，对一切“国家”行为都必须作“依法”性的程序规制。五是赋予“国家”的应当作为的事项缺乏明确的强行性规范，为国家（事实上是国家机关）留下了太大的自由裁量的空间，使宪法的规范权威性、正当性、指引性、强制力和执行力软化。六是禁止性规范不足，特别是禁止立法的事项缺失，使遏制民主多数可能的暴政、保障公民基本权利的宪政设计在实践中难以一以贯之。因此，针对公民精神自由方面的权利，应当禁止立法限制；对于充分展示个人才能的市场经济活动方面，应明确鼓励自由竞争，限制不正当竞争，特别是严格禁止行政权的不当干预。

透过我国宪法“国家规范”涉及的广阔领域及深度，也隐约可看出超个人主义国家观的影子，国家对于个人依然具有优先性。因此，需要对宪法“国家”条款作国家干预与个人自由之间适度的平衡。

尽管在一些理论家的眼中，“国家”是一个抽象的概念，“是一个模糊的实体”①，但我国宪法“国家”规范具有法律规范性和适用性，尽管多无直接强制的效力，其号召和引领意义大于强制性要求，但其对于公民督促、评价和监督“国家”行为、确保国家政策的人民性、合宪性和正当性及对国家立法等的指导功能等方面具有无可替代的作用。“国家”条款实质上也是国家对人民的承诺，是国家对自身行为的规范和约束。

总之，中国宪法“国家”规范形成了鲜明的中国特色，它使抽象的国家概念上升为公民可感知的、具有明确意志的人格主体；是现代宪法精神要求限权又赋权，特别是国家全面而积极介入社会生活的具体体现；

---

① ［美］史丹利·阿若诺威兹、彼得·布拉提斯编著：《逝去的范式：反思国家理论》，李中译，吉林人民出版社2008年版，第19页。

是我国20世纪早期立宪经验的继承及改革开放以来中国宪政实践的经验的总结和提升。中国宪法“国家”规范的完善既需要中国实践的推动和滋养，也需要学理上的探讨和科学立法的跟进。

第二节　西方权力制约思想的历史演进与评析

西方权力制约思想自古希腊时起就开始了较深入的探索，形成了既具时代特色又蕴含一脉相承的核心思想的理论长河，极大地推动了不同时期政治法律制度的建构和完善，梳理和评估这些思想对于正确认识西方政治法律制度中权力的本质和运行规律具有重要意义。

权力必然使占有权力者腐化，这是人类历史已经证明且被政治思想家反复阐释的真理。几千年来，控制国家权力行使的理论探索与制度实践交相辉映，成为人类政治法律史上最为引人注目和深思的现象。今天，对权力的监督和制约的重要性并不因已有的许多深刻而系统的理论阐释和制度实践而有丝毫降低。相反，“在某些方面，现代的限制政府问题要比早先一些国家中这类问题要微妙且艰难得多”。[①] 因此，追寻人类在制约国家权力方面的思想历程，对于建构、评价和改进当代权力监督与制约的政治法律体系无疑具有基础性的作用。

一　西方权力制约思想的历史演进

在西方，控制国家权力的行使并通过制度设计加以实现的观念，在几千年前伯里克利时代的雅典和共和时代的罗马政治体系中都是显而易见的。[②] 而较早地阐释国家权力间的制衡思想则是起源于古希腊亚里士多德的政体学说。

亚里士多德是古希腊最著名的百科全书式的思想家。他将其一切学说统一于最高的“善”中，认为伦理学是研究个人的善，政治学研究人

① ［英］M. J. C. 维尔：《宪政与分权》，苏力译，生活·读书·新知三联书店1997年版，第10页。

② ［美］斯科特·戈登：《控制国家——西方宪政的历史》，应奇等译，江苏人民出版社2001年版，第2页。

群的善，政治学、伦理学和法学都是以正义为转移的。他在对政体进行研究的过程中，发现任何政体都由三种机能，即议事机能、行政机能和审判机能三个要素构成的，只有当三个构成要素相互制约时，相应的政体才是良好的，也使国家保持平衡态势。要造就良好的政体就必须防止权力滥用。他从人性恶的角度分析了权力制约的必要性，在他看来，“人之间互相依仗而又互相限制、谁都不得任性行事，”“倘若由他任性行事，总是难保不施展他内在的恶性。”① 为此，他提出通过选举、限任、监督和法治等方法和制度来制约权力。

亚里士多德的权力制约思想到罗马共和国时期被波里比阿和西塞罗所发展，他们在此基础上明确提出了分权与制衡的思想。波里比阿主张集君主制、贵族制和民主制的原则和特点于一身的混合政体。他在分析了强大的斯巴达是由各种政体要素混合而成，且各种权力互相制约的政体之后，又进一步论证了古罗马的强盛与国家权力分立之间的紧密关系。他指出当时罗马存在三种势力：执政官代表君主势力、元老院代表贵族集团势力、平民会议代表民主的势力。由于三种势力互相牵制，所以可防止退化和衰败。西塞罗继波里比阿之后，在权力制约方面提出了国家权力的均衡原则。尽管均衡权力的思想在此前已被表述，但针对罗马共和国的实际，西塞罗主张包括对行政官的权力都要进行一种适度的和明智的限制。

古希腊罗马思想家的权力分立与制衡思想随着欧洲中世纪教会占统治地位和封建专制的统治而被压制。直到中世纪末期，意大利城市资产阶级民主思想的兴起，马西利提出并论证了国家权力的分立与制约问题。他主张国家立法权应和行政权分开，立法权属全体人民，执行权属少数人，且要依法行政。对于执行权的滥用问题，他认为“必要时市民有权罢免行政官员”②。他特别强调市民对行政官员的监督，对于行政官的偏差，市民有权加以纠正。

当历史的步伐跨入近代时，自古希腊开始的从政体视角考察权力分立与制约的思想，随着布丹主权理论的提出而悄然转换成以主权为轴心

① ［古希腊］亚里士多德：《政治学》，吴寿彭译，商务印书馆 1965 年版，第 319 页。

② 张宏生、谷春德：《西方法律思想史》，北京大学出版社 1990 年版，第 65 页。

的权力监督与制约思想并以不同方式展开，从而完成了权力分立与制约理论的近代转型。

布丹作为近代主权学说的奠基人，在他主张君王主权的背后，开创了限制王权这一最高国家权力的理论先河。他认为，即使至上的君王的权力也应受到至少三个方面的限制：首先应该受到自然法的限制，其次应该受到社会契约的限制，最后君王要受到国家基本法的限制。当然，君主还应受神法的束缚。[①] 布丹强调对最高国家权力的制约具有积极的历史意义。

与布丹希望加强君权以实现法国统一不同，洛克希望通过分权防止英国封建贵族实行专制统治，维护资产阶级的政治权力。因此，洛克主张法治与分权应结合起来，只有分权才能实现真正的法治。洛克把国家权力分为三种，即立法权、行政权和对外权。其中立法权高于其他两种权力，处于支配地位，但立法权也不是绝对专断的，仍然要受到限制和约束。他指出，立法者的权力，“在最大范围内，以社会的公共福利为限。”[②] 并且三种权力应由不同的机关分别掌握，他认为行政权和对外权由国王行使，立法权应由民选的议会来行使。这样，他的“三权分立”事实上变为“两权分立”。而其力主分权的意图是寻求控制国家不同权力的不同阶级间的互相制约和妥协，以确保社会稳定和发展。

洛克提出的立法、行政和对外三权划分的理论被稍后于他的法国思想家孟德斯鸠发展成为资产阶级典型的三权分立学说，即立法、行政和司法的三权分立。他将宪政、分权与公民自由结合在一起。立宪的直接目的是保障公民自由，而没有分权就不可能有公民自由。他进一步指出不仅要分权，而且三权要互相制约，这样才能防止权力滥用。公民政治自由只有在那些国家权力不被滥用的地方才存在。而“要防止滥用权力，就必须以权力约束权力。”[③] 孟德斯鸠的分权与制约学说为资产阶级理想政治制度的建立设计了一个方案。而以权力约束权力的理论，则成为后来资产阶级国家机关分工、制约和保持不同权力间平衡的理论渊源。

---

① 张宏生、谷春德：《西方法律思想史》，北京大学出版社 1990 年版，第 81—82 页。

② ［英］洛克：《政府论》（下篇），叶启芳、瞿菊农译，商务印书馆 1964 年版，第 83 页。

③ ［法］孟德斯鸠：《论法的精神》，张雁深译，商务印书馆 1980 年版，第 154 页。

孟德斯鸠的分权思想被美国缔造者之一的汉密尔顿进一步弘扬并在美国得以制度化。

汉密尔顿坚持孟德斯鸠的观点，认为没有分权就没有自由，要保障自由就要实行分权，并且要严格划分立法、行政、司法三个部门的权力界限，把权力均匀地分配到不同部门，使各个部门独立地行使自己的权力。对此，他强调两点：一是应做到使各部门有自己的意志，使各部门成员对其他部门成员的任命尽可能少起作用，使各部门人员的任命都来自同一权力源泉——人民。二是“给予各部门的主管人抵制其他部门侵犯的必要法律手段和个人的主动”。[①] 对于已经三分的权力应当如何制约的问题，汉密尔顿从制约与平衡两个方面进行了论述：一方面，为了达到各种权力相互牵制，所谓“三权分立”就不是三种权力绝对的隔离分治，而应当存在着三种权力的相互联系，正是为了相互制约，才存在着权力间的局部混合。“只要各个权力部门在主要方面保持分离，就并不排除为了特定目的予以局部的混合。此种局部混合，在某些情况下，不但并非不当，而且对于各权力部门之间的互相制约甚至还是必要的。”[②] 另一方面，要确保不同权力间的平衡，使每一部门的权力对其他两权来说不具有压倒的优势，要使三者彼此在权力、力量的对比上形成均势。针对每种权力的特性，他指出应首先平衡掉立法权的优越性。由于立法机关的法定权力比较广泛，同时又不易受到明确的限制，立法部门更容易用复杂而间接的措施，掩盖它对其他部门的侵犯，并且民选的代表常常以人民自居，又常常表现出企图蛮横控制其他部门的倾向，从而造成多数人侵犯少数人的危险。为了防止这种不良情况，他主张通过在国会内部设立参议院和众议院，两院互相制约的方法来削弱议会权力，避免一院制议员为感情冲动所左右、帮派所操纵、野心所驱使、贿赂所腐蚀的弊端。

与英美等国不同，作为近代资产阶级革命后发的德国，在英法美步入资产阶级大发展的时代，它的资本主义经济发展却十分缓慢，并且保

---

① ［美］汉密尔顿、杰伊、麦迪逊：《联邦党人文集》，程逢如等译，商务印书馆 1980 年版，第 264 页。

② 同上书，第 337 页。

留着浓厚的封建色彩，地主和贵族保持着政治特权。因此，以康德、费希特和黑格尔为代表的德国启蒙运动思想家，一方面主张对国家权力适当分立，同时又希望借助国家的王权实现德国统一，这样就使他们的权力制约思想极不彻底。康德认为每个国家都有三种权力，即立法权、执行权和司法权。立法权是国家的最高权力，应该永远属于人民。立法权与执行权要分开，并且立法权或执行权都不应该行使司法职务。只有三个权力机构的合作，国家才能实现它的自主权，即依照自由的法则去组织、形成和维持它自己的活动，并实现国家的福利。康德的分权思想沿袭了孟德斯鸠等人的分权学说，但又表现出政治上的妥协性和不彻底性，一方面他主张三权分立，认为没有三权分立就没有法治；另一方面，又认为人们“唯有服从普遍的立法意志，才可能有一个法律的和有秩序的状态。因此……人民有责任去忍受最高权力的任何滥用，即使认为这些滥用是不能忍受的”[①]。可见，康德重视分权甚于对权力的制约。

与康德几乎同时代的费希特对权力制约问题也提出了自己的观点。他不完全赞同洛克、孟德斯鸠的分权学说。他认为权力仅有两项，即行政权力和监察权力。行政权力包括立法权和司法权。国家应通过法律将行政权力和监察权力划分开。监察权力由人民全体掌握，行政权力可以交给确定的人而不能由人民直接掌握和行使，否则便成为专制政体。国家应从法律上对监察权力和监察机关作出规定。监察权力之所以重要是因为它保障并监督政府为其所当为，不为其所不当为，执行法律，而不违反法律。他强调指出，一方面监察权力不可滥用，另一方面政府和人民又要十分尊重监察权力的权威。为了使监察官能更好地监督政府，他认为其人选不应由政府产生而应由人民选举，选举的方法应规定在宪法中。

与康德、费希特一样，黑格尔同样关注权力制约问题。他认为君主立宪政体有利于权力间的制约。他指出，君主立宪政体由君主、贵族、人民三要素构成，它们相应地代表王权、行政权、立法权，三权相互制约、均衡地结合在一起。他批评孟德斯鸠的三权分立学说没有体现王权在国家权力体系中的中心地位。在主张君主是国家权力之首和中心所在

---

① 《西方法律思想史参考资料选编》，北京大学出版社 1983 年版，第 424 页。

的同时，他也强调君主必须受法律的制约而不能为所欲为。

随着法国18世纪资产阶级革命的胜利，进入19世纪后其主要任务是发展自由资本主义，要保障这一任务的实现，就必须有国家权力的分立与制衡提供政治法律保障。孔斯坦的分权和制衡理论正是这一需求的理论表达。他首先批判了孟德斯鸠的三权分立学说，认为把国家权力划分为立法、行政和司法并不科学。因为这三种权力不能包括国家权力的全部，并且实际运用过程中也会出现要么三权相互牵制过甚影响政府作用的发挥，要么一权压制另外两权。无论是哪种情况出现，结果都会使国家走向专制，政府自由和个人自由都无从谈起。在孔斯坦看来，国家权力应是五种，即君权、行政权、经常代表权、公共意见权、审判权。其中君权高于另外四权，其作用是节制和协调其他四权，以维持国家的平衡。

历史推进到20世纪中叶以后，传统的三权分立与制衡出现了行政权扩大化的趋势，跨国公司、行业协会等各种利益集团、各种政党和传播媒体等新型社会力量成为对国家权力制约的重要力量。西方现当代的诸多民主理论对此进行了适时的研究。

尽管当代西方民主理论流派纷呈，但都强调对权力的控制。如精英民主论者认为，民主政治与极权政治的区别不在于有无领导者，而是领导者是否必须向被领导者负责，人民是否有防止领导者滥用权力的方法。多元民主论的代表人物之一达尔认为，我们这个社会是一个多元社会，在人们表达意见、追求利益、彼此间的冲突及社会政治权力等方面表现突出。而一个多元的社会，必须要有社会的制约和平衡。“如果没有社会上的制衡作用，在政府内部对官员的制约能否有效地防止专制很值得怀疑；相反，如果基于这些社会上的制衡作用，政府内对官员的制约和政府机关之间的制衡则能够有效地防止专制。”① 由于社会政治领域中存在着权力的多元性，因而就必须从体制上保证多种权力互相分割、互相独立和互相牵制，防止政治权力集中到任何一个机关或某一官员之手，从分裂和冲突的模式上阻止一个持久、一致、连续、强大的政治联盟和权力的出现。而新自由主义思想家主张通过保障和扩大公民权利特别是政

① 应克复等：《西方民主史》，中国社会科学出版社1997年版，第484页。

治权利，参与政治事务及决策，以限制政治权力，保障自由平等。在欧洲，民主社会主义思潮提出了比较丰富、完整的民主理论，主张政治民主、经济民主、社会民主和国际民主，以求通过各个领域的民主限制国际国内各方面的集权、独裁现象。民主社会主义理论家看到了当代社会权力的多中心现象，因而主张对权力的制约由传统的对国家权力的制约扩展到影响公民平等、自由和幸福的各个生活领域的权力现象。

二　西方权力制约思想的评析

古希腊雅典的民主制是孕育西方权力监督与制约思想及制度的摇篮。在柏拉图“理想国”理想破灭之后，在《法律篇》中就显露出权力制衡的思想，即通过权力的制衡，维护了国家在国际中的地位。但非常遗憾的是这一思想没有发展为一种普遍的制衡理论，即政治权力的对抗体系这一理论。[①] 随后，亚里士多德提出了政体应包含的三种基本职能，即立法、行政和司法，但“他并不认为这三种职能应该体现于不同的机构之中，更不用说通过这三种职能的相互作用和相互依赖，这种安排就能起到控制权力的作用了”[②]。而晚于亚里士多德两个世纪的古罗马历史学家波里比阿第一次系统地阐述了对抗性权力的概念。他指出立法、行政、司法三种政府因素是平等、和谐、平衡的。在他这里，制衡原则被简洁、清晰地表达出来。这既是对亚里士多德控制权力思想的超越，也为后来权力均衡（制衡）思想的提出和完善奠定了基石。接下来权力分立理论的代表孟德斯鸠，承袭与发展了这种理论。美国宪法的制定者也援用了这种理论。西塞罗是继波里比阿之后在理论上继承和实践上践行国家权力均衡原则的政治家，他的思想同样深深影响了后来的分权理论和实践。

如果说古希腊罗马思想家们通过对混合政体的分析提出了政治权力的分立与制衡原则具有开创性和历史借鉴意义的话，那么马西利在资本主义萌芽时期提出的权力分立思想则直接为洛克和孟德斯鸠分权思想的形成和发展作了有益的铺垫。而布丹在肯定君权至高无上的同时又主张

---

① ［美］斯科特·戈登：《控制国家——西方宪政的历史》，应奇等译，江苏人民出版社2001年版，第84—85页。

② 同上书，第86页。

对其进行一定限制的思想，更进一步夯实了资产阶级分权理论的思想基础。

作为英国资产阶级革命妥协产儿的洛克，他的分权思想从形式上看是对国家权力的分工，从实质上看则是不同阶级对国家权力的瓜分。洛克把立法和行政的权力分开，主张由封建君主和旧贵族掌握行政权，而由资产阶级和新贵族控制立法权，表明了资产阶级力图控制最高权力并防止君主专制的要求。洛克的分权学说直接服务于英国资产阶级革命后的社会秩序的重建，对于巩固资产阶级政治制度和法律制度具有重要作用，对后来的资产阶级国家制度的建立有着直接的影响。与洛克相比，孟德斯鸠不仅主张阶级间的分权以求建立资产阶级理想的政治制度，而且从权力的实质上揭示出分权不仅是对立阶级利益平衡的需要，更是抑制权力本性中恶的一面所必须。因而孟德斯鸠的权力分立与制约思想就由适应政体稳定和利益平衡的需要上升到政治科学的高度，从而真正为权力分立与制约的制度建设提供了坚实的理论基础。孟德斯鸠对权力分立与制约的深刻分析对存在于国家和社会各个领域的权力的正确行使都具有普适性的重大意义。而他概括出的“以权力制约权力”的经典命题成为古典分权学说的圭臬，更是资产阶级国家机关分工、制约和保持权力平衡的理论渊源。

洛克和孟德斯鸠的分权思想被汉密尔顿在建立美国联邦制度的过程中加以有针对性地发挥、补充和系统表述。在他看来，权力分立并非是三权的绝对隔离，为了达到权力的制约与平衡，恰恰需要权力的局部混合就是对孟德斯鸠分权学说的发展。不仅如此，他的分权与制衡理论更加周密、精致、实用，极富实践性。孟德斯鸠的三权分立学说经过他的有针对性的发展，应用于美国的制宪实践，化之为现实的政制蓝图，并对其后的大部分欧美国家及其他国家宪法制度的建立产生了深刻、广泛的影响。其分权与制衡理论最核心的思想就是以权力制约权力，制约中存在着反制约，监督中存在着反监督，制约与监督都是双向的。

必须指出的是，国家权力对被统治阶级而言是绝对和必须服从的。因而从古希腊、罗马开始孕育并制度化的实践的分权思想和制度中都有这一共同的特征，即谈不上统治阶级和被统治阶级的分权。现代以前，也谈不上被统治阶级通过民主权利真正制约国家权力。所以，分权主要是为了保证国家机关及其公职人员的活动更好地实现国家权力，防止他们的侵权和越权，而对国家权力进行明确、严格的划分，以权制权，以有效地维护资产阶级的统治。此外，分权制衡理论实质上还表明，在一定历史阶段，它只是不同统治阶级或统治阶级内部各阶层、各种政治势力对统治权的分享和争夺。

相对于洛克、孟德斯鸠和汉密尔顿的分权理论，德国康德、费希特和黑格尔的分权思想则充满了理论上的矛盾性、政治上的妥协性、设计上的空想性。康德沿袭孟德斯鸠的分权学说，却又表现出政治上的妥协性和不彻底性，一方面认为没有三权分立就没有法治，另一方面又强调服从法律是人民的根本义务，并且“人民有责任去忍受最高权力的任何滥用，即使认为这些滥用是不能忍受的”①。所以，欧洲启蒙运动的思潮，经过康德的改造，变成了适合德国资产阶级和封建贵族相妥协的需要，是一种空洞的道德、自由和永久和平的说教。而费希特的权力监督与制约思想存在着更加理想的成分，他想通过让人民直接听取政府和监察院的双方辩论，并加以判决，尽管从理论上确实能保证人民对国家权力的监督和制约，但实际上根本不可能实现。所以，到了晚年，费希特自己都不相信这种制度，认为它是不现实的。而黑格尔的三权分立与制约思想更是充满矛盾性、妥协性，甚至是一种向容克地主阶级的献媚。他适应当时德国加强君权的需要而试图改造孟德斯鸠三权分立与制约的理论，但他一方面视立法权为规定和确立普遍物的权力，是在王权和行政权之上的权力，另一方面又认为立法权以国家制度为前提，甚至说它是行政权的附庸，并且主张君主在国家权力体系中应居中心地位，这些矛盾反映出他既希望改革德国的愿望，却又不得不维护当时既存的统治秩序。黑格尔的权力制约思想明显地服务于现实变革，希望加强王权建立统一的君主立宪制以满足资产阶级民族国家的需要。总之，德国分权论者的思想是一种针对德国现实的妥协性、说教性和保守性的思想，不具有理论上的创造性和普适性。

传统的分权制衡理论受到20世纪人类遭遇的两次世界性战争的挑战，仅这一历史就足以证明靠国家权力的内部分权和公民选举权的行使

---

① 《西方法律思想史参考资料选编》，北京大学出版社1983年版，第424页。

不足以遏制权力的滥用和独裁政权的出现。因此，第二次世界大战后，通过完善民主和多权力中心的制度理论及实践，进一步丰富了权力制约的理论内容。但多元民主也会使政治不平等稳定化，使权力制约不能充分实现，并且在社会结构调整时，多元化往往代表保守力量。多元民主的滥用必然殃及公民意识，处处充满各种利益集团为满足自己的利益而不惜牺牲其他利益集团的利益和公共利益。因此，只有完善多元社会的制衡机制，加强社会组织的相对自主性，实现权力在各种利益集团之间的广泛分配等途径来确保权力制约的双向性和有效性。

20 世纪以来的大众民主，试图通过公众选举权的行使、政党的轮流执政和在野监督、利益集团的强大压力、新闻媒介等非国家权力的作用来构建对国家权力的外部制约机制。由此，一些政治学者对这一制约国家权力的新领域和手段进行了较深入的研究。

主张通过利益集团或压力群体监控权力的观点源于现当代政治实践，但也值得多重考虑：一方面，通过这些团体的代表性作用和提供信息的作用，它们履行着一种至关重要的控制职能；另一方面，这些团体的成员、团体目的宗派性使人们非常怀疑，它们能否作为一种控制工具。对于媒体这一控制工具，它具有双面刃的性质，它不可能是一个完全代表性的中立渠道。“如果它为公众所有，通讯媒介也许会成为支配政府的特定党派或群体的喉舌；如果由私人拥有，那么这些媒介将从来也不会仅仅是意见表现的渠道，而会被一些群体或个人用来影响舆论。”① 政党的倾向性就更明显了，“政党不是中立的控制工具……在极端情况下，它们可能是滥用权力而不是控制权力滥用的最有效工具。”② 所以，不管当代会出现什么样的新的、强有力的控制政府的手段，“永远也不可能有‘中立的’控制体系，因为我们不能忽略这样一个事实，即这些‘控制装置’并不是一个个机械性意义上的机器。……这些控制装置无一例外全都是一些行为模式，它们全都是为人所操作的程序，它们永远不可能中

---

① ［英］M. J. C. 维尔：《宪政与分权》，苏力译，生活·读书·新知三联书店 1997 年版，第 317 页。

② 同上书，第 316—317 页。

立。”[①] 这必然要求对政府的控制永远不能只是单行的渠道，因为这将意味着有一群人将总是获得对其他人的控制。在对政府进行控制的同时，也要对政党、压力群体和通讯媒体建立起一定程度的政府控制。这些都源于人的不完美性，正如麦迪逊所言：“如果人都是天使，就不需要任何政府了。如果是天使统治人，就不需要对政府有任何外来的或内在的控制了。”[②]

因此，西方权力制约思想源于政治统治持久性的需要和对权力本质的认识，最先寻求的是以同质的权力对权力的控制，以野心对抗野心。但人类实践证明，这依然不够。所以，随着时代的发展，传统的单纯依靠国家立法、司法、行政三权之间的分立与制衡，发展为更多地依靠社会，即公民个人、政党、利益集团以及强大的传播媒体等对国家机关进行更为严密的、广泛的和制度化的监督和制约。正如西方学者指出的，“在一个多样化的社会中必须用冲突利益的多元性来制约和平衡权力的思想，仍然是一个坚定的、可以为今天的立宪主义者所掌握的思想”。[③] 但我们也应时刻警醒，事物总是正反两个矛盾方面的统一，任何单一维度和向度的权力制约都不可能真正控制权力的滥用，只有外在控制与内在控制互相补充、单向控制与双向控制结合并贯穿于一切控制权力的过程之中，才不会出现不受控制的任何权力。在我国不断推进完善权力制约和监督法律制度的今天，评估西方这方面的得失，无疑具有极为重要的参考意义。完善我国权力制约和监督法律制度时，充分考虑权力制约和监督的复杂性、可操作性及现实针对性，必将有利于建构一个持久稳定和谐的社会秩序和充分实现并不断发展的公民权利的社会主义社会。

---

① ［英］M. J. C. 维尔：《宪政与分权》，苏力译，生活·读书·新知三联书店 1997 年版，第 318 页。

② ［美］汉密尔顿、杰伊、麦迪逊：《联邦党人文集》，程逢如等译，商务印书馆 1980 年版，第 264 页。

③ ［英］M. J. C. 维尔：《宪政与分权》，苏力译，生活·读书·新知三联书店 1997 年版，第 274 页。

第三节　新中国权力制约与监督制度的回顾与反思

加强对权力的制约与监督是我们党和政府近年来一直着力要解决的问题，更是亿万中国人民最关注的制度建设之一。对权力的制约与监督有效与否，不仅事关民心向背和党的生死存亡，更关系到社会稳定和发展。为了更好地理解权力制约和监督制度建设的重要性、制度执行的关键性，本书通过回顾新中国权力制约与监督的曲折历程，深刻反思其历史的经验教训，为建构科学合理的具有中国特色的权力制约与监督法律制度提供有益参考。

一　新中国权力制约与监督制度建设的回顾

新中国党和国家权力制约与监督制度是在革命根据地建设时期权力制约与监督制度基础上逐步发展却又不断遭受挫折的过程中曲折地发展起来的。有学者总结指出："党的历史上比较重视监督有两个时期。一是延安时代，一是五十年代初。"① 在延安时期，出于全民抗战的需要，要团结一切可以团结的力量，特别是要赢得人民的支持，党十分重视民主，重视监督制度的建设，特别是党外人士对党的监督。毛泽东在《为人民服务》一文中指出："我们如果有缺点，就不怕别人批评指出。不曾是什么人，谁向我们指出都行。"② 反映出他虚心接受人民群众的意见的精神和态度。党对党外人士的许多批评意见是十分重视并尽可能采纳，如党外人士李鼎铭先生提出的"精兵简政"意见，黄炎培与毛泽东一起探讨中国历史的兴衰周期率，毛泽东提出了民主与社会可持续发展、政党持续执政兴旺的观点。他特别强调，只有让人民起来监督政府，政府才不敢松懈，只有人人起来负责，才不会"人亡政息"。这说明当时党已认识到人民对政府监督的重要性和对监督制度建设的重视。所以，延安时期，边区政权建设中的"三三制"民主政权建设原则，明显的是为了从制度

① 蔡定剑：《国家监督制度》，中国法制出版社 1991 年版，第 100 页。

② 《毛泽东选集》第 3 卷，人民出版社 1991 年版，第 1004 页。

上实行民主党派和党外群众对共产党和政府的监督和制约。而《陕甘宁边区各级参议会组织条例》更是建立了一套代表机关的监督制度，议会有广泛的监督权。此外，还建立了陕甘宁边区行政督察专员制度。《陕甘宁边区宪法原则》更是以法律形式确认了人民的罢免权。尽管这些制度受当时战争任务的影响，不能充分实施，但如此重视监督和制约制度的建设，的确是我们党和国家建设的宝贵经验，值得继承和发扬。

新中国成立后，党依然比较重视监督制度，到 1957 年这段时期是我们党重视权利制约和监督的又一重要时期。其主要表现是中国人民政治协商会议这一制度，体现了民主监督和对权力制约的政体特征。由各党派和无党派人士组成的临时国家权力机关中，各种社会力量既共同参与国家事务的决策管理，又相互监督和制约。除此之外，党还比较重视发挥人民群众和新闻舆论对党的监督作用。1950 年，党中央作出《关于在报刊上展开批评和自我批评的决定》。决定指出当时存在的一些党的领导者随着地位、威信的提高，不能接受群众对其工作中的缺点和错误的批评，从而损害了广大人民的利益的倾向，为此号召广大人民群众通过报纸等形式，对党和国家实行监督批评。

与此同时，国家对行政监察和检察机关的法律监督也是较为重视的。当时中央人民政府设立的人民监察委员会是当时政府的四大委员会之一，专门负责监察行政机关及其工作人员遵守法律和正确履行职责。1955 年党的全国代表会议和 1956 年党的“八大”会议，产生了中央监察委员会，使党内监督制度得到加强。但这个时期也出现了国家监督制度上的滞后问题。随着 1954 年宪法的颁布，人民代表大会取代中国人民政治协商会议，政协的监督和制约地位有所下降。同时，人民监察委员会改为监察部，使它的监督有效性受到限制。

需要特别指出的是，1956 年党的“八大”是我们党对权力监督与制约制度建设的一次十分有益的理论探索。刘少奇同志在政治报告中从四个主要方面全面论述了加强对国家工作监督的四个方面：第一，必须加强党对于国家机关的领导和监督。第二，必须加强全国人民代表大会和它的常委会对中央一级政府机关的监督和地方各级人民代表大会对地方各级政府机关的监督。第三，必须加强各级政府机关由上而下的监督和由下而上的监督。第四，必须加强人民群众和机关中的下级工作人员对于国家机关的监督。必须鼓励和支持由下而上的批评和揭露，凡是对批评实行压制和报复的人，必须受到应得到的处分。[①] 遗憾的是，由于政治形势突变，党的这些加强监督的主张没能付诸实施。1957 年及以后的几年发生的几件大事使监督被大大削弱，在一些领域甚至不存在了。一是 1957 年开始的反右运动及其扩大化错误，在客观上导致了堵塞人民群众言论、关闭社会监督渠道的错误；二是 1958 年人民公社化开始实行的"政社合一"，在不断加强的"党的一元化领导"的过程中，不适当地把权力集中于党委，使国家权力机关的监督职能得不到发挥，且司法机关分工配合、互相制约的理论也受到批判；三是 1959 年国家监察部被撤销，监察权归党的监察机关，破坏了国家权力的监察体系；四是 1958 年后各项权力向党委集中。此时如果加强党内监督亦不失为一种机关转换而功能仍在，但事实上，1957 年反右后，党内监督功能也日趋退化。"一言堂""家长制"盛行，党内监督近乎消失。

可以认为，1957 年以后党和国家监督制度发生的这一系列变化，使党在国家各级机关和权力体系中居"绝对领导"和"绝对权力"地位，这种现象直到十一届三中全会才开始被逐步认清。邓小平 1980 年在《党和国家领导制度的改革》一文中明确指出："权力过分集中的现象，就是在加强党的一元化领导的口号下，不适当地、不加分析地把一切权力集中于党委，党委的权力又往往集中于几个书记，特别是集中于第一书记，什么事都要第一书记挂帅、拍板。党的一元化领导，往往因此而变成了个人领导。"[②] 而"权力过分集中于个人或少数人手里……必然要损害各级党和政府的民主生活、集体领导、民主集中制、个人分工负责制等等"[③]。总结过去，邓小平进一步指出："我们历史上多次过分强调党的集中统一，过分强调反对分散主义、闹独立性，很少强调必要的分权和自主权，很少反对个人过分集权。"[④]

党的十一届三中全会以后，随着国家民主、法制建设的不断发展和

---

① 《刘少奇选集》（下卷），人民出版社 1985 年版，第 248—249 页。

② 《邓小平文选》第 2 卷，人民出版社 1994 年版，第 328—329 页。

③ 同上书，第 329 页。

④ 同上。

健全，党和国家的各种监督制度逐步得到恢复。首先，人民代表大会的监督权和宪法监督原则在宪法上得到确立。其次，司法监督和行政监察制度也得到恢复和发展。1986 年恢复设立国家监察部。再次，迅速健全和完善了党内纪律检查制度。最后，社会监督被中央重视并反映在 1982 年宪法规范中。邓小平早在 1980 年就指出："要有群众监督制度，让群众和党员监督干部，特别是领导干部。"①

改革开放以来，国际国内形势发生了巨大变化，特别是 20 世纪 90 年代实行社会主义市场经济以来，权力的正确行使在不断发展的市场经济环境中经受着种种考验，权力与腐败之间的关系因为经济的中介而变得敏感和明朗。权力监督与制约显得比以往任何时候更加紧迫，因为权力的滥用不单是造成国家社会和公民财产的损失，更威胁和损害千千万万公民的生命和健康。因此，权力监督和制约就成为党必须下大力气彻底从制度上解决的问题。为此，党的十六大报告提出，要"建立结构合理、配置科学、程序严密、制约有效的权力运行机制，从决策和执行等环节加强对权力的监督，保证把人民赋予的权力真正用来为人民谋利益"。这是党第一次对"加强对权力运行的制约和监督"这一问题进行全面阐释，标志着我党对在长期执政条件下加强对权力运行的制约和监督的重要性和紧迫性的认识达到了新的高度，是理论上的创新和认识上的飞跃，为今后进一步完善权力制约和监督制度指明了方向。

二　新中国权力制约与监督制度的反思

（一）经验和教训

1. 在思想理论上，长期以来对权力本质认识不足，党的历史上尽管有延安时期和新中国成立初期比较重视监督的思想和行动，但理论上的探讨十分欠缺，这种监督只是应付时局、为完成巩固根据地、团结一切可以团结的力量抗日和政权稳定而采取的措施。因此，只要形势稍一好转，对权力的制约和监督便退居其次。归纳起来，在思想理论上主要有两个值得吸取的教训：一是如何对待马克思主义人民监督的思想和制度的问题。长期以来，党对监督的"支持"功能和"工具"作用过分强调，

① 《邓小平文选》第 2 卷，人民出版社 1994 年版，第 332 页。

而忽视了监督本身是政权建设的重要组成部分。马克思主义民主政治理论的基石是人民民主和社会主义民主，而人民当家做主的重要方式便是通过各种途径参与国家管理、监督一切国家权力机关和组织。马克思恩格斯早就预见过：没有人民监督罢免权，无产阶级国家的工作人员官僚化和脱离人民的倾向就不可避免。俄国革命胜利后的情形和我国几十年来一些国家机关中出现的官僚主义和腐败现象也说明了这一点。二是对西方权力分立与制衡思想的一概否定导致对权力本质认识上的不足。诚然，西方分权与制衡的权力分配和运行模式从本质上是为了巩固资产阶级统治，且这种模式并不能完全防止权力滥用，但也要看到，这种分权，按恩格斯所说："只不过是为了简化和监督国家机构而实行的日常事务上的分工罢了。"[①] 我们既要反对以"三权分立"为国家权力分配的盲目迷信、崇拜的思想，但也不能否认在处理复杂的国家事务方面进行适当分工和互相监督是符合管理好国家这一目的。而且我们社会主义国家可以按照人民民主专政的要求改造西方这一理论，把仅靠国家机关间的互相监督和制约、扩展到既强调不同机关间的互相监督，更强调人民群众对国家机关及其工作人员的监督。

2. 建立稳定、权威的监督制度是搞好监督的关键。列宁主张：监督机构必须是有高度权威和地位的；必须是完全独立行使职权的；监督人员必须有可靠的职务待遇保障。[②] 我们在过去没有按这一理论指导制度建设。长期以来，监督机关地位不高，机构不独立，权威性低，缺乏明确的宪法保障。对监督制度的建设随时局的变化而变化，随少数领导人意志的改变而改变，特别是监督始终没有指向最高权力机关及握有最高权力的人，这既导致监督制度的人治性，也导致了各级监察的乏力。按照权力的一般定律，权力越大，越应受到全方位的监督，否则，监督就流于形式和空泛。

3. 要高度重视监督制度的法律化。新中国成立后的一段时间里，党和国家的主要领导人，也十分重视监督工作，但由于没有及时将其上升到国家意志即法律的层面加以固定下来，使监督制度难以一以贯之和有

① 《马克思恩格斯全集》第5卷，人民出版社1958年版，第224—225页。

② 参见《列宁全集》第43卷，人民出版社1987年版，第374、433页。

效实施。在新中国成立后的一段时期，党和国家尽管也强调民主党派和人民群众的监督，但由于没有将这些监督及时地加以程序化、制度化和法律化，不仅公民的监督权不能依法真正享有和行使，而且权力的运行失范，最终酿成“文革”这样的社会苦果。

所以，监督制度是国家政治制度的重要组成部分，是确保党的执政能力不断提高，政府真正为民和社会真正、持久稳定的重要机制。古今中外的历史都表明，一个国家在权力受到较好监督和制约的时期，便是和平发展的祥和时期，如西方罗马共和国的强盛时期，我国唐代的“贞观之治”等；相反，如果权力缺乏必要的监督，最终为少数人所控制，便造成擅权专断、腐败横行、官场腐败、民不聊生。哪里有不受监督和制约的权力，哪里就会存在腐败和滥用权力的现象，哪里的人民就会成为专制和暴政的对象，人类历史反复证明的权力定律告诉我们，只有建立和完善党和国家的监督机制，才可能对党和国家及领导人权力的运行方向、活动方式起调节、控制和制约作用，或在事先防止可能引起的失误，或在出现失误之后尽快纠正错误、减少损失。在过去，由于我党的高度集权，党政不分，以党代政的体制，而党内监督又极不健全，最终导致个人独断专行盛行，形成了“家长制”，“一言堂”的局面，其结果是政治民主化缺失，监督制约制度消亡，国家生活和公民的个人生活都陷入不幸的悲剧之中。因此，总结这些经验教训，进一步完善现在和将来的权力监督和制约制度。

（二）完善权力监督与制约的几点思考

忘记历史意味着背叛，但沉溺于历史而不思改进也是对历史的不负责任。民主法治的社会不是保证不犯错误，而是不能犯同样错误和尽量避免错误。回顾新中国曾走过的曲折之路，现在和今后在权力监督与制约方面应重点做好以下方面：

1. 深化政治体制改革，完善监督与制约制度体系

如前所述，新中国权力制约与监督的曲折历程从根本上讲，是政治体制不顺造成的。其中特别重要的方面是如何正确处理党与政府的关系问题。以党代政证明权力监督与制约易走形式和落空，那么只有党政分开才是解开监督乏力症结的关键。当然，党政分开是在不削弱党的领导的前提下，党的领导方式和活动方式的根本转变，党主要进行政治原则、

政治方面和重大决策的领导，对政府一切行为进行全方位适时的监督，以保证政府的行为按宪法和党的方针、政策办事，始终为人民的利益去公正、高效地办事。党的监督可以通过三种途径：一是通过党的组织活动和党的纪律对国家机关的党员干部实行监督；二是通过各级党委直接对国家行政机关、司法机关实行监督；三是通过密切各级党委和党员与人民群众的联系，及时了解人民群众民主参与和民主监督权利行使的情况，及时将民意与党的意志协同起来，并及时提醒政府改进工作中的缺点，从而保证国家和社会生活的民主化、透明化。

2. 借鉴和改造西方权力监督与制约的经验

在西方，无论是对权力监督与制约的理论探索，还是制度实践都有几千年的历史，近代以来更是日趋完善和有效，当然它也存在着排斥广大人民直接行使国家权力的弊端。但西方对权力的监督与制约的理论和实践上的经验也是人类政治文明的重要成果之一，反映了人类社会权力科学和实践方面的一些真理性认识。马克思主义的生命力和创造力在于吸取一切人类文明的成果，加以适合于社会主义革命和建设需要的改造，从而更快更好地建设社会主义各项事业。对于西方的权力监督和制约的理论与实践，我们决不能照搬，如果不加分析地一味生吞活剥，只能带来水土不服，造成社会动荡、混乱纷争的恶果，但对西方权力监督与制约理论的某些科学性成分和制度有效性的内在机理可以进行实事求是的研究和思考。这种研究和思考必须坚守的前提是：国家一切权力属于人民，人民行使国家权力的机关是全国人民代表大会和地方各级人民代表大会。在遵奉这个前提下，进行权力分工的有效性和互相制约性的理论创新、制度设计及运作规范。这样，将所有的由人民委托出去的国家机关的权力都纳入到权力监督与制约的制度体系之中。

3. 寻找权力监督与制约的重点和突破口

对权力进行监督和制约已经在官方和民间即全社会达成共识，而现在的关键是从哪里入手进行制度体系的建设。分析我国几十年来直至目前权力监督和制约乏力的情况，突出的困难表现为三个方面：一是执政党的党内权力监督和制约机制不成熟；二是各国家权力机关主要负责人的权力因“首长负责制”而形成理论上的矛盾和实践上的“雷区”；三是社会监督特别是媒体监督本质上的缺位。而突破口在于对党政领导班子主要负责人的权力监督与制约的制度建构和实践运作。

要防止领导班子特别是主要负责人的权力失控、决策失误、行为失范，就必须借助相关法律法规的建设和健全，规范领导班子主要负责人做任何与职务相关的事情特别是重大决策都要从法律的角度去分析、思考和解决问题，明确和坚决追究失职、渎职等违法行为的法律责任。当前，建立有效的权力监督和制约机制的突破口是对各级领导机关和领导班子“一把手”的权力监督与制约机制的建立和有效运行，如果对“一把手”的权力能进行有效的监督和制约，那么对所有握有一定权力的党政机关干部的权力监督和制约就迎刃而解了。而要实现这一突破，关键是二点：一是执政党的核心领导层能否首先从自身开始，并在党政系统中以党纪和法律法规形式推开；二是能否允许新闻媒体参与进来，代表全体人民时刻行使有效的权力监督与制约。“天网恢恢，疏而不漏”，只有撒开人民充分进行权力监督与制约之网，对权力监督与制约才能真正实现，否则既不可能，更不可信，也更难持久和彻底。

总之，自新中国成立几十年来，我们党和政府一直在进行社会主义条件下如何加强权力监督和制约问题的探索和实践，其间有成功的经验和创举，也有让人深思的教训，无论是经验还是教训，对于进一步通过以法律制度建构为核心健全我国的权力监督与制约制度都有极其重要的意义。

第四节　权力控制的基本路径

一　正当法律程序与权力控制

正当法律程序不仅是传统控权模式取得实效的纽带和必备因素，而且在极其复杂的现代国家权力运作中，日益成为当代民主法治国家权力生成和运行正当化、规范化和高效化的重要保证和衡量指标，是授权、控权和护权的完美统一，是提前消弭国家权力可能导致的专断、恣意和腐败的最重要的制度安定装置。因此，加强程序控权的制度建设对中国法制建设具有十分重要而深远的意义。

“权力易使人腐化，绝对权力绝对使人腐化”。[①] 这已是人们对权力认识的一条公理。因此，千百年来，权力控制一直是西方政治法律关注的焦点之一。从历史上看，19 世纪以前的权力控制主要采取严格规则模式，注重实体控权的制度建设，19 世纪以来，“由于科学技术的高速发展，物质财富的急剧增长，随机性事务的不断增加，严格规则无以制约同样是社会需求产物的国家权力”。[②] 因此，“通过正当程序和程序抗辩的控权便是当代法治的一个全新的景观”。[③]

（一）传统的实体控权制度的有效运作需要正当法律程序的支撑

采取严格规则模式的传统实体控权理论和实践，可概括为：（1）以权力制约权力。这以孟德斯鸠的分权理论以及美国创立分权制衡体制为代表。（2）以权利制约权力。通过人民行使广泛的民主和自由权利来制约和平衡国家权力。（3）以责任制约权力。通过建立以责任制约为主的内向机制和监督体系为主的外向机制的有机结合来达到控权的目的。（4）以法律制约权力。通过完备的法制，规范、监督权力，贯彻“法无明文规定即无权”的原则，以控制权力的滥用。

事实上，以上每种实体控权形式要取得实效都离不开程序的运作。由于实体控权不是一种静态的制度形态，而是一种动态的对权力制约的过程，只有通过设计合理的程序，对权力的制约才能取得实际效果，而缺乏程序保障的权力制约，只能是一种权力对抗的任意行为，只具有规范的应然性，而缺乏实然性，其结果是权力的恣意。其实，从宪政的源头——英国宪政的历史，可以明确地追寻到其借助程序达到控制国王权力的足迹。1215 年英国大宪章正是通过占多数的程序条款达到实际限制王权的目的。到 14 世纪正当程序原则构成了英国立宪体制的基本标志和其后宪政发展的主脉，实践也证明，“英国的每一部宪法性文件的颁布，几乎都是该原则在英国不断得以遵循和发展，以控制王权和国家权力并保障公民权利的程序性规则为主要内容。”[④] 不仅如此，这一重要原则在

---

① ［匈］德·雅赛：《重申自由主义》，陈茅等译，中国社会科学出版社 1997 年版，“引言”第 1 页。

② 谢晖：《价值重建与规范选择》，山东人民出版社 1998 年版，第 399 页。

③ 孙笑侠：《法的现象与观念》，群众出版社 1995 年版，第 173 页。

④ 汪进元：《论宪法程序》，《宪政论丛》第 3 卷，2003 年，第 181 页。

美国宪政实践中得以发扬光大：美国于 1791 年生效的被称为《人权法案》的十条宪法修正案，其中以防止国家权力滥用的程序性条款占主导地位。对此美国联邦最高法院大法官道格拉斯点评为："权利法案的大多数规定都是程序性条款，这一事实决不是无意义的。正是程序决定了法治与恣意的人治之间的基本区别。"① 因此，没有正当程序的支撑，实体控权的目的是无法达到的。

（二）加强和完善程序控权的制度设计是应对社会事务日益复杂化挑战的必然选择

19 世纪以来，社会随机性事务愈来愈多，面对合法外衣下日趋膨胀的权力专横和滥用，仅仅划分权力与权力之间界限的实体控权制度显得力不从心，如果不从程序上完善对权力的控制，现代法治中人治的暗流必将大行其道。法治迫切要求对权力的控制深入到每一种具体国家权力运行的每一个环节中，而程序的属性和功能正好能满足这种控权的时代要求。特别是第二次世界大战后行政权力的不断扩张和立法任务的日趋繁重和专业化，行政权和立法权乃至司法权的滥用具有极大的隐蔽性和任意性。宪法赋予的权力被滥用的同时，却又以合宪性的方式呈现在人们面前。同时，由于许多行政和立法行为因为程序缺失或程序过于简化或设计中的漏洞太多，使权力在运行中缺乏有效监控，从而使权力在合法性的外衣下，恣意的行使并对公民权利造成损害。因此，现代社会权力控制的重心不是国家权力之划分及彼此如何制约的问题，因为这些难题已被几百年来的宪政制度和实践所解决，现在面临的最棘手的问题是：如何通过正当而完备的程序确保每种国家权力运行之每个环节符合法治的要求，做到合法与合理的统一，从而最大限度地保障人权。这是权力制约的更深层次，也是法治更核心的问题。因此，程序控权就成为当今社会法制建设的关键性工程。"程序的完备程度可以视为法制现代化的一个根本性指标。"② 而加强程序控权的理论研究及制度建设理所当然地成为当前完善法治最重要的领域。

---

① 季卫东：《法治秩序的建构》，中国政法大学出版社 1999 年版，第 3 页。

② 季卫东：《法律程序的意义》，《中国社会科学》1993 年第 1 期。

（三）程序控权在现代国家权力运作中体现为授权、控权与护权的统一

1. 正当法律程序确保被授予国家权力的正当性、和平性

“尽管世界各国宪法存在很多差异，但在权利产生权力这一方面却是共同的。”① 而权利产生权力必须借助公民选举权的运作得以实现。在我国，“在人民代表大会制度下，选举是组织国家权力机关的唯一方式。”② 而选举的原则和程序的合理与否直接关系到国家权力产生的正当性与合法性问题。良好的选举程序确保选民选出自己信赖的代表组成国家机构，从而为实现国家权力转移的正当性提供制度保障。同时，不同利益主体在角逐国家政权的过程中，必然伴生不可避免的摩擦和冲突。在近代以前，主要通过不同利益主体的武力强弱来决定权力归属，其结果必然是权力产生的非和平性；近代以来的选举制度通过程序装置保证国家权力转移的和平性。因此，在现代民主社会中，“授予权力是一个程序问题，授予者与接受者之间关系的变化实质上也是一个程序问题。”③ 正是一系列民主和公正的程序解决了国家权力生成与转移的正当性、和平性问题。

2. 正当法律程序从积极和消极两方面控制权力

从积极方面看，通过正当法律程序的规制，使权力高效运行以完成其被设定的使命。如果“没有程序的支持，实体便失去了赖以发挥作用的时空平台”，④ 抛开程序，直面实体来行使权力，必然使权力运行无序化，这不仅使权力运行本身失范，而且使受权力影响的公民或组织无所适从。由此必然带来国家权力运行的低效率和社会秩序的混乱。同时，权力如果不在既定的程序中展开，必然出现不公正地行使权力，导致权力沦陷为反民主的个人专制和独裁的工具。因此，遵循正当程序的权力运行实现了高效化与民主化的统一。

从消极方面看，完备的正当法律程序是有效遏止权力运行无序和失范的关键制度装置。在现代国家权力中，由于太多自由裁量的领域及复

---

① 周叶中：《宪法》，高等教育出版社、北京大学出版社 2000 年版，第 256 页。

② 刘茂林：《宪法学》，中国人民公安大学出版社、人民法院出版社 2003 年版，第 172 页。

③ ［美］斯蒂芬·L. 埃尔金等：《新宪政论》，周叶谦译，生活·读书·新知三联书店 1997 年版，第 182 页。

④ 秦前红：《宪法变迁论》，武汉大学出版社 2002 年版，第 244 页。

杂的运行步骤，加之人性的不完善，滥用权力是无法避免的，对此只有程序方能有效控制。因为程序是恣意的对立物，即它“具有抑制行为随意性的特点，也就是说，通过程序的时间和空间要素来克服和防止行为的人格化”①。在日趋复杂、变动不定的社会现实中，任何法律决定或行政措施都会受到来自各个方面的压力，特别是权力运行的结果要最大限度地避免事实上存在的力量对比关系的左右，通过法律规范来设置一个相对独立的决策“游戏规则”，通过影响和被影响的利益双方公开、平等、自主、充分地参与决策过程，参加者之间既配合又牵制，恣意的空间必然受到压缩，同时程序的参加者由于是平等参与和自由选择，因而其责任范围更明确，而责任的范围也限制恣意。

3. 正当法律程序的运行过程也是保护权力顺利行使的过程

程序在法学上的根本含义是指“按照一定的顺序、方式和步骤来作出法律决策的过程”②。依程序而行使权力不仅保证作出决定的合法性、合理性，而且是权力的运行最大限度减少被阻却的有效保障。由于权力行使严格遵循公开、透明和预先设定的步骤，对于缓和决策者和决策相对人的权益冲突都有好处。对决策者而言，严格依程序办事可避免无端指责。因为，依程序运行的权力是有序化的权力，在权力逐步展开的过程中，按照某种标准和条件整理争论点，公正地听取各方意见，在当事人可以理解或认可的情况下作出决定。这不仅可以促进意见疏通，而且能排除外来干扰，保证决定的顺利成立和正确性。因此，“程序既保护当事人的权利，也保持决定者的权利。”③

（四）完善我国程序控权制度的思考

如果说立宪主义源于对权力的限制，那么正当法律程序便是现代立宪主义的核心。从现代民主宪政发展的域外经验和趋势来看，理想的民主宪政模式是实体控权和程序控权及其形式化（法典化）的完美结合。如果说以实体控权为核心的古典正统理论，是一种滞后的、被动的制度设计，那么以程序控权为精髓的新宪政论则是一种积极的、能动的制度

---

① 孙笑侠主编：《法理学》，中国政法大学出版社 1996 年版，第 150 页。

② 季卫东：《法律程序的意义》，《中国社会科学》1993 年第 1 期。

③ 季卫东：《法治秩序的建构》，中国政法大学出版社 1999 年版，第 81 页。

保障。“程序的实质是管理和决定的非人情化，其一切布置都是为了限制恣意、专断和裁量。”① 理性社会的宪政规律应是“实现积极保障与消极防范、超前能动与滞后被动制约的有机统一”，② 是授权、控权、护权的统一。因此，对于转型时期的中国而言，加快完善程序控权制度的建设意义重大且十分迫切：

1. 完善我国宪法的各项程序制度是程序控权的根本

宪法的实施情况是一国法治的根本指针，而宪法得到实施的标志在于有无相应的程序。在我国，宪法规定的实体权利和权力制度比较健全，但因为“忽视宪法程序或者是故意忽略宪法程序的建设，使得本来可以发挥巨大作用的宪法制度却无法发挥其应有的作用，更多的宪法制度由于缺少宪法程序的启动而不具有实际价值”③。宪法程序是一国其他法律程序的基础和指针。如果缺失国家权力产生、运行和控制的程序，权力的恣意和被滥用就无法遏制。如全国和地方各级人民代表大会的罢免权是一项十分重要的控制权力滥用的宪法权力，但由于没有相应的程序规范，使这一权力很难在宪政实践中运行起来，代表机关的罢免权力只能是海市蜃楼，无法实现。类似情形在宪法中还有很多，这些不仅反映出我国宪法程序建设的紧迫性，更是处理日趋严重的腐败问题的制度性解决路途之一。宪法程序是关系中国法治能否深入的最根本问题。因为“法的发展是通过程序体系的严密化而实现的”。“程序的完备程度可以视为法制现代化的一个根本性指标”，④ 所以，加强具有全局和根本意义的宪法程序制度的建设是中国现在和今后法制建设的一项基本目标。

完善我国宪法的程序控权制度主要涉及：（1）制宪程序；（2）选举程序；（3）立法程序；（4）诉愿程序；（5）请愿程序；（6）宪法解释程序；（7）修宪程序；（8）违宪审查程序；等。通过完善程序设计，完成我国自治型宪政程序的构造过程。

---

① 季卫东：《法律程序的意义》，《中国社会科学》1993 年第 1 期。

② 李龙：《宪法基础理论》，武汉大学出版社 1999 年版，第 291 页。

③ 莫纪宏：《现代宪法的逻辑基础》，法律出版社 2001 年版，第 335 页。

④ 季卫东：《法律程序的意义》，《中国社会科学》1993 年第 1 期。

2. 制定科学、合理和完备的行政程序是程序控权制度建设的关键

行政权是执行法律、管理复杂社会事务且与每个公民生活最紧密的涉及社会各个领域的国家权力，也是最易恣意和滥用的国家权力。而“行政权力的滥用被事实证明多存在于程序违法运行方面。”[①] 因此，科学、完备而合理的行政程序是防止行政专横和行政机关滥用权力的屏障，是防止政府行为腐败的最有效的一项制度。它的程序性和操作性是行政主体用以自律的内控装置，能起到防患于事先，遏制于内部的作用。同时，也“将行政行为的过程暴露在公众面前，使广大公民能够监督、发现错误，通过法定途径进行纠正”[②]。从而起到了从外部控权的作用。当然，行政程序是制约权力和保护权力的有机统一。因此，“行政程序的根本政策问题就是如何设计一种制约制度，既可最大限度地减少官僚主义武断和超越权限的危险，又可保持行政部门需要的有效采取行动的灵活性。”[③]

3. 健全的公正、公开的司法程序是程序控权的保证

从国家权力配置的目的而言，司法权既制约立法权和行政权，又保护公民的权利和自由，这些功能的实现是以司法独立为前提和保证的。如果司法权不能独立行使，而是被立法权和行政权任意、非法干涉或控制，则司法权的运作必然扭曲。由于司法权本质上是依法而行使的判断权，是一种程序性的权力，因而，司法权的独立行使本身就是程序控权的表现。

然而，司法权作为一种国家权力，如果缺乏控制，必然也会被滥用。控制司法权的滥用，其根本措施是确保审判程序的公正、公开和透明，同时完善对司法权行使公正性的各项监督法律、法规，建立严格的法官选任和考核制度，加强法官业务定期培训制度，实行院长对本院法官违纪违法的责任连带制度，强化法院内部的程序监控，从而使司法权运行的每一个环节都有严格的程序控制。

---

① 王学辉：《行政程序法精要》，群众出版社 2001 年版，第 30 页。

② 皮纯协：《行政程序法比较研究》，中国人民公安大学出版社 2000 年版，第 21 页。

③ ［美］欧内斯特·盖尔霍恩等：《行政法和行政程序概要》，黄列译，中国社会科学出版社 1996 年版，第 2 页。

总之，程序控权融合了意志的交涉性和选择性，通过公正的程序规则，做到最大限度的平等参与、公开对话、考虑对立面的存在、社会公众的压力及事实和证据的效应，将无程序规范的权力对抗带来的风险降到最低，且有效化解社会可能激化的矛盾，并杜绝因实体规范缺失而带来的权力真空所滋生的权力腐败，因而它既是一种极其重要的社会安定装置，也是当今法治的关键工程。

二　舆论监督与权力制约

舆论监督是近代以来伴随法治理想和实践而产生并不断发展的监督和制约权力的重要手段和制度。当前，如何发挥舆论监督的作用对于把我国建成社会主义法治国家是一个十分重大而紧迫的理论和实践问题。权力得到有效制约，是法治国家的首要特征，舆论监督具有其他监督手段所不具有的监督和制约权力滥用的优点，因而在当今公共权力滥用程度比较严重的我国，如何加强和完善舆论监督成为党和政府及全国人民共同关心和着力解决的问题。

（一）舆论监督的含义及其必要性

舆论监督有广义和狭义的理解。广义的舆论监督，是指公民通过一定的组织形式和传播媒介，充分发表意见、建议，表达自己意志的权利和通过自由表达形成的舆论观点影响公共决策、监督一切不良行为的一种社会现象。狭义的舆论监督，是指新闻舆论监督，指公民通过各种合法媒体在公共领域的言论空间中通过运用法律不禁止的手段，表达具有社会普遍意义的意见，以舆论的方式，对一切具有公权力性质的行为以及其他涉及公共利益的社会事务，实施道义上的监察和督促的一种社会调控手段。它具有广泛性、公开性、及时性、灵活性和评介性的特点，由于它的时效性强、辐射面广、透明度高和震慑力大，因而体现出对权力机关和权力行使者滥用权力等不当行为的独有的监督与制约功能。本书主要从狭义方面来探讨舆论监督与权力制约的问题。

舆论监督的主体为公民和包括新闻媒体在内的社会组织。舆论监督的对象是各级政府机构和政府官员。这里“政府机构”概指那些按照法律设立、旨在解决公共问题、由公共财政提供经费的机构。在我国，不仅包括各级立法、执法和司法机构，还包括那些由公共财政提供活动经费和支付其组成人员薪金的机构，例如各党派、共青团、工会、妇联、各级公立学校等团体。这里的“政府官员”意指由公共财政支付薪金和制定或执行公共政策的人们，并不局限于《国家公务员暂行条例》所指的公务员范围。舆论监督的内容指一般公民和媒体对政府机构或政府官员的滥用权力等不当行为的揭露和公开批评。所谓“不当行为”不仅包括违反宪法和法律的行为，而且包括官员违反社会公德的行为。

对于权力进行制约自人类社会出现以来就不曾中断过，近代以前，主要有以权力制约权力和以道德制约权力等两种模式。而近代以来随着宪政和人权的倡导，以权利制约权力逐步纳入国家和社会制度化的监督和制约权力的体系。而其中最为有效的监督和制约形式是以新闻舆论监督表现的舆论监督。相对于权力的本质和长期存在的以权力制约权力、以法律制约权力和以道德制约权力已存在的情况下，舆论监督能产生并发挥越来越大的作用，其必要性是值得探讨的。这种必要性既是对其他监督和制约权力形式不足的弥补，更是民主社会人民主权的必然要求和体现。

以权力制约权力难以防止不同权力拥有者间的利益互换和整体懈怠。因为这一机制是通过分权使不同权力机构之间形成一种监督与被监督或相互监督的关系，而其隐含着的一个前提是，内部监督机制的各方是按照法的规定进行相互监督和制约，它们没有徇私枉法。然而，这种可能性是存在的，即某些部门和某些官员有时候达成一种妥协来掩盖各自的权力滥用行为，或者达成一种合作来获取更大的非法利益。监督者与被监督者、监督部门与被监督部门之间可能存着利益的相互需求，可能达成一些非法的交易。因而以权力制约权力的机制不能绝对地保证阻止一些政府机构或官员放弃法定的相互监督职责而进行不法的合作。

在这种情况下，监督监督者的问题便被提出来了。这一责任最终只能落在作为公共利益主体的广大公民的肩上。现实生活中，一个法定监督机构之所以履行制约与监督的职责，很大程度上乃是在公众舆论的压力下所为。同样，一个法定监督机构很好地履行职责，也有赖于人民群众的支持。

以道德制约权力是通过学习和教育的方法使社会或统治阶级对政府官员的要求内化为他们的道德信念，使他们能够自觉地以内心的道德力量抵制外在的不良诱惑，自觉地严格地要求自己，行使好手中的权力。但它是非制度化的、依靠自觉而不是强制能解决的思想层面的手段。

随着近代民主的发展，以权利制约权力逐步发展起来。其要义在于：通过恰当地配置权利，以使它能够起到一种限制、阻遏权力滥用的作用。这种机制从消极和积极两个方面发挥监督和制约权力的作用：一是通过承认公民的权利来防范政府滥用权力这是一种消极的制约作用。二是公民行使某些权利还具有一种积极的制约作用，如选举权、言论自由权、结社权、知情权和举报、检举和控告的权利，以及在遭受来自公权力的侵害时获得救济的权利等。

此外，还有一些尽管停留在理论或道德层面的权利，没有成为法定的权利，例如非暴力反抗或善意违法的权利：抵抗权等，它们是对付极端权力滥用的最后手段。

公民权利制约政府权力这一机制中产生有效性的典型形式是舆论监督。这是民主性质的监督，一种最广泛、及时的监督。西方的许多思想家和政治家对此早有阐释。法国大革命时期著名政治活动家罗伯斯庇尔说过，出版自由是鞭挞专制主义的最可怕鞭子。英国哲学家边沁也认为，公众舆论是对统治者权威的有效牵制。美国开国者之一的杰斐逊主张："报纸要对政府提供一种其他机构无法提供的监督作用"。① 以权利制约权力，以承认公民权利为根本前提，以保护公民权利为最终目的，只有民主社会才会重视和建设这种机制。这种机制的生命和有效运行在很大程度上依赖于舆论监督。

第一，道德与法纪教育可以培养政府官员的自律意识，有助于他们更好地行使手中的权力。但是这种以道德制约权力的机制也离不开舆论监督的配合。这种机制也有赖于公民的舆论压力。教育的内容需要依靠民意来决定，以保证官员所接受的教育是符合公民意愿的。而教育的效果也需要依赖民意来检验和推进。

第二，法定监督机构若要有效地履行职责，必须发现和掌握有关官员违法犯罪的充分信息。当然，一个制度设计者必定会赋予监督机构为搜集信息所必需的很多调查性权力。但是，在任何情况下，监督机构所

① 转引自应克复等著《西方民主史》，中国社会科学出版社 1997 年版，第 447 页。

能够发现和掌握的信息与追究违法犯罪所需要的信息相比，具有高度的局限性。社会信息是广泛分散的，一个监督机构无论如何主动和积极，都不可能穷尽所有的社会信息。很多滥用权力和违法犯罪的行为因为疏于调查或无力调查而在法网之外。弥补这一缺陷只能借助舆论监督，通过无所不在、无时不在的舆论监督，法定监督机构就可以及时发现和了解更多的信息（线索）。实践证明，公民或媒体的揭露往往为法定监督机构提供了其不曾知晓的有关政府机构或政府官员违法犯罪的线索或事实。

第三，与别的监督机制相比，舆论监督的机制所需要的信息类型是不完全相同的。在舆论监督的机制之下，判断官员是否具有适任性所需要的信息不仅包括有关公务行为的信息，还有关乎私人行为的信息。因为公民不仅需要审查官员的职务行为，而且需要审查他们的部分私人行为，借此保证德才兼备的更优秀者成为公共利益的代表。同样，公众对政府机构的行为所做的判断不仅包括合法性判断，也包括合理性判断。因为法律有时是模糊的，或是有缺漏的，并包含着一定的自由裁量余地，而且对法律进行判断不仅涉及更高的法律，而且涉及更高的道德性准则。所以仅仅依靠以权力制约权力的机制是无法完成如此宽广范围的监督的，只有借助舆论监督才能完成。

第四，在一个民主社会里，人民是国家权力的唯一拥有者，政府所拥有的权力源于公民的委托。公民控制委托出去的权力、制约政治运作的主要方式是，他们时刻保存着监督和更换受托人的权力，在法制制度上具体体现为选举权和言论自由权等。为了社会生活的相对稳定性，选举权是定期行使的，言论自由权是随时行使的，并且言论自由权的充分性决定了选举权的真实性和有效性，所以，只有确保了舆论监督权的充分实现，才能保证选举权行使的名实相符，从而使政府和政府官员的行为真正受制于舆论的时时刻刻的监督。政府和政府官员可以贿赂特定的监督机构和监督者，却无法贿赂千千万万分散于社会生活各个领域、各个层次的普通公民。因此，舆论监督是民主社会的根本标尺，是防止监督权力滥用的弥天大网。

如果公民没有言论自由权而有选举权，则意味着公民除了为政府及其官员歌功颂德或对它们表示感恩的权利外，没有发表批评性言论的任何权利。其结果是官员们阻止自身的不当行为被揭露于众、利用权力或便利霸占公共论坛来颠倒黑白，粉饰自己，蒙蔽公众。公众由于无从了解政府机构和政府官员的真实信息，因此也无从对他们作出真实的评价，也不敢评价，也无法通过选举作出正确的选择。选举机制的制约功能名存实亡。作为普通公民控制他们所委托出去的权力的根本方式，是民主社会的最低标尺。

（二）我国当前舆论监督制约权力存在的不足

（1）舆论监督的“热度”不均。对舆论监督，中央高度重视并大力支持，人民群众寄予厚望并普遍欢迎。而在部分官僚主义和地方保护主义观念严重的实权派眼里，舆论监督却成了“抹黑”的脏手，“不安定”的因素，“添乱”的行为，“不和谐”的杂音。这种“两头热”“中间冷”的现状是当前舆论监督的最大障碍。一些地方甚至通过“规定”或“法律”等形式，对舆论监督实行限制、抵制、压制，而且抛出“安定”“秩序”等冠冕堂皇的理由，使舆论监督处于尴尬与无奈的境地。另外，被监督者的顽强防守和不遗余力的反攻，使监督者的合法权益受到严重的侵害。

（2）舆论监督的力度不深。作为舆论监督代表的新闻媒体，在舆论监督方面尽管频度相对较高，但力度相对不足。在内容上涉及的大多是公民道德、环境卫生、产品和服务质量等方面，在对象上又大多是一般社会成员以及街道和乡镇的基层干部，而那些滥用权力、贪污受贿、徇私舞弊等问题，则往往游离于舆论监督之外。其结果是，舆论监督的范围比较有限，报道的数量偏少，批评的力度不够。监督基层多、高层少，监督一般问题多、重大问题少，事后监督多、事前监督少，一些媒体对本地区本行业的问题，对涉及与自己有政治、经济利益关系的单位、部门存在的问题不敢监督或不忍监督。这种监督浅表化现象使许多媒体降格为婆婆妈妈的“戏说”家常。

（3）舆论监督难度相当大。理论上讲，舆论对党和政府的这种监督作用，受到宪法的保护，是公民行使宪法赋予的言论自由权利和对国家机关及其工作人员的批评、建议权利的最直接的体现。然而这种以权利为保障的监督，与我国监督体系中其他具有明显权力特征的监督形式，有本质的差别。后者实施监督所具有的权限、范围和程序都由宪法和法律、法规予以明确规定，监督的结果对于被监督者具有强制性的法律效力。而舆论监督则不然，不具有权力的性质。因此其实施监督的特征必然是协商性的而不是强制性的，是自发的而不是义务性的。舆论监督不像其他的监督方式有法律的明确授权和经费、手段保障等方面的规定，因而其在运行的过程中会遇到重重障碍。为了保护政府自身及其官员的利益和前途，往往采取各种手段，阻止批评性言论的发表；或是运用各种手段对批评报道者进行打击报复；更有甚者，对批评者提起名誉侵害的民事诉讼或刑事诉讼，这些使得媒体在其实施舆论监督时步履艰难。

（4）舆论监督存在不当。一是监督意识还不够强，监督的敏感性不高，一部分舆论工作者对权力的滥用行为只是背后发牢骚讲怪话，没有实行真正意义上的监督，特别是对身边的腐败现象，唯恐“引火烧身”，影响自身利益而熟视无睹；二是有的监督者感情用事，图一时痛快，把握不好舆论监督的“度”，在公开报道中失实，侵犯了被监督者的合法权益或带来一些消极影响，有的社会责任感不强，甚至哗众取宠，追求轰动效应，破坏了新闻舆论监督的形象；三是舆论监督的方式方法不当，在采访中滥用不合法的手段，侵犯公民、团体和法人的正当权益，甚至超越组织监督、行政监督和法制监督，越俎代庖，取代执法部门行使权力。

（三）加强和完善舆论监督制约权力路径的若干思考

邓小平同志早在20世纪80年代就指出：“要有群众监督制度，让群众和党员监督干部，特别是领导干部。”① 党的十五大报告中谈到完善民主监督时，强调要“把党内监督、群众监督结合起来，发挥舆论监督的作用”，党的十六大报告中也再次强调发挥舆论监督的作用。《中国共产党党内监督条例》的颁布，在我党的历史上第一次以党内法规形式，把舆论监督列为一项党内监督的重要制度。一些省市还通过地方立法，明确规定新闻媒体要对国家工作人员履行职务的行为进行舆论监督。这些情形表明，舆论监督正走向制度化和法制化。

然而，要在我国这个有着几千年权力本位、官僚主义思想和“家长制”“一言堂”等民众向来缺乏言论自由的国家建立一套具有中国特色的、可操作性的公众舆论对权力监督和制约的制度，必须多管齐下。笔

① 《邓小平文选》第2卷，人民出版社1994年版，第332页。

者认为，应从以下几个主要方面入手进行全面的建设。

1. 加强思想观念和主体素质方面的建设，为制度跟进提供思想观念基础

制度建设及制度实施的有效性必须以思想观念为先导。如果应受监督的公权力行使者在思想上没有正确的认识，只有抵触和敌视情绪，舆论监督便面临最致命的威胁和实施阻力，当前舆论监督的困境正好说明了这一点。所以，各级领导干部应带头深入学习党和政府关于加强监督的党纪、国法和各项相关规章制度，克服官僚主义和地方保护主义，树立民本意识、大局意识，积极支持并主动接受舆论监督。另外，舆论监督还需要社会观念的大力支撑。因此，要加大力度推进民主与法治，在全社会形成知无不言，言无不尽，言者无罪，闻者足戒，闻过则喜，闻过则改的良好风尚，把主动、充分地接受舆论监督作为民主社会的基础，而拒绝舆论监督是反民主，是专制和腐败的观念通过各种教育和传播途径深入人心，形成牢固的国民意识，推动制度建设和实践。

2. 建构与完善舆论监督机制

当舆论监督被人们认定是与立法、司法、行政三大权力相提并论的第四种权力的时候，在公众的意识里，媒体的舆论已经被视作一种力量——一种捍卫社会公正、促进政府勤政廉政、推动社会进步的力量。而舆论监督这种力量的持久有效除了人们观念上的认同和行动上的支持外，更重要的是依赖于法律制度的保障。既保障舆论监督的法律地位，又使舆论监督本身受到法律的约束而不被滥用。

首先，立法保障舆论监督。一个按民主原则安排制度的国家，必须承认公民享有揭露以及批评政府机构及其官员不当行为的言论自由。我国宪法对此有明确的规定。我国《宪法》第二条规定："中华人民共和国的一切权力属于人民。人民行使国家权力的机关是全国人民代表大会和地方各级人民代表大会。人民依照法律规定，通过各种途径和形式，管理国家事务，管理经济和文化事业，管理社会事务。"第三条规定："中华人民共和国的国家机构实行民主集中制的原则。全国人民代表大会和地方各级人民代表大会都由民主选举产生，对人民负责，受人民监督。"第二十七条第二款规定："一切国家机关和国家工作人员必须依靠人民的支持，经常保持同人民的密切联系，倾听人民的意见和建议，接受人民

的监督，努力为人民服务。”第四十一条规定，“公民对于任何国家机关和国家工作人员都有提出批评和建议的权利。”这些规定即是我国公民享有揭露和批评政府机构和政府官员不当行为之言论自由的法律根据。另外，党的十五大、十六大都提出要加强舆论监督。这些为舆论监督进一步法律化和细化提供了基本依据。

尽管我国宪法有公民言论自由的规定，一些法律和行政规章等也肯定了舆论监督，但大多偏重于禁止性的义务规范，如关于维护国家安全、保守国家秘密的规范、保护尊重公民人格权的义务规范等，却缺乏授权性的权利规范，对于新闻媒介和新闻记者的采访权、报道权等无明文法律授权，这些权利还只能是一种习惯性权利。在实际生活中，经常出现一些妨碍舆论监督的现象，如某些政府机构或官员封锁消息，拒绝采访；通过组织或私人的关系阻止批评性言论的发表；运用组织手段或其他手段对批评者进行打击报复等。总之，未来的媒体要从容行使“话语权”，应当通过立法增强和保障新闻媒体的自主性，使其免于被监督者的支配和控制，扩大一般公民的言论自由空间。当前制定《舆论监督法》来落实宪法中关于公民言论自由权的规定，从法律上、制度上保障新闻的自由和独立已是当务之急。从根本上说，舆论监督是公民行使民主权利的体现，是公民据以维护自己的民主地位和民主政体所包含的其他价值的必要方式。新闻媒体作为“第四种权力”，要真正发挥对公权力的制约作用，应尽快走出半国家权力状态，形成作为人民喉舌的社会权力。

其次，立法防止舆论监督权的滥用。舆论监督作为公民的一项基本权利同样是权利与义务的统一，它的行使不得损害被监督者的合法权益。我国宪法第五十三条规定：“中华人民共和国公民在行使自由和权利的时候，不得损害国家的、社会的、集体的利益和其他公民的合法的自由和权利。”由于我国法律中没有明确的法律规范对舆论监督的权限给予界定，而从法理和一些西方宪政实践看，以出版业、电台、电视等控制工具，仍然具有双面刃的性质。“它不是，而且也不可能是一个完全代表性的或中立的渠道。”① 所以，法律上的明确规范十分必要。当前，舆论监

① ［英］M. J. C. 维尔：《宪政与分权》，苏力译，生活·读书·新知三联书店 1997 年版，第 317 页。

督的不足在实践中表现为一是出现因对腐败者的痛恨而夸大事实，主观发挥，从而引发侵权诉讼等情况；二是以有偿新闻等形式不正确地行使舆论监督权；三是违反法律法规的禁止性规定或不同监督形式的界限，滥行监督的行为。另外一种趋势也是要注意的，那就是媒体力量大规模集结，一方面有助于当今的秩序，另一方面也拥有了一定程度的与基本民主原则不相容的权力，可能会忽略一些他们不感兴趣的观点。这种“作为巨型传媒联合企业权力的基础的言论自由原则，不应该同时成为窒息微弱的意见表达的工具”①。

最后，不同权利间的平衡。当一种权利与另一权利相互冲突，又不能使二者同时得到满足的时候，这就需要我们首先对这两种权利做出一个价值判断，亦即“利益衡量”。而这一衡量又必须遵循一定的法律原则来进行。公民的名誉权和隐私权是一种纯粹的个人权利，而言论自由和新闻媒体的舆论监督权就不仅是个人的权利，同时还是一种社会权利。当个人权利与社会权利发生冲突时，社会主义人权观强调个人人权与集体人权或社会权利的高度统一。因此，在社会主义市场经济条件下，处理个人权利与社会权利相冲突问题时，就应坚持不损害社会利益原则。保卫社会公共利益的舆论监督传达了广大民众的呼声，代表了社会的正义力量和公共利益，如果说被监督者名誉受损，那也是其不法或不道德行为的必然结果。

3. 提高监督者和被监督者的素质

双方都要有对党对人民对社会的高度责任感，强化监督意识。监督者特别是新闻媒体要按照“政治强、业务精、纪律严、作风正”的要求，加强队伍建设，着力强化其责任感和使命感，加强自己的政治修养和业务修养，让敢于监督的胆略和善于监督的策略并举并重。

敢于监督的胆略的人格基础是无私无畏、无欲则刚，这是舆论监督正常开展的先决条件。但光有胆略远远不够，因为，善于监督的策略在一定程度上比敢于监督的胆略更重要。善于监督的策略是舆论监督能否取得应有效能的关键环节。做到敢于监督、善于监督，要精心选题，抓住一些典

① ［澳］维拉曼特：《法律导引》，张智仁、周伟文译，上海人民出版社 2003 年版，第 269 页。

型案例，一抓到底，加强连续追踪报道，避免浅尝辄止，同时，注重社会效果，弄清事实，准确无误，要辩证地看问题，注意把握好“度”。

对于被监督者，特别是各级领导干部都要正确认识舆论监督的重要意义，从大局出发，从党和人民的利益出发，对存在的问题不遮掩、不抵制、不怕丢面子，积极主动接受舆论监督。

4. 把舆论监督和其他监督方式有机地结合起来，构筑起健全的权力监督机制

舆论监督的特性决定了其在反腐败斗争中具有特殊的地位和作用。在整个权力监督机制中，新闻舆论监督是其他监督类型的信息传播者，许多时候也是线索的提供者。人大监督、司法监督、纪检监督如果有了舆论监督的配合，其作用就会大大增强，舆论监督有其他监督形式的支持就会如虎添翼。同时，舆论监督又是其他监督形式的监督者。但每种监督形式都有各自的优势，舆论监督往往只能批评和揭露腐败分子及其腐败行为，而问题的解决，则依赖于其他监督形式。此外，新闻媒体自身也应接受其他监督类型的监督，一旦新闻舆论监督超越了法律的界限，违背了职业道德准则，同样要受到法纪的制裁。

5. 确立政府接受舆论监督的保障机制

我们党和政府近年来一直强调和致力于对权力监督的制度建设。政府离不开舆论监督，接受舆论监督是对政府的刚性要求的理念正在成为党、政府和人民的共识，但对保证政府接受舆论监督保障机制尚不完备。为此，加强这方面的机制建设尤其紧迫：一是人力安排。要有专人做好信息收集和报告工作。二是程序设置。对舆论监督事件要通过法律规范一套科学的、正当的和有效率的处理程序。三是公开和反馈机制。对舆论监督事件的处理过程要及时向公众和媒体通报，听取公众对处理结果的意见。四是问责机制。对那些逃避甚至排斥新闻舆论监督的机构和公职人员以相应的行政处分和法律制裁等。

三　完善公务员（公职人员）问责制度

《中华人民共和国宪法》第五条第四款规定：“一切国家机关和武装力量、各政党和各社会团体、各企业事业组织都必须遵守宪法和法律。”一切违反宪法和法律的行为，必须予以追究。对权力滥用的追究也是制

约权力的重要途径。事后追责可以倒逼公职人员依法履行宪法和法律赋予的权力。有权必有责、有责要担当、失责必追究，既是对党员和公职人员履职尽责的普遍要求，也是落实宪法的有效途径。但从建设法治国家的目标看，还需要完善公务员问责的法律法规体系，方能收到控制权力，遏制滥用的普遍功效，同时也有利于防止制度的不健全和不协调而误伤良吏。

（一）公务员问责制的建立与发展

进入 21 世纪以来，我国依宪治国进入到一个新的时期，显著的标志是问责制度和行动成为国家治理的重要方面，尤其是以公务员问责引发的权力自我检视和约束，使责任政府的形象得以在社会中树立。

国家对于公务员问责制进行了一系列的制度创新。2003 年 SARS 危机之后，我国加快了公务员问责制的立法步伐。2004 年，“询问和质询”“罢免或撤换要求及处理”等内容被明确写入了《中国共产党党内监督条例（试行）》。2004 年中共中央批准实施的《党政领导干部辞职暂行规定》，2016 年中共中央发布《中国共产党问责条例》。现有各类问责规定中，共有 14 种不同问责方式，包括批评教育、作出书面检查、给予通报批评、公开道歉、诫勉谈话、组织处理、调离岗位、停职检查、引咎辞职、辞职、免职、降职、党纪军纪政纪处分、移送司法机关依法处理等。2016 年《中国共产党问责条例》强调了 7 种问责方式：对党组织的问责方式有 3 种，包括检查、通报、改组。对党的领导干部的问责方式有 4 种，包括通报、诫勉、组织调整或者组织处理、纪律处分，其中诫勉既包括谈话诫勉，也包括书面诫勉；组织调整或组织处理包括停职检查、调整职务、责令辞职、降职、免职等。[①] 对公务员因涉及“工作严重失

---

① 2003 年，SARS 疫情席卷全国，由于隐瞒疫情或防治不力，全国 500 多名政府官员受到问责处理，其中也包括了时任北京市市长的孟学农和卫生部部长张文康。（参见杨静《公务员问责制浅析》，《云南社会主义学院学报》2012 年第 2 期）这是我国行政问责的开端，彰显了我国建立健全公务员问责制的强大决心。紧随其后，重庆“12·23”特大井喷事故，北京市密云县“2·5”特大伤亡事故，安徽阜阳县劣质奶粉“大头娃娃”事件，西安宝马彩票案，包头“11·21”空难事故，松花江水污染事故，上海社保基金案，山西黑砖窑事件，山西襄汾溃坝事故等一系列涉案官员都受到了问责，公务员问责制度在实践中不断走向成熟。2008 年至今，三鹿奶粉事件，云南躲猫猫事件等，特别是党的十八大以来的严格问责，惩治腐败和不正之风等，被形象地称之为“老虎苍蝇”一起打所掀起的问责和反腐，带来了中国政治的新生态、新面貌。

误、失职造成重大损失或恶劣影响、对重大事故负有重要领导责任”等应引咎辞职的相关情况进行了规定。国务院在2004年印发的《全面推进依法行政纲要》中规定：“行政机关违法或者不当行使职权，应当依法承担法律责任。实现权力与责任的统一。”2005年通过的《中华人民共和国公务员法》进一步将行政问责规范化。2007年，国务院又通过了《行政机关公务员处分条例》。这些规定或条例表明，我国的行政问责正逐步走向制度化、法律化。与此同时，针对各省不同的省情，各省市地方政府在规范性法律文件方面也开展了积极的探索。①

（二）我国公务员问责制度存在的不足

1. 公务员问责缺乏统一的法律制度保障

从法律位阶的角度上讲，上位法的法律效力优于下位法，特别法优于一般法。但是我国缺乏公务员问责制度的全国统一性规定，相关上位法和特别法缺乏，而大量依赖于地方性立法，导致立法质量参差不齐，相关法律规范也多有冲突。但是在构建公务员问责体系时，由于政出多门，党政问责规定各行其是，中央地方缺乏协调，下位法超越上位法，一般法违背特别法的情况也时有存在。此外，由于各省省情不同，各地方从当时实际出发，试图进行公务员问责制度上的法律制度创新，但是也在一定程度上与上位法和特别法产生了冲突。最为关键的是，宪法在我国法律位阶中处于最顶端的地位，任何法律法规都必须以宪法为依据，所有规范性法律文件都不得同宪法相冲突，违背宪法的有关规定时将不产生法律效力。但是在我国宪法中没有涉及公务员问责制度的相关规定，因此我国公务员问责缺乏宪法保障，名不正言不顺。师出无名的直接后果就是公务员问责制度没有绝对权威的公信力，这使公务员问责的实际效果大打折扣。

---

① 2003年，长沙市政府率先推出《长沙市人民政府公务员问责制暂行办法》，规定8种情形应追究行政责任。此后近八年间，天津市、重庆市、浙江省、海南省、深圳市等地都相继出台了关于公务员问责制方面的规范性法律文件。2010年9月1日，长沙市政府又发布了《长沙市公务员问责办法》，将公务员问责方式增加至10种。对行政机关的问责方式有：责令限期整改、责令公开道歉、通报批评、取消评先资格。对行政机关公务员和行政机关任命的其他人员的问责方式有：告诫、通报批评、离岗培训、调离执法岗位、取消执法资格、责令公开道歉、停职检查、引咎辞职、责令辞职、免职。

2. 公务员问责途径单一，缺乏外部约束

公务员问责途径单一，缺乏外部约束。公务员问责途径是指通过何种途径，经过何种程序追究国家机关工作人员责任。[①] 当前，我国主要采取上级问责下级的内部问责。这种问责方式过于单一，且国家机关同一部门上下级之间存在着千丝万缕的利益联系，在实践中很多时候，这种内部问责形同虚设。这就需要外部问责的介入，将内部监督与外部监督相结合。外部问责主要指人大、民主党派、政协、司法机关及社会舆论对于公务员的监督和问责。相对于内部问责，外部问责是一种更行之有效、更具有公信力的问责方式。因为公务员问责制的本质是依据宪法和法律监督与问责公务员的公务行为，而外部问责能够更加广泛地听取民意，接收社会舆论的监督。只有将内部问责和外部问责相结合，才能对我国公务员产生压力和制约，从而产生不断提升公共管理效率和质量的动力，促进我国公务员整体素质的提高。但是在我国，外部问责任重而道远。人大虽然作为我国的权力机关，对于其他国家机关及其工作人员有着广泛的监督权，但是我国人大问责制度尚未开启。而民主党派，政协虽然也有参政议政、政治监督的权力，但是却不能直接进行问责，而需要诉诸人大。这就导致外部问责陷入了一个无法实现的怪圈。而社会舆论也只能进行社会监督，为公务员问责提供依据，而不能进行具有公信力的外部问责。

3. 公务员问责程序设置简单，责任方式配置不合理

公务员问责程序设置简单，责任方式配置不合理。[②] 公务员问责应该成为一项严格的法律制度，所以必须设置严格的问责程序，从程序上保证问责的规范和正义。此外，问责之后，问责对象的责任承担也必须合理合法，责任与行为的危害性相适应。但是结合各地方制定的关于公务员问责的规范性法律文件来看，大多不够完善，程序上较为简单，责任方式配置也不是很合理：首先，针对不同法律地位的问责对象在程序上的设置不够细致。我国公务员范围之广，种类之多，世界罕见，涉及各级人大选择和任命的行政人员、司法人员，以及执政党、民主党派、政

---

① 刘伟锋：《浅析公务员问责制的内涵及其理论基础》，《行政与法》2011 年第 4 期。

② 陈洪生：《公务员问责制及其构架研究》，《求实》2008 年第 6 期。

协等，众多公务员在被问责时采用相同的程序显然难以让人信服。其次，缺乏明确的问责主体。当发生公务员问责时，究竟是根据首长负责制由负有领导责任的相关人员担责，还是由相关部门承担集体责任，抑或二者兼有，在法律上并没有明确的规定。再次，问责调查程序不明确。调查是查清事实的必经程序，是公务员问责的依据，在公务员问责体系中占有重要地位。然而，在很多地方的相关规定中并没有明确相关人员在问责调查当中的权利义务，成为残缺之法，相关人员的权利难以进行救济，整个问责程序混乱。最后，也没有对公务员问责的责任承担作出详细的规定，尤其对同时需要承担多种责任时如何处理缺乏概念。当公务员问责主体同时需要承担党政责任，同时按照规定还需承担法律责任和其他责任，能否合并执行还是“数罪并罚”。当多重问责时候，限度与底线又在何方？我国大部分涉及公务员问责制度的规范性法律文件，都只是在某个方面做出自己的规定，未能将各种问责进行整合，从而形成一个统一的问责体系。

4. 公务员问责党政不分，问责不够规范化

我国公务员问责党政不分，问责不够规范化。由于我国公务员内涵的特殊性，导致我国公务员问责主体极为丰富。但是由于长期以来，中国共产党作为执政党，在我国政治生活中处于核心地位，大多公务员同时兼具党员身份，导致以党代政，党政不分的状况十分严重。受此影响，在我国公务员问责制度当中，党内党外问责形式趋于一致，无法体现政治责任与法律责任的区别，不够规范化，专业化。这些不够细致的法律规定，从长远来看，这种局面将使党政责任，党内党外问责近乎一致，责任同化，其直接后果就是责任意识丧失，责任逐渐模糊化，进而使公务员问责制形同虚设。同时，在我国政治生活中，民主党派的广泛参与也增加了我国公务员问责的难度。由于各民主党派没有完善的党内追责机制，往往简单粗暴地用国法代替党纪，增加了责任的模糊性和不确定性，不利于公务员的全面问责。

（三）公务员问责制度的完善

1. 进一步建立健全公务员问责的法律法规体系

公务员问责在我国方兴未艾，通行全国。但是任何历史文化如果缺乏了制度的建设，在历史的长河中都将是昙花一现，难以为继。要想使

公务员问责常态化、制度化，我们必须进一步建立健全公务员问责的法律法规体系，将其融入现有的社会主义法治体系，推动社会主义民主政治和服务型政法的建立，维护法律的权威，推动社会的整体进步。在这个过程中，我们应该包容并蓄，广泛学习借鉴国外的成熟制度，取其精华，去其糟粕。首先，我国必须整合以往各地方的相关规定，通过以往中央的一些有益探索，尽快出台《公务员问责法》。通过这样一部适用全国的法律规范，对我国的公务员问责体系提供统一、规范、科学的法律保障，同时为追责定下基调，明确国家机关及其公务员的政治责任、行政责任、法律责任和道德责任，将其以法律的方式予以确立。同时明确政府问责的主体、范围、客体、责任方式、期限、程序、赔偿、当事人的权利救济、公务员复出等事项，做出符合实际而又恰当合理的规定。其次，尽快完善我国诉讼法。扩大行政诉讼的范围，特别是将抽象行政行为纳入行政诉讼和行政复议的受理范围。同时将公务员问责体系融入整个法律体系，参照或直接将公务员问责写入相关诉讼法。再次，建议学习美国制定的《公务员道德法》。公务员作为国家机关工作人员，与人民群众联系密切，人数众多，社会影响较大，因而相对于一般岗位劳动者，公务员应该以更高的道德水准和职业素养来要求自己，规范自己的言行。将公务员道德规定写进法律，有助于公务员明确责任意识，自觉调整自己的行为规范，防患于未然。最后，应该借鉴日本的做法，通过一系列的法律法规形成一个公务员问责体系网络，不仅制定《国家公务员法》《地方公务员法》等有关公务员的专门法律来规范公务员制度，也颁布了《关于整顿经济关系罪责的法律》《关于整肃官厅风纪的决定》等法律法规对公务员的违法犯罪活动进行严肃惩处。此外还通过完备的银行法规、税务法规等专门法规对公务员的行为进行规制，实行财产公开。①

2. 建立多元问责机制

同体单一问责无论在理论上还是实践中都已经无法使公务员问责制真正起到作用，因此将内部问责和外部问责相结合，构建一个异体多元的问责体制、全方位多角度进行公务员问责更有利于增添制度的科学性。

① 张稚光、黄小育：《国外行政问责制比较研究》，《吉林政报》2008 年（专刊）。

一般而言，关于公务员问责制的主体，大概有 7 个方面：一是人大监督，即最高权力机关的监督；二是司法审查；三是民主党派的监督；四是内部监督，即党委纪检部门、行政主管部门的监督，也称自我监督；五是监察、审计部门的监督；六是新闻媒体监督；七是社会和群众监督[①]。综合归纳起来大致又可分为四个方面：一是人大问责（即政治问责）。从目前我国的现行制度安排来看，各级人大及其常委会是权力机关和立法机关，启动各级人大及其常委会对政府官员的问责制是一条比较可靠的途径，而且也符合国际惯例。由于人大有着独特的政治优势，因而在多种问责的主体中，人大的问责是最具权威和最具效力的。二是内部问责。党政机关实现同一部门、同一机构由上级对下级，领导对下属的内部问责。三是司法问责（即法律问责）。司法机构依据各种法律法规对行政违法行为进行惩戒。四是社会问责（即民主问责）。社会公众通过公民参与、舆论监督等形式实施对国家公务员违法责任的追究。只有将上述诸多问责方式相结合，内部整治，外部发力，内外结合，方能形成完整的公务员问责机制。

同时，异体多元问责体制必然关联甚广，涉及多个部门、多种责任的重合与联系，要建立健全多元问责体制，就必须考虑多元问责与一事不两罚和连带责任的问题。一方面，一事不两罚是行政法的一个基本原则，对应到公务员问责体系中也应该得到严格的遵照和执行。任何公务员不能基于同一事实而承担两次及以上相同责任。但是由于异体多元问责中多种问责主体的存在，往往可能存在重复问责和责任重合的问题。另一方面，公务员在行使公权力的过程中往往不是孤立地存在，多个部门，多位领导通常广泛而紧密地联系在一起。在问责时，部门领导往往需要承担连带责任和领导责任。如何在进行公务员问责的过程中，维持保障多元问责机制和协调多种问责主体之间的矛盾与冲突，是我们在制度创建过程中的不懈追求。笔者认为，必须通过制度构建，整合多种问责途径，实现各种责任之间的连接与转换。不仅如此，我们需要尽快明确在行政问责中，关联部门应承担的连带责任和领导应负的领导责任。只有明确责任，才能对权力进行有效的监督和

---

① 刘静：《公务员问责制的制约因素分析及完善对策》，《科学领导》2010 年第 20 期。

限制。

3. 健全公务员问责的程序规则

程序是一切制度良性运行的必备要素。[①] 要想规范我国公务员问责制度，就必须建立健全我国公务员问责的程序规则。受理，立案，调查，审查，决定，公开，申述等程序缺一不可。首先，当媒体曝光或接到控告时，相关部门接受案件，经初步核实后应该受理。在需要启动公务员问责机制时，有管辖权的机关应该立案。没有管辖权的机关应该将案件转交由管辖权的机关。相关机关应该派人进行调查，情况复杂的应该成立专案调查组，并规定明确的时间期限，防治案件无限期延后，使相关责任人逃避惩处。在完成相关调查后，应该形成书面报告，由人大和监察机关进行审查并提出建议，接受质询。在审查无误之后，相关机关应该做出问责决定，对需要担责的责任人严格依照法律规定承担政治、法律和其他各项责任。此项决定应该向社会公开，并回复问责发起人，接受社会舆论的广泛监督。在一定期限后，没有人对处理决定提出质疑或者质疑已被否决时，决定成立。此时，问责主体，即相关责任人可以对处理决定提出申述，由做出决定的机关的上级主管部门对处理决定进行复审。经审查，若处理决定存在问题时，应责令原处理单位撤销或重新决定。当经复审无误或问责主体没有提出申述时，决定正式生效，产生法律效力。

4. 区分各党派党内外问责形式，规范党政责任承担

我国在长期的实践中，探索出了以中国共产党为执政党，八大民主党派广泛参与，民主协商的政治格局。因而，在探索公务员问责制度的过程中，区分党内外问责形式，完善违法和违纪责任承担是明确公务员政治责任和法律责任的必然要求，是行为与责任相适应的产物。必须明确，涉及违法和违纪责任的主体必然是各党派成员，各党派因不同的政治主张而表现出不同的特点，同时又因相同的价值追求而荣辱与共，肝胆相照。在公务员问责过程中，不能将党纪责任和政治责任混为一谈，也不能将二者简单地割裂开来。要想结束这种纷繁复杂的局面，首先，

---

① 傅广宛、张经伦：《公务员问责制的源初、内涵及价值承载》，《行政论坛》2010 年第 4 期。

完善各民主党派内部监督机制，明确公务员问责当中违法乱纪行为需要承担的党内责任，在传统的开除党籍、取消评优资格之外，适当增加承担民事责任等其他问责形式。其次，《国家机关问责条例》也应该进一步明确国家行政机关、司法机关等在不履行或不适当履行法定职责时应当承担的各党派党内的政治责任。最后，在进行广泛而又具有实效的有益探索之后，在《公务员问责法》中区分党内外问责形式，规范党政责任承担，同时将二者有机结合，明晰界限，紧密相连。党内问责由各党派纪律监察部门统筹，由各党派地方部门具体负责；行政追责由国务院统一部署，由各部门、各地方首长具体安排，实行上级监督下级，中央监督地方这样环环相扣的公务员问责机制。当公务员问责时，需要同时追究党纪责任和行政责任时，二者不能相互抵消，在大多情况下应该实行并罚。但是在涉及罚金时，应实行"一事不再罚"的原则，不同部门对于同一事件不得重复问责。

当然，有权利就必有救济。在行政问责权利广泛行使的过程中，我们也应当看到，必须畅通公务员权利救济渠道。在实体法上，应该将公务员问责的权利救济贯穿宪法、法律、行政法规和其他规范性法律文件之中；在程序法上，必须在问责之前给予公务员申辩和听证的权利，在问责之后给予公务员复议和上诉的权利。只有这样，才能建立起一个系统完善的公务员问责体系，将权力关进笼子里，以看得见的方式让每一个公民都能从公务员的公务行为中感受到公平正义。

第五节　宪法主治下的权力监督与制约法律体系的建构

针对我国当前权力监督与制约乏力的困境，有必要加强权力监控的法治化路径，使权力真正被关进牢固的制度的笼子。为此，需要建构以宪法为基准、以三大原则为指导，进一步推进党内监督与党际监督、权力间的相互监督与制约、权利对权力的监督与制约及国内法与相关国际法相结合的法律体系的完善，增强各种监督与制约机制间的协调性和统一性。

一　建构中国特色的权力监督和制约法律体系应以落实宪法原则和规范为基准

法治是进行权力监督与制约的最根本、最有效的途径。因为法治首先让一切权力在法之下，按规则要求运行。潘恩曾经说过："在专制政府中国王便是法律，同样地，在自由国家中，法律应当成为国王。"① 邓小平对我国的监督也作过"要靠法制，搞法制靠得住些"② 的精辟论述。现代政治文明更是充分证明："在法律统治的地方，权力的自由行使受到了规则的阻碍，这些规则迫使掌权者按一定的行为方式行事。"③ 而法治在宪政社会里实质就是宪治，按宪法来构建完整的法律体系，达到监控所有国家权力，实现保障人权的目的。首先，宪法是根本法，依宪立法，保证了监督与制约权力法律体系的统一性和协调性。因为"宪法可以控制与其不一致的任何立法行为"。④ 其次，宪法明确地划定了其他国家权力的界限和行使要求。再次，宪法通过规定公民一系列的民主权利以监督与制约权力。所以，以宪法为准则构建的权力监督与制约体系，具有正当性、系统性、协调性与持久性，最终保证其有效性和彻底性。西方民主国家按照本国宪法普遍建立了比较完整的、有效的监督和制约权力的法律法规体系。我国宪法从序言到各种宪法制度都明确规定了各种监督和制约权力的机制和方式。这些抽象性、概括性、原则性和根本规范性的宪法规定，一方面对建构监督和制约权力的法律体系提出了明确的要求；另一方面也为建构中国特色的监督和制约权力法律体系提供了基本的、科学的框架。

《中华人民共和国宪法》序言明确指出，宪法是国家的根本法，具有最高的法律效力。全国各族人民、一切国家机关和武装力量、各政党和各社会团体、各企业事业组织，都必须以宪法为根本的活动准则，并且负有维护宪法尊严、保证宪法实施的职责。宪法第 2 条规定："中华人民

---

① ［美］潘恩：《潘恩选集》，马清槐译，商务印书馆 1981 年版，第 35—36 页。

② 《邓小平文选》第 3 卷，人民出版社 1993 年版，第 379 页。

③ ［美］E. 博登海默：《法理学：法哲学与法律方法》，邓正来译，中国政法大学出版社 1999 年版，第 358 页。

④ ［英］杰弗里·马歇尔：《宪法理论》，刘刚译，法律出版社 2006 年版，第 124 页。

共和国的一切权力属于人民。人民行使国家权力的机关是全国人民代表大会和地方各级人民代表大会。人民依照法律规定，通过各种途径和形式，管理国家事务，管理经济和文化事业，管理社会事务。”第 3 条规定：“全国人民代表大会和地方各级人民代表大会都由民主选举产生，对人民负责，受人民监督。国家行政机关、审判机关、检察机关都由人民代表大会产生，对它负责，受它监督。”第 5 条规定：“一切法律、行政法规和地方性法规都不得同宪法相抵触。一切国家机关和武装力量、各政党和各社会团体、各企业事业组织都必须遵守宪法和法律。一切违反宪法和法律的行为，必须予以追究。任何组织或者个人都不得有超越宪法和法律的特权。”第 35 条规定：“中华人民共和国公民有言论、出版、集会、结社、游行、示威的自由。”第 41 条规定：“中华人民共和国公民对于任何国家机关和国家工作人员，有提出批评和建议的权利；对于任何国家机关和国家工作人员的违法失职行为，有向有关国家机关提出申诉、控告或者检举的权利，但是不得捏造或者歪曲事实进行诬告陷害。对于公民的申诉、控告或者检举，有关国家机关必须查清事实，负责处理。任何人不得压制和打击报复。”第 67 条规定了全国人民代表大会常务委员会的职权，其中包括监督国务院、中央军事委员会、最高人民法院和最高人民检察院的工作的权力。第 135 条规定：“人民法院、人民检察院和公安机关办理刑事案件，应当分工负责，互相配合，互相制约，以保证准确有效地执行法律。”

从以上宪法规定可以看出，我国宪法对我国权力监督与制约的所有重要方面都进行了根本法层面的规定，它是公民、一切国家机关和社会组织对权力进行监督和制约的根本法依据，更是建构中国特色的、有效的权力监督和制约法律体系的框架。正如英国著名宪法学家戴雪曾论述法治的第一要义时阐释的：“国法的至尊适与武断权力相违反。四境之内，大凡一切独裁、特权，以至宽大的裁夺威权，均被摒除。”[①] 依宪法而形成的权力监督与制约法律体系，不仅坚持了法律高于一切的法治原则，而且确保了权力监督与制约的权威性、正当性、稳定性、广泛性和持久有效性。

---

① ［英］戴雪：《英宪精义》，雷宾南译，商务印书馆 2001 年版，第 244 页。

二　建构科学的权力监督与制约法律体系应遵循的基本原则

宪法规定提供了建构科学、有效的权力监督与制约法律体系的基本框架，要真正建立起完善的法律体系，还必须遵循一定的原则，使这方面的法律和机制形成有机统一的整体。这些原则包括：

（一）统一性与协调性相结合原则

针对我国目前权力监督与制约法律不完整、机制较多、方式不一的现实，要搞好监督与制约的法律体系建设，首先，要统一到宪法之下，保证权力监督与制约法律体系的法制统一性。如果不同的监督与制约权力的法律法规间彼此冲突，则无法给予监督主体以明确的指引，从而使监督不可行。宪法是一国法制统一的基础，也是协调不同法律间冲突的基本准则，宪法精神、原则和规范的统一性和协调性决定了依宪法构建监督与制约权力法律体系的统一性和协调性。其次，要把各种监督与制约机制统一到党的统一领导上来，保证指导思想和领导的统一性。由于共产党是我国唯一的、不可替代的执政党，又代表最广大人民的根本利益，党的根本指导思想经过正当法律程序已成为宪法的指导思想。所以，党的统一领导的实质是按宪法规定的指导思想进行的。从现实来看，各国家机关、企事业单位需要重点监督的对象主要是党员干部，同时，党的各项方针、政策与国家各项方针、政策和法律法规的精神具有内在的一致性。坚持党的统一领导能够更好地协调各种监督机制之间的关系，保证监督与制约的正确方向和合力。如果没有党的统一领导，各种监督机制各自为政，彼此冲突，势必削弱整个监督体系的有效性与合力。

（二）自治性与适应性相结合原则

良好的权力监督与制约法律体系应具有自治性，即按监督与制约权力的法律法规的规定和既定的程序运作，无须借助外在机制和力量，达到监督与制约权力的目的。自治性最大限度地排除了人为操纵和情势等外在因素的影响，不是随时期不同的“重点打击”和“重点防控”的应急性监控模式，保证权力监控的有序化和常态化。当然，权力监督与制约法律体系的自治性不等于封闭性，相反，它应同时是一个具有较强适应性的系统。有效地监控不断花样翻新的滥用权力的行为。因此，监控权力法律体系的自治性同时也应是一种内容具有适度前瞻性和更具涵盖力的法律体系，也是一种可依法定程序进行不断更新的体系，是相对稳定与适时变迁的统一，是合理性与连续性的统一。

（三）分工性与合作性相结合原则

不同的监督机制有各自相对集中的领域和对象，也存在一些程序上的差别，进行适当分工是必需的、合理的，有利于更深入地进行各个领域的权力监控。如果没有分工，则这些不同的监督机制既无存在的必要，也无监督效能的可能，分工有利于发挥不同监督机制的长处。所以，分工既是实施全面监督的前提，也是实施全面、有效监督的保证。但由于整个权力监督与制约法律体系是一个整体，服务于同一个目的，所以在分工的同时，也应注重不同监督方式间的合作。只有合作，才能形成不同监督机制的合力，完成全面、深入监督与制约一切权力的任务。分工性要求不同监督机制要各司其职，恪尽职守，而合作性则要求不同监督机制间要保持密切联系，互通有无，做好交流和衔接。

三　以党内监督与党际监督为基础，以权力监督与制约权力为主体、权利监督与制约权力为重要组成部分，以国内法与国际法的有效对接为补充，建立有中国特色的权力监督与制约法律体系

（一）加强党内监督制约和民主党派监督的法治化

党的十五大报告明确指出，要实现整个国家政权运作的制度化和法律化。党的十七大强调要坚持用制度管权、管事、管人，健全组织法制和程序规则，保证国家机关按照法定权限和程序行使权力、履行职责。党的十八大以来，习近平总书记多次强调要健全权力运行制约和监督体系。在法治国家，任何一种监督都需要法治为监督的正常开展和有效性提供保障，党内监督也不例外。针对当前党内监督存在的问题。首先应通过完善党内立法，从改革现行的体制和机制入手，特别是加强党内专门监督机构产生、任命的权威性、职权的独立性、监控权力和范围的广泛性。鉴于此，制度设计应做到，各级纪律检查委员会由同级代表大会产生，只向同级党的代表大会负责，同时赋予同级纪委充分的知情权、参与权，特别是参加重大问题、重要事项和大额度资金使用的党政会议，实行监督关口前移；赋予党的各级代表有质询和听证的权力，健全质询和听证机制，完善对党内权力行使全过程监督的程序。完善上级巡视制

度，严格规范稽查特派员的行为，防止巡视监督变成新的滥用权力的形式。另外，要保证党员行使党法党规赋予的知情权、表达权、批评权、申诉权、控告权、检举权等党内民主权利，真正建立起有效的党内监督制度。

党内监督对于一个政党而言，是自体监督，这种监督有便于监督的优点，但也存在固有的缺陷，即这种“仅靠党内的制度化、程序化的集体领导原则往往难以保证其决策的合宪（法）和科学，更为可能的是受集权影响和个人因素左右导致决策失误或失误后难以纠正”[①]。要保证执政党正确行使权力，还必须要有非执政党如民主党派的异体监督。对此我国宪法也有明确规定，共产党要与民主党派长期共存并自党的十二大正式规定“互相监督”，这为进一步法律细化提供了根本法依据，使共产党自觉接受民主党派的监督成为我国社会主义监督体系的重要组成部分。[②] 要把民主党派与共产党之间的互相监督纳入法制化轨道，既保证作为执政党的共产党依宪法行使权力，又保证民主党派依法监督共产党，同时也能依法受到共产党的监督，形成彼此遵守宪法和法律，共同服务于我国的宪政建设事业。

（二）完善国家机关之间的监督与制约法律法规

“以权力监督与制约权力”已成为民主政治的一条公理，但对如何建构适合本国国情的权力制约权力的法律体系，却存在诸多不同的实践模式。有以美国为代表的较彻底的三权分立与制衡模式；有以英国为代表的议会中心模式；以法国为代表的半总统半议会分权制衡模式。社会主义国家普遍实行在人民代议机关负有全面监督权基础上的、其他主要国家机关间相互监督的控权模式。我国社会主义的权力监督模式不可能照搬西方三权分立模式，因为它“失落了权力监督的民主价值追求”，[③] 与我国一切权力属于人民的基本宪政民主原则不符，必须结合我国实际加以完善。首先，要完善《监督法》，使人民代表机关能对一切源于人民的权力进行监督与制约，要完善对政党、国家主席、国家军事委员会、具

---

① 孙莉：《邓小平监督思想述论》，《中国法学》1994 年第 1 期。

② 许崇德等编：《宪法》，中国人民大学出版社 2007 年版，第 124 页。

③ 孙力：《论权力监督的法治诉求》，《探索》2005 年第 3 期。

有公共服务性质的企事业单位等尚未纳入监督法客体范围的权力的监督。其次，完善权力监督与制约的程序性法律规范，实行程序控权。对每一种国家权力都要制定正当的运行程序；对相互监督的权力，要进一步明确互相之间监督与制约的程序。再次，从法律上完善权力间争议的裁决程序，防止制约循环和制约中止，导致制约虚设和无效。另外，要完善问责制度的法制建设，对于滥用职权或怠于行使监督与制约的机关或责任人，依法及时处理。

（三）建立完整的监督与制约权力的权利支撑体系

以公民权利来监督与制约权力是现代民主政治的重要内容，它既反映了民主社会公民对权力法治的诉求，也最大限度地弥补了以权力制约权力的民主价值缺失和“官官相护”的虚监现象的不足。近代以来的民权和民主实践证明，公民通过行使民主权利形式来监督与制约权力存在着其他监督方式不可替代的优越性和有效性。它具有广泛性、公开性、及时性、灵活性、评介性、透明度高和震慑力大的特点，因而得到民主发达国家法律最大限度的保护和社会的普遍认同。当然，公民民主权利的行使也是要遵循一定程序，存在一定的边界，不可滥用。

要完善以权利监督与制约权力的法律体系，首先要依法保障公民个体和作为公民意愿代表的传媒等监督主体的权利。应依据宪法和党的代表大会报告所指明的方向，通过法律法规将其细化。当前，要充分保障公民和媒体的知情权、无过错合理怀疑权、批评建议权、申诉控告权、赔偿及补偿请求权及安全保障权等权利体系。马克思指出：“报刊按其使命来说，是社会的捍卫者，是针对当权者的孜孜不倦的揭露者，是无处不在的耳目，是热情维护自己自由的人民精神的千呼万应的喉舌。”① 党的十七大报告指出要保障人民的知情权、参与权、表达权和监督权。这些权利要得到落实，就必须尽快制定《舆论监督法》《新闻法》《信息公开法》等相关法律。

（四）建立健全国内与国际相衔接的反腐法律体系建设，构筑以反腐为突破口的权力监督与制约体系

腐败是权力缺乏监督与制约的必然结果，预防和惩治腐败是监督与

① 《马克思恩格斯全集》第6卷，人民出版社1961年版，第275页。

制约权力的重要途径之一。随着全球化的发展，腐败不仅在范围上由国内弥漫至国际社会，而且腐败分子也会从一国逃向他国，或将腐败证据转移至其他国家，这些无疑加大了监控权力的难度。要防止权力滥用，就必须以反腐败为突破口，建立健全国内与国际相结合的反腐法律体系和机制，通过预防和惩治腐败达到监控权力的目的。

腐败就是滥用公共权力或职位谋取不正当利益，腐败对社会的危害是全方位的。在政治领域，腐败通过扰乱正常程序破坏民主和善治，破坏政府的合法性和信任、宽容等民主价值观；在经济和社会领域，腐败破坏经济发展和公民福祉，它有利于少数违法者而牺牲大多数人的利益。依法反腐是法治社会的必然要求和永恒的主题之一，全球化又为反腐提出了新的挑战。要构建有中国特色的、有效的反腐败法律体系，首先要按我国已批准的反腐败国际公约的要求，制定综合型的反腐败法典，完善相关法律、法规，形成国内与国际有序联动与互动的法律体系。具体而言这一体系有四个层次：一是国际公约或区域性公约；二是专门性法典；三是其他相关的法律法规；四是地方性立法。目前，我国已批准了《联合国反腐败公约》，接下来最紧要的是将公约规定与国内具体情况结合起来，制定基本的预防和惩处腐败的法典。为了增加反腐败的针对性和广泛性，可以制定《预防与惩治公职人员职务犯罪法》，将公务人员和从事公共事业及涉及公共利益的人员纳入反腐败对象范围，同时，将适用范围扩大至包括贪污、贿赂、走私、骗税、徇私舞弊、玩忽职守、浪费、窝赃、妨碍司法、隐瞒个人不正当收入、道德败坏等损害履行公职的行为。另外，及时修改《公务员法》《监督法》《刑法》等相关法律，增加对公务员申报财产的强制性规定；将监督法主体由人大常委会扩至各级人大，将监督对象扩大到上至中央政治局、中央军委下至各级党委；在刑法中将行贿罪的认定范围界定为一切给予公职人员的不正当好处，包括色情行贿等。由于腐败在不同地域有不同特征、表现形式和重点领域，因此，要加强反腐败的地方立法，全面地进行预防和惩治腐败。建立国内与国际反腐相互衔接和统一的反腐法律体系，让腐败者无所遁形，反过来有利于对权力监督和控制效用的提高，也有利于其他监控权力形式的有效性。

对权力进行监督与制约是几千年来人类社会一直存在的政治主题和

社会难题，法治是迄今为止人类找到的最好的解决方法，尽管法治也不可能消除所有的权力滥用现象，但不遵循法治理念和实践路径，则永远不可能对权力进行有效的监督与制约。法治首先要求良法之治，监控权力的良法是科学、合理的法律体系，有了良法，还要有良好法律素质的公民、执法者，而这两者都依赖于一个社会良好的法治观念。因此，培育“为政以德”“为政守法”“为政为民”“宁肯为盗、不肯伤廉”的廉政文化，并在全社会形成知无不言、言无不尽、言者无罪、闻者足戒、闻过则喜、闻过则改的良好风尚，把主动、充分接受法定机关、公民和舆论监督作为民主社会共识的基础，把拒绝法定机关、公众和社会监督是反民主、是专制和腐败的观念深入人心，如此，则良善的监督与制约权力的法律体系一定会从国人的法治理想走向人皆感知的法治现实。

第六章

宪法程序

第一节　宪法程序概念分析

如果没有宪法程序，没有宪法的具体实施途径和方法，宪法将被束之高阁。[①] 也就是说，宪法是否被实施，最关键的问题是看宪法有无相应的程序。“从中国现行宪法条文上看……关于公民基本权利的原则性宣言倒未见得与西方的章句相去多远。问题是，这些权利义务根据什么标准和由谁来确定、对于侵权行为在什么场合以及按照什么方式进行追究等程序性前提的规定却一直残缺不全。……对于宪法精神以及权利的实现和保障来说，程序问题确系致命的所在。”[②]

一　法律程序的概念和特点

1. 概念

何谓宪法程序？要理解这一概念，可先从程序和法律程序的理解开始。

“程序”一词，汉语中通常是指“事情进行的先后顺序”。日常生活中人们的许多行为都是遵循一定程序来进行的，如各类活动的节目和议程、计算机、办事手续等。总之，它是指过程、步骤、顺序、方式、方法等。

法律程序一般是指按一定的顺序、方式和步骤来做出法律决定的过

---

① 孙笑侠、应永宏：《论程序化的宪法》，《学习与探索》2002 年第 2 期。

② 季卫东：《法律程序的意义》，《法治秩序的建构》，中国政法大学出版社 1999 年版，第 8 页。

程。其一般形态指：按照某种标准和条件整理争论点，公平地听取各方意见，在使当事人可以理解或认可的情况下做出决定。[①] 程序的核心内容是决定做出的过程，包括特定程序的选择、程序参与者的地位、参与方式、步骤、时空范围，决定制作的契合性、决定做出之后的落实与反馈。程序的内在机制是平等交涉性，是个体表现为程序参与者的地位平等、意志自由、行为自主、决策自治。程序运行的目标是：结果合理性。程序自身并没有预设真理性标准，但程序通过平等参与、表现自由、排除干扰，以增强疏通渠道和参与者各方意见契合的机会，保证决定的成立和合理性。

2. 程序的特点

①对恣意的限制。由于程序自治功能营造出一个相对独立于外部环境的决策的“隔空空间”。程序参与者排除外部一切干扰，获得平等表达的机会和自由选择的机会，自由判断、自主负责。

②理性选择的保证。程序的结构主要按职业主义原理形成，角色担当者（法官、律师）的合理化、规范化；依证据资料进行自由对话，各种观点和方案充分考虑、优化；程序一般公开的，使决策错误不被发现；预期结果的不确定性和实际结果的拘束力，促进参与动机，选择合理化。

③“作茧自缚”的效应。一切程序参与者受自己陈述和判断约束。经过程序认定的事实关系和法律关系，一一被贴上封条，成为无可动摇的真正的过去，而起初预期的不确定性也逐步被吸收消化。程序的所有参加者都受自己的陈述与判断的约束，事后的抗辩和反悔一般都无济于事。经过程序而做出的决策被赋予既定力，只有通过高阶审级的程序才能被修改。

④反思性结合。对实体法的衡平。实体法滞后于社会变动，而程序的过程性和交涉性可解决实体法的滞后性。反思合理性既依赖于“看不见的手”的机制，却又不归属于这种“自然的社会秩序”，它追求一种“有管理的自治”。反思法具有程序指向，其倾向于利用程序规范来调整过程、组织关系、分配权利，在这个意义上，反思法可以说是一种新程序主义。程序对于议论、决定过程的反思性整合，一方面可以减少乃至

① 季卫东：《法律程序的意义》，《中国社会科学》1993 年第 2 期。

消除形式法的功能麻痹的问题，另一方面也可以防止实质法的开放过度的弊端。程序的反思机制实际上可以看作社会自我有序化过程的模拟，它应当是在尽量排除外部干扰的状况下进行的。

二　宪法程序概念与特征

1. 概念

宪法程序是一个比较多义的概念，一般从狭义上讲，是指宪法关系主体实施宪法行为的程序。是指宪法制定、实施、解释及宪法性审查等的步骤、方式、方法和时限的总和。广义上讲，是指由宪法或宪法性法律文件予以规定的，或者是由宪法惯例长期遵循或宪法判例所予以确认的，宪法关系主体在创制宪法（包括制定、修改、解释宪法）、实施宪法以及维护宪法等宪法实践过程中，所必须遵循的方式、方法、步骤、顺序和时限等的总和。

2. 特征

第一，程序主体的广泛性。主体广泛性由宪法调整的社会关系的广泛性所决定。包括国家各机关、工作人员、各党政机关、事业、社会组织。

第二，程序地位的母体性。其他立法程序源于宪法程序，是该程序的再生的有机结构。其他程序是宪法程序的展开、延伸、具体化。如宪法正当法律程序条款的母体性功能。

第三，程序形式的包容性。这种包容性体现在但不限于宪法自身运行程序（制定、修改、通过、解释、审查程序等）、国家权力运行程序（立法、行政、司法等）、公民权利保障程序（选举、请愿、救济、申诉等）等方面。

第四，程序结果的复杂性。由于程序的包容性，不同程序间的交错表现出结果的多样性、不确定性、效力差异性等复杂性特征。

第二节　宪法程序的分类

按照不同的标准，宪法程序可做不同的分类：

1. 依宪法程序涉及的宪法基本内容可分为：国家权力规制程序、宪法自身运行程序、公民权利保障程序。

2. 依宪法程序效力强弱不同可分为：强制性程序和任意性程序。强制性程序是必须遵循的程序，如人大代表和政府的换届、通过议案必须经过三读程序等。任意性程序是指可自由选择的程序：如直选选举中选民间的反复酝酿和讨论协商。

3. 根据宪法程序的构成要件可分为：确定性与非确定性程序。

4. 依宪程序适用范围可分为：内部程序和外部程序，内部程序是指宪法自身、特定的宪法关系主体参与的程序，如人大议事、议案等程序。外部程序是指不同类型的宪法关系主体共同参加的程序。

5. 依宪法程序涉及利益可分为：利益一致性的宪法程序和利益对抗性的宪法程序。利益对抗性的宪法程序主要指宪法诉讼。

6. 依程序（服务的实体宪法规范不同）的运行状态可以分为：制宪程序、行宪程序、护宪程序。

还有学者认为，根据各国宪法实践，可以把“宪法程序”分为三种情况，一是作为宪法原则的“正当程序”，不妨称之为正当程序原则；二是作为国家各机关行为的法律程序；三是关于宪法自身的程序，如合宪性监督程序，宪法制定、修改和废止的程序。当然其中更为重要的应当是合宪性监督程序。上述三方面的程序都是宪法所不可或缺的。①

第三节　宪法正当程序及其价值

一　正当程序的历史

正当程序源于程序正义的要求。程序正义在古罗马时代的司法中就被遵循和适用。所谓自然正义的两项基本要求即任何人不得做自己案件的法官和应当听取双方当事人的意见，已具有了正当法律程序的意蕴。中世纪时，神圣罗马帝国康得拉二世的一个法令规定：“不依帝国法律以及同等地位贵族的审判，不得剥夺任何人的封邑。”这虽是给予封建贵族的特权，但也表达了正当法律程序的基本观念。

宪法正当程序可以溯源于英国 1215 年的《自由大宪章》，其中第三

① 孙笑侠、应永宏：《论程序化的宪法》，《学习与探索》2002 年第 2 期。

十九条规定："凡自由民除经其贵族依法判决或遵照国内法律之规定外，不得加以放逐、伤害、搜索或者逮捕。"尽管这个法律文件的产生是英国贵族联合起来限制王权的产物，同资产阶级革命和民主宪政并无直接联系，但在西方宪法学界，它被认为具有可以约束其他普通法的效力，因而被誉为保护人民自由权利的最初的成文宪法性文件。[①] 1354 年，《爱德华三世第二十八号法令》第三章规定："未经法律的正当程序进行答辩，对任何财产和身份的拥有者一律不得剥夺其土地或住所，不得逮捕或监禁，不得剥夺其继承权和生命。"[②] 这是正当法律程序的第一次正式法令表达形式。到 1679 年，英国议会中反对国王的辉格党人为了保障自己不受国王任意逮捕，提出并通过了《人身保护法》。这个被认为是英国重要的宪法性文件的法律共有 20 条，其中有近 2/3 的内容为程序性规定。尽管这一时期的法律还包含着极大的封建性因素，但这种使王权服从法定程序、从程序上逐步限制王权的控权方法，对英国和后世的资产阶级宪法产生了极其重要的影响。

1780 年，美国马萨诸塞州的州宪法中规定："未经正当法律程序，任何人的生命、财产不得剥夺。"这是美国最早、最完整的"正当法律程序"的规定。美国内战前期，汉密尔顿在 1787 年的纽约州批准宪法会议上提出"正当程序"一词，该条款包括了如下规定：除非依照"正当的法律程序"，否则，任何人都应得到保证，不被剥夺特定的权利。这对于后来宪法史的发展是一种具有创新意义的变化，"它构成了（美国宪法）第五条修正案和后来的第十四条修正案的正当程序条款的起源"[③]。1791 年通过的美国宪法第五条修正案规定："无论何人，除非根据大陪审团的报告或起诉，不得受判处死罪或者其他不名誉罪行之审判，惟发生在陆、海军中或发生在战时或出现公共危险时服现役的民兵中的案件，不在此限。任何人不得因同一罪行而两次遭受生命或身体的危害；不得在任何刑事案件中被迫自证其罪；不经正当法律程序，不得被剥夺生命、自由

① 李龙、徐亚文：《正当程序与宪法权威》，《武汉大学学报》2000 年第 5 期。

② 转引自孙笑侠《法律对行政的控制》，山东人民出版社 1999 年版，第 123 页。

③ ［美］伯纳德·施瓦茨：《美国法律史》，王军等译，中国政法大学出版社 1990 年版，第 36 页。

和财产。不给予公平赔偿，私有财产不得充作公用。”这条规定适用于联邦政府机关。1868 年通过的美国宪法第十四条修正案规定：“凡在合众国出生或归化合众国并受其管辖的人，均为合众国的和他们居住的州的公民。任何一州，都不得制定或实施限制合众国公民的特权或豁免权的任何法律；不经正当法律程序，不得剥夺任何人的生命、自由或财产；对于在其管辖下的任何人，亦不得拒绝给予平等法律保护。”这条规定适用于各州政府机关。美国宪法第五条、第十四条修正案所包含的“不经正当法律程序，不得剥夺任何人的生命、自由和财产”的内容被称为“正当程序条款”。正当法律程序在美国经历了由程序性正当法律程序到实质性正当法律程序的演进过程，在某种意义上说，它已构成了美国宪法权利的中心，有人将它称为“各种人权的守护者”。

1789 年法国《人权宣言》第七条规定：“除非在法律所规定的情况下并按照法律所指示的手续，不得控告、逮捕或拘留任何人。”经过几百年的发展和沉淀，现在，正当法律程序早已超越了古典宪法的范围而成为所有宪法都在一定程度上认同的基本原则之一，只是有些宪法没有明示而已。

随着宪法在 20 世纪成为普遍的法律现象后，正当程序的观念从法律特别是司法领域向立法、政策和国家及社会制度等更广阔的领域辐射，其中较有代表和巨大影响的是罗尔斯的正义三类型理论，他对正义理论进行了系统化、体系化的研究。

罗尔斯把正义分为实体正义、形式正义和程序正义。在他看来，实体正义是指社会体制的安排和个人实体权利和义务分配等方面的正义。形式正义，也称规则性正义，是指对法律和制度的公正一致的管理，对原则的坚持，对体系的服从。程序正义是介于实体与形式之间，要求规则制定和适用中程序的正当合理性。

程序正义又可分为纯粹程序正义、完全的程序正义、不完全程序正义。纯粹程序正义是指一切取决于程序要件的满足，不存在结果正当与否的任何标准，如赌博、彩票中奖等。完全的程序正义是指在程序之外有一个决定结果是否公平的标准，同时也存在着一个保证达到这一结果的程序。如分蛋糕，分蛋糕者得最后一块。此程序不是不可能的，也是十分罕见的。[①] 不完全的程序正义是指程序之外存在衡量结果是否公正的客观标准，但没有百分之百达到符合客观标准之结果程序，如刑事程序。罗尔斯关于程序正义三种表现形态中，最具有诱惑力的是纯粹的程序正义。因为实体正义自古至今一直是一个人云亦云、众口难调的话题。

二　宪法程序正义

宪法不仅有丰富的实体价值，如控权（力）、人民主权、人权、法治、秩序等，更有程序价值，因为宪法也是一部授权法，授权必有程序。

宪法程序正义主要体现为：[②]

（一）程序的合法性：合法性是正当程序的前提，宪法程序的合法性包括宪法权力和基本权利生成和行使程序设计的法定性和程序运行的适法性。法定性要求设计的程序必须通过法律规则加以明确。不通过规则确认的程序，容易造成过程的混乱，最终难以限制恣意。而适法性要求，程序一经设计出来并予以法律化，就具有既定力和拘束力，程序参与者必须严格按照规则确定的权限、步骤、方式方法和时限等进行。

（二）主体的平等性：主体的平等性意味着主体地位的平等、参与机会的平等以及表见方式的平等。其中主体地位的平等是先决条件，地位不平等将影响参与机会的平等和表见方式的平等。主体地位的平等性还意味着所有程序参与者的地位平等。在对抗性的程序（如宪法诉讼）中，除了处于对立面的双方当人之间的平等之外，程序的组织者和裁判者以及其他程序参与人同接受裁判的双方当事人之间的地位也是平等的；在非对抗性的程序（如代表选举、人大议决）中，程序的组织者与其他所有程序参与者之间的地位均应是平等的。程序上的主体平等，主要是形式上的平等，但也不排除即使形式上是平等的，也可能出现实质上的不平等。由于主体自身的天赋能力、受教育的程度、生理条件等方面的差异，不同的主体在程序展开的过程中，可能出现参与能力和参与效果的不同，这样就需要程序的组织者给予参与能力差的主体以特别的关爱和

---

① ［美］约翰·罗尔斯：《正义论》，何怀宏等译，中国社会科学出版社 1988 年版，第 81—82 页。

② 汪进元：《论宪法的正当程序原则》，《法学研究》2001 年第 2 期。

适当的“特权”，比如较多一点的发言机会，提供更多地投票服务（对老弱病残等）、对女性代表或公职名额的照顾等等，以纠正主体之间实际存在的不平等状况，达到实质上的平等参与效果。

（三）过程的公开性：英国古老的箴言指出：“正义不仅要得到实现，而且要以人们能看得见的方式得到实现。”它在法律制度设计和实践中体现为过程的公开和透明，对当事人不利的决定必须首先听取他的意见，从公民的角度而言，凡是针对自己不利的具体决定都要求举行听证的权利，这也是正当法律程序的应有之义。过程的公开性既有权力运行的环节和过程主动向社会公开，也有以具体诉求公正处理为目标的一定范围和对象的公开，比较集中地体现为听证程序，它包括立法听证、行政听政和司法听证。

最早的听证出现在司法上，尽管这是人类早期社会自然发展起来的共同社会现象。在司法上，听证是指审判程序应该向当事人公开，一般情况下也应向社会公开；法官判案时必须听取双方意见，不能偏听一面之词。在行政上，听证是指行政机关的决定对当事人有不利的影响时，必须听取当事人的意见，不能片面认定事实，剥夺对方的辩护权。在立法上，听证是指立法机关为了收集或获得最新立法信息，邀请政府官员、专家学者、与议案有利害关系的当事人或有关议员等参加立法性会议，听取他们的意见和建议，保证立法机关审议通过的法律能最大限度地体现最大多数的社会成员的意志和利益。立法听证在英国议会审议法案的过程中表现得尤为特别。在英国，私法案是由利害关系的当事人以请愿的方式提出来的，私法案在审议过程中，有关的专门委员会邀请利害关系人到场陈述意见并进行辩论，整个法案的审议过程，俨如法院开庭审判案件。在美国，听证是国会审议大多数法案的必经程序。过程公开不但体现在英美普通法的正当程序原则之中，而且在其他国家的宪法和法律中也有相应的规定和体现。

（四）决策的自治性：决策自治是私法中的意识自治原则在公法中的体现。意识自治的基本含义是主体地位平等、意志自由、行为自主、决策自定、责任自负。从法哲学的角度理解，意识自治是指每一个社会成员依自己的理性判断，管理自己的事务，自主选择、自主参与、自主行为、自主负责。意识自治是契约自由的内在精神，并通过自由契约的方式表现出来。在美国内战之前，宪法中的自由和契约自由条款常常是联邦和州法院用以限制政府权力的有力武器。程序中的决策自治原则，始于当事人对程序的选择，终于当事人对结果的确定，也即决策自治贯穿于程序运作的全过程。当然，决策自治原则在不同性质的程序中以及对不同的参与者而言，其表现方式是不一样的。立法过程的自治表现为立法主体和参与者依（宪）法经过立法环节后形成的法律法规，反对者和赞成者都必须接受立法这一决策过程带来的结果。在审判程序中，相对裁判者而言，决策自治首先意味着裁判者的地位是中立的，除了依据事实、证据和法律之外，不偏袒任何一方当事人，也不受程序之外的任何团体和个人的影响；其次，意味着裁判的结论是在庭审活动结束之后，而不是在庭审之前和庭审之中，即结果的形成完全排除了先入为主性和任意性。相对当事人双方而言，决策自治首先表现为当事人双方对程序的选择（被告方多为一种默示或放任）；再次，表现为控辩双方的自由发言和自由辩论；最后，表现为当事人双方对结果选择的合理性。

（五）结果的合理性：结果合理性是根据正当程序推断出来的逻辑结论。按罗尔斯的观点：只要程序要件满足而且被严格遵守，结果必定是合理的，因为大家同意了程序，也就已经接受了最后的结果。结果合理性是由如下几个方面的因素所决定的：首先，从合理性自身的构成来看，合理性取决于社会成员的共同认可。特别是宪法的制定，都会经历社会成员多数的不同形式的认同。其次，从正义的确定性来看。实体正义难以实现，转而求其次，人民只能祈求程序正义，希望通过“看得见的方式”作出处理结果。

三　宪法程序的价值

（一）宪法程序最重要的价值是树立宪法权威，形成宪法秩序

宪法程序最重要的价值是通过正当法律程序树立宪法权威，形成宪法秩序。法律权威是实施法治的重要保障，[①] 在宪法主治的时代，宪法权

---

① 法律权威的含义主要有：（1）法律至上。指法律地位的最高性，对法律的普遍服从是法律权威的根本内容。（2）法律至尊。法律是由国家制定或认可的一种规范体系，具有国家强制性。这种规范是神圣的，也是不可侵犯的。（3）法律至信。就法律权威的渊源而言，唯有人们对法律的信任与信仰才有法律权威，法律权威需要法律信仰的支持。李龙、徐亚文：《正当程序与宪法权威》，《武汉大学学报》2000 年第 5 期。

威是治国的根本保障。

宪法在一国法律体系中居于根本法的地位，是“法律的法律”。宪法权威就是宪法具有最高法律效力，与宪法相抵触的法律、法规以及其他规范性法律文件无效等。这是对宪法权威的一般解释。但是，由于宪法的根本法的地位和民主宪政的复杂性，决定了宪法权威还有着特殊含义。第一，宪法是评价其他实在法的最高标准。第二，宪法作为实在法本身的权威来源，或者评价宪法的权威依据。从自然法与实在法的关系的角度来看待宪法权威问题，就有以下观点：（1）宪法权威的国家性。（2）宪法权威的道德性。（3）宪法权威的政治性。权威既来源于强制，又来源于确信和承认。宪法的法律权威的树立过程就是使宪法由至信、至尊、至上到至威的过程，也是立宪、行宪和护宪的过程。这一切都与正当法律程序息息相关：（1）通过正当法律程序确立宪法权威的政治性形成宪法信仰。（2）通过正当法律程序产生宪法权威的道德性维护宪法尊严。（3）通过正当法律程序维护宪法权威的国家性保障宪法至上。① 与一般法律程序相比，宪法程序要求更严格的程序启动性、更高的民主参与性、更强的形式性、更高数量要求的结果终局性。如各国对宪法修改的启动设定了特定的主体资格或代表、公民的人数要求，修改的民主参与性也是更广泛的，宪法运行的许多程序往往通过制定专门的组织法、代表法、议事规则等法律法规的形式，宪法修正案或重要法律案等的通过要求立法机关全体代表的2/3、3/4或4/5以上同意方能通过。

（二）宪法程序的外在价值

宪法程序的外在价值，是指宪法程序作为实现其外在目的的手段或工具的有效性，它是人们据以评价和判断一项宪法程序在实现宪政目标即切实保障人权、有效制约权力、充分实现民主方面是否有用或有效的标准。②

第一，程序使宪法具有实践的品性。宪法以程序为中介得以使自己一方面与国家权力相结合，另一方面与社会关系相结合。程序是宪法通向实践的通道，离开程序，宪法只是一种可能性，仅停留在纸上，缺乏

---

① 李龙、徐亚文：《正当程序与宪法权威》，《武汉大学学报》2000年第5期。

② 谢维雁：《程序与宪政》，《四川师范大学学报》（社会科学版）2000年第4期。

程序的宪法不如说是一篇政治宣言或政治纲领，并不具有现实性。程序是宪法与社会现实的中介和双向调节器。正是程序使纸上的宪法成为“活的宪法”，使宪法得以自我更新、自我发展、自我超越。

第二，程序使宪法具有独立的品格。宪法的独立品格指宪法在现实生活中能自主地掌握自己的命运，其存在、发展和变化都是自身规律的体现和作用的结果，宪法的创造、修改和适用都是符合客观实际需要的自觉的理性活动。要维护宪法的独立性，一是必须明确规定宪法与政治的界限，程序不仅使宪法规定超越可能性并具有可操作的现实性，而且使宪法作为权力运行的界限实际地发挥作用，实在地规范或不断地按照自己的要求矫正不安分的权力运行，从而使宪法超越政治。二是要厘定宪法与道德的界限。程序使宪法具有可操作性，从而超越了道德说教。在宪法与道德混为一谈的情况下，即使规定有完善的程序，宪法也并不能得以实施，因为道德规范是不经由程序实现的。

第三，程序使宪法具有自治性。宪法的自治性是宪法的重要品性。在一个真正实行宪政的国家，一套完备而科学的宪法程序，必然要求一套“操作”程序的机构和人员与之匹配。这意味着，将形成一个由制宪、修宪、行宪、护宪等环节组成的统一的宪政运行机制。这是一个完整的封闭的圆环体系，这个体系以宪法为中心而建立，宪法在其中得以创制、得以实现，程序越完善，这一运作体系亦越完善。程序使宪法的创制与实现，无须求助“外力”，宪法就具有了自治性。社会的发展必然导致宪法的变迁，宪法的权威在重大社会转型时期会面临挑战，如何让宪法在历史发展的巨浪中依然保障国家这艘大船的稳定航行，宪法解释和宪法修改程序十分重要。特别是宪法修改对于保障宪法持久的生命力和政府权力的合法性至关重要。美国的宪法历史就是很好的证明。所以，宪法修改程序的重要意义，某种程度上似乎并不在于它具有毁灭其他宪法条款或者改变国家政治制度的力量，而更多地在于它能够为宪法的变动提供合宪的认证机制，从而使得修改后的宪法成为判断政府行为是否合法的依据。宪法修改程序上的点滴缺陷或者任何不确定性，都可能导致对宪法修改是否有效的巨大怀疑，从而使得人们没有一个共同标准来判定政府及其行为的合法性①。一些国家的修宪往往从修改宪法程序开始，而对修宪程序或宪法程序的争议，又会导致国内秩序的动荡或宪法危机，从而中断或毁灭了宪法的自治性。

（三）宪法程序的内在价值

宪法程序的内在价值，是指宪法程序不仅是作为评价和判断一项宪法程序对实现宪政目标是否有用或有效的工具、手段而存在，它本身也是目的，是宪法程序的这种目的性独立于程序的结果。

第一，宪法程序的自由价值。它一方面是指“操作”程序的机构和人员享有法律规定的自由，不受任何外在压力的干预；另一方面也是指程序“操作”主体在选择上的自由。

第二，宪法程序的公正价值。它是指宪法程序必须具有公正性。宪法程序公正的最低标准包括四点。（1）宪法程序独立，即必须在体制上保证“操作”宪法程序的机构、人员地位的独立，保障这些机构和人员在完成程序过程中的意志自由。（2）宪法程序中立。（3）宪法程序公开。（4）宪法程序中的表达自由。

第三，宪法程序的理性价值。宪法程序的理性价值，是指宪法程序必须具有合理性。这一方面要求宪法程序本身的内容、结构要科学，既符合自身的规律性，又要与社会现实保持一致。另一方面要求程序的运作过程也必须符合理性的要求，而不能是任意的和随机的。

第四，宪法程序的效益价值。有的法律程序的效益价值是从重复性、连续性、总体性上而言的，一次性、单个的程序很难说有理想的效益。波斯纳认为，从经济学的角度看，宪法的设计和解释涉及效率与民主之间的紧张关系。效率的最大化是宪法通过将政府的管制措施限于防止负的外部性和促进正的外部性等途径实现的。再如，美国宪法规定每个州都有权利选派两名参议员的惯例，由于不随环境的变化而变化，具体化的成本很低，但收益却很高。② 对于分权的宪法程序（制度）设计，不仅有利于防止权力过度集中导致最终的无效率，而且“分权还可能通过更

① 杜强强：《论宪法修改程序》，中国人民大学出版社 2008 年版，第 5 页。

② ［美］理查德·A. 波斯纳：《法律的经济分析》（下），蒋兆康译，中国大百科全书出版社 1997 年版，第 807 页。

全面地利用分工而降低而非提高政府成本”[①]。

第四节 我国宪法程序

一 传统程序之积弊

古代中国早有“折狱”“听讼”“以五声听狱诉”的传统，但一般只强调司法官吏的审判技术，不具有现在的程序意义。古代诉讼程序还是有，如回避、肃静、当事人陈述、对质（证）、记录、画押、口供、证据展示等。但致命弱点是刑讯逼供[②]，限时结案的政治诉求取代对程序的遵循甚至借仅有的程序构筑冤狱，尤其是实践中疑难案件的司法遵循“疑罪从有从轻”的“有罪推定”理念。尽管古代也有多层审级、多样的审判监督机制，但最终都未发展成现代的正当程序法制。清末引进西方程序制度，但内战外侵不止，外部环境决定了纸面上的规定无法变成现实。新中国成立后，首要任务是完善实体法，加之不久后的多次政治运动导致法制建设的重大挫折，直到党的十一届三中全会开启的对民主和法制建设的新时代，但基于社会转型和治理任务错综复杂等原因，在这之后的很长时期内，正当法律程序的建设依然严重滞后于实体法的建设。直到 2011 年新的《刑诉法》开启了破冰之旅，但如何全面从程序上规制国家权力仍然还有很长的路要走，完成这一过程的标志应当是宪法对正当法律程序的充分接纳。

二 现行程序缺失

首先，从程序规范体系看，程序法规不健全。特别是对权力的监控程序严重缺失。如我国宪法第 3 条第 3 款规定：国家行政机关、审判机关、检察机关都由人民代表大会产生，对它负责，受它监督。听取政府工作报告，是责任制政府下人民代表大会对政府监督的重要形式。但人

---

① ［美］理查德·A. 波斯纳：《法律的经济分析》（下），蒋兆康译，中国大百科全书出版社 1997 年版，第 810 页。

② 尽管法律不承认、不赞成，但由于将口供作为证据获取的合法途径，并未限制口供取得的方式。

大如何听取政府工作报告？对工作报告不满意时，该怎么处理？是要求政府人员辞职，重新选举新的政府？还是要求政府修改工作报告，择日再次听取？我国宪法对此均无规定，这也造成了实践中人大对政府工作报告的审议变成了讨论和学习，当然也会有一些修改完善建议，但距离人大监督职能的应然要求还有不小差距。再如，罢免国家领导人程序。我国现行宪法第63条规定：全国人民代表大会有权罢免中华人民共和国主席、副主席，国务院总理、副总理、国务委员、各部部长、各委员会主任、审计长、秘书长，中央军事委员会主席和中央军事委员会其他组成人员，最高人民法院院长、最高人民检察院检察长等。从法理上说，该条规定具有非常重要的宪政意义。它通过确立违反宪法规定的行使"宪法权力"的公职人员应当承担被罢免的法律后果的宪法责任，从而建立起对"宪法权力""合宪性"的监督机制。但是，这样明确的宪法价值设计却不可能在实际中发生，因为现行宪法中并没有规定与第63条规定相适应的"宪法程序"。如谁有权向全国人大提出罢免案，全国人大应当如何审理罢免案，通过何种形式来对罢免案作出有法律效力的决定等等。这些制度不建立，全国人大对行使"宪法权力"的公职人员的罢免权力也就无法付诸实施。还有诸如总理决策程序、人大撤销行政法规的程序等都缺乏对于程序的启动、处理的过程和规范、后果制裁等明确细致且具有可操作性的规定。

其次，从程序构成看，程序设计欠合理。（1）如何保障法院、法官独立行使审判权的程序法制仍然不健全，一些党委的不正当干预、审判委员会的责任不明、法官的身份、待遇保障及权利救济机制也无法律层面的保障和规定。（2）公民在法定条件下提起宪法诉讼的程序缺失，使宪法中国家机关向人民负责、受人民监督的内容条款无法转化为实践中的运行机制。（3）违反程序法律规则后果不明。如代表多少人可提出罢免案，但人大（选举委员会）不受理如何处理？受理后不处理咋办？处理了选民不满意如何再处理或终结程序？由谁承担怎样的责任？等等。

最后，从程序展开过程看，程序运行方式有失理性。如公民检举、揭发、监督等程序规范几乎没有。

三　完善宪法程序

如何完善宪法程序，学者们提出了不同的观点，如有观点认为，我国目前亟须完善的宪法程序为：各级人大代表选举程序；修改宪法程序；保护公民宪法权利的宪政立法程序；执政党执政程序；违宪审查程序；其他国家机关对本级国家权力机关负责的程序；国家权力机关监督本级其他国家机关的程序①。也有观点认为，应树立程序正义观念，从分离制宪主体与立法主体、设置辩论程序、权力运行和控制程序、规定正当法律程序原则等环节来完善我国的立宪、行宪和护宪程序②。我们认为，完善宪法程序应当覆盖制宪权主体及权力运行、修宪权、释宪权、立法权、宪法监督、违宪审查（宪法诉讼）等每个环节。坚持概括性的程序规范和具体的程序条文相结合的方式建构完整的宪法程序规范，使宪法的授权、行权、控权、护权、基本权利行使与救济等在程序的约束下良性运行。当下，探索和建构中国特色的宪法程序模式是一项重要课题。

从各国宪政实践看，宪法程序是法律程序的核心和关键。这是由宪法地位和效力的最高性及宪法内容的根本性决定的，同时，这也是宪法程序对其他法律实体及程序所具有的决定性作用的要求。各国在设计和建构宪法程序时，都潜在地含有对宪法程序的某种价值判断，这些价值判断直接指导着宪法程序的设计与建构。纵观各国的宪政实践，这些价值判断所导致的宪法程序设计、建构模式大体上可以分为两种，即严格规则模式和正当程序模式。③

宪法程序设计的严格规则模式，与法律上的严格规则主义总是同大陆法系法典编纂的传统相联系的。该宪法程序建构模式的基本特点，不在于宪政实践中有没有程序，而在于对程序价值的根本看法：即它从行为结果着眼，以结果为标准评价程序的有效性，特别关注实体规则的制定，忽视程序的健全与完善，它十分强调和相信宪法在形式上的定义以

① 童之伟：《完善宪法程序若干问题初探》，《政法论坛》2003 年第 2 期。

② 王惠玲：《完善我国宪法程序的若干思考》，《昆明师范高等专科学校学报》2006 年第 3 期。

③ 谢维雁：《程序与宪政》，《四川师范大学学报》（社会科学版）2000 年第 4 期。

及定义之间的差别的有效性和适用性。严格规则模式是一种倾向于侧重实质合理性的制度选择。由于它注重实体规则，却又不能保证实体规则的公正。由于缺乏程序主体之间的交涉、意思沟通或有效参与，即使是公正的结果也难以获得普遍的认同和服从。这种模式还面临着这样的困境：在实体规则不甚明了的情况下，规则无法施行，正义也就无法实现。司法审查的介入，使大陆法系国家对实体规则的控制大大加强。总体说来，我国的立法模式更多地受大陆法系的影响，在宪法程序的建构上也采取了严格规则模式，但缺乏外部环境，也未建立相应的司法审查制度。

宪法程序建构的正当程序模式的特点在于：在宪政实践中，从行为的过程着眼，特别重视宪法程序的合理设计，以程序合法性来判断结果的有效性、公正性。它也重视宪法的实体规则，却以程序公正、合法为达成宪政目标的前提。在这种模式下，可以有效避免严格规则模式下的困境，无论结果如何，只要同意程序即接受了结果。正当程序模式是一种侧重程序合理性的制度选择，这对宪法来说无疑具有更现实的意义。因为，如宪法中的选举，在选举前并无预设的实体内容，选举是否公正、结果是否被普遍接受，完全依赖于程序；再如立法，在立法之前并不存在任何法律上的实体内容，在其不与上位法相抵触的情况下判断该项立法是否有效或被接受的唯一依据便是立法过程是否依立法程序进行。

当前，宪政中的程序建设应从以下几方面入手。(1) 在宪法中明确规定正当法律程序条款。正当法律程序原则是一个公理性原则，我国宪法和司法的一些理念和运作在一定程度上是与之吻合的，中国传统法律文化也有尊重程序的思想和实践，应尽早为我国宪法所明确接纳。(2) 确立宪法诉讼程序，建立宪法诉讼制度。认为其宪法权利受到侵犯的任何公民，在穷尽其他救济方法之后，应当被允许向宪法法院或类似机构以宪法的有关规定为依据提起宪法诉讼。(3) 完善宪法中的权力程序。包括立法机关的程序、行政机关的程序、司法机关的程序等。其中立法机关的程序种类较多，包括选举程序、立法程序、质询程序、罢免程序、弹劾程序、议事程序、监督程序，等等。尤其要重视完善最高国家权力机关（不是作为立法机关时）的权力运行程序、完善主权性权力对其他国家权力的监控程序、完善公民基本权利的行使程序，特别是监督国家权力及受国家权力不法侵害后的救济程序。

总之，宪法作为分配和规制国家权力的根本大法，国家权力的运行都需要一定的程序才具有合法性，而且绝大多数情况下与另一种公权力或与私权力发生关系。国家权力与权力之间的关系的界定和运行只能依靠并通过法律程序。无论是最早产生宪法（不成文宪法）的英国，程序构成了其重要特质，正如梅因爵士所指出的，英国法是在程序的缝隙中渗透出来的。[①] 而最早制定成文宪法的美国，宪法在互相监督制衡的分权体制上，各种权力之间的关系的处理与协调主要是通过程序进行的。比如美国宪法第 1 条第 7 款规定："凡众议院及参议院通过的法案，应于成为法律之前，呈递合众国总统；总统如果批准该项法案，即应签署，否则应予退回。退回时应附异议书，退交提出该法案的议院。该院应将异议书详载于该院议事录，然后复议。如经复议后，该院议员以 2/3 多数同意通过该项法案，应将该法案并异议书送交另一议院，该院亦应复议；如经该院 2/3 议员认可，该项法案即为法律。"这个条款反映了总统对议会的监督与制约关系，虽然包含着签署权、否决权等属于实体性的总统权力，但是，这些权力显然都是通过法律程序进行的。没有程序的国家行为不仅在法律上行不通，而且是危险的。没有程序意味着没有对立观点的反诘、质疑、约束，没有理性反思，因而权力行为就会变得随意和随机。[②]

① 转引自［美］勒内·达维德《当代法律体系》，漆竹生译，上海译文出版社 1984 年版，第 300 页。

② 孙笑侠、应永宏：《论程序化的宪法》，《学习与探索》2002 年第 2 期。

参考文献

一　著作类

1.《马克思恩格斯选集》第 1—4 卷，人民出版社 1995 年版。

2.《马克思恩格斯全集》第 2 卷，人民出版社 2005 年版。

3.《马克思恩格斯全集》第 3 卷，人民出版社 2002 年版。

4.《马克思恩格斯全集》第 10 卷，人民出版社 1998 年版。

5.《马克思恩格斯全集》第 25 卷，人民出版社 1974 年版。

6.《马克思恩格斯全集》第 45 卷，人民出版社 1985 年版。

7.《马克思恩格斯文集》第 3 卷，人民出版社 2009 年版。

8.《列宁选集》第 1—4 卷，人民出版社 1995 年版。

9.《列宁全集》第 6 卷，人民出版社 1986 年版。

10.《列宁全集》第 12 卷，人民出版社 1987 年版。

11.《列宁全集》第 13 卷，人民出版社 1987 年版。

12.《列宁全集》第 17 卷，人民出版社 1988 年版。

13.《列宁全集》第 29 卷，人民出版社 1985 年版。

14.《列宁全集》第 31 卷，人民出版社 1985 年版。

15.《列宁全集》第 33 卷，人民出版社 1987 年版。

16.《列宁全集》第 35 卷，人民出版社 1985 年版。

17.《列宁全集》第 41 卷，人民出版社 1986 年版。

18.《列宁文稿》第 4 卷，人民出版社 1978 年版。

19.《毛泽东选集》第 1—4 卷，人民出版社 1991 年版。

20.《毛泽东文集》第 6 卷，人民出版社 1999 年版。

21.《毛泽东早期文稿》，湖南出版社 1990 年版。

22. 《邓小平文选》第 1 卷，人民出版社 1994 年版。
23. 《邓小平文选》第 2 卷，人民出版社 1994 年版。
24. 《邓小平文选》第 3 卷，人民出版社 1993 年版。
25. 《刘少奇选集》（下卷），人民出版社 1985 年版。
26. 《建国以来刘少奇文稿》第 6 册，中央文献出版社 2008 年版。
27. 薄一波：《若干重大决策与事件的回顾》（上），中共中央党校出版社 1991 年版。
28. 《孙中山全集》第 3 卷，中华书局 1984 年版。
29. 《孙中山全集》第 6 卷，中华书局 1985 年版。
30. 《孙中山全集》第 9 卷，中华书局 1986 年版。
31. 李龙：《宪法基础理论》，武汉大学出版社 1999 年版。
32. 周叶中主编：《宪法》，高等教育出版社、北京大学出版社 2000 年版。
33. 罗豪才、吴撷英：《资本主义国家的宪法和政治制度》，北京大学出版社 1997 年版。
34. 龚祥瑞：《比较宪法与行政法》，法律出版社 2012 年版。
35. 许崇德主编：《宪法学》（外国部分），高等教育出版社 1996 年版。
36. 郑全咸：《资本主义国家宪法论》，科学技术文献出版社 1994 年版。
37. 徐秀义、韩大元：《宪法学原理》（上），中国人民公安大学出版社 1993 年版。
38. 吴家麟主编：《宪法学》，群众出版社 1985 年版。
39. 何勤华：《西方法学史》，中国政法大学出版社 1996 年版。
40. 张千帆：《宪法学导论：原理与应用》，法律出版社 2014 年版。
41. 何华辉：《比较宪法学》，武汉大学出版社 1988 年版。
42. 李步云主编：《宪法比较研究》，法律出版社 1998 年版。
43. 中国人民大学法律系国家法教研室：《中华人民共和国宪法讲义》，中国人民大学出版社 1964 年版。
44. 湖北财经学院法律系国家法教研室：《中华人民共和国宪法讲义》，中国人民大学出版社 1980 年版。
45. 吴家麟：《宪法学》，群众出版社 1983 年版。
46. 魏定仁：《宪法学》，北京大学出版社 1994 年版。
47. 王世杰、钱端升：《比较宪法》，中国政法大学出版社 1997 年版。

48. 刘茂林：《宪法教程》，法律出版社 1999 年版。
49. 李龙主编：《西方宪法思想史》，高等教育出版社 2004 年版。
50. 张宏生、谷春德主编：《西方法律思想史》，北京大学出版社 1990 年版。
51. 梁启超著，范忠信选编：《梁启超法学文集》，中国政法大学出版社 2000 年版。
52. 逄先知、金冲及主编：《毛泽东传（1949—1976）》（上册），中央文献出版社 2003 年版。
53. 萧蔚云、魏定仁、宝音胡日雅克琪编著：《宪法学概论》，北京大学出版社 1982 年版。
54. 吴家麟主编：《宪法学》，群众出版社 1992 年版。
55. 吴杰主编：《宪法教程》，法律出版社 1987 年版。
56. 中国人民大学法律系国家法教研室编著：《中国宪法教程》，中国人民大学出版社 1988 年版。
57. 王士如主编：《中国宪法学》，南京大学出版社 1993 年版。
58. 徐秀义、王弼选主编：《宪法学纲要》，中国人民公安大学出版社 1994 年版。
59. 许崇德主编：《中国宪法》，中国人民大学出版社 1996 年版。
60. 汪进元：《基本权利的保护范围：构成、限制及其合宪性》，法律出版社 2013 年版。
61. 蒋碧昆主编：《宪法学》，中国政法大学出版社 1999 年版。
62. 韩大元：《宪法学基础理论》，中国政法大学出版社 2008 年版。
63. 刘茂林主编：《宪法学教程》，法律出版社 1999 年版。
64. 魏定仁、甘超英、付思明：《宪法学》，北京大学出版社 2001 年版。
65. 肖蔚云等著：《宪法学概论》，北京大学出版社 2002 年版。
66. 邓建宏主编：《宪法学》，中国检察出版社 2002 年版。
67. 周伟主编：《宪法学》，四川大学出版社 2002 年版。
68. 郑贤君主编《宪法学》，北京大学出版社 2002 年版。
69. 秦前红主编：《新宪法学》，武汉大学出版社 2005 年版。
70. 殷啸虎：《宪法学》，北京大学出版社 2005 年版。
71. 张国盛、齐小力主编：《宪法学》，中国人民公安大学出版社 2005 年版。
72. 魏定仁主编：《宪法学》，北京大学出版社 2005 年版。

73. 傅思明主编：《宪法学》，法律出版社 2007 年版。
74. 胡锦光、韩大元：《中国宪法》，法律出版社 2007 年版。
75. 焦洪昌主编：《宪法学》，北京大学出版社 2010 年版。
76. 杨向东主编：《宪法学》，中国政法大学出版社 2010 年版。
77. 王广辉主编：《宪法》，中国政法大学出版社 2010 年版。
78. 刘茂林：《宪法学》，中国人民公安大学出版社、人民法院出版社 2003 年版。
79. 刘茂林：《中国宪法导论》，北京大学出版社 2005 年版。
80. 魏定仁主编：《宪法学》，北京大学出版社 1994 年版。
81. 张文显：《法哲学范畴研究》，中国政法大学出版社 2001 年版。
82. 许崇德主编：《宪法》，中国人民大学出版社 2009 年版。
83. 沈宗灵：《比较宪法》，北京大学出版社 2002 年版。
84. 韩大元主编：《比较宪法学》，高等教育出版社 2003 年版。
85. 王广辉：《比较宪法学》，北京大学出版社 2007 年版。
86. 董和平：《宪法学》，法律出版社 2004 年版。
87. 童之伟：《法权与宪政》，山东人民出版社 2001 年版。
88. 莫纪宏主编：《宪法学》，社会科学文献出版社 2004 年版。
89. 韩大元、林来梵、郑贤君：《宪法学专题研究》，中国人民大学出版社 2008 年版。
90. 赵宝云：《西方五国宪法通论》，中国人民公安大学出版社 1994 年版。
91. 姜士林等编：《世界宪法大全》，青岛出版社 1997 年版。
92. 徐显明：《公民权利义务通论》，群众出版社 1991 年版。
93. 梁慧星主编：《为权利而斗争》，中国法制出版社 2000 年版。
94. 徐显明主编：《人权研究》（第五卷），山东人民出版社 2005 年版。
95. 沈宗灵等主编：《西方人权学说》（上、下），四川人民出版社 1994 年版。
96. 李龙、万鄂湘：《人权理论与国际人权》，武汉大学出版社 1992 年版。
97. 王启富、刘金国：《人权问题的法理学研究》，中国政法大学出版社 2003 年版。
98. 夏勇：《人权概念起源》，中国政法大学出版社 1992 年版。
99. 江畅：《理论伦理学》，湖北人民出版社 2000 年版。

100. 李龙主编:《依法治国论》, 武汉大学出版社 1997 年版。
101. 程燎原、王人博:《权利及其救济》, 山东人民出版社 1998 年版。
102. 林来梵:《从宪法规范到规范宪法: 规范宪法学的一种前言》, 法律出版社 2001 年版。
103. 陈新民:《公法学札记》, 中国政法大学出版社 2001 年版。
104. 张新宝:《中国侵权行为法》, 中国社会科学出版社 1995 年版。
105. 张晋藩:《中国法制史》, 群众出版社 1995 年版。
106. 张晋藩:《中国法律的传统与近代转型》, 法律出版社 1997 年版。
107. 林榕年主编:《外国法制史新编》, 群众出版社 1994 年版。
108. 沈达明:《英美合同法引论》, 对外贸易教育出版社 1993 年版。
109. 傅静坤:《二十世纪契约法》, 法律出版社 1997 年版。
110. 应克复等著:《西方民主史》, 中国社会科学出版社 1997 年版。
111. 马啸原:《近代西方政治思想》, 云南人民出版社 1987 年版。
112. 李龙主编:《法理学》, 武汉大学出版社 1996 年版。
113. 魏振瀛主编:《民法》, 北京大学出版社、高等教育出版社 2000 年版。
114. 杨紫烜、徐杰:《经济法学》, 北京大学出版社 1994 年版。
115. 樊崇义主编:《诉讼原理》, 法律出版社 2004 年版。
116. 许崇德、胡锦光、李元起、任进、韩大元编:《宪法》, 中国人民大学出版社 2007 年版。
117. 熊秉元:《正义的成本: 当法律遇上经济学》, 东方出版社 2014 年版。
118. 邹永贤、俞可平、骆沙舟、陈炳辉:《现代西方国家学说》, 福建人民出版社 1993 年版。
119. 杜强强:《论宪法修改程序》, 中国人民大学出版社 2008 年版。
120. 宋冰编:《读本: 美国与德国的司法制度及司法程序》, 中国政法大学出版社 1999 年版。
121. 谢晖:《价值重建与规范选择》, 山东人民出版社 1998 年版。
122. 孙笑侠:《法的现象与观念》, 群众出版社 1995 年版。
123. 季卫东:《法治秩序的建构》, 中国政法大学出版社 1999 年版。
124. 李交发等:《法治建设论》, 湖南人民出版社 1998 年版。
125. 张千帆:《西方宪政体系》(上册,《美国宪法》), 中国政法大学出版社 2000 年版。

126. 夏勇：《人权概念起源》，中国政法大学出版社 1992 年版。
127. 蔡定剑：《国家监督制度》，中国法制出版社 1991 年版。
128. 王世杰、钱端升：《比较宪法》，中国政法大学出版社 1997 年版。
129. 高绍先：《中国历代法学名篇注译》，中国人民公安大学出版社 1993 年版。
130. 季卫东：《宪政新论——全球化时代的法与社会变迁》，北京大学出版社 2002 年版。
131. 姜明安主编：《行政法与行政诉讼法》，北京大学出版社、高等教育出版社 1999 年版。
132. 秦前红：《宪法变迁论》，武汉大学出版社 2002 年版。
133. 孙笑侠主编：《法理学》，中国政法大学出版社 1996 年版。
134. 莫纪宏：《现代宪法的逻辑基础》，法律出版社 2001 年版。
135. 王学辉：《行政程序法精要》，群众出版社 2001 年版。
136. 皮纯协：《行政程序法比较研究》，中国人民公安大学出版社 2000 年版。
137. 杨松才、泰莉：《〈经济、社会和文化权利国际公约〉若干问题研究》，湖南人民出版社 2009 年版。
138. 艺衡、任珺、杨立青：《文化权利：回溯与解读》，社会科学文献出版社 2005 年版。
139. 刘茂林：《中国宪法导论》第 2 版，北京大学出版社 2009 年版。
140. 莫纪宏：《宪法学原理》，中国社会科学出版社 2008 年版。
141. 黄金荣：《〈经济、社会、文化权利国际公约〉国内实施读本》，北京大学出版社 2011 年版。
142. 张庆福：《宪政论丛》，法律出版社 1999 年版。
143. 赵宴群：《文化权利的确立与实现》，博士论文，复旦大学，2007 年。
144. 杜维明：《儒家与自由主义》（曾明珠整理），《儒家与自由主义》，生活·读书·新知三联书店 2001 年版。
145. 《牛津法律大辞典》，光明日报出版社 1989 年版。
146. 《中国人权百科全书》，中国百科全书出版社 1998 年版。
147. 《中国大百科全书》（法学卷），中国大百科全书出版社 1984 年版。
148. 王培英主编：《中国宪法文献通编》，中国民主法制出版社 2004 年版。

149. 王世勋、江必新:《宪法小百科》，光明日报出版社 1988 年版。
150. 《西方法律思想史参考资料选编》，北京大学出版社 1983 年版。
151. 《国际法资料选编》，法律出版社 1982 年版。
152. 《外国民法资料选编》，北京大学出版社 1983 年版。
153. 《清末筹备立宪档案史料》（上册），中华书局 1979 年版。
154. ［古希腊］柏拉图:《柏拉图全集》，王晓朝译，人民出版社 2002 年版。
155. ［古希腊］色诺芬:《回忆苏格拉底》，吴永泉译，商务印书馆 1984 年版。
156. ［古希腊］亚里士多德:《政治学》，吴寿彭译，商务印书馆 1981 年版。
157. ［英］哈林顿:《大洋国》，何新译，商务印书馆 1963 年版。
158. ［英］A. J. M. 米尔恩:《人的权利与人的多样性——人权哲学》，夏勇、张志铭译，中国大百科全书出版社 1995 年版。
159. ［英］M. J. C. 维尔:《宪政与分权》，苏力译，生活·读书·新知三联书店 1997 年版。
160. ［英］弗里德里希·奥古斯特·哈耶克:《自由宪章》，杨玉生等译，中国社会科学出版社 1999 年版。
161. ［英］洛克:《政府论》（下篇），叶启芳、瞿菊农译，商务印书馆 1964 年版。
162. ［英］戴雪:《英宪精义》，雷宾南译，中国法制出版社 2001 年版。
163. ［英］W. Ivor. 詹宁斯:《法与宪法》，龚祥瑞译，生活·读书·新知三联书店 1997 年版。
164. ［英］戴维·米勒、韦农·皮格丹诺编:《布莱克维尔政治学百科全书》，中国政法大学出版社 1992 年版。
165. ［英］詹姆斯·布赖斯:《现代民治政体》（上、下册），张慰慈等译，吉林人民出版社 2001 年版。
166. ［英］亚当·斯密:《道德情操论》，谢宗林译，中央编译出版社 2008 年版。
167. ［英］哈特:《法律的概念》，张文显译，中国大百科全书出版社 1996 年版。

168. ［英］F. H. 劳森、B. 拉登：《财产法》，施天涛等译，中国大百科全书出版社 1998 年版。

169. ［英］德里克·希特：《何谓公民身份》，郭忠华译，吉林出版集团有限责任公司 2007 年版。

170. ［英］杰弗里·马歇尔：《宪法理论》，刘刚译，法律出版社 2006 年版。

171. ［英］霍布豪斯：《自由主义》，朱曾汶译，商务印书馆 1996 年版。

172. ［美］昂格尔：《现代社会中的法律》，吴玉章等译，中国政法大学出版社 1994 年版。

173. ［美］埃尔斯特、［挪］斯莱格斯塔德：《宪政与民主——理性与社会变迁研究》，潘勤等译，生活·读书·新知三联书店 1997 年版。

174. ［美］罗纳德·德沃金：《认真对待权利》，信春鹰、吴玉章译，中国大百科全书出版社 1998 年版。

175. ［美］E. 博登海默：《法理学：法律哲学与法律方法》，邓正来译，中国政法大学出版社 1999 年版。

176. ［美］弗里德里希：《超验正义：宪政的宗教之维》，周勇、王丽芝译，生活·读书·新知·三联书店 1997 年版。

177. ［美］哈罗德·J. 伯尔曼：《法律与革命——西方法律传统的形成》，贺卫方、高鸿钧、张志铭、夏勇译，中国大百科全书出版社 1993 年版。

178. ［美］亨金：《宪政·民主·对外事务》，邓正来译，生活·读书·新知三联书店 1996 年版。

179. ［美］潘恩：《潘恩选集》，马清槐等译，商务印书馆 1980 年版。

180. ［美］C. H. 麦基文：《宪政古今》，翟小波译，贵州人民出版社 2004 年版。

181. ［美］斯科特·戈登：《控制国家——西方宪政的历史》，应奇等译，江苏人民出版社 2001 年版。

182. ［美］斯蒂芬·L. 埃尔金、卡罗尔·爱德华·索乌坦编：《新宪政论》，周叶谦译，生活·读书·新知三联书店 1998 年版。

183. ［美］史丹利·阿若诺威兹、彼得·布拉提斯编著：《逝去的范式：反思国家理论》，李中译，吉林人民出版社 2008 年版。

184. ［美］汉密尔顿、杰伊、麦迪逊：《联邦党人文集》，程逢如等译，商务印书馆 1980 年版。
185. ［美］杰克·唐纳利：《普遍人权的理论与实践》，王浦劬译，中国社会科学出版社 2001 年版。
186. ［美］约翰·罗尔斯：《正义论》，何怀宏等译，中国社会科学出版社 1988 年版。
187. ［美］罗伯特·诺齐克：《无政府、国家与乌托邦》，何怀宏译，中国社会科学出版社 1991 年版。
188. ［美］斯蒂芬·L. 埃尔金等：《新宪政论》，周叶谦译，生活·读书·新知三联书店 1997 年版。
189. ［美］L. 亨金：《权利的时代》，信春鹰译，知识出版社 1997 年版。
190. ［美］罗纳德·德沃金：《法律帝国》，李常青译，中国大百科全书出版社 1996 年版。
191. ［美］迦纳：《政治科学与政府》（第三册政府论），林昌恒译，商务印书馆 1947 年版。
192. ［美］本杰明·巴伯：《强势民主》，彭彬、吴润洲译，吉林人民出版社 2006 年版。
193. ［美］欧内斯特·盖尔霍恩等著：《行政法和行政程序概要》，黄列译，中国社会科学出版社 1996 年版。
194. ［美］伯纳德·施瓦茨：《美国法律史》，王军等译，中国政法大学出版社 1990 年版。
195. ［美］詹姆斯·安修：《美国宪法解释与判例》，黎建飞译，中国政法大学出版社 1999 年版。
196. ［美］阿兰·艾德斯、克里斯托弗·N. 梅：《美国宪法：个人权利、案例与解析》，项焱译，商务印书馆 2014 年版。
197. ［美］路易斯·亨金、阿尔伯特·J. 罗森塔尔编：《宪政与权利》，郑戈等译，生活·读书·新知三联书店 1996 年版。
198. ［美］路易斯·亨金：《国际法：政治与价值》，张乃根等译，中国政法大学出版社 2005 年版。
199. ［美］科恩：《论民主》，聂崇信等译，商务印书馆 1988 年版。
200. ［美］肯尼思·W. 汤普森：《宪法的政治理论》，张志铭译，生活·

读书·新知三联书店 1997 年版。

201. ［美］迈克尔·D. 贝勒斯：《法律的原则——一个规范的分析》，张文显等译，中国大百科全书出版社 1996 年版。

202. ［美］理查德·A. 波斯纳：《法律的经济分析》（上、下），蒋兆康译，中国大百科全书出版社 1997 年版。

203. ［德］黑格尔：《哲学史讲演录》，贺麟、王太庆译，商务印书馆 1959 年版。

204. ［德］黑格尔：《法哲学原理》，范扬等译，商务印书馆 1961 年版。

205. ［德］拉德布鲁赫：《法学导论》，米健、朱林译，中国大百科全书出版社 1997 年版。

206. ［德］洪堡：《论国家的作用》，林荣远等译，中国社会科学出版社 1998 年版。

207. ［德］马克斯·韦伯：《论经济与社会中的法律》，张乃根译，中国大百科全书出版社 1998 年版。

208. ［德］哈贝马斯：《关于人权的跨文化的讨论》，谢地坤译，《哈贝马斯在华讲演集》，人民出版社 2002 年版。

209. ［德］哈贝马斯：《后形而上学思想》，曹卫东、付德根译，译林出版社 2001 年版。

210. ［意］贝卡利亚：《论犯罪与刑罚》，黄风译，中国大百科全书出版社 1993 年版。

211. ［日］大木雅夫：《东西方的法观念比较》，华夏、战宪斌译，北京大学出版社 2004 年版。

212. ［日］芦部信喜：《宪法》，林来梵、凌维慈、龙绚丽译，北京大学出版社 2006 年版。

213. ［日］美浓部达吉：《宪法学原理》，欧宗佑等译，商务印书馆 1925 年版。

214. ［日］杉原泰雄：《宪法的历史——比较宪法学新论》，吕昶等译，社会科学文献出版社 2000 年版。

215. ［日］阿部照哉等：《宪法》（上、下册），周宗宪译，中国政法大学出版社 2006 年版。

216. ［日］大沼保昭：《人权、国家与文明》，王志安译，生活·读书·

新知三联书店 2014 年版。

217. ［法］孟德斯鸠：《论法的精神》（上、下），张雁深译，商务印书馆 1980 年版。

218. ［法］卢梭：《社会契约论》，何兆武译，商务印书馆 1980 年版。

219. ［法］罗伯斯比尔：《革命法制和审判》，赵涵舆译，商务印书馆 1965 年版。

220. ［法］勒内·达维德：《当代主要法律体系》，漆竹生译，上海译文出版社 1984 年版。

221. ［法］莱昂·狄骥：《宪法学教程》，王文利等译，辽海出版社、春风文艺出版社 1999 年版。

222. ［爱尔兰］J. M. 凯利：《西方法律思想简史》，王笑红译，法律出版社 2002 年版。

223. ［荷］亨利·范·马尔赛文、格尔·范·德·唐：《成文宪法的比较研究》，陈云生译，华夏出版社 1987 年版。

224. ［苏］B. H. 库德里亚夫采夫等著：《苏联宪法讲话》（删节本），刘向文译，群众出版社 1983 年版。

225. ［俄］安娜·尼古拉耶夫娜·马尔科娃：《文化学》，王亚民译，敦煌文艺出版社 2003 年版。

226. ［奥］凯尔森：《法与国家的一般理论》，沈宗灵译，中国大百科全书出版社 1996 年版。

227. ［匈］德·雅赛：《重申自由主义》，陈茅等译，中国社会科学出版社 1997 年版。

228. ［澳］维拉曼特：《法律导引》，张智仁、周伟文译，上海人民出版社 2003 年版。

229. Jack Hayward. *After the French Revolution*：*Six Critics of Democracy and Nationalism*，New York：Harvester Wheatsheaf，1991.

230. J. Cooper and A. Marshall-Williams （ed.），*Legislating for Human Rights*，Hart Publishing，Oxford and Portland Oregon，2000.

231. John Stuart Mill，*Utilitarianism*，*On Liberty*，*Considerations on Representative Government*，London，J. M. Dent & Sons Ltd.，1972.

232. Laurence H. Tribe. *Constitutional Choices*. Harvard University Press，1985.

二 论文类

1. 李龙、周叶中：《宪法学基本范畴简论》，《中国法学》1996 年第 6 期。
2. 林喆：《宪政概念的辨析》，《中国法学》1993 年第 2 期。
3. 韩大元：《“什么是宪法” 这个命题也许是没有答案的》，《山东社会科学》2006 年第 4 期。
4. 林来梵：《宪法就是做答式解释》，《山东社会科学》2006 年第 4 期。
5. 刘茂林：《宪法究竟是什么》，《中国法学》2002 年第 6 期。
6. 王人博：《宪法概念的起源及其流变》，《江苏社会科学》2006 年第 5 期。
7. 高歌：《宪法概念的再认识》，《新疆大学学报》2010 年第 1 期。
8. 馨元：《宪法概念的分析》，《现代法学》2002 年第 2 期。
9. 龚祥瑞：《中国需要什么样的宪法理论》，《法学》1989 年第 4 期。
10. 邹平学：《宪政的经济功能初探》，《法律科学》1996 年第 2 期。
11. 徐显明：《生存权论》，《中国社会科学》1992 年第 5 期。
12. 周叶中、胡弘弘：《中国宪法学世纪回眸》，《法学评论》2001 年第 6 期。
13. 俞德鹏：《立政关系法：宪法概念的新定义》，《政治与法律》1998 年第 6 期。
14. 童之伟：《论宪法概念的重新界定》，《法学评论》1994 年第 4 期。
15. 尹德龙：《试论宪法的概念》，《法学探索》1996 年第 3 期。
16. 王磊：《论宪法的概念》，《法学杂志》1999 年第 5 期。
17. 吕泰峰：《究竟什么是宪法》，《法商研究》1999 年第 6 期。
18. 梁成意：《传统宪法概念的反思与超越》，《长江大学学报》2009 年第 3 期。
19. 钱福臣：《中西宪法概念比较研究》，《法学研究》1998 年第 3 期。
20. 刘军宁：《宪法：是契约，还是互进?》，http：//www. aisixiang. com/data/6817. html。
21. 王青林：《宪法概念研究的两个教条及其超越》，《学术交流》2013 年第 3 期。
22. 王广辉：《宪法为根本法之演进》，《法学研究》2000 年第 2 期。

23. 李婧、蒋青青：《毛泽东宪法思想及其当代价值》，《思想理论教育导刊》2014 年第 7 期。
24. 范毅：《逻辑的建构与逻辑的困惑》，《法商研究》2002 年第 1 期。
25. 曹继明、黄基泉：《关于宪法基本原则的探讨》，《民主与法制》2002 年第 2 期。
26. 莫纪宏：《论宪法原则》，《中国法学》2001 年第 4 期。
27. 马岭：《宪法中的人权与公民权》，《金陵法律评论》2006 年秋季卷。
28. 成中英：《道德自我与民主自由：人权的哲学基础》，《东岳论丛》2000 年第 6 期。
29. 李龙、徐亚文：《正当程序与宪法权威》，《武汉大学学报》2000 年第 5 期。
30. 汪进元：《论宪法的正当程序原则》，《法学研究》2001 年第 2 期。
31. 韩大元：《论社会变革时期的基本权利效力问题》，《中国法学》2002 年第 6 期。
32. 孙莉：《邓小平监督思想述论》，《中国法学》1994 年第 1 期。
33. 杨海坤：《宪法修改与公民基本权利新论》，《法学论坛》2003 年第 4 期。
34. 韩大元：《宪法文本中“人权条款”的规范分析》，《人权》2006 年第 1 期。
35. 王学泰：《神秘政治与民众知情权》，《同舟共进》2008 年第 2 期。
36. 赵正群：《得知权理念及其在我国的初步实践》，《中国法学》2001 年第 3 期。
37. 章剑生：《知情权及其保障》，《中国法学》2008 年第 4 期。
38. 陈焱光：《论社会主义舆论监督的权利支撑体系》，《当代世界与社会主义》2008 年第 2 期。
39. 陈焱光、谢斌：《舆论监督与权力控制》，《新闻前哨》2008 年第 4 期。
40. 雅努兹·西摩尼迪斯：《文化权利：一种被忽视的人权》，《国家社会科学杂志》（中文版）1999 年第 4 期。
41. 莫纪宏：《论文化权利的宪法保护》，《法学论坛》2012 年第 1 期。
42. 刘伟锋：《浅析公务员问责制的内涵及其理论基础》，《行政与法》2011 年第 4 期。

43. 陈洪生：《公务员问责制及其构架研究》，《求实》2008 年第 6 期。
44. 张稚光、黄小育：《国外行政问责制比较研究》，《吉林政报》2008 年（专刊）。
45. 刘静：《公务员问责制的制约因素分析及完善对策》，《科学领导》2010 年第 20 期。
46. 傅广宛、张经伦：《公务员问责制的源初、内涵及价值承载》，《行政论坛》2010 年第 4 期。
47. 孙力：《论权力监督的法治诉求》，《探索》2005 年第 3 期。
48. 孙笑侠、应永宏：《论程序化的宪法》，《学习与探索》2002 年第 2 期。
49. 谢维雁：《程序与宪政》，《四川师范大学学报》（社会科学版）2000 年第 4 期。
50. 童之伟：《完善宪法程序若干问题初探》，《政法论坛》2003 年第 2 期。
51. 王惠玲：《完善我国宪法程序的若干思考》，《昆明师范高等专科学校学报》2006 年第 3 期。
52. 杨炼：《法哲学视野下的文化权利》，《文史博览》2012 年第 4 期。

后　记

本书是我在十多年来从事法学专业研究生《宪法学专题》课程教学的讲稿基础上，选取若干专题结集而成，其中有这些年来个人思考宪法问题的些许体会和心得，也参考了中外法学界学者宪法方面的研究成果，并深受启发，所以，首先要感谢他们给了我教学和研究丰富的资料和深邃广博的思想启迪。其次要感谢湖北大学研究生院对教师从事研究生教研与科研活动的大力支持，正是他们给予的研究生精品课程教材的专项资助，使我能在两年前投入大量精力选择专题、搜集资料、整理讲义，最终完成书稿。最后要感谢中国社会科学出版社的孔继萍女士，正是她付出的辛勤劳动，才使本书得以顺利出版。在本书写作过程中，我的妻子环香女士承担了大部分文稿的录入工作，爱女钰茜也对书稿提出了宝贵的建议，书中有些内容承蒙一些学术刊物编辑的提携和厚爱曾经得以发表，在此一并谨致谢忱。

作者

2017 年 3 月